Nomos Universitätsschriften

Recht

Band 295

Marion Rinke

Die Kausalabhängigkeit des Anwartschaftsrechts aus Eigentumsvorbehalt

Nomos Verlagsgesellschaft
Baden-Baden

Die Deutsche Bibliothek – CIP-Einheitsaufnahme

Rinke, Marion:
Die Kausalabhängigkeit des Anwartschaftsrechts aus Eigentumsvorbehalt / Marion Rinke. – 1. Aufl. – Baden-Baden : Nomos Verl.-Ges., 1998
(Nomos Universitätsschriften : Recht ; Bd. 295)
Zugl.: Trier, Univ., Diss., 1998, u.d.T.: Rinke, Marion: Die Abhängigkeit des Anwartschaftsrechts des Vorbehaltskäufers vom zugrundeliegenden Kausalgeschäft
ISBN 3-7890-5423-2

1. Auflage 1998

Meinen Eltern

Vorwort

Die vorliegende Arbeit wurde im Sommersemester 1998 vom Fachbereich Rechtswissenschaft der Universität Trier unter dem Titel „*Die Abhängigkeit des Anwartschaftsrechts des Vorbehaltskäufers vom zugrundeliegenden Kausalgeschäft - zugleich ein Beitrag zur dogmatischen Struktur des Anwartschaftsrechts*“ als Dissertation angenommen. Rechtsprechung und Literatur sind bis Ende Dezember 1997 berücksichtigt.

Mein besonderer Dank gilt Herrn Prof. Dr. Dr. h. c. Hans Wieling, der nicht nur die Anregung zu diesem Thema gegeben hat, sondern die Arbeit auch betreut und durch wertvolle Hinweise gefördert hat. Danken möchte ich auch Herrn Prof. Dr. Dr. h. c. Peter Bülow, der das Zweitgutachten erstellt hat.

Ebenfalls Dank schulde ich Frau Christina van Elkan, die das Lesen der Korrekturen besorgt hat. Nicht zuletzt danke ich meinem Mann, Alexander Rinke, für seine Unterstützung und Geduld. Schließlich gebührt mein Dank auch den Herausgebern für die Aufnahme in die Reihe „NOMOS UNIVERSITÄTSSCHRIFTEN - RECHT“.

Trier, im Mai 1998

Marion Rinke

Inhaltsverzeichnis

Abkürzungsverzeichnis

aA.	anderer Ansicht
aaO.	am angegebenen Ort
ABGB	Allgemeines Bürgerliches Gesetzbuch (Österreich)
abl.	ablehnend
AbzG	Gesetz betreffend die Abzahlungsgeschäfte
AcP	Archiv für die civilistische Praxis
ADHGB	Allgemeines Deutsches Handelsgesetzbuch
a.E.	am Ende
AG	Amtsgericht
AGBG	Gesetz zur Regelung des Rechts der Allgemeinen Geschäftsbedingungen
ALR	Allgemeines Landrecht für die preußischen Staaten
Anh.	Anhang
Anm.	Anmerkung
AO	Abgabenordnung
ArchBR	Archiv für Bürgerliches Recht
Aufl.	Auflage
BAG	Bundesarbeitsgericht
BadRP	Badische Rechtspraxis, Organ der badischen Anwaltskammer
BB	Betriebsberater
Bd.	Band
BGB	Bürgerliches Gesetzbuch
BGBl	Bundesgesetzblatt
BGHZ	Bundesgerichtshof, Entscheidungen in Zivilsachen
C	Codex Justiniani
D	Digesta Justiniani
Das Recht	Das Recht, Rundschau für den deutschen Juristenstand
DB	Der Betrieb
ders.	derselbe
DGVZ	Deutsche Gerichtsvollzieherzeitung
DRpfl	Deutscher Rechtspfleger
Diss.	Dissertation

DJZ	Deutsche Juristenzeitung
E I, II	erster bzw. zweiter Entwurf des BGB
EGInsO	Einführungsgesetz zur Insolvenzordnung
Einl.	Einleitung
evtl.	eventuell
FN	Fußnote
FG	Festgabe
FS	Festschrift
GBO	Grundbuchordnung
gem.	gemäß
GG	Grundgesetz
Gruchot	Beiträge zur Erläuterung des Deutschen Rechts
GrünhutsZ	Zeitschrift für das Privat- und öffentliche Recht der Gegenwart
Habil.	Habilitation
hL.	herrschende Lehre
hM.	herrschende Meinung
I	Institutiones Justiniani
idR.	in der Regel
idS.	in diesem Sinne
i.E.	im Ergebnis
insbes.	insbesondere
InsO	Insolvenzordnung
iSv.	Im Sinne von
JA	Juristische Arbeitsblätter
JbgemR	Jahrbuch des gemeinen deutschen Rechts
JherJahrb	Jahrbücher für Dogmatik des heutigen römischen und deutschen Privatrechts, begründet von R. Jhering
JurBl	Juristische Blätter (Österreich)
Jura	Juristische Ausbildung
JuS	Juristische Schulung
JR	Juristische Rundschau
JW	Juristische Wochenschrift
JZ	Juristenzeitung

KGBl.	Blätter für Rechtspflege im Bezirk des Kammergerichts: Organ für Veröffentlichungen der Anwaltskammer zu Berlin
KO	Konkursordnung
krit.	kritisch
KrVJschr	Kritische Vierteljahresschrift für Gesetzgebung und Rechtswissenschaft
KTS	Zeitschrift für Konkurs-, Treuhand- und Schiedsgerichtswesen
LG	Landgericht
LM	Das Nachschlagewerk des Bundesgerichtshofs in Zivilsachen herausgegeben von Lindenmaier und Möhring (Gesetzesstelle und Entscheidungsnummer)
LZ	Leipziger Zeitschrift für Deutsches Recht, bis Jahrgang 1913 Leipziger Zeitschrift für Handels-, Konkurs-, und Versicherungsrecht
MDR	Monatsschrift für Deutsches Recht
m.E.	meines Erachtens
MecklZ	Mecklenburgische Zeitschrift für Rechtspflege, Rechtswissenschaft, Verwaltung
MünchKomm	Münchener Kommentar zum BGB
No.	Nummer
mwN.	mit weiteren Nachweisen
NJW	Neue Juristische Wochenschrift
NWB	Neue Wirtschaftsblätter
OAG	Oberappelationsgericht
OGHZ	Oberster Gerichtshof, Entscheidungen in Zivilsachen
OLG	Oberlandesgericht
OLGE	Die Rechtsprechung der Oberlandesgerichte auf dem Gebiete des Zivilrechts
pr.	Principium
RabelsZ	Zeitschrift für ausländisches und internationales Privatrecht, begründet von Ernst Rabel

RGRK	Das BGB mit besonderer Berücksichtigung der Rechtsprechung des Reichsgerichts und des Bundesgerichtshofes
Rspr.	Rechtsprechung
Rz.	Randzahl
S.	Seite
s.	siehe
SeuffA	Seufferts Archiv für Entscheidungen der obersten Gerichte in den deutschen Staaten
Striethorst´s Archiv	Archiv für Rechtsfälle, die zur Entscheidung des Königlichen Obertribunals gelangt sind, herausgegeben von Theodor Striethorst
SJZ	Süddeutsche Juristenzeitung
st.	ständige
str.	streitig
STVZO	Straßenverkehrszulassungsordnung
SZ	Zeitschrift der Savigny-Stiftung für Rechtsgeschichte, Romanistische Abteilung
TE	Teilentwurf zum BGB
u.	und
u.a.	unter anderem
UmstG	Umstellungsgesetz
umstr.	Umstritten
Univ.	Universität
usw.	und so weiter
Verf.	Verfasser
VerbrkrG	Verbraucherkreditgesetz
WarnRspr	Die Rechtsprechung des Reichsgerichts auf dem Gebiete des Zivilrechts, herausgegeben von Otto Warneyer
WM	Zeitschrift für Wirtschafts- und Bankrecht, Wertpapiermitteilungen
WuR	Die Wirtschaft und das Recht

z. B.	zum Beispiel
ZBH	Zentralblatt für Handelsrecht
ZfdR	Zeitschrift für deutsches Recht und deutsche Rechtswissenschaft
ZIP	Zeitschrift für Wirtschaftsrecht; bis 1982: Zeitschrift für Wirtschaftsrecht und Insolvenzpraxis
ZHR	Zeitschrift für das gesamte Handels- und Wirtschaftsrecht
ZPO	Zivilprozeßordnung
zugl.	zugleich
zutr.	zutreffend
ZVG	Zwangsvollstreckungsgesetz
ZZP	Zeitschrift für Zivilprozeß

Einleitung

Die Zahl der juristischen Abhandlungen, die das Anwartschaftsrecht des Vorbehaltskäufers betreffen, ist Legion. Dies kann nicht nur damit zusammenhängen, daß der Eigentumsvorbehalt im Wirtschaftsleben eine nicht unbedeutende Rolle spielt und sich das Anwartschaftsrecht als Mittel der Kreditsicherung großer Beliebtheit erfreut. Vielmehr geht vom Anwartschaftsrecht des Vorbehaltskäufers offenbar eine besondere Faszination aus.[1] Dies kann insofern nicht verwundern, als das Anwartschaftsrecht Besonderheiten aufzuweisen scheint, die eine Einordnung in die uns geläufigen dogmatischen Kategorien erschweren, wenn nicht gar unmöglich machen. So wird es als Vorstufe des Eigentums umschrieben, die kein „aliud", sondern ein „wesensgleiches Minus" im Vergleich zum Eigentum darstellt. Weiterhin, so erfährt der am Abstraktionsprinzip geschulte Jurist, handele es sich um ein dingliches Recht mit noch schuldrechtlicher Abhängigkeit.

In Anbetracht der Schwierigkeiten, das Anwartschaftsrecht in das rechtliche System einzuordnen, konzentriert sich die herrschende Meinung primär darauf, die mit dem Anwartschaftsrecht verbundenen Rechtsprobleme zu bewältigen. Und deren gibt es in Anbetracht der Dinglichkeit und der gleichzeitig bestehenden Kausalabhängigkeit nicht wenige. Da das Anwartschaftsrecht im Bereich der Kreditsicherheiten nur dann eine ernstzunehmende Rolle spielen kann, wenn den Kaufvertragsparteien die Möglichkeit verwehrt wird, dem Zweiterwerber der Anwartschaft sein Recht wieder zu entziehen, sieht sich die herrschende Dogmatik gezwungen, die Lehre von der schuldrechtlichen Abhängigkeit in Einzelfällen wieder zu revidieren.

Ist das Anwartschaftsrecht etwa nur ein bißchen schuldrechtsabhängig? Dies würde die Grenzen unseres juristischen Vorstellungsvermögens vollends sprengen. So weit geht daher auch die herrschende Meinung nicht und vertritt, wichtiger als die dogmatische Erfassung sei der sachgerechte Ausgleich der Interessen von Vorbehaltsverkäufer und -käufer. Eine elegantere Umschreibung für eine Rechtsfindung, die sich primär an Billigkeitserwägungen orientiert, läßt sich kaum finden.

1 Vgl. dazu Krüger, JuS 1994, 905 ff.: „Das Anwartschaftsrecht - ein Faszinosum".

Die vorliegende Arbeit versucht, zu den Grundprinzipien unserer Rechtsordnung zurückzukehren und der Anwartschaft ihre Eigenschaft als Fremdkörper im System des Sachenrechts zu nehmen. Sofern sich dabei die Anwartschaft als dingliches Recht herausstellen sollte, muß die vielbetonte schuldrechtliche Schwäche derselben einer kritischen Prüfung unterzogen werden. Sollten sich dabei auch noch Ergebnisse erzielen lassen, die den Interessen der Beteiligten gerecht werden, könnte man das Anwartschaftsrecht getrost aus dem Kreis der juristischen Kuriositäten streichen.

§ 1. Die Rechtsstellung des Käufers unter Eigentumsvorbehalt nach bisheriger Ansicht

Obwohl kaum ein Gebiet des Zivilrechts so umfassend und kontrovers erörtert worden ist wie die Rechtsstellung, die der Vorbehaltskäufer infolge der aufschiebend bedingten Übereignung erhält, ist eine Klärung der Frage, wie diese Position dogmatisch zu erfassen ist, bislang nur unzureichend gelungen. Einigkeit besteht lediglich darüber, daß die Position des Vorbehaltskäufers bereits vor Bedingungseintritt Vermögenswert im Hinblick auf den späteren Erwerb besitzt und daß ein erhebliches Bedürfnis des Wirtschaftsverkehrs besteht, sich diesen wirtschaftlichen Wert zunutze zu machen. Diesem Gedanken und der Tatsache, daß der Vorbehaltskäufer ohne weiteres das Eigentum an der gekauften Sache erlangt, sobald er den Kaufpreis vollständig bezahlt, wird dadurch Rechnung getragen, daß man von einer „Anwartschaft" spricht.[1] Dieser Anwartschaft wird überwiegend der Charakter als subjektives Recht zuerkannt, welches entsprechend den Bedürfnissen des Wirtschaftslebens eine zunehmende Verselbständigung erfahren hat.

Ein anderer Zweig der Literatur übt jedoch Kritik an dieser Anwartschaftslehre und stellt in Abrede, daß es zur Verwertbarkeit der vermögenswerten Stellung des Vorbehaltskäufers der Rechtsfigur des Anwartschaftsrechts bedarf.

Ein dritter Ansatz geht dahin, der herkömmlichen Konstruktion des Eigentumsvorbehalts die Pfandrechtskonzeption entgegenzusetzen.

Nachfolgend sollen die skizzierten Modelle näher dargestellt und auf ihre dogmatische Haltbarkeit hin untersucht werden. Dabei ist entgegen einer im Schrifttum vertretenen Ansicht[2] davon auszugehen, daß der Bestimmung der Rechtsnatur der Anwartschaft erhebliche Bedeutung bei der Entscheidung der sich ergebenden Rechtsfragen zukommt. Wer auf eine Einordnung in die Systematik des Sachenrechts verzichten will, nimmt Unsicherheiten und Ungereimtheiten bei der rechtlichen Behandlung des

1 So schon Wendt, Lehrbuch der Pandekten (1888), § 54 I a; Liebrecht, KGBl 1905, 13, 14; Planck - Flad, § 160, pr.; vgl. hierzu auch Protokolle I, S. 181: Dort wird im Zusammenhang mit der Vererblichkeit bedingter Rechte festgestellt, die Kommission sei sich darüber einig, daß die „während der Schwebezeit der Bedingung bestehende Anwartschaft einen Vermögenswert bilde".

2 Vgl. etwa Flume, AcP 161 (1962), 385, 391; Letzgus, S. 2; Staudinger - Honsell, § 455, Rz. 34; Erman - Grunewald, § 455, Rz. 28; Abenheimer, JW 1931, 3061, 3062; Stoll, JuS 1967, 12, 14.

Anwartschaftsrechts in Kauf und gerät in Gefahr, die Wertungen des Gesetzes zu verlassen. Dieser Vorwurf trifft auch die herrschende Meinung, die die Bestimmung der dogmatischen Struktur des Anwartschaftsrechts zwar für bedeutsam hält, jedoch relativ schnell Bereitschaft zeigt, mit Rücksicht auf die angebliche Interessenlage der Parteien dieser Systematik widersprechende Entscheidungen zu treffen.[3]

A. Die ein Anwartschaftsrecht befürwortenden Ansichten

I. Die Anwartschaft aus Eigentumsvorbehalt als subjektives Recht

Die heute überwiegende Ansicht qualifiziert die Position des Vorbehaltskäufers als subjektives Recht, folgert also aus der Anwartschaft ein Anwartschafts*recht*.[4] Die Anwartschaft des Vorbehaltskäufers wird demzufolge als Rechtsmacht anerkannt, die dem einzelnen von der Rechtsordnung zur Befriedigung rechtlich geschützter Interessen verliehen ist.[5] Während der BGH und Teile der Literatur sich häufig mit der bloßen Feststellung begnügen, es handele sich bei der Stellung des Vorbehalts-

3 Vgl. die diesbezüglichen Aussagen bei Rinnewitz, S. 76 f.; Westermann - Westermann, SaR I, § 5 III 4 a u. c.

4 Etwa Liebrecht, KGBl 1905, 13, 14; Behrens, S. 51; Steingens, S. 21; Michaelsen, 10, 27; Flatau, S. 27; Paetsch, S. 4; Planck - Flad, § 160, pr. u. § 161, Anm. 2 a; Fund, S. 8; Freitag, S. 18; Richter, S. 14; Jacusiel, S. 23 ff., 87; Enneccerus/ Nipperdey, AT II, § 197 II 4 (S. 1199); Gerhards, S. 14; Westermann - Westermann, SaR I, § 5 III 4 a; Schapp, SaR, Rz. 252; H. P. Westermann, SaR, Rz. 5; Larenz/ Wolf, AT, § 15, Rz. 124 ff., § 50, Rz. 75; Staudinger - Honsell, § 455, Rz. 34; Schlegelberger - Hefermehl, Anh. § 382, Rz. 22; RGRK - Mezger, § 455, Rz. 25; Bülow, Kreditsicherheiten, Rz. 680; ders., Jura 1986, 234; Serick I, S. 242; Raiser, S. 50, 61 ff.; Letzgus, S. 1 ff., 85; Wiegand, FS Kroeschell (1987), 623, 624; Henckel, FS Zeuner (1994), 193, 195; Pikart, WM 1962, 1230; Krüger, JuS 1994, 905; BGHZ 10, 69, 72; 20, 88, 94; 75, 221, 225.

5 Eine eingehende Befassung mit dem Begriff des subjektiven Rechts würde den vorgegebenen Rahmen sprengen. Zugrundegelegt wird vorliegend die herrschende Vereinigungslehre, die die Theorie Windscheids (vgl. Pandekten I, S. 87 ff.), das subjektive Recht sei die dem einzelnen von der Rechtsordnung verliehene Willensmacht, mit der Theorie Ihrings, der das subjektive Recht als rechtlich geschütztes Interesse verstand, verbindet (Ihring, Geist des römischen Rechts III, S. 339). Vgl. zur hM. etwa Enneccerus/ Nipperdey, AT I, § 72 I, II; Lempenau, S. 24 f.; Rinnewitz, S. 90 ff.; Larenz/ Wolf, AT, § 14, Rz. 10 ff; krit. bzgl. der hM. Forkel, S. 96; Larenz, AT, § 13 I (S. 210 ff.). Für die Anerkennung des Anwartschaftsrechts als subjektives Recht ergibt sich aus der an der Vereinigungstheorie geübten Kritik jedenfalls nichts.

käufers um ein subjektives Recht, ohne dies näher zu erläutern[6], gibt es in der Rechtslehre auch Bemühungen, dieses Ergebnis zu begründen. Ausgangspunkt ist hierbei meist das Bestreben, eine Begriffsbestimmung zu entwickeln, die für alle bekannten Erwerbsaussichten gleichermaßen zutrifft. Einige machen die Frage, ob bereits eine als subjektives Recht zu kennzeichnende Anwartschaft vorliegt, von rein formalen Gesichtspunkten abhängig. So wird etwa die Behauptung aufgestellt, es handele sich dann um ein Anwartschafts*recht*, wenn nur noch ein einziges Merkmal des Tatbestands unerfüllt sei.[7] Eine ähnlich formale Betrachtungsweise findet sich bei *Zitelmann*: Die Annahme eines subjektiven Rechts ist danach einerseits davon abhängig, wieviele Tatbestandsmerkmale noch ausstehen, andererseits davon, mit welcher Wahrscheinlichkeit deren Eintritt zu erwarten ist.[8] Beide Ansätze sind jedoch bedenklich, weil die Qualifizierung als subjektives Recht nicht von der Zahl der noch ausstehenden Tatbestandsmerkmale abhängen kann. Ebensowenig kann aufgrund einer „Wahrscheinlichkeitsrechnung" auf ein subjektives Recht geschlossen werden, da dieses Merkmal viel zu unbestimmt ist, um aussagekräftig zu sein. Beide Abgrenzungskriterien sind auch deshalb untauglich für eine Begriffsbestimmung, weil sie die Existenz eines gegenwärtigen subjektiven Rechts in unzulässiger Weise nach einem erst in Zukunft eintretenden Recht beurteilen.[9]
In Anbetracht der Unzulänglichkeit dieser Definitionsversuche geht die Rechtslehre überwiegend davon aus, entscheidend für die Frage, ob von einem Anwartschafts*recht* gesprochen werden könne, sei die *rechtliche* Sicherung, die der Erwerber erlangt habe.[10] Allerdings wird der Grad der für ein Anwartschaftsrecht benötigten Sicherheit der Erwerbsaussicht uneinheitlich beurteilt. So hält der BGH es bereits für genügend, daß die Beeinträchtigung der Position des Erwerbers „nach dem normalen Ver-

6 So etwa BGHZ 10, 69, 72; 20, 88, 94; 75, 221, 225; Serick I, S. 242; Schlegelberger - Hefermehl, Anh. § 382, Rz. 22; Bülow, Kreditsicherheiten, Rz. 680; H. P. Westermann, SaR, Rz. 5.

7 So Poli, § 2; offenbar auch von Tuhr, AT I, S. 180.

8 Zitelmann, IPR II, S. 50 f.

9 Gegen die Abgrenzung anhand rein formaler Kriterien zu Recht auch Forkel, S. 105; Rinnewitz, S. 128.

10 Westermann - Westermann, SaR I, § 5 III 4 a; Enneccerus/ Nipperdey, AT I, § 82 II 4 (S. 475); Steinbüchel, S. 51; Larenz/ Wolf, AT, § 15, Rz. 124, § 50, Rz. 75; Reinicke/ Tiedtke, NJW 1982, 2281, 2283; Schwerdtner, Jura 1980, 609, 613; Pikart, FS 150 Jahre Heymanns Verlag (1965), 179, 180; i.E. auch Rinnewitz, S. 162 ff.; BGH NJW 1955, 544; BGHZ 45, 186, 189; 49, 197, 201; 83, 385, 399.

lauf der Dinge ausgeschlossen" ist.[11] Nach der von *Harry Westermann* aufgestellten und von der herrschenden Meinung aufgenommenen Definition liegt ein Anwartschaftsrecht vor, wenn von dem mehraktigen Entstehungstatbestand eines Rechts bereits so viele Erfordernisse erfüllt sind, daß von einer gesicherten Rechtsstellung des Erwerbers gesprochen werden kann.[12] Manchmal wird präzisiert, der Anwärter müsse eine rechtlich gesicherte Position haben, die der Veräußerer nicht mehr durch eine einseitige Erklärung zu zerstören vermag.[13] Trotz der Unterschiede, die in der Definition des notwendigen Sicherheitsgrades bestehen, herrscht doch Einigkeit darüber, daß diese Kriterien auf die Rechtsstellung des Vorbehaltskäufers in jedem Falle zutreffen. Die Anwartschaft des Vorbehaltskäufers sei nämlich von Rechtsprechung und Lehre zu einem selbständigen Recht ausgebaut worden.[14] Zudem zeige der Schutz, den das Gesetz dem Vorbehaltskäufer in den §§ 161, 162[15] bereits vor Bedingungseintritt zugute kommen lasse, daß bereits von einem subjektiven Recht auszugehen sei.[16]

Die Tatsache, daß man sich nicht über den nötigen Sicherheitsgrad zu einigen vermag, zeigt bereits die Bedenklichkeit dieses Ansatzes. Dem BGH wird häufig der Vorwurf gemacht, die Anforderungen, die er an den Grad der Sicherung stelle, seien zu gering. Die anderen Definitionen können jedoch ebenfalls keinen Aufschluß darüber geben, welches Maß an rechtlicher Sicherung erforderlich sein soll, damit ein subjektives Recht angenommen werden kann. So fehlen Darlegungen darüber,

11 BGHZ 49, 197, 202; ähnlich Reinicke/ Tiedtke, NJW 1982, 2281, 2283.

12 Jetzt Westermann - Westermann, SaR I, § 5 III 4 a; ebenso Schwerdtner, Jura 1980, 609, 613; Pikart, FS 150 Jahre Heymanns Verlag (1965), 179, 180; Schapp, SaR, Rz. 249; MünchKomm - Kanzleiter, § 925, Rz. 35; BGH NJW 1955, 544; BGHZ 45, 186, 189; 49, 197, 201; 83, 395, 399; 89, 41, 44.

13 Von Tuhr, AT I, S. 180 ff.; Michaelsen, S. 2 ff.; Fund, S. 10; Steinbüchel, S. 51; Schapp, SaR, Rz. 259; BGH NJW 1955, 544; BGHZ 45, 186, 190. Abl. gegenüber dem Merkmal der Unentziehbarkeit MünchKomm - Kanzleiter, § 925, Rz. 35.

14 Etwa Raiser, S. 44; Gerhards, S. 14; Forkel, S. 183 ff.; Sponer, S. 81 ff.; J. Uhlenbruck, S. 19; Schapp, SaR, Rz. 252; K. Müller, SaR, Rz. 7; Westermann - Westermann, SaR I, § 5 III 4 a; Bauknecht, NJW 1955, 1251, 1252; Wiegand, FS Kroeschell (1987), 623, 624, 642; Henckel, FS Zeuner (1994), 193, 215 f.; Larenz/ Wolf, AT, § 15, Rz. 125; MünchKomm - Westermann, § 455, Rz. 46.

15 Paragraphen ohne Kennzeichnung sind solche des BGB.

16 So z.B. Flatau, S. 28 ff.; Jacusiel, S. 23; Richter, S. 14; Steingens, S. 21; Fund, S. 8; Liebl, S. 8 ff.; Sponer, S. 58; Larenz, AT, § 25 III c (S. 504); Palandt - Bassenge, § 929, Rz. 37; Pottschmidt/ Rohr, KreditsicherungsR, Rz. 404; Gerhardt, MobiliarSaR, S. 150.

warum eine Art der rechtlichen Sicherung bei bestimmten Anwartschaften genügen soll, während dies bei anderen wiederum nicht der Fall sein soll. Auf diese Weise wird die Ausgangsfrage, *wann* eine Erwerbsaussicht bereits so beständig ist, daß sie als subjektives Recht angesehen werden kann, nicht beantwortet.[17] Ein subjektives Recht gelangt nicht dadurch zur Entstehung, daß jemand eine bestimmte Erwerbsaussicht hat, und sei sie auch noch so sicher.[18] Ob eine Erwerbsaussicht als Recht anerkannt werden kann, ist nicht anhand einer allgemeinen Definition beantwortbar. Vielmehr muß bei jeder Anwartschaft für sich genommen geprüft werden, ob sich im Sinne eines subjektiven Rechts eine durch die Rechtsordnung anerkannte Befugnis abspalten läßt. Die herrschende Meinung dagegen nimmt nicht die anerkannten Grenzen des subjektiven Rechts als Überprüfungsmaßstab, sondern stellt im Bestreben, alle Erwerbsaussichten zu erfassen, Maßstäbe auf, die sich damit nicht decken.[19]

So handelt es sich etwa bei der Anwartschaft des Auflassungsempfängers nicht um ein subjektives Recht, da es keine Rechtsnorm gibt, die dem Auflassungsempfänger die dafür notwendige Berechtigung verleiht.[20] Anders entscheidet freilich die herrschende Meinung, indem sie wiederum auf die erlangte Sicherheit des Auflassungsempfängers abstellen

17 Krit. auch Medicus, BürgR, Rz. 456; J. Uhlenbruck, S. 17.

18 So zu Recht auch Wieling, SaR, § 20 I 2 d aa.

19 Krit. auch Rinnewitz, S. 161 f. I.E. stellt Rinnewitz dann doch wieder auf die Kriterien, die die hM. heranzieht, Stabilität und Verfügbarkeit der Anwartschaft, ab (vgl. S. 163 ff.).

20 Ebenso Wieling, SaR, § 20 I 2 d aa u. cc; E. Wolf, SaR, § 10 B III h (S. 407); offenbar auch Flume, AcP 161 (1962), 385, 387; vgl. auch Mülbert (AcP 197 (1997), 335, 340), der zutreffend darauf hinweist, daß die mit der Auflassung erlangte Rechtsposition ohne Vormerkung keinen Schutz genießt.

I.E. so auch Kuchinke, JZ 1966, 797, 798; Medicus, BürgR, Rz. 469; MünchKomm - Wacke, § 873, Rz. 43; MünchKomm - Kanzleiter, § 925, Rz. 32 ff.; die letztgenannten Autoren unter Hinweis darauf, der Schutz des § 17 GBO sei viel schwächer als der durch § 161 Abs. 1. Diese Argumentation besagt für den Rechtscharakter der Position des Auflassungsempfängers jedoch nichts.

Löwisch/ Friedrich (JZ 1972, 302, 303) lehnen ein Anwartschaftsrecht des Auflassungsempfängers u.a. ab, weil nur kausalabhängige Erwerbsaussichten wie die Position des Vorbehaltskäufers subjektive Rechte sein könnten. Daraus wird ersichtlich, daß die Anwartschaftslehre immer die Rechtsstellung des Vorbehaltskäufers heranzieht, um Aussagen zum Rechtscharakter von Anwartschaften zu treffen. Zur Lehre von der kausalen Abhängigkeit der Anwartschaft aus Eigentumsvorbehalt ausführlich in § 3.

will.[21] Unsicherheit besteht jedoch darüber, zu welchem Zeitpunkt eine für den Rechtscharakter der Erwerbsaussicht des Auflassungsempfängers ausreichende Sicherung vorliegen soll. Während die einen ein Anwartschafts*recht* annehmen, sobald die Auflassung erklärt ist[22], verlangen andere, der Auflassungsempfänger müsse bereits den Eintragungsantrag gestellt haben.[23] Erst dann habe er eine einseitig nicht mehr entziehbare Stellung erlangt. Dem für die Qualifizierung als Anwartschaftsrecht für maßgeblich gehaltenen Kriterium der Unzerstörbarkeit werden jedoch beide Auffassungen nicht gerecht. Durch die Auflassung ist der Verkäufer nicht daran gehindert, das Grundstück nochmals an einen Dritten aufzulassen. Der Verweis darauf, der Verkäufer werde dies in der Regel unterlassen, um sich nicht schadenersatzpflichtig zu machen[24], ändert nichts daran, daß er zu Lasten des Ersterwerbers eine weitere Auflassung erklären *kann*. Von einer absoluten Sicherheit des Auflassungsempfängers läßt sich aber auch dann nicht sprechen, wenn der Käufer den Eintragungsantrag als erster gestellt hat. Zwar ist das Grundbuchamt gemäß § 17 GBO gehalten, später gestellte Eintragungsanträge, die dasselbe Recht betreffen, nicht vor Erledigung des ersten Antrags zu berücksichtigen. Bei § 17 GBO handelt es sich jedoch um eine bloße Ordnungsvorschrift, so daß bei einem Verstoß der Zweiterwerber nicht daran gehindert wird, das Recht zu erwerben.[25] Auch besteht die Möglichkeit, daß das Grundbuchamt den ersten Antrag zu Recht oder zu Unrecht zurückweist[26] und den Zweiterwerber zum Eigentümer macht, indem es seinem Antrag stattgibt. Obwohl diese Aspekte teilweise erörtert werden, wird ihnen keine entscheidende Bedeutung beigemessen. Jedenfalls erlange

21 Vgl. nur Reinicke/ Tiedtke, NJW 1982, 2281, 2282; Larenz/ Wolf, AT, § 15, Rz. 125; Hoche, NJW 1955, 652; K. Müller, SaR, Rz. 1026; Wolff/ Raiser, § 38 III 1; Raiser, S. 19; Liebl, S. 37; Forkel, S. 112 f.; H. P. Westermann, SaR, Rz. 320; BGHZ 49, 197, 201; 83, 395, 396; 89, 41, 44; 106, 111.

22 Forkel, S. 112 f.; Hoche, NJW 1955, 652; Reinicke/ Tiedtke, NJW 1982, 2281, 2282 f.

23 K. Müller, SaR, Rz. 1026; Liebl, S. 39 ff.; Larenz/ Wolf, AT, § 15, Rz. 125; BGHZ 49, 197, 201 f.; 83, 395, 399; 89, 41, 44.

24 Vgl. Reinicke/ Tiedtke, NJW 1982, 2281, 2282.

25 So zutr. Reinicke/ Tiedtke, NJW 1982, 2281, 2282; Medicus, BürgR, Rz. 469; H. P. Westermann, SaR, Rz. 320; MünchKomm - Wacke, § 873, Rz. 43; BGHZ 45, 186, 191. Der Ersterwerber hat lediglich einen Schadenersatzanspruch nach Art. 34 GG, § 839.

26 § 18 Abs. 1 S. 1 Alt. 1 GBO. Auch durch Zurückweisung tritt Erledigung iSv. § 17 GBO ein.

der Käufer durch das Stellen des Eintragungsantrags eine für den Rechtscharakter der Anwartschaft „ausreichende" Sicherheit.[27]
Übersehen wird auch, daß das Merkmal der einseitigen Unentziehbarkeit nicht einmal für die Stellung des Vorbehaltskäufers zutrifft, aus der sich die Anwartschaftslehre entwickelt hat.[28] Die Anwartschaft aus Vorbehaltskauf kommt nach herrschender Ansicht nämlich regelmäßig durch Einwirkung auf den Kaufvertrag, sei es durch Anfechtung oder Rücktritt, zu Fall.[29] Die Beispiele verdeutlichen, daß die traditionelle Anwartschaftslehre keinen Beitrag dazu leisten kann, wann vom Rechtscharakter einer Erwerbsaussicht ausgegangen werden kann.
Ebenfalls kann nicht befriedigen, wenn die Anhänger der Anwartschaftslehre für die Rechtsqualität auf die gesetzlichen Vorwirkungen, die mit der Teilverwirklichung des Erwerbstatbestandes verbunden sind, verweisen. Die hierfür herangezogenen Regelungen in den §§ 160 und 161 können bereits deshalb nicht zur Anerkennung als subjektives Recht führen, da sie erst dann Platz greifen, wenn die Bedingung bereits eingetreten ist.[30] Zudem verleihen die kraft Gesetzes eintretenden Zwischenwirkungen der §§ 161, 162 dem Berechtigten keine Willensmacht.
Insofern hat *Forkel* zu Recht an der herrschenden Meinung kritisiert, sie habe die Eigentümlichkeiten der einzelnen Anwartschaften verallgemeinert, ohne nachzuweisen, daß gerade und nur diese Erscheinungen es seien, die dazu führten, Anwartschaften als subjektive Rechte anzuerkennen.[31] Unzutreffend ist es jedoch, wenn *Forkel* weiter ausführt, die rechtliche Sicherung einer Anwartschaft könne wenigstens als Indiz für das Vorhandensein eines subjektiven Rechts angesehen werden.[32] In jedem Falle könne aber dann von einem subjektiven Recht gesprochen werden, wenn die Rechtsordnung durch irgendwelche Bestimmungen die

27 BGHZ 49, 197, 201 f.; Reinicke/ Tiedtke, NJW 1982, 2281, 2283.
28 Aus diesen Gründen wenden sich Reinicke/ Tiedtke dagegen, die Unzerstörbarkeit als Voraussetzung für ein Anwartschaftsrecht anzusehen (vgl. NJW 1982, 2181). Entgegen Reinicke/ Tiedtke (s. S. 2283) kommt es jedoch ebenfalls nicht auf den Sicherheitsgrad an.
29 S. zur Haltbarkeit der Verknüpfung des Bedingungsausfalls mit schuldrechtlichen Einwirkungen auf den Kaufvertrag näher § 3.
30 Insoweit zutr. Lempenau, S. 25; Hans Stracke, S. 34; Freitag, S. 18; Henckel, FS Zeuner (1994), S. 193, 194. Schapp, SaR, Rz. 252. Die vier letztgenannten Autoren beschränken sich jedoch darauf, auf die Unzulänglichkeit dieser Begründung hinzuweisen, ohne einen eigenen tragfähigen Beitrag zur Frage des subjektiven Rechts des Vorbehaltskäufers zu leisten.
31 Forkel, S. 106 f.
32 Forkel, S. 109 f.; ihm folgend von Lübtow, JuS 1963, 171, 173; ähnlich Freitag, S. 20.

selbständige Verfügbarkeit zulasse. Das Kriterium der selbständigen Verfügbarkeit mache in erster Linie die Anwartschaft zum subjektiven Recht.[33] Den Nachweis der selbständigen Verfügbarkeit kann *Forkel* für die Anwartschaft aus Vorbehaltskauf jedoch nicht führen. Er begnügt sich vielmehr mit dem Hinweis, die Position des Vorbehaltskäufers werde wie das Voll*recht* übertragen, woraus er wiederum das subjektive Recht ableiten will.[34, 35] Zudem ist nicht zu verkennen, daß auch der Besitz übertragbar ist, ohne jedoch ein Recht zu sein, während andererseits Rechte denkbar sind, denen es an der Übertragbarkeit mangelt.[36]

Angesichts der Schwächen der Lehre *Forkels* vertritt *von Lübtow*, jedenfalls für die Anwartschaft aus Vorbehaltskauf sei der Nachweis für die selbständige Verfügbarkeit und damit für den Rechtscharakter erbracht, da der Gesetzgeber selbst von der Übertragbarkeit der Stellung des Vorbehaltskäufers ausgegangen sei.[37] Der Hinweis auf den Gesetzgeber ist jedoch verfehlt. In den Motiven heißt es lediglich, das bedingte Recht könne Gegenstand von Rechtsgeschäften und insbesondere übertragbar sein.[38] Den Schluß auf ein subjektives Recht läßt diese Formulierung nicht zu, da ausdrücklich von einem „bedingten Recht" des Erwerbers die Rede ist. Damit sollte lediglich verdeutlicht werden, daß der Erwerber über sein künftig zu erwerbendes Recht - das Eigentum - verfügen kann, was in § 185 Abs. 2 unmittelbar anerkannt ist. Die Unhaltbarkeit dieses Ansatzes räumt *von Lübtow* schließlich daher auch selbst ein.[39] Jedoch ergebe sich wenigstens aus der Anerkennung des unmittelbaren Eigentumserwerbs des Anwartschaftsinhabers durch Rechtsprechung und herrschende Lehre, daß die Position des Vorbehaltskäufers ein subjektives Recht darstelle.[40] Mit dem Ausschluß des Durchgangserwerbs ist demgegenüber für die Verfügbarkeit der Anwartschaft nichts erwiesen, da er selbst ein selbständig verfügbares Recht voraussetzt. Durch die von *Forkel* und von *von Lübtow* zur Abgrenzung herangezogene selbständige Verfügbarkeit wird die eigentliche Problemstellung lediglich von hinten aufgerollt,

33 Forkel, S. 116 f.; von Lübtow, JuS 1963, 171, 174.
34 Forkel, S. 177.
35 Gegen Forkel auch Rinnewitz, S. 159 f.; Sponer, S. 60 FN 37; Kempf, AcP 162 (1963), 293, 295.
36 So zu Recht bereits Würdinger, S. 86; ähnlich Enneccerus, Rechtsgeschäft, Bedingung und Anfangstermin, S. 601; vgl. auch Kempf, AcP 162 (1963), 293, 296.
37 Von Lübtow, JuS 1963, 171, 174.
38 Motive I, S. 256; vgl. auch Protokolle I, S. 181.
39 Von Lübtow, JuS 1963, 171, 173.
40 Von Lübtow, JuS 1963, 171, 174.

jedoch keiner Lösung zugeführt; denn die Frage der Rechtsnatur einer Anwartschaft stellt die vor der Verfügbarkeit zu behandelnde Vorfrage dar.
Diese Ungereimtheiten sind es, die ein Großteil der Literatur schließlich zu dem Satz veranlassen, die Anerkennung der Anwartschaft des Vorbehaltskäufers als subjektives Recht sei letztlich einem Prozeß der Rechtsfortbildung zu verdanken. Da man es mit dieser dürftigen Begründung häufig bewenden läßt und außer der Heranziehung der Bedingungsvorschriften kein ernsthafter Versuch unternommen wird, die Rechtsqualität der Anwartschaft aus einer rechtsgewährenden Norm zu gewinnen, kann nicht verwundern, daß die Kritik an der herrschenden Meinung nicht abreißt.[41]

II. Die Ableitung der Stellung des Vorbehaltskäufers aus dem Eigentum

Mit der Schaffung eines Rechts, das einer gesetzlichen Regelung entbehren soll, ist zwangsläufig der Nachteil verbunden, daß sich dieses Recht in seinem Gehalt nur unklar beschreiben läßt. Im Mittelpunkt des Interesses steht für die herrschende Meinung daher die Frage, auf welche Weise sich der Inhalt des Anwartschaftsrechts aus Vorbehaltskauf konkreter bestimmen läßt. Demgemäß werden die unterschiedlichsten Versuche unternommen, an ein „Mutterrecht" anzuknüpfen, dem das Recht des Vorbehaltskäufers am ehesten entsprechen soll.

1. Lehre vom geteilten Eigentum

Nach einer in der Literatur vertretenen, von Raiser begründeten Ansicht, ist die Eigentümerstellung beim Vorbehaltskauf funktional zwischen Verkäufer und Käufer geteilt.[42] Dies ergebe sich daraus, daß der Vorbehaltskäufer die Gefahr und alle Lasten der Sache trage, und ihm bereits

41 Vgl. dazu unter B.
42 Raiser, S. 14, 65, 68, 69; vorher bereits Flatau, S. 35; zustimmend Soergel - Mühl, § 929, Rz 31; Soergel - Mühl, § 455, Rz. 74; Schlegelberger - Hefermehl, Anh. § 382, Rz. 23; Braun, NJW 1962, 382, 383; Schapp, SaR, Rz. 253; Baur/ Stürner, SaR, § 59 V; H. P. Westermann, SaR, Rz. 5; Letzgus, S. 14; Weitnauer, JZ 1965, 141, 142; Rinnewitz, S. 289 ff., 296; Gudian, NJW 1967, 1786, 1787; im wesentlichen zustimmend auch Forkel, S. 164 ff.; ähnlich Imlau, MDR 1961, 193, 194, der sowohl den Vorbehaltsverkäufer als auch den Vorbehaltskäufer als bedingten Eigentümer ansieht und daher auch den Begriff eines selbständigen dinglichen Anwartschaftsrechts ablehnt.

vor Bedingungseintritt die Nutzungen zustünden; er besitze daher wie ein Eigentümer. Der Gedanke der Teilung des Eigentums erscheine uns nur deshalb fremd, weil unser Sachenrecht romanistisch beeinflußt und daher figurenarm sei.[43] Auch entspreche die Situation des Vorbehaltskäufers überhaupt nicht der eines mittelbaren Besitzers. Ebensowenig wie der Kaufvertrag ohne bedingte Übereignung zu den „ähnlichen Verhältnissen" im Sinne von § 868 gehöre, könne dies für § 455 zutreffen. Auch das Sicherungsinteresse des Verkäufers verlange nicht, diesem weiter mittelbaren Besitz zuzusprechen. Der Käufer sei daher bereits vor Eintritt der Bedingung als Eigenbesitzer anzusehen. Dies folge auch daraus, daß der Veräußerer das Bewußtsein habe, sich seines Besitzes nicht nur auf Zeit, sondern endgültig zu entäußern.[44] Der Vorbehaltsverkäufer habe daher keine Form von Besitz mehr. Dennoch könne er weiter sein Eigentum auf einen Dritten übertragen, und zwar durch bloße Einigung.[45]

An den Erwägungen *Raisers* trifft zu, daß eine besitzlose Stellung den Verkäufereigentümer nicht an einer Verfügung über sein Eigentum hinderte. Obwohl das Gesetz diesbezüglich unmittelbar keine Regelung vorsieht, ist mangels entgegenstehender Interessenlage eine Übertragung besitzloser Sachen nach den §§ 929, 931 möglich.[46]

Die Ausführungen *Raisers* zur besitzlosen Stellung des Vorbehaltsverkäufers an sich stoßen jedoch auf erhebliche Bedenken. § 872 definiert, daß derjenige Eigenbesitzer ist, der die Sache als eigene besitzt. Hierbei ist der Wille des Besitzers, die tatsächliche Sachgewalt wie ein Eigentümer ausüben zu wollen, entscheidend. Da der Vorbehaltsverkäufer keine Veranlassung hat, seinen Besitz aufzugeben, sondern wegen des möglicherweise eintretenden Sicherungsfalles weiterhin am Eigenbesitz interessiert ist, läuft die Vorstellung von einer besitzlosen Stellung auf eine Fiktion hinaus.[47] Daher läßt sich gegen den Fremdbesitz des Käufers auch nicht anführen, er fühle sich von Anfang an als Eigentümer, da er davon ausgehe, zahlen zu können. Indem er bereit ist, die Vorbehaltsware

43 Raiser, S. 67.

44 Raiser, S. 73 f.; Soergel - Mühl, § 455, Rz. 60, 74; ähnlich Kruschewski, S. 40 f.

45 Raiser, S. 72 ff.

46 So zu Recht Heck, SaR, § 57 II; Wolff/ Raiser, § 67 II 2; Wieling, SaR I, § 9 IV 5; Erman - Michalski, § 931, Rz. 2.
AA. Oertmann, AcP 113 (1915), 51, 78: unvereinbar mit dem Traditionsprinzip; Eichler, SaR II 1, S. 146; Biermann, SaR, § 931, Anm. 2. Der Verweis auf das Traditionsprinzip ist wenig überzeugend, da es vom Gesetzgeber nur unvollkommen durchgehalten wurde.

47 Gegen Raiser zu Recht auch Georgiades, S. 119; Serick I, S. 209.

unter bestimmten Umständen wieder an den Verkäufer herauszugeben, respektiert er doch gerade dessen Eigentum.[48] Zudem sieht jeder Fremdbesitzer im Rahmen seines Besitzrechts die Sache als eigene an.
Für die Annahme eines Besitzmittlungsverhältnisses ist nicht erforderlich, daß die Sache in jedem Fall wieder an den mittelbaren Besitzer zurückgelangt.[49] Vielmehr ist es möglich, daß der unmittelbare Besitzer der Intention nach endgültigen Besitz erhält.[50] Zum Teil wird gegen ein Besitzmittlungsverhältnis beim Vorbehaltskauf angeführt, die Annahme eines solchen ermögliche es dem Veräußerer, den Käufer rechtlos zu stellen, indem er durch Abtretung des Herausgabeanspruchs zugunsten eines gutgläubigen Dritten verfüge, §§ 161 Abs. 3, 934 Alt. 1.[51] Die Möglichkeit eines gutgläubigen Erwerbs des Dritten kann dem Vorbehaltskäufer jedoch nichts anhaben, wenn man § 936 Abs. 3 zu seinen Gunsten anwendet.[52] Der Annahme eines Besitzmittlungsverhältnisses steht auch nicht entgegen, daß beim Eigentumsvorbehalt keiner der in § 868 enumerierten Fälle vorliegt[53]; denn das Gesetz trifft in § 868 nur eine beispielhafte Auswahl, wie bereits der Wortlaut der Vorschrift verdeutlicht. Es ist daher auch nicht notwendig, ein Verwahrer- oder Verwalterverhältnis zu fingieren, um zu einem Besitzmittlungsverhältnis zu gelangen.[54] Es genügt vielmehr der Kaufvertrag zur Begründung des Besitzmittlungsverhältnisses.[55] Im Regelfall wird der Käufer mit der Besitzübertragung

48 Zutr. Döring, NJW 1996, 1443, 1444.

49 Zutr. Wieling, AcP 184 (1984), 439, 452 FN 56; ders., SaR I, § 6 II; Michalski, AcP 181 (1981), 384, 403; Döring, NJW 1996, 1443, 1444; MünchKomm - Joost, § 868, Rz. 16, 58.

50 AA. Kruschewski, S. 40 f.; Thiesing, ArchBR Bd. 20 (1902), 240, 248 ff.; Frey, S. 39; Guyet, S. 35 ff.; Gerhardt, MobiliarSaR, S. 57 FN 16 u. S. 154 FN 50: Ein Besitzmittlungsverhältnis könne nur dann vorliegen, wenn die Sache bestimmungsgemäß zum mittelbaren Besitzer zurückkehren solle.

51 Planck - Brodmann, § 868, Anm. 2 b ß; Gerhardt, MobiliarSaR, S. 154 FN 50.

52 Zutr. Wieling, AcP 184 (1984), 439, 452 FN 56.

53 So aber Planck - Brodmann, § 868, Anm. 2 b ß; Biermann, SaR, § 868, Anm. 2 b.

54 So häufig noch die ältere Literatur und Rspr., vgl. Steinbüchel, S. 59; RG JW 1899, S. 501 No. 55; RGZ 54, 396, 397; 64, 334, 337; 69, 197, 198 (indirekt durch Verweis auf RGZ 54, 396); 95, 105, 107.

55 So zu Recht auch die hM., vgl. RGRK - Mezger, § 455, Rz. 18; Kuklinski, S. 64; Paetsch, S. 15; Staudinger - Honsell, § 455, Rz. 28; MünchKomm - Quack, § 868, Rz. 58; Pottschmidt/ Rohr, KreditsicherungsR, Rz. 403 FN 61; Flume, AcP 161 (162), 385, 398; BGHZ 10, 69, 71.
Westermann (vgl. MünchKomm, § 455, Rz. 38) will das Besitzmittlungsverhältnis aus einer konkludent zwischen den Kaufvertragsparteien geschlossenen Sicherungs-

zwar Eigentümer und Eigenbesitzer, so daß kein Besitzmittlungsverhältnis zum Verkäufer entstehen kann. Der Eigentumsvorbehaltskauf stellt durch die Spaltung von dinglichem Geschäft und Vollendung des Rechtserwerbs jedoch eine Besonderheit dar. Eine Konzeption, die den Vorbehaltsverkäufer noch als Vollrechtsinhaber ansieht, kommt daher nicht umhin, diesen als Eigenbesitzer und den Käufer als unmittelbaren Fremdbesitzer anzusehen.[56]

Den Ausführungen *Raisers* zum geteilten Eigentum kann gleichfalls nicht zugestimmt werden. Zwar kann man davon sprechen, daß beim Eigentumsvorbehalt die Befugnisse in der Weise aufgeteilt sind, daß beim Verkäufer die Sicherungsfunktion, beim Käufer die Nutzungsmöglichkeit liegt.[57] Das Eigentum selbst kann aber nicht in der Weise aufgespalten werden, daß jede Partei Eigentümer abzüglich bestimmter Befugnisse ist. Man könnte allenfalls daran denken, beim Eigentumsvorbehalt Miteigentum von Käufer und Verkäufer anzunehmen.[58] Eine solche Konstruktion wäre jedoch mit der Regelung des § 455 nicht zu vereinbaren.[59] Daß einzelne sich aus dem Eigentum ergebende Befugnisse bereits jetzt einem anderen zustehen sollen, ist auch bei den beschränkt dinglichen Rechten der Fall. Auch hier handelt es sich jedoch nicht um eine teilweise Übertragung des Eigentums; ansonsten wäre der Unterschied zwischen Eigentum und dinglichem Recht an der Sache aufgegeben.[60]

Die Auffassung von einer Teilung des Eigentums steht auch im Widerspruch zu den Bedingungsvorschriften; denn das Charakteristische am

abrede ableiten, was zu keinem anderen Ergebnis führt, als wenn man dafür den Kaufvertrag selbst heranzieht.

56 So auch die hM., vgl. RGZ 95, 105; BGHZ 10, 69; 28, 16, 27; Flume, AcP 161 (1962), 385, 397; Meisner, S. 7, 15; Georgiades, S. 14; Erman - Grunewald, § 455, Rz. 18; Larenz, SR II 1, § 43, II c; Schapp, SaR, Rz. 251; Wieling, AcP 184 (1984), 439, 452; RGRK - Mezger, § 455, Rz. 18; Staudinger - Honsell, § 455, Rz. 28; MünchKomm - Westermann, § 455, Rz. 5; Döring, NJW 1996, 1443, 1444. Serick hingegen sieht den Vorbehaltskäufer aufgrund seines Anwartschaftsrechts zusätzlich als Eigenbesitzer an, vgl. Serick I, S. 232 ff., 263 ff. Dazu unter III 1 e u. III 2.

57 So z. B. Müller-Laube, JuS 1993, 529; Wieling, SaR I, § 17 I pr.

58 So Witte, JW 1934, 1142 f. Mit Zahlung der ersten Rate verwandele sich das Volleigentum des Vorbehaltsverkäufers in Miteigentum. Dieses Miteigentum werde mit jeder gezahlten Rate schwächer.

59 Witte (aaO.) meint, Praktikabilitätserwägungen rechtfertigten es, beim Eigentumsvorbehalt von Miteigentum auszugehen.

60 So schon Pagenstecher, Die römische Lehre vom Eigenthum in ihrer modernen Anwendbarkeit, 3. Abtheilung, S. 6; Windscheid, Pandekten I, § 200; Endemann II, § 68 I a. Unzutreffend Heck, SaR, § 21; Baur/ Stürner, SaR, § 59 V 1.

bedingt übertragenen Recht ist doch gerade, daß es noch nicht übertragen ist.[61]

Zudem finden sich hinsichtlich des Teilungsgedankens bei *Raiser* selbst widersprüchliche Aussagen. Einerseits, so *Raiser*, müsse der Veräußerer „mit allen sich daraus ergebenden Rechtsfolgen als Eigentümer behandelt werden".[62] Andererseits soll er lediglich ein mehr oder weniger starkes Eigentumsfragment in Händen halten.[63] Das alles paßt nicht zusammen. Mit dem Gedanken einer querschnittlichen Teilung des Eigentums rückt *Raiser* in Wirklichkeit in die Nähe der von ihm abgelehnten Lehre *A. Blomeyers*, der für das Eigentum des Vorbehaltskäufers bereits während der Schwebezeit plädiert.[64] Es stellt sich nämlich die Frage, warum der Eigenbesitz des Käufers zusammen mit dem Eigentumsfragment, das er bereits in Händen halten soll, noch nicht so viel Gewicht besitzt, daß von seinem Volleigentum auszugehen ist.

2. Ansicht des BGH und der herrschenden Lehre

Auch der BGH und die herrschende Lehre umschreiben die Stellung des Vorbehaltskäufers mit dem Eigentumsbegriff. Zwar ist nicht die Rede von einer Aufteilung der Eigentümerbefugnisse zwischen Verkäufer und Käufer. Dennoch könne nicht verkannt werden, daß der Vorbehaltskäufer im Hinblick auf das zu erwerbende Eigentum bereits über eine weit fortgeschrittene Position verfüge, die ihm einseitig durch den Verkäufer nicht mehr entzogen werden könne. Dieser Umstand rechtfertige es, die Eigentumsregeln wenigstens im Grundsatz auch auf das Anwartschaftsrecht anzuwenden und das Anwartschaftsrecht wie Eigentum zu behandeln.[65] Hierbei wird die Verwandtschaft zum Eigentum mit den unter-

61 Vgl. bereits Motive I, S. 255; krit. zur Lehre vom geteilten Eigentum auch R. W. Müller, JW 1934, 1534, 1544; Steinbüchel, S. 53, 56; Larenz, SR II 1, § 43 II c FN 27; Georgiades, S. 102, 119; MünchKomm - Westermann, § 455, Rz. 5; Bauknecht, NJW 1955, 1251, 1254; Hans Stracke, S. 9; Hartmut Stracke, S. 71 ff.; E. Wolf, SaR, § 7 C II d (S. 298 f.); A. Blomeyer, AcP 162 (1963), 193, 196; Steckermeier, S. 96 FN 87; Serick I, S. 208 f.

62 Raiser, S. 68.

63 Raiser, S. 66 f.

64 Vgl. dazu ausführlich unter B II.

65 Vgl. nur G. Reinicke, MDR 1959, 613, 616; Schnorr von Carolsfeld, KrVJschr Bd. 66 (1939), 174, 179; Fund, S. 12; Soergel - Mühl, § 929, Rz. 61; RGRK - Mezger, § 455, Rz. 25; RGRK - Pikart, § 929, Rz. 73; Pottschmidt/ Rohr, KreditsicherungsR, Rz. 404, 406 f.; Larenz/ Wolf, AT, § 15, Rz. 126, § 50, Rz. 78, 80; BGHZ 20, 88, 99; 30, 374, 379; 35, 85, 89.

schiedlichsten Formulierungen umschrieben. Die Spanne reicht von Ausdrücken wie „embryonaler Bestandteil des Vollrechts“[66], „vorausgeworfener Schatten eines Rechts“[67] bis zur Bezeichnung „Raupe oder Puppe“[68] des Rechts. Am bekanntesten ist die zuerst von *Schwister*[69] gebrauchte und sodann vom BGH[70] und der herrschenden Lehre[71] aufgegriffene Umschreibung als ein eigentumsähnliches Recht, das eine Vorstufe des Eigentums bildet, die nicht als *aliud*, sondern im Vergleich zum Eigentum als „wesensgleiches Minus“ zu kennzeichnen ist. Obwohl diese Formulierungen von Teilen der Literatur als „Bildersprache“[72], die juristisch nichts besage und aus der heraus sich keine tragfähigen Argumente gewinnen ließen, abgelehnt werden, wird immer wieder betont, die Vorwirkungen der bedingten Übereignung machten es erforderlich, Analogien zu den anerkannten Eigentumsregeln zu ziehen.

Für eine Analogie müßte aber eine Regelungslücke im Sinne einer planwidrigen Unvollständigkeit vorliegen.[73] Handelte es sich um eine offene Regelungslücke, also um eine Fallgruppe, für die das Gesetz keine Regelung vorsieht, obwohl es nach seiner Teleologie eigentlich eine enthalten sollte, müßte diese durch Rückgriff auf einen ähnlichen, aber geregelten Tatbestand geschlossen werden, um der Forderung nach Gerechtigkeit genüge zu tun.[74] Eine Regelungslücke darf jedoch nicht vorschnell bejaht werden. Vielmehr ist vorher genauestens zu prüfen, ob sich das in Rede stehende rechtliche Gebilde nicht doch in das vorhandene System einordnen läßt.[75] Die Tatsache, daß das Gesetz zur Stellung

66 Oertmann, Die Rechtsbedingung, S. 124 f.

67 Brecht, JherJahrb Bd. 61 (1912), 263, 273.

68 Schnorr von Carolsfeld, AcP 145 (1939), 348, 349 Anm. 1.

69 Schwister, JW 1933, 1764.

70 BGHZ 28, 16, 21; 30, 374; 35, 85, 89; BGH LM No. 11 a zu § 929.

71 Vgl. etwa Holtz, JW 1933, 2572, 2573; Bartels, JW 1933, 2573; Letzgus, S. 15, 85; Raiser, S. 64; MünchKomm - Quack, Einl. SaR, Rz. 22; MünchKomm - Damrau, § 1204, Rz. 12; Bauknecht, NJW 1954, 1749 u. FN 6; Ludwig, NJW 1989, 1458, 1459; Derleder, JuS 1979, 477, 479 FN 9 u. 11; J. F. Baur, FSI, Anm. zu Fall 21; Schapp, SaR, Rz. 253; Pottschmidt/ Rohr, KreditsicherungsR, Rz. 407; K. Müller, SaR, Rz. 2434; Gerhardt, MobiliarSaR, S. 151; Graf Lambsdorff, Eigentumsvorbehalt, Rz. 111; Larenz/ Wolf, AT, § 50, Rz. 78; Müller-Laube, Jura 1993, 529, 530; Giesen, Jura 1994, 194, 198; Bülow, Jura 1996, 190, 191.

72 Flume, AcP 161 (1962), 385, 390 f.; MünchKomm - Westermann, § 455, Rz. 44, 46 f.

73 Larenz, Methodenlehre, S. 358.

74 Larenz, Methodenlehre, S. 365.

75 Krit. bezüglich der Eigentumsanalogie auch Kupisch, JZ 1976, 417, 428; Hans Stracke, S. 41; MünchKomm - Quack, § 929, Rz. 28; gegen ein Eigentum minderer Art auch Larenz, AT, § 25 III c (S. 504).

des Vorbehaltskäufers außer den allgemeinen Bedingungsvorschriften keine Aussage trifft, rechtfertigt für sich allein noch nicht den Schluß, eine dogmatische Erfassung des Anwartschaftsrechts sei ohne Analogien nicht zu bewältigen.
Daneben muß sich die herrschende Meinung den Einwand gefallen lassen, daß der Begriff des „wesensgleichen Minus", also einer Art „Minieigentum", nicht gerade zur Rechtssicherheit und Rechtsklarheit beiträgt. Es handelt sich hierbei vielmehr um eine Wortschöpfung, die mangels greifbaren juristischen Gehalts zur Lösung der mit der Stellung des Vorbehaltskäufers verbundenen Probleme ungeeignet erscheint, da unklar bleibt, wie weit die Wesensgleichheit mit dem Eigentum gehen soll und wo das Minus anfängt. Einerseits soll die Stellung des Vorbehaltskäufers wirtschaftlich verwertbar gemacht werden, weshalb die Eigentumsregeln analog Anwendung finden sollen. In anderen Fallgestaltungen wird hingegen die Verschiedenheit zwischen Eigentumsanwartschaft und Eigentum betont, insbesondere weil sich das Anwartschaftsrecht von der abstrakten Verfügung durch seine Abhängigkeit von der schuldrechtlichen Grundlage unterscheiden soll. Da die von der herrschenden Meinung befürwortete Kausalabhängigkeit des Anwartschaftsrechts in keiner Weise zum Eigentum paßt, wird mit der Figur des „wesensgleichen Minus" ein dogmatisches Gebilde geschaffen, das durch Verschieben der Akzente den jeweils gewünschten Ergebnissen gerecht wird.
In der Literatur wird daher vorgeschlagen, eine Abgrenzung zwischen Eigentumsähnlichkeit und -verschiedenheit unter Abwägung des Kreditbedürfnisses des Käufers einerseits und des Sicherungsinteresses des Verkäufers andererseits vorzunehmen.[76] Dies kann jedoch gleichfalls nicht überzeugen, da eine Analogie zu den Eigentumsregeln überhaupt nur tragfähig ist, solange sich das Anwartschaftsrecht im wesentlichen konform zu dem als Anknüpfungspunkt gewählten Rechtsinstitut verhält.

III. Das Anwartschaftsrecht als dingliches Recht

Die Unsicherheit, die mit der dogmatischen Ableitung des Anwartschaftsrechts einhergeht, zeigt sich auch darin, daß die herrschende Mei-

76 So M. Reinicke, JuS 1986, 957, 961; Kollhosser, JA 1984, 194, 199; MünchKomm - Westermann, § 455, Rz. 3, 28, 34, 38, 46, 84;

nung trotz Bejahung der Eigentumsähnlichkeit noch weit davon entfernt ist, einheitlich die Dinglichkeit des Anwartschaftsrechts anzuerkennen.

1. Übersicht über den Meinungsstand

a. Anwartschaftsrecht als dingliches Recht zum Besitz

Die überwiegende Ansicht folgert aus der Eigentumsähnlichkeit, das Anwartschaftsrecht sei ein dingliches Recht, das ein Recht zum Besitz gegenüber jedermann verleiht.[77] Dies ergebe sich daraus, daß die Parteien sich bereits über die Eigentumsübertragung geeinigt hätten, und diese nur noch vom Eintritt der Bedingung abhänge.[78] Weiterhin wird der dingliche Charakter der Anwartschaft mit § 161 begründet. Da diese Vorschrift dem Inhaber des Anwartschaftsrechts Schutz gegen beeinträchtigende Zwischenverfügungen verleihe, sei es zwingend, seine Stellung als dinglich zu qualifizieren.[79] Für ein dingliches Besitzrecht spreche auch die Übertragbarkeit des Anwartschaftsrechts, da diese wertlos sei, wenn die dadurch erlangte Stellung nicht bis zum Eintritt der Bedingung aufrecht-

77 Flatau, S. 35; Richter, S. 16 mit 34; Fund, S. 12; Holtz, S. 25 ff.; Witte, JW 1934, 1142; Schnorr von Carolsfeld, KritVJschr Bd. 66 (1939), 174, 179; Raiser, S. 76 ff.; Kuklinski, S. 42, 53 ff.; Diederichsen, § 18; M. Wolf, SaR, Rz. 508; Bülow, Kreditsicherheiten, Rz. 680; ders. Jura 1996, 190, 191; Schwab/ Prütting, SaR, § 33 II 2, 7; Schapp, SaR, Rz. 252; Gernhuber, BürgR, § 13 I 4, 6, V 1; Wieling, SaR I, § 17 III; Baur/ Stürner, SaR, § 59 V 1, 3 a; Westermann - Westermann, SaR I, § 5 III a, § 19 IV 1 c, § 39 III 2 a, IV 1; Pottschmidt/ Rohr, KreditsicherungsR, Rz. 406; Bauknecht, NJW 1954, 1749; Bauknecht, NJW 1955, 1251, 1252; Soergel - Mühl, § 929, Rz. 68; Soergel - Mühl, § 455, Rz. 60; MünchKomm - Westermann, § 455, Rz. 52 f.; Rinnewitz, S. 208, 237, 295; Reinicke/ Tiedtke, KaufR, Rz. 1146; Graf Lambsdorff, Eigentumsvorbehalt, Rz. 94; Braun, NJW 1962, 382, 383; Sponer, S. 94 ff.; Unger, KTS 1969, 193 ff.; Forkel, S. 161; von Tuhr, AT I, S. 181; Zunft, NJW 1956, 1420, 1421 f.; Hartmut Stracke, S. 44 ff.; ders., KTS 1973, 102, 105 ff.; Banke, S. 99 ff.; J. F. Baur, ESJ, Anm. zu Fall 24; Müller-Laube, JuS 1993, 529, 530; Henckel, FS Zeuner (1994), 193, 195, 214; Döring, NJW 1996, 1443; BGH WM 1957, 516; OLG Karlsruhe, NJW 1966, 885, 886; Imlau, MDR 1961, 193, 194, der den Vorbehaltskäufer als bedingten Eigentümer ansehen will, ohne seine Stellung mit dem Begriff des Anwartschaftsrechts zu beschreiben. Der Vorbehaltskäufer hat nach Imlau als bedingter Eigentümer ein dingliches Recht zum Besitz.

78 Holtz, S. 25; Richter, S. 16; Schnorr von Carolsfeld, KrVJschr Bd. 66 (1939), 174, 179; Rinnewitz, S. 216 f., 295; Braun, NJW 1962, 382, 383; Pottschmidt/ Rohr, KreditsicherungsR, Rz. 407.

79 Vgl. nur Kuklinski, S. 44; Pottschmidt/ Rohr, KreditsicherungsR, Rz. 407; Müller-Laube, JuS 1993, 529, 530; Rinnewitz, S. 219, 295; Richter, S. 16; Fund, S. 13; Forkel, S. 161.

erhalten werden könne.[80] Ebenso komme ein gutgläubiger Erwerb ohne entsprechendes Besitzrecht der Ablehnung desselben gleich.[81]
Das Problem, daß der gutgläubige Anwärter vom wahren Eigentümer auf Herausgabe in Anspruch genommen wird, ergibt sich bei folgender Fallgestaltung: Der Eigentümer einer Sache überträgt diese nach den §§ 929, 930 auf einen Ersterwerber. Danach bestellt er einem Zweiten einen Eigentumsvorbehalt und übergibt ihm die Sache, so daß dieser gutgläubig vom Nichtberechtigten ein Anwartschaftsrecht erwirbt.[82] Der Anwartschaftserwerber müsse dem Herausgabeanspruch des Ersterwerbers vor Bedingungseintritt nur dann nicht Folge leisten, wenn er ihm ein dingliches Besitzrecht entgegenhalten könne.[83]
Die Dinglichkeit des Anwartschaftsrechts ergebe sich auch daraus, daß dem Anwartschaftserwerber der Schutz des § 936 Abs. 3 zugute komme. Verfüge der Vorbehaltsverkäufer, der die Sache aufschiebend bedingt nach § 929 auf den Vorbehaltskäufer übereignet habe, danach gemäß §§ 929, 931 zugunsten eines Dritten, werde der an sich nach §§ 161 Abs. 3, 934 Alt. 1 mögliche gutgläubige Erwerb des Dritten durch die analoge Anwendung von § 936 Abs. 3 verhindert. Daher gehe das Anwartschaftsrecht des Ersterwerbers bei gutem Glauben an das Nichtbestehen desselben nicht unter.[84]
In welchem Verhältnis das dingliche Besitzrecht aus der Anwartschaft zum obligatorischen Besitzrecht aus dem Kaufvertrag stehen soll, ist umstritten. Einige plädieren für ein doppeltes Besitzrecht, so daß der Vorbehaltskäufer seinem Vertragspartner wahlweise sein Recht zum Besitz

80 S. etwa Kuklinski, S. 55; Bauknecht, NJW 1955, 1251, 1252; Müller-Laube, JuS 1993, 529, 530: „Die analoge Anwendung der §§ 929 ff. war ein entscheidender Schritt auf dem Wege der Verdinglichung".

81 Flume, AcP 161 (1962), 385, 393; MünchKomm - Westermann, § 455, Rz. 54; Bauknecht, NJW 1955, 1251; Diederichsen, S. 133; Pottschmidt/ Rohr, KreditsicherungsR, Rz. 414; Hans Stracke, S. 44 f.; Braun, NJW 1962, 382, 383.

82 Dieser Fall lag BGHZ 10, 69 zugrunde. Der BGH hat hier zwar den gutgläubigen Erwerb des Anwartschaftsrechts anerkannt, allerdings ein dingliches Besitzrecht aus der Anwartschaft abgelehnt; vgl. dazu unter III 1 c.
S. zum gutgläubigen Erwerb des Anwartschaftsrechts ausführlich § 3 D.

83 Der BGH möchte hier mit der Arglisteinrede aus § 242 helfen, vgl. BGHZ 10, 69, 75; dagegen unter III 2.

84 Vgl. nur Hartmut Stracke, KTS 1973, 102, 106 f.; von Tuhr, AT II 2, S. 304 FN 86; Schapp, SaR, Rz. 257; Döring, NJW 1996, 1443 ff.; K. Müller, SaR, Rz. 2433; Pottschmidt/ Rohr, KreditsicherungsR, Rz. 403; Erman - Grunewald, § 455, Rz. 25; MünchKomm - Westermann, § 455, Rz. 49; Staudinger - Honsell, § 455, Rz. 35; Soergel - Mühl, § 929, Rz. 54; BGHZ 45, 186, 190.

aus dem Kaufvertrag oder sein Recht zum Besitz aus dem Anwartschaftsrecht entgegenhalten kann.[85] Habe der Vorbehaltskäufer sein Anwartschaftsrecht inzwischen auf einen Dritten übertragen, könne dieser sich gegenüber dem Herausgabeverlangen des Vorbehaltsverkäufers nur auf sein Recht zum Besitz aus der Anwartschaft berufen. Andere nehmen an, der Vorbehaltskäufer erlange lediglich ein Besitzrecht aus der Anwartschaft[86] beziehungsweise ein Besitzrecht, das sowohl obligatorisch als auch dinglich fundiert sei.[87] Meist wird jedoch keine Auskunft darüber erteilt, wie sich das dingliche Besitzrecht aus der Anwartschaft zum Besitzrecht aus dem Kaufvertrag verhalten soll.

Auch besteht Uneinigkeit darüber, wem gegenüber das dingliche Besitzrecht Wirkung entfalten soll. Überwiegend wird angenommen, das dingliche Besitzrecht wirke absolut gegenüber jedermann, mithin also auch im Verhältnis zum Eigentümer.[88] Vereinzelt wird jedoch auch die Auffassung vertreten, dem Inhaber des Anwartschaftsrechts stehe ein Recht zum Besitz zu, welches er jedem gegenüber, mit Ausnahme des Eigentümers, entgegenhalten könne.[89]

Nach *H. P. Westermann* ist das Anwartschaftsrecht den dinglichen Rechten zwar ähnlich, aber diesen nicht völlig gleichzustellen, da es in Entstehung und Existenz vom Kausalgeschäft abhängig sei.[90] Daher sei für das Anwartschaftsrecht eine Sonderbehandlung gerechtfertigt, so daß die Annäherung an ein dingliches Recht je nach dem normativen Aspekt unterschiedlich zu beurteilen sei. Für die Übertragbarkeit und den gutgläu-

85 Etwa LG Kiel, MDR 1956, 97, 98; Lange, JuS 1971, 511, 513; Pottschmidt/ Rohr, KreditsicherungsR, Rz. 406; M. Wolf, SaR, Rz. 508.

86 Flatau, S. 45; Imlau, MDR 1961, 193, 194; Bauknecht, MDR 1956, 722; Kuklinski S. 39 mit S. 53 ff.

87 Diederichsen, S. 131, 132.

88 Vgl. nur Diederichsen, S. 131; Schnorr von Carolsfeld, KrVJschr Bd. 66 (1939), 174, 179, Wieling, SaR I, § 17 III 2 a.

89 Erman - Michalski, § 929, Rz. 23; Erman - Grunewald, § 455, Rz. 37; beide wohl im Anschluß an Erman (8. Aufl.) - Weitnauer, § 455, Rz. 9, 10, 34; Rehbinder, NWB 1989, 1811, 1815.
Dilcher (JuS 1979, 331, 332) und v. Look/ Stoltenberg (WM 1990, 661, 662) lassen offen, ob das Anwartschaftsrecht als dingliches Recht anzuerkennen ist. Falls man von einem dinglichen Besitzrecht ausgehe, könne dieses jedenfalls nicht gegenüber dem Vorbehaltsverkäufer gelten.

90 MünchKomm - Westermann, § 455, Rz. 28 mit Rz. 46; ähnlich auch G. Reinicke, MDR 1959, 613 ff. u. FN 7.

bigen Erwerb geht *H. P. Westermann* jedenfalls von einem dinglichen Besitzrecht des Anwärters aus.[91]
Die schuldrechtliche Abhängigkeit des Anwartschaftsrechts veranlaßt manche auch dazu, von einem „quasidinglichen" Recht zu sprechen.[92]

b. Kein dingliches Recht zum Besitz aus der Anwartschaft

Die Gegenposition lehnt es mit unterschiedlicher Begründung ab, aus dem Anwartschaftsrecht ein dingliches Recht abzuleiten.[93] Ein dingliches Besitzrecht könne nur das Eigentum geben. Da dem Gesetz aber ein abgespaltenes Eigentumsrecht fremd sei, könne das Besitzrecht des Vorbehaltskäufers nur aus dem obligatorischen Kaufvertrag entstehen.[94] Weiter wird gegen ein dingliches Anwartschaftsrecht angeführt, ein solches tue dem Parteiwillen Gewalt an und verkürze im Ergebnis das Sicherungsinteresse des Verkäufers. Eine Abwägung der unterschiedlichen Interessen zwischen Verkäufer und Käufer verbiete es daher, dem Käufer ein dinglich wirkendes Besitzrecht zuzugestehen.[95] Trotz der Eigentumsähnlichkeit, die das Anwartschaftsrecht zweifellos aufweise, dürfe daher dem dogmatischen Argument nicht in dem von der herrschenden Meinung befürworteten Umfang Rechnung getragen werden.[96] Ein dingliches Anwartschaftsrecht vertrage sich auch nicht mit der Tatsache, daß das Besitzrecht beim Eigentumsvorbehalt durch Störungen im Kausalverhältnis beendet werde.[97] Weiterhin wird die Dinglichkeit der

91 MünchKomm - Westermann, § 455, Rz. 52 f.
92 So etwa Erman - Grunewald, § 455, Rz. 28; Soergel - Mühl, § 455, Rz. 21 (in Rz. 77 läßt Mühl offen, ob es sich um ein dingliches oder um ein „quasidingliches" Recht handelt); Derleder, JuS 1979, 477, 480: „mindestens quasidingliches Recht".
93 Larenz, SR II 1, § 43 II c; ders., AT, § 25 III c (S. 504); MünchKomm - Medicus, § 986, Rz. 9, 14; ders., BürgR, Rz. 465; MünchKomm - Quack, § 929, Rz. 35; Stoll, JuS 1967, 12 ff.; Gudian, NJW 1967, 1786.; Lempenau, S. 36; Michaelsen, S. 28 FN 30, 49; Kruschewski, S. 61 f., insbes. FN 153 f.; Binter, JR 1932, 178, 179 f.; Steinbüchel, S. 52; Rühl, S. 104 ff.; Gerhardt, MobiliarSaR, S. 151; Brox, JuS 1984, 657, 659; Pikart, WM 1959, 1234, 1235; ders., WM 1962, 1230; RGRK - Pikart, § 929, Rz. 76; Eichler, SaR II 1, S. 122; Staudinger - Gursky, § 986, Rz. 10, 44, 57.
94 So Binter, JR 1932, 178, 179 f.; K. Müller, SaR, Rz. 2438; Gerhardt, MobiliarSaR, S. 151; ähnlich Eichenhofer, AcP 185 (1985), 162, 187 f.
95 Vgl. Gudian, NJW 1967, 1786, 1787.
96 Stoll, JuS 1967, 12, 16 f.
97 Staudinger - Gursky, § 986, Rz. 10.

Anwartschaft mit dem Argument bestritten, ein solches Recht stehe außerhalb des *numerus clausus* der Sachenrechte.[98]

Derjenige, der das Anwartschaftsrecht vom Käufer erwirbt, soll dadurch geschützt werden, daß ihm eine Einwendung aus dem relativen Besitzrecht des Käufers zugestanden wird, solange dieser aus dem Kaufvertrag besitzberechtigt ist. Dies ergebe sich aus der Übertragbarkeit des Anwartschaftsrechts, die die Befugnis voraussetze, dem Anwartschaftserwerber mit dem Besitz auch das Besitzrecht aus dem Kaufvertrag zur Ausübung zu überlassen, so daß § 986 Abs. 1 S. 1 Alt. 2 Anwendung finde.[99]

Ein dingliches Anwartschaftsrecht werde daher einzig beim gutgläubigen Erwerb relevant. Aber selbst dieser Fall könne nach dem Sinn der Gutglaubensvorschriften gelöst werden, der es gebiete, den gutgläubigen Vorbehaltskäufer so zu stellen, als habe er vom Berechtigten erworben. Demzufolge könne von ihm keine Herausgabe verlangt werden, so daß die Konstruktion eines dinglichen Besitzrechts aus der Anwartschaft überflüssig sei.[100] Mit demselben Ergebnis lassen manche den Herausgabeanspruch des Ersterwerbers auch an § 986 Abs. 1 S. 1 Alt. 2 analog scheitern.[101]

Andere wiederum versagen dem gutgläubigen Anwartschaftserwerber den Schutz, so daß er die Sache bis zum Bedingungseintritt herausgeben muß, sofern er die Bedingung nicht sofort herbeiführen will.[102] Auch ohne Besitz könne die Anwartschaft noch den Eigentumserwerb sichern.

98 Heck, SaR, § 111 I; RGRK - Mezger, § 455, Rz. 25; RGRK - Pikart, § 929, Rz. 76; ders., WM 1962, 1230, 1231; ders., FS 150 Jahre Heymanns Verlag (1965), 179, 183; Slapnicar, FS Lehmann (1990), S. 133, 145; Grimm, S. 26 ff.; Eichler, SaR II 1, S. 122; Gerhardt, MobiliarSaR, S. 151; Freitag, S. 19; Brandis, JW 1933, 505 f.

99 Vgl. Larenz, SR II 1, § 43 II c; Brox, JuS 1984, 657, 659; Derleder, ZHR 139 (1975), 20, 41 ff.; Flume, AT II, § 42, 4 d; Soergel - Mühl, § 986, Rz. 5, 11, 17, MünchKomm - Westermann, § 455, Rz. 53 (Mühl und Westermann alternativ zur Lösung mittels dinglichen Besitzrechts).

100 Stoll, JuS 1967, 12, 17; Stoll, ZHR 128 (1966), 239, 247; Flume, AcP 161 (1962), 385, 392 f.

101 Etwa Soergel - Mühl, § 986, Rz. 5, 11, 17.

102 Etwa Staudinger - Gursky, § 986, Rz. 10; Gudian, NJW 1967, 1786, 1788; MünchKomm - Medicus, § 986, Rz. 9; ders., BürgR, Rz. 465; Nauenberg, S. 9; Georgiades, S. 130. Nauenberg und Georgiades gehen von einem dinglichen Anwartschaftsrecht aus, das kein Recht zum Besitz gewährt, vgl. unter f.

c. Ansicht der Rechtsprechung

Auch die höchstrichterliche Rechtsprechung hat es bislang abgelehnt, dem Inhaber der Anwartschaft ein dingliches Recht zum Besitz zuzugestehen.[103] Dem gutgläubigen Anwartschaftserwerber steht danach nur ein obligatorisches Besitzrecht aus dem Kaufvertrag zu, welches sich gegenüber dem wahren Eigentümer als wirkungslos erweist. Da die Vindikation des Eigentümers jedoch nur bis zum Bedingungseintritt erfolgversprechend sei, könne der zu diesem Zeitpunkt das Eigentum erlangende Anwärter bereits während der Schwebezeit dem Herausgabeanspruch begegnen, und zwar mit Hilfe der *exceptio doli.*[104] Es sei nämlich nicht zu rechtfertigen, daß der Eigentümer eine Sache herausverlangen könne, die er sogleich wieder zurückgeben müsse.
Inzwischen ist in mehreren Entscheidungen eine Entwicklung erkennbar, die in Richtung Anerkennung der Anwartschaft als dingliches Recht geht. So spricht der BGH etwa davon, daß das Anwartschaftsrecht in Wirkung und Bedeutung einem beschränkt dinglichen Recht nahekomme.[105] Auch hat er das Anwartschaftsrecht den dinglichen Rechten am Kraftfahrzeug nach § 25 Abs. 4 StVZO gleichgestellt, was er mit der „starken" Wirkung des Anwartschaftsrechts begründet hat.[106] Den Abschluß dieser Entwicklung bildet eine Entscheidung, in der das Anwartschaftsrecht als „subjektiv-dingliches", aber in seiner Bestandskraft durch die Abhängigkeit vom schuldrechtlichen Grundgeschäft geschwächtes Recht bezeichnet wird.[107] Dennoch hat der BGH seine ablehnende Haltung gegenüber einem dinglichen Anwartschaftsrecht *expressis verbis* bislang nicht aufgegeben.

103 RGZ 140, 223, 228; BGHZ 10, 69, 72; 30, 374, 377; 34, 122, 124; 34, 191, 197. AA. OLG Karlsruhe NJW 1966, 885, 886.

104 BGHZ 10, 69, 75; zustimmend RGRK - Pikart, § 929, Rz. 76; Soergel - Mühl, § 929, Rz. 5 (alternativ zur Anwendung von § 986 Abs. 1 S. 1 Alt. 2 analog); teilweise zustimmend MünchKomm - Medicus, § 986, Rz. 9: Sofern der Eigentumserwerb sicher sei und nahe bevorstehe, soll der Arglisteinwand helfen.

105 BGHZ 30, 374, 377; 34, 122, 124; ebenso Jacusiel, S. 59.

106 BGHZ 30, 374, 377 f.

107 BGHZ 75, 221, 225 f.

d. *Die von Lübtow'sche Anrechtstheorie als Erklärungsmodell für die Struktur des Anwartschaftsrechts*

Slapnicar[108] versucht, die dogmatische Struktur des Anwartschaftsrechts aus der zuletzt von *von Lübtow* geäußerten Anrechtstheorie[109] abzuleiten. Nach *von Lübtow* entsteht ein Anrecht, wenn der Berechtigte ein subjektives Recht innehat, welches in dem von der Rechtsordnung anerkannten Interesse besteht, einen Gegenstand empfangen und behalten zu dürfen. Nach *Slapnicar* läßt sich das Anwartschaftsrecht zwanglos unter die Anrechtsdefinition fassen. Durch die aufschiebend bedingte Übereignung finde nämlich eine Wertbewegung statt, die dazu bestimmt sei, dem Vorbehaltskäufer das Eigentum zu verschaffen. Dadurch gelange das „Anrecht" des Käufers auf das Eigentum zur Entstehung. Die Rechtsposition des Vorbehaltskäufers gehöre wie alle Anrechte weder zu den dinglichen noch zu den obligatorischen Rechten, sondern stehe über beiden Gruppen.[110] Das Anrecht aus Eigentumsvorbehalt verleihe seinem Inhaber ein dingliches Besitzrecht gegenüber Dritten und selbst gegen das Herausgabeverlangen des anrechtsverpflichteten Eigentümers.[111]

e. *Anwartschaftsrecht als schuldrechtlich-dingliches Recht*

Nach *Serick* steht das Anwartschaftsrecht zwischen schuldrechtlichem und dinglichem Recht. Um ein reines dingliches Recht könne es sich nicht handeln, weil dem Anwartschaftsrecht die Unabhängigkeit von der *causa* seiner Bestellung fehle. Da das Anwartschaftsrecht von seinem Rechtsgrund, dem Kaufvertrag, abhängig sei, sei das Abstraktionsprinzip per Gesetz durchbrochen. Das Anwartschaftsrecht sei daher als dingliches Recht mit noch schuldrechtlicher Abhängigkeit oder als schuldrechtliches Recht mit schon dinglichen Merkmalen zu begreifen.[112] Nach *Serick* steht dem Anwartschaftsinhaber in analoger Anwendung der für

108 Vgl. Slapnicar, FS von Lübtow (1990), 133 ff.

109 Zur Anrechtstheorie: von Lübtow, FS Lehmann (1956), 328 ff.

110 Slapnicar, FS von Lübtow (1990), 133, 147; von Lübtow, FS Lehmann (1956), 328, 330 (jedoch allgemein zur Struktur des Anrechts, ohne Bezugnahme auf den Eigentumsvorbehalt).

111 Slapnicar, FS von Lübtow (1990), 133, 148.

112 Serick I, S. 53 ff; S. 244 ff; Serick V, S. 356; ders., Neue Rechtsentwicklungen, § 2 I 4 a, II 3 a; ders., AcP 166, 129; Kübler, ZIP 1980, 39. Bereits Semeka (ArchBR Bd. 35 (1920), 121, 134 ff.) nahm an, bei dinglich gesicherten Warterechten handele es sich um eine Zwischenform zwischen dinglichen und obligatorischen Rechten.

das Eigentum geltenden Regeln zwar ein Recht zum Besitz zu; dieses Besitzrecht müsse jedoch dem Eigentum gegenüber zurücktreten, da es das schwächere Recht sei, welches nur im Verhältnis zu Dritten dem Eigentum gleichzustellen sei.[113] Ein Schutz des gutgläubigen Anwartschaftserwerbers sei daher bis zum Eintritt der Bedingung nicht erreichbar.[114]

Abweichend von der herrschenden Meinung beurteilt *Serick* auch die Besitzverhältnisse beim Eigentumsvorbehalt. *Serick* will den Vorbehaltskäufer zwar ebenfalls als Fremdbesitzer und den Verkäufer als Eigenbesitzer ansehen.[115] Dem Käufer sei jedoch aufgrund seines Anwartschaftsrechts zusätzlich die Stellung eines Eigenbesitzers einzuräumen. Dies ergebe sich daraus, daß der Vorbehaltskäufer gemäß den §§ 929 ff. als Berechtigter über sein Anwartschaftsrecht verfügen könne. Da für den Vorbehaltskäufer als Inhaber des Anwartschaftsrechts grundsätzlich die Regeln Anwendung fänden, die für den Vollrechtsinhaber gälten, besitze er ebenso wie der Eigentümer als ihm gehörend.[116] Gleichzeitig besitze er auch als Fremdbesitzer, da er das Eigentum des Vorbehaltsverkäufers achte.[117] Etwas abweichend ist *Michalski* der Ansicht, dieser gespaltene Besitzwille liege nicht generell vor, sondern nur dann, wenn er nach außen erkennbar geworden sei. Davon sei immer dann auszugehen, wenn der Vorbehaltskäufer über sein Anwartschaftsrecht zugunsten eines Dritten verfüge.[118]

f. Die Anwartschaft als dingliches Recht ohne Recht zum Besitz

Georgiades vertritt, das Anwartschaftsrecht sei zwar dinglich, da dem Vorbehaltskäufer das absolute Erwerbsrecht zustehe. Der Eigentumsanwartschaft fehle es aber an der unmittelbaren Herrschaftsbeziehung zu der bedingt übereigneten Sache. Daher könne aus dem dinglichen Anwartschaftsrecht kein Recht zum Besitz abgeleitet werden.[119] Da dem Anwartschaftsrecht einzig die Funktion zukomme, den Eigentumsübergang bei Bedingungseintritt zu gewährleisten, komme die Ableitung ei-

113 Serick I, S. 139, 273 ff.
114 Serick I, S. 276.
115 Serick I, S. 235, 262 f.
116 Serick I, S. 235, 262; so auch Michalski, AcP 181 (1981), 384, 406.
117 Serick I, S. 235, 263.
118 Michalski, AcP 181 (1981), 384, 407 f.
119 Georgiades, S. 114 f.; zustimmend K. Müller, SaR, Rz. 7 mit 435, 2434, 2438; ders., DB 1969, 1493, 1494; wie Georgiades bereits Nauenberg, S. 7 ff.

nes Besitzrechts nicht in Frage.[120] Gegen ein dingliches Besitzrecht spreche auch der Vergleich des Anwartschaftsrechts mit den beschränkt dinglichen Rechten. Während der Eigentümer bei letzteren nicht die Möglichkeit habe, die Sache vor Untergang des Rechts vom Berechtigten abzufordern, gebe der Eigentumsvorbehalt dem Veräußerer die Möglichkeit, die Herausgabe der Sache zu verlangen, sofern der Erwerber mit der Kaufpreiszahlung in Verzug gerate, oder er sonst in unzulässiger Weise auf die Sache einwirke.[121]
Nach *Georgiades* bedarf es der Konstruktion eines dinglichen Besitzrechts nicht, da der Anwärter der Vindikation des Eigentümers die Einwendung aus dem Besitzrecht des Vorbehaltskäufers entgegenhalten könne, solange dieser aus dem Vorbehaltskauf besitzberechtigt sei.[122] Auch dem gutgläubigen Erwerber des Anwartschaftsrechts müsse ein Besitzrecht zustehen, obwohl zwischen ihm und dem Eigentümer keine vertraglichen Beziehungen bestünden.[123] Insoweit besteht Übereinstimmung zu denjenigen, die das Anwartschaftsrecht lediglich als obligatorisches Recht ansehen.

2. Stellungnahme zu den geschilderten Ansichten

Das breite Spektrum der vertretenen Ansichten resultiert daraus, daß es der herrschenden Meinung nicht gelingt, die dingliche Natur des Anwartschaftsrecht in überzeugender Weise zu begründen.
Die Heranziehung der Eigentumsregeln ist wenig aussagekräftig, da sich aus einer Stellung, die später einmal zum Eigentumserwerb führen soll, noch nicht auf ein dingliches Recht schließen läßt.[124]
Auch aus § 161 läßt sich die Dinglichkeit des Anwartschaftsrechts nicht herleiten, da diese Vorschrift keine Regelung für die Zeit vor Bedin-

120 Georgiades, S. 115.
121 Georgiades, S. 115.
122 Georgiades, S. 127.
123 Georgiades, S. 130. AA. Nauenberg, S. 9: Wer das Anwartschaftsrecht gutgläubig vom Nichtberechtigten erwerbe, müsse die Sache dem Eigentümer bis zum Bedingungseintritt herausgeben.
124 Gegen die Ableitung aus dem Eigentum bereits Kruschewski, S. 62; vgl. auch Rose, NJW 1970, 1501, 1502.

gungseintritt enthält[125] und daher aus ihr nicht einmal der Rechtscharakter abgeleitet werden kann.[126]

Zwar trifft zu, daß es weder zur Übertragbarkeit noch zum gutgläubigen Erwerb des Anwartschaftsrechts paßt, dem jeweils Berechtigten die Sache wieder abzunehmen. Daß bestimmte Problemkonstellationen ohne Anerkennung eines dinglichen Besitzrechts nicht befriedigend gelöst werden können, ist jedoch noch kein Beleg dafür, daß ein solches besteht. Diese Vorgangsweise belegt, daß die herrschende Meinung in Wirklichkeit bereits von einem vorgefaßten Begriff des Anwartschaftsrechts ausgeht.

Auch die Streitfrage, wie sich das dingliche Besitzrecht aus der Anwartschaft zu dem obligatorischen Besitzrecht aus dem Kaufvertrag verhält, verdeutlicht, daß sich mit der Anknüpfung an das Eigentum die Erfassung der Anwartschaft als dingliches Recht nur unzureichend gewinnen läßt. Die weithin befürwortete Verdopplung der Besitzrechtsstellung ist abzulehnen, weil ein Besitzrecht nicht gleichzeitig dinglicher und obligatorischer Natur sein kann. Aber auch den Befürwortern eines sich lediglich aus der Anwartschaft ergebenden Rechts zum Besitz gelingt es nicht, plausibel darzulegen, auf welche Weise sich die Verwandlung vom obligatorischen zum dinglichen Recht vollziehen soll.

Die bestehende Unsicherheit bei der Erfassung der Anwartschaft als dingliches Recht zeigt sich auch daran, daß man sich nicht zu einigen vermag, wem gegenüber das Besitzrecht aus der Anwartschaft wirken soll. Der Vergleich mit dem Eigentum müßte eigentlich nahelegen, dem Anwartschaftsrecht absolute Wirkung gegenüber jedermann beizumessen. Dies jedoch verträgt sich wiederum nicht mit der gleichzeitig befürworteten schuldrechtlichen Schwäche der Position des Vorbehaltskäufers. In Anbetracht dieser Unstimmigkeiten ist die Gefahr groß, sich mit unverbindlichen Begriffen wie der „Quasidinglichkeit“ zufriedenzugeben und die Akzente je nach dem zu entscheidenden Einzelfall nach der einen oder anderen Seite zu setzen.

Die Auffassung von *Georgiades*, es handele sich beim Anwartschaftsrecht zwar um ein dingliches Recht, das jedoch kein Recht zum Besitz gewähre, vermag gleichfalls nicht zu überzeugen. Zwar können dingliche Rechte relativen Charakter haben, so daß sie gegen den Besserberechtig-

125 Zutr. Kruschewski, S. 61 FN 154; Brecht, JherJahrb Bd. 61 (1912), 263, 291; Binter, JR 1932, 178, 179 f.; Hans Stracke, S. 43.

126 S. unter I.

ten nicht wirken, so etwa beim Ersitzungsbesitz.[127] Ein völlig besitzrechtsentkleidetes dingliches Recht ist jedoch nicht vorstellbar, wenn dem Inhaber desselben wie hier das Nutzungsrecht zusteht. Ohne Recht zum Besitz würde dem Anwartschaftsinhaber der Schutz gegen störende Eingriffe Dritter im wesentlichen versagt. Das Argument, bei der dinglichen Anwartschaft sei ein Recht zum Besitz deshalb abzulehnen, weil der Verkäufer im Zahlungsverzug des Käufers die Sache herausverlangen könne, greift ebenfalls nicht. Dies verdeutlicht der Fall des resolutiv unter der Bedingung der Nichtzahlung übertragenen Eigentums. Hier müßte *Georgiades* dem Käufer wegen der Möglichkeit des Bedingungseintritts ebenfalls das Besitzrecht absprechen, obwohl er bereits Eigentum erlangt hat. Durch die bedingte Übereignung soll doch gerade erreicht werden, daß der Käufer mit Bedingungseintritt/ -ausfall seine jeweilige Rechtsstellung und damit auch das Recht zum Besitz aus derselben verliert. Der möglicherweise eintretende Rechtsverlust läßt daher nicht den Schluß zu, der Position des Vorbehaltskäufers korreliere kein Besitzrecht.
Auch die Ansicht *Sericks*, bei der Anwartschaft handele es sich um ein schuldrechtlich-dingliches Recht, kann keinen nennenswerten Beitrag zur Klärung der Struktur des Anwartschaftsrechts leisten. Gegen Serick spricht bereits, daß Rechtsfiguren, die eine solche „Zwitterstellung" einnehmen, also weder dem Schuldrecht noch dem Sachenrecht eindeutig zuzuordnen sind, unserer Rechtsordnung unbekannt sind.[128] Auf der anderen Seite *gibt* es durchaus dingliche Rechte, die in Abhängigkeit von der zu sichernden Forderung stehen, wie sich an der Vormerkung zeigt.[129]

127 Vgl. zum relativen dinglichen Recht des Ersitzungsbesitzers ausführlich Wieling, SaR I, § 12 IX.

128 Bereits Michaelsen (S. 28) sprach sich dagegen aus, Anwartschaftsrechte als Übergangserscheinung zwischen dinglichen und obligatorischen Rechten anzusehen. Abl. auch Hartmut Stracke, S. 34 f.; Erman (8. Aufl.) - Weitnauer, § 455, Rz. 25; Weitnauer (JZ 1965, 141) weist die Ansicht Sericks mit der treffenden Bemerkung zurück, seine Begriffsbildung sei „in einem undeutlichen Niemandsland zwischen Schuld- und Sachenrecht angesiedelt". Unger (KTS 1969, 193, 196 FN 46) ist der Meinung, die Konstruktion eines schuldrechtlich-dinglichen Rechts stelle in der gesamten Anwartschaftsdiskussion einen Rückschritt dar. Vgl. auch Wieling (SaR I, § 17 III FN 42), der zu Recht darauf hinweist, daß man sich unter einem schuldrechtlich-dinglichen Recht nur schwer etwas vorstellen könne.

129 Daß die Vormerkung der Absicherung einer Forderung dient, steht der Dinglichkeit nicht entgegen. Ansonsten müßte man auch den anderen akzessorischen Rechten die Dinglichkeit absprechen. Für die Qualifizierung als dingliches Recht auch Fuchs, Gruchot Bd. 46 (1902), 549, 561; ders., Das Wesen der Dinglichkeit, S. 122 ff.;

Auch die besitzrechtlichen Ausführungen *Sericks* überzeugen nicht. Zwar ist es möglich, daß eine Person zugleich Eigen- und Fremdbesitzer ist, so etwa, wenn der Eigentümer einen Nießbrauch an einer Sache bestellt und diese sodann vom Nießbrauchsberechtigten mietet. Die Doppelbesitzerposition entsteht in diesen Fällen aber erst durch ein weiteres Besitzmittlungsverhältnis. Bei nur einem Besitzmittlungsverhältnis schließt der Wille, eine Sache als eigene zu besitzen, den Fremdbesitzerwillen aus. Auch *Serick* sieht darin einen „Bruch mit den geläufigen Begriffen des Besitzrechts", der aber hinzunehmen sei, weil sich das Anwartschaftsrecht außerhalb der gesetzlichen Vorschriften entwickelt habe.[130] Entgegen *Michalski* bekundet der Vorbehaltskäufer auch nicht durch die Übertragung des Anwartschaftsrechts, wie ein Eigentümer besitzen zu wollen. Mag sein, daß er sicher ist, die Bedingung herbeiführen zu können und daher das Gefühl hat, bereits Eigentümer zu sein. Durch die Verfügung nur über das Anwartschaftsrecht bringt er aber zum Ausdruck, daß er das Eigentum des Vorbehaltsverkäufers anerkennt.[131] Ein in bezug auf das Anwartschaftsrecht und das Eigentum des Vorbehaltsverkäufers gespaltener Besitzwille liegt daher auch bei der Anwartschaftsübertragung nicht vor.

Ebenso unbestimmt wie der Begriff eines schuldrechtlich-dinglichen Rechts ist die Vorstellung eines Anwartschaftsrechts, das sich weder in die Kategorien des Schuldrechts noch in die des Sachenrechts einordnen läßt, sondern über beiden Gruppen steht. Bereits daran krankt die Theorie *Slapnicars*, aber auch die Anrechtstheorie insgesamt. Wenn die dogmatische Struktur der Anrechte und damit auch des Anwartschaftsrechts nicht eindeutig zu ermitteln ist, kann außer Zweckmäßigkeitsgesichtspunkten kein Argument angeführt werden, warum das Anwartschaftsrecht ein gegen jedermann wirkendes Besitzrecht verleihen soll.

Dernburg, BürgR III, § 51, 4, 5; Endemann II, § 65, 3; Wieling, SaR, § 22 I 2; Kempf, JuS 1961, 22 ff.; Wunner, NJW 1969, 113 ff.; E. Wolf, SaR, § 13 A II a (S. 575 f.); zweifelnd Semeka, ArchBR Bd. 35 (1920), 121, 135: „halbdingliches Recht".

AA. die wohl hM., vgl. nur Enneccerus, Rechtsgeschäft, Bedingung und Anfangstermin, S. 614 ff.; Baur/ Stürner, SaR, § 20 VI, Wolff/ Raiser, § 48 VII; Palandt - Bassenge, § 883, Rz. 2; Hager, JuS 1990, 433, 439; BGH NJW 1994, 1475. Dennoch soll für die Anwendung von § 268 die Vormerkung ausreichend sein. Auch ansonsten wird die Vormerkung wie ein dingliches Recht behandelt, so z. B. bei der Anwendung von § 823 Abs. 1 oder beim gutgläubigen Erwerb. Daher hat der Streit keine praktischen Auswirkungen.

130 Serick I, S. 262 f.

131 Zutr. Döring, NJW 1996, 1443, 1444.

Gegen die Anrechtstheorie an sich spricht aber auch, daß sie die Forderung zu einem Mittel degradiert, das lediglich der Verwirklichung des Anrechts zu dienen hat.[132] Die Anrechtstheorie spaltet das Forderungsrecht ohne ersichtlichen Grund auf, indem sie daneben ein zweites subjektives Recht mit unklarem Gehalt fingiert. Zudem wäre der Gedanke eines Anrechts auf den Eigentumsvorbehalt ohnehin nicht übertragbar, da - worauf noch ausführlich zurückzukommen sein wird - Erfüllung bereits mit der aufschiebend bedingten Übereignung eingetreten ist, so daß eine Forderung des Vorbehaltskäufers nicht mehr besteht.[133]

Der BGH, der lediglich ein obligatorisches Besitzrecht aus dem Kaufvertrag befürwortet, bleibt eine Erklärung dafür schuldig, warum das Anwartschaftsrecht, obwohl dem Eigentum wesensgleich, nicht als dingliches Recht anzusehen sein soll. Zudem ist nicht zu verkennen, daß die diesbezügliche Zurückhaltung eher formaler denn inhaltlicher Natur ist, da der BGH das Anwartwartschaftsrecht durchgängig wie ein dingliches Recht behandelt, wenn man einmal die Fälle außer Betracht läßt, bei denen das Anwartschaftsrecht aufgrund seiner Abhängigkeit vom Kaufvertrag zu Fall kommen soll. Auch beim gutgläubigen Erwerb behandelt er, indem er die Arglisteinrede heranzieht, das Anwartschaftsrecht im Ergebnis wie ein dingliches Recht. Der Schutz, den der BGH dem Inhaber des Anwartschaftsrechts gegen Herausgabeansprüche des wahren Eigentümers über § 242 zugute kommen lassen will, versagt jedoch, sobald der Bedingungseintritt nicht alsbald erfolgen soll.[134] Wieder einmal wird zugunsten einer Einzelfallentscheidung auf eine dogmatische Durchdringung der Materie verzichtet.

Denjenigen, die sich gegen ein dingliches Besitzrecht aussprechen, ist zugute zu halten, daß sich die Dinglichkeit des Anwartschaftsrechts auf der Basis der eher dürftigen Begründungsversuche der herrschenden Meinung in der Tat nicht halten läßt. Der Hinweis auf den der Dinglichkeit entgegenstehenden *numerus clausus* der Sachenrechte ist jedoch verfehlt, da dieses Prinzip dem BGB nicht zugrunde liegt.[135]

132 Krit. zu Recht auch Gernhuber, Handbuch des Schuldrechts, Bd. 8, Das Schuldverhältnis, § 3 I 2 b.

133 S. dazu § 3 A II 1.

134 So zu Recht Lempenau, S. 36 FN 36; Hartmut Stracke, S. 47; Kuklinski, S. 61; Stoll, JuS 1967, 12, 15; Bauknecht, NJW 1955, 1251, 1253; A. Blomeyer, AcP 153 (154), 239, 242; OLG Karlsruhe NJW 1966, 885, 886.

135 Vgl. dazu ausführlich § 2 B.

Was die Übertragung des Anwartschaftsrechts angeht, läßt sich ein gegenüber dem Eigentümer wirkendes Besitzrecht nur schwer begründen, weil die Annahme, dem Erwerber sei das Besitzrecht des Vorbehaltskäufers aus dem Kaufvertrag überlassen, auf eine reine Unterstellung hinausläuft. Zudem wird mit der analogen Anwendung von § 986 Abs. 1 S. 1 Alt. 2 ein nach den Eigentumsregeln übertragbares subjektives Recht im Ergebnis so behandelt, als habe der Käufer die Vorbehaltssache lediglich im Rahmen eines Miet- oder Leihverhältnisses befugt weitergegeben.[136]
Im übrigen kommen auch die Gegner eines dinglichen Anwartschaftsrechts im Ergebnis nicht ohne Verweis auf das Eigentum und eine Analogie zu den beschränkt dinglichen Rechten aus. So wird dem Eigentümer gegen denjenigen, der als Nichtberechtigter die Sache unter Vereinbarung eines Eigentumsvorbehaltes übereignet hat, so daß der Erwerber gutgläubig ein Anwartschaftsrecht erwirbt, ein Anspruch aus § 816 Abs. 1 S. 1 gegeben; es handele sich nämlich um eine dinglich wirksame Weggabe eines Rechts, da das Eigentum nunmehr mit der Anwartschaft des Käufers belastet sei.[137] Des weiteren soll trotz der Ablehnung der Dinglichkeit überwiegend § 936 Abs. 3 zur Anwendung gelangen. Daß § 936 Abs. 3 den Erwerber schützt, der gutgläubig im Hinblick auf eine dingliche Belastung ist, wird ebenfalls mit dem Argument begründet, das Anwartschaftsrecht laste *wie* ein dingliches Recht auf der Sache.[138]
Auch für den gutgläubigen Erwerb wird ausdrücklich an die Eigentumsregeln angeknüpft. Indem der Herausgabeanspruch des wahren Eigentümers gegenüber dem gutgläubigen Anwartschaftserwerber versagt wird, wird das Anwartschaftsrecht auch beim Schutz gegen Eingriffe Dritter wie ein dingliches Recht behandelt. Warum der wahre Eigentümer mit der Vindikation nicht durchdringt, wird teils gar nicht besonders begründet, teils an der analogen Anwendung von § 986 Abs. 1 S. 1 Alt. 2 festgemacht. Eine Analogie kommt jedoch nicht in Betracht, weil die Rechtslage beim gutgläubigen Ersterwerb noch weniger als bei der Übertragung der Anwartschaft durch den Vorbehaltskäufer mit § 986

136 S. dazu näher § 2 C III.
137 So z. B. BGHZ 45, 186, 190; Stoll, JuS 1967, 12, 18.
138 Etwa Brox, JuS 1984, 657, 659; Medicus, BürgR, Rz. 462.
Soweit ersichtlich wird die Anwendung von § 936 Abs. 3 überhaupt nur von Gerhardt (MobiliarSaR, S. 154 FN 50) abgelehnt, da der Vorbehaltskauf nach Gerhardt kein Besitzmittlungsverhältnis begründen soll, vgl. dazu bereits unter II 1 u. FN 53. Widersprüchlich bzgl. § 936 Abs. 3 MünchKomm - Quack, § 936, Rz. 5.

Abs. 1 S. 1 Alt. 2 vergleichbar ist. Aus der Vorschrift läßt sich nur dann ein Besitzrecht ableiten, wenn der Mittelsmann einem Dritten befugt die Sache überlassen hat. Davon kann aber nicht die Rede sein, wenn ein Nichteigentümer, der mit dem wahren Eigentümer in keinerlei schuldrechtlichen Beziehungen steht, mit einem gutgläubigen Dritten einen Eigentumsvorbehalt vereinbart und diesem die Sache überläßt. In Anbetracht dieser Begründungsmängel befürworten einige - insoweit durchaus konsequent - einen Herausgabeanspruch des Eigentümers gegen den gutgläubigen Anwartschaftserwerber. Dadurch würde der Anwärter jedoch in unzumutbarer Weise beeinträchtigt. Wer den Schutz des gutgläubigen Anwartschaftsinhabers negiert, muß konsequenterweise den gutgläubigen Erwerb der Anwartschaft insgesamt ablehnen.
Zu berücksichtigen ist auch, daß man das Anwartschaftsrecht nur dann dem Schutz von § 823 Abs. 1 unterstellen kann, wenn man es als absolutes Recht qualifiziert.[139] Dies implizierte jedoch gleichzeitig, die Dinglichkeit desselben anzuerkennen, da absolute Rechte an beweglichen Sachen dinglichen Charakter haben.

IV. Zwischenergebnis

Die bisherigen Untersuchungen haben ergeben, daß sich die Stellung des Vorbehaltskäufers durch eine Analogie zum Eigentum nicht widerspruchsfrei erklären läßt. Der Befund, der sich bereits bei der Kennzeichnung der Anwartschaft als subjektives Recht ergeben hat, bestätigt sich daher auch bei der Bestimmung des Gehalts dieser Position.
Da das Interesse des Kreditverkehrs es erforderlich macht, die Stellung des Vorbehaltskäufers bereits vor Bedingungseintritt übertragbar zu machen und rechtlich zu sichern, wird argumentiert, der Vorbehaltskäufer verfüge bereits vor Bedingungseintritt über ein subjektives Recht. Für dieses nicht bewiesene Recht wird sodann eine dogmatische Rechtfertigung nachgeliefert, aus der dann wiederum Folgen für das Recht selbst abgeleitet werden. Auf diese Weise verwickelt sich die herrschende Meinung in ein Labyrinth von Zirkelschlüssen. Daß sie häufig dennoch zu befriedigenden Ergebnissen gelangt, soll nicht bestritten werden. Die Richtigkeit des Ergebnisses kann aber noch nicht als Rechtfertigung dienen, den methodischen Weg dorthin zu vernachlässigen.

139 Daß das Anwartschaftsrecht als sonstiges Recht iSv. § 823 Abs. 1 anzusehen ist, wird fast allgemein anerkannt; dazu § 2 D I.

B. Die ein Anwartschaftsrecht ablehnenden Ansichten

I. Vorweggenommene Vollrechtsverfügung statt Verfügung über das Anwartschaftsrecht

Ein Teil der Literatur erachtet die Konstruktion eines selbständigen Anwartschaftsrechtes als überflüssig.[140] Die Anwartschaftslehre sei von der herrschenden Meinung im Wege der Rechtsfortbildung entwickelt worden, ohne daß dafür ein Bedürfnis bestanden habe; denn für die Lösung der maßgeblichen Problemfälle könnten die Wertungen herangezogen werden, die das Gesetz selbst enthalte.[141] Ein gegenüber dem Eigentum verselbständigtes Anwartschaftsrecht sei ein „Verlegenheitsprodukt der Dogmatik"[142], entstanden nur aus „der Lust am Fabulieren"[143]. Das zeige sich insbesondere daran, daß es der herrschenden Meinung nicht gelinge, den Inhalt des Anwartschaftsrechts als ein vom Eigentum verschiedenes Recht zu konstruieren.[144] Die mit der Stellung des Vorbehaltskäufers zusammenhängenden Rechtsfragen könnten ohne Annahme eines Anwartschaftsrechts gelöst werden, wenn man die Verfügung über das „Anwartschaftsrecht" als Vorausverfügung über das künftige Eigentum des Vorbehaltskäufers begreife. Mit der letzten Ratenzahlung, also mit Bedingungseintritt, konvalesziere die Verfügung nach § 185 Abs. 2 S. 1 Alt. 2.

140 Brecht, JherJahrb Bd. 61 (1912), 263, 267, 286 FN 2; Eichenhofer, AcP 185 (1985), 162, 165 ff.; Marotzke, insbes. S. 16, 44, 134 ff.; ders., AcP 186 (1986), 490 ff; ders., JA 1977, 429 ff; Münzel, MDR 1959, 345; Meister, NJW 1959, 608; Schreiber, NJW 1966, 2333; Stoll, ZHR 128 (1966), 239, 247 ff.; Kupisch, JZ 1976, 417, insbes. S. 422; E. Wolf, SaR, § 7 C II, III; Lempenau, S. 21 ff., 32 ff., 38; Egert, Rechtsbedingung, S. 4 f., 110 ff.; in neuerer Zeit wieder Hennrichs, DB 1993, 1707, 1708 ff.; Steckermeier, S. 99 ff.; Staudinger - Wiegand, Anh. §§ 929 - 931, Rz. 300 (jedoch nur bei Übertragung der Stellung des Käufers nach den §§ 929, 930, vgl. dazu auch § 2 C IV); unentschlossen MünchKomm - Quack, § 929, Rz. 27; MünchKomm - Quack, Einl. Sachenrecht, Rz. 21.
Gegen den Rechtscharakter der Anwartschaft auch Hans Stracke, S. 16 ff.; Würdinger, S. 23 ff. (zusammenfassend S. 84 ff.).

141 Marotzke, S. 135 ff.; ders., JA 1977, 429, 430, 432; ders., AcP 186 (1986), 490, 508 f.; Steckermeier, S. 79; Kupisch, JZ 1976, 417, 427 ff.

142 So Marotzke, S. 136; ders., AcP 186 (1986), 490, 502 FN 45: „begrifflich bildliche Umschreibung" der Verfügung über das Eigentum.

143 Münzel, MDR 1959, 345, 350.

144 Vgl. Eichenhofer, AcP 185 (1985), 162, 187 ff.; ähnlich Schreiber, NJW 1966, 2333, 2335.

Während überwiegend davon ausgegangen wird, bei der Vorausverfügung handele es sich um die Verfügung eines Nichtberechtigten[145], nehmen manche auch an, der Vorbehaltskäufer verfüge als Berechtigter, da er sein künftiges Recht übertrage.[146]

Über die Folgen des Bedingungseintritts gehen die Ansichten der Anwartschaftsgegner weit auseinander:

Eine Ansicht geht davon aus, mit Bedingungseintritt stehe das Eigentum an der vorausübereigneten Sache durchgangsweise für eine „juristische Sekunde" dem Veräußerer zu.[147] Der Durchgangserwerb habe zur Folge, daß das Eigentum des Veräußerers im Augenblick des Bedingungseintritts von gesetzlichen Pfandrechten (§§ 559, 580) beziehungsweise von der hypothekarischen Haftung (§ 1120) erfaßt werde, so daß der Erwerber nur pfandrechtsbelastetes Eigentum erhalte, gleich, zu welchem Zeitpunkt die Vorausverfügung zu seinen Gunsten erfolgt sei. Auch wenn die Sache nach der Veräußerung gemäß den §§ 929, 930 beim Vorbehaltskäufer durch dessen Gläubiger gepfändet werde, erlange der Erwerber mit Bedingungseintritt nur belastetes Eigentum.[148]

Andere befürworten zwar ebenfalls den Zwischenerwerb des Vorbehaltskäufers, suchen eine Lösung der Kollisionsfrage jedoch in einer erweiterten Anwendung des in § 185 Abs. 2 S. 2 verankerten Prioritätsprinzips. In dieser Vorschrift komme das allgemeine Prinzip zum Ausdruck, daß niemand mehr geben könne, als er habe. Sie sei daher so auszulegen, daß die nach § 185 Abs. 2 S. 1 Alt. 2 konvaleszierende Verfügung eines anfänglich Nichtberechtigten so wirken müsse, als sei der Verfügende bereits zur Zeit der Vorausverfügung Inhaber des Rechts gewesen. Das Prioritätsprinzip müsse also auch für Dispositionen über bloße Erwerbschancen gelten.[149] Daher erhalte der Erwerber mit Eintritt der Bedin-

145 Marotzke, JA 1977, 429, 430; ders., AcP 186 (1986), 490, 502; Eichenhofer, AcP 185 (1985), 162, 170; Meister, NJW 1959, 608; ähnlich Stoll, ZHR 128 (1966), 239, 247 ff.

146 Kupisch, JZ 1976, 417, 421 u. 422; Lempenau, S. 51; Brecht, JherJahrb Bd. 61 (1912), 263, 267, 286 FN 2.

147 Schreiber, NJW 1966, 2333, 2333; Meister, NJW 1959, 608, 610; Marotzke, JA 1977, 429, 432; Hennrichs, DB 1993, 1707, 1709.

148 Hennrichs, DB 1993, 1707, 1709 f.

149 Marotzke, S. 20 f., 32, 44; ders., JA 1977, 429, 431; ders., AcP 186 (1986), 490, 505 ff.; Steckermeier, S. 103 ff.; Lempenau, S. 70 ff.; Meister, NJW 1959, 608 f.; Egert, Rechtsbedingung, S. 52 f.; Schreiber, NJW 1966, 2333, 2334, 2336; i.E. auch Kupisch, JZ 1976, 417, 420 ff., der die Lösung allerdings ausschließlich von einer sachgerechten Interessenabwägung abhängig macht. Diese ergebe, daß Konkurrenzen nach dem Prioritätsgrundsatz zu entscheiden seien.

gung, unbelastet von nach der Vorausverfügung entstandenen Pfändungspfandrechten, Eigentum. Das Prioritätsprinzip gelte ebenfalls bei der Kollision mit gesetzlichen Pfandrechten.[150] Als Begründung dafür, daß der Durchgangserwerb der Anwendung des Prioritätsprinzips nicht entgegenstehe, wird angeführt, zwischen dem Erwerb des Veräußerers und dem Eigentumsübergang auf den Erwerber liege nur eine minimale Zeitspanne, der keine Bedeutung zukommen könne.[151] Mit demselben Ergebnis berufen sich andere darauf, nur logisch, jedoch nicht zeitlich, gehe der Eigentumserwerb des Veräußerers dem des Erwerbers voraus. Daher sei der Durchgangserwerb nur symbolischer Natur.[152]
Etwas abweichend vertritt *Eichenhofer*, bei Eintritt der Bedingung müsse das bedingt abgeschlossene Rechtsgeschäft als auf den Abschlußzeitpunkt *rückwirkend* wirksam erachtet werden (sogenannte Pendenztheorie).[153] Nach der Pendenztheorie ist die Frage eines Durchgangserwerbs daher nicht entscheidend. Sofern die Vorbehaltsware etwa nach der Vorausverfügung gepfändet wird, erlangt der Erwerber nach der Pendenztheorie mit Bedingungseintritt unbelastetes Eigentum, da der Erwerber aufgrund der Rückwirkung so gestellt wird, als sei ihm das Eigentum bereits zum Zeitpunkt der Vornahme der Verfügung übertragen worden.
Den Anwartschaftsgegnern ist zuzugeben, daß die Ableitung eines dem Vorbehaltskäufer bereits vor Bedingungseintritt zustehenden dinglichen Rechts durch die herrschende Meinung bislang nur unzureichend erfolgt. Die Lehre von der Vorausverfügung leidet jedoch ebenfalls an zahlreichen Mängeln, die sie letztlich nicht weniger angreifbar macht als die herrschende Meinung.
Bereits die Tatsache, daß die Wirkung der Konvaleszenz in bezug auf konkurrierende Rechte nicht nur in der Begründung, sondern teilweise auch vom Ergebnis her konträr beurteilt wird, verdeutlicht, daß sich die Lehre von der Vorausverfügung nicht gerade dazu eignet, zur Vereinfachung der mit dem Eigentumsvorbehalt verbundenen Probleme beizutragen. Dies hängt maßgeblich mit den noch weithin ungeklärten Folgen des Durchgangserwerbs zusammen.

AA. Stoll, ZHR 128 (1966), 239, 248: automatischer unmittelbarer Eigentumserwerb.

150 Vgl. Marotzke, JA 1977, 429, 433; Kupisch, JZ 1976, 417, 421; Steckermeier, S. 112 f.

151 E. Wolf, SaR, § 7 C III (S. 307 FN 68).

152 Marotzke, S. 25 f., 32, 37, 52 ff. ders., JA 1977, 429, 432; ders., AcP 186 (1986), 490, 503 f., 507 u. FN 53 f.; ders., AcP 191 (1991), 177, 189 ff.; Kupisch, JZ 1976, 417 ff.

153 Eichenhofer, AcP 185 (1985), 162, 165.

Einen Durchgangserwerb vermeidet einzig die Pendenztheorie, jedoch in mit dem Gesetz nicht zu vereinbarender Weise. Die Auslegung des § 185 Abs. 2 S. 1 Alt. 2 in dem Sinne, daß die Vorausverfügung in ihrer Wirkung auf den Zeitpunkt der Vornahme des Geschäfts zurückzubeziehen ist, sofern und soweit die Bedingung eintritt, führt zu einer Rückwirkung, die nach der Konzeption des Gesetzes nur für den Konvaleszierungsgrund der Genehmigung vorgesehen ist, § 184.[154] Die Verfügungen nach § 185 Abs. 2 S. 1 Alt. 2 und 3 werden daher erst vom Zeitpunkt des Erwerbs an wirksam, was im übrigen auch deutlich dem Wortlaut der Vorschrift zu entnehmen ist („Die Verfügung *wird* wirksam, wenn ... der Verfügende den Gegenstand erwirbt"). Daß die mit der Pendenztheorie verbundene Rückwirkung für das BGB keine Gültigkeit hat, bringt das Gesetz auch in § 159 zum Ausdruck. Danach wirken die an den Eintritt der Bedingung geknüpften Folgen lediglich *ex nunc* und führen mithin nicht zu einer dinglichen Rückwirkung. Selbst wenn die Rückbeziehung vereinbart ist, hat dies nur schuldrechtliche Wirkung.[155]

Insofern ist die Befassung mit dem Durchgangserwerb für die Lehre von der Vorausverfügung unvermeidbar. Wenigstens nach der Logik muß dem Rechtserwerb des Veräußerungsempfängers ein solcher des Verfügenden vorausgehen. Dies bringt das Gesetz mit der Formulierung zum Ausdruck, daß die Verfügung wirksam wird, „wenn der Verfügende den Gegenstand *erwirbt*". Die Frage ist nur, ob es mit dieser rein formalen Betrachtungsweise sein Bewenden haben kann. Dafür spricht in jedem Fall, daß sich der Erstveräußerer mit dem Verfügenden einigen wollte, nicht aber mit dem Erwerber.[156] Zu berücksichtigen ist auch, daß die Anwendung des Prioritätsprinzips zu Lasten des Durchgangserwerbs die Gefahr mit sich bringt, daß ein Schuldner durch Vorausverfügungen dafür sorgt, daß diese Gegenstände nicht in sein Vermögen gelangen, um sie auf diese Weise dem Zugriff seiner Gläubiger zu entziehen.[157, 158]

154 Allgemeine Ansicht, vgl. nur Erman - Brox, § 185, Rz. 11; Soergel - Leptien, § 185, Rz. 25, 28, 33; G. Reinicke, Gesetzliche Pfandrechte, S. 50 f.; ders., MDR 1959, 613, 615; Forkel, S. 69 ff.; MünchKomm - Schramm, § 185, Rz. 57; RGZ 135, 378, 383; BGH BB 1959, 649.
Vgl. zur Streitfrage um die Wirkung der erfüllten Bedingung im gemeinen Recht § 3 B II 2 b aa.

155 Auch Larenz (AT, § 25 III c (S. 504)) und M. Wolf (SaR, Rz. 505; Larenz/ Wolf, AT, § 50, Rz. 75 FN 60) halten die Pendenztheorie für unvereinbar mit § 159.

156 Insoweit zutr. Hassold, Zur Leistung im Dreipersonenverhältnis, Anweisung und Vertrag zugunsten Dritter als Modell, S. 64.

157 Darauf weist Forkel (S. 69 ff., 189 f.) hin.

Auf der anderen Seite sprechen jedoch gewichtige Argumente dafür, diese Bedenken hintan zu stellen und die Frage des Durchgangserwerbs nach dem Prioritätsprinzip zu entscheiden.[159] Die Folgen des Durchgangserwerbs können nicht davon abhängen, ob der „juristischen Sekunde" zeitliche Dimension zukommt oder nicht. Der Gedanke, das Eigentum müsse zuerst vom Verfügenden erlangt werden, bevor es auf den Erwerber übergehen kann, stellt lediglich ein Bild aus der realen Welt dar, um die Abfolge zweier Rechtswirkungen in einer unendlich kleinen Spanne überhaupt einer unserem Vorstellungsvermögen entsprechenden juristischen Konstruktion zugänglich zu machen.[160] Für die Entscheidung, ob der Erwerber unbelastetes Eigentum erhält, ist daher nicht dieses Bild heranzuziehen, sondern die Bewertung der beteiligten Interessen.[161] Andernfalls gelangte man beim Erwerb durch Insichgeschäft und antizipiertes Besitzkonstitut zu dem Ergebnis, daß das gesetzliche Pfandrecht immer den Vorrang vor dem Verfügungsempfänger genießt; denn selbst wenn die Sache nur eine „juristische Sekunde" in das Eigentum des mittelbaren Stellvertreters gelangt, unterfällt sie der Hypothekenhaftung oder dem Vermieterpfandrecht, und zwar auch dann, wenn die Sicherungsübereignung zuerst erfolgte. Da jedoch die Benachteiligung des Verfügungsempfängers unabhängig vom Zeitpunkt der Verfügung nicht zu rechtfertigen wäre, muß hier das Prioritätsprinzip zur Anwendung gelangen.[162]

Entgegen der herrschenden Meinung[163] ist daher der Durchgangserwerb des Vorbehaltskäufers kein entscheidendes Argument gegen die Lehre von der Vorausverfügung. Zwar erscheint eine Verfügung über ein noch

Nach Forkel werden daher von § 185 nur Verfügungen erfaßt, die sich gegenseitig ausschließen; ebenso G. Reinicke, S. 51; BGH NJW 1956, 665, 667. AA. von Tuhr, AT II 1, S. 386; Egert, Rechtsbedingung, S. 51.

158 Die Ansicht Flumes (AT II, § 58 (S. 917)), nur das gegenwärtige Vermögen unterliege dem Zugriffsrecht der Gläubiger, ist jedoch als überholt anzusehen. Die hM. verlangt lediglich, daß das künftige Recht bereits hinreichend individualisiert ist, vgl. Jauernig, ZwVollstrR, § 19 IV; Thomas/ Putzo, ZPO, § 829, Rz. 10; BGH NJW 1982, 2195.

159 I.E. so auch Wieling, SaR I, § 9 VII 4 b cc.

160 Vgl. Wieacker, FS Erik Wolf (1962), 201, 236 ff.; Wieling, SaR I, § 9 VII 4 b cc; Kupisch, JZ 1976, 417.

161 Zutr. Kupisch, JZ 1976, 417, 419; Wieling, SaR I, § 9 VII 4 b cc; Lempenau, S. 68.

162 Zutr. Wieling, SaR I, § 9 VII 4 b cc.

163 Vgl. nur Pottschmidt/ Rohr, Kreditsicherungsrecht, Rz. 410; Bülow, Kreditsicherheiten, Rz. 693; G. Hassold, Zur Leistung im Dreipersonenverhältnis, Anweisung und Vertrag zugunsten Dritter als Modell, S. 68; G. Reinicke, MDR 1959, 613, 614.

zu erwerbendes Recht zunächst ungewöhnlich, was daran liegen mag, daß das Gesetz an eine solche Art der Verfügung nicht gedacht hat. Die Vergleichbarkeit der Rechtslage spricht jedoch dafür, auch hierbei die Konkurrenz mehrerer Verfügungen nach dem Prioritätsprinzip zu entscheiden. Dadurch wird keineswegs die dingliche Rückwirkung durch die Hintertür wieder eingeführt; denn § 185 Abs. 2 S. 2 bezweckt gerade, die Nachteile, die durch das gleichzeitige Wirksamwerden differierender Verfügungen entstehen, auszugleichen. Der Vorbehaltskäufer kann daher für den Fall des eigenen Rechtserwerbs verfügen. Ein den Interessen des Verfügungsempfängers und eines möglichen Dritten gerecht werdendes Ergebnis wird durch die Anwendung des Prioritätsprinzips erreicht.
Dies bedeutet jedoch nicht, daß die Vorausverfügung über das künftige Eigentum der einzige Weg ist, die Stellung des Vorbehaltskäufers nutzbar zu machen. Sollte sich das Anwartschaftsrecht als selbständig verfügbares dingliches Recht erweisen, erwirbt der Verfügungsempfänger mit Bedingungseintritt unmittelbar Eigentum, so daß das Prioriätsprinzip hier nicht zur Anwendung gelangt.[164] Wird die Sache von der Hypothekenhaftung oder von einem gesetzlichen Pfandrecht erfaßt, nachdem der Vorbehaltskäufer das Anwartschaftsrecht sicherungsweise auf einen Dritten übertragen hat, erhält dieser mit Eintritt der Bedingung unbelastetes Eigentum. Erfolgt dagegen die Belastung vor der Veräußerung, wird ebenfalls ein dem Prioritätsprinzip entsprechendes Ergebnis erreicht, da gesetzliche Pfandrechte und die Hypothekenhaftung[165] das Anwartschaftsrecht erfassen. Der Dritte erlangt demzufolge nur belastetes Eigentum.
Zu berücksichtigen ist auch, daß die Lehre von der Vorausverfügung im Gegensatz zur Lösung mittels eines gegenüber dem Eigentum verselbständigten Rechts des Vorbehaltskäufers manche Unklarheit aufweist. In den meisten Fällen trifft der Vorbehaltskäufer eine Vorausverfügung über das ihm später zustehende Eigentum nur sicherungshalber, also ohne dem Empfänger die Sache zu übergeben. Er vereinbart dann mit dem Erwerber ein antizipiertes Besitzkonstitut des Inhalts, daß das Eigentum mit Bedingungseintritt sofort auf den Erwerber übergehen soll und daß er für diesen als Besitzmittler besitzen will. Die Möglichkeit eines antizipierten Besitzkonstituts ist heute zwar anerkannt, nicht jedoch ein vom

164 Vgl. zum Durchgangserwerb auch § 2 C IV.
165 Dazu näher § 4 B II 1.

Willen der Parteien unabhängiger, automatischer Eigentumsübergang.[166] Sofern danach der Besitzwille des Vorbehaltskäufers mit Bedingungseintritt nicht mehr vorhanden ist, erlangt der Erwerber keinen mittelbaren Besitz, und es findet kein Eigentumsübergang statt.[167]

Unklarheit herrscht auch darüber, wie verhindert werden soll, daß der Eigentümer als (Noch)berechtigter durch Verweigerung der Genehmigung gemäß § 185 Abs. 1 Alt. 1 dem Eintritt der Konvaleszenz den Boden entzieht. Während *Egert* und *Steckermeier* dem Verkäufer das Recht zur Genehmigungsverweigerung absprechen wollen[168], weil die Vorausverfügung keinen Übergriff in eine fremde Rechtszuständigkeit darstelle, gehen *Kupisch* und *Lempenau* von vornherein von der Verfügung eines Berechtigten aus.[169] Beide Ansichten führen jedoch dazu, daß die Position des Vorbehaltskäufers in die Nähe eines subjektiven Rechts gerückt wird.

Daraus ergibt sich, daß die Lehre von der Vorausverfügung nicht einmal das Übertragungsproblem in befriedigender Form zu lösen vermag. Eine Antwort auf die übrigen mit der aufschiebend bedingten Übereignung zusammenhängenden Rechtsfragen kann sie ebensowenig geben. Wer ein selbständiges Anwartschaftsrecht ablehnt, kann dem Vorbehaltskäufer und dem Verfügungsempfänger keinen über den Besitzschutz hinausgehenden Schutz vor Eingriffen Dritter gewähren. So bedarf es etwa eines absoluten Rechts des Vorbehaltskäufers, um dem Vorbehaltskäufer bereits vor Bedingungseintritt einen Anspruch aus § 823 Abs. 1 zu geben. Wer ein subjektives Recht des Vorbehaltskäufers ablehnt, kann keine

166 Vgl. Eichler, SaR II 1, S. 143; Baur/ Stürner, SaR, § 51 V 6; Westermann, SaR I, § 41 III 2; Serick I, S. 260; Wieling, SaR I, § 9 VII 4 b aa; Jauernig - Jauernig, § 930, Rz. 17; Wolff/ Raiser, § 67 I 2. AA. Kupisch, JZ 1976, 417, 427, der die bindende Wirkung der Vorausverfügung daraus ableiten will, daß dies auch für das Anwartschaftsrecht allgemein anerkannt sei. Daher könne diese Rechtsüberzeugung ohne weiteres auf die Figur der Vorausverfügung übertragen werden. Damit geht Kupisch im Ergebnis von einem subjektiven Recht des Vorbehaltskäufers aus. Ablehnend bezüglich der Bindung an die Vorausverfügung auch Lempenau, S. 53 ff.

167 Es kommt nicht auf den Fortbestand des Übereignungswillens an, da die dingliche Einigung nach zutreffender Ansicht unwiderruflich ist, vgl. Wieling, SaR I, § 9 VII 4 b aa mit § 1 III 2 b; Westermann - Westermann, SaR, I, § 41 III 2 mit § 38, 4. Vgl. zum Problem der Gebundenheit an die dingliche Einigung auch § 3 B II 3 FN 207.

168 Vgl. Steckermeier, S. 102; Egert, Rechtsbedingung, S. 116.

169 Vgl. Nachweise in FN 146.

überzeugende Begründung dafür liefern, wie der Schadensersatz vor Bedingungseintritt verwirklicht werden soll.[170]
In Schwierigkeiten gerät die Lehre von der Vorausverfügung auch bei der Beantwortung der Frage, ob der Verfügungsempfänger vor Bedingungseintritt gegenüber einem Herausgabeverlangen des Verkäufers geschützt ist. *Kupisch* nimmt hier ein Besitzrecht an, das weder auf der Anwartschaft noch auf Vertrag, sondern auf objektivem Recht beruhen soll.[171] *Eichenhofer* will das gegenwärtige Herausgabeverlangen im Hinblick auf die bei Bedingungsausfall eintretende Rückwirkung ablehnen.[172] Diese Begründungsversuche können nicht darüber hinwegtäuschen, daß die Position desjenigen, zu dessen Gunsten verfügt wurde, im Ergebnis wie ein subjektives Recht behandelt wird.
Ein weiteres Manko der Lehre von der Vorausverfügung ist, daß der Verfügungsempfänger nicht gegen Dritte vorgehen kann, die sich im Besitz der Sache befinden.[173]
Widersprüchlich ist auch die Behandlung der Zwangsvollstreckung gegen den Vorbehaltskäufer. Gemäß der These, der Vorbehaltskäufer könne lediglich über das ihm künftig zustehende Eigentum verfügen, werden die Regeln der Sachpfändung angewandt.[174] Die Sachpfändung stellte sich jedoch als Eingriff in das Recht des Vorbehaltsverkäufers dar, so daß diesem die Drittwiderspruchsklage zustehen müßte. Um dies zu verhindern, plädiert die Lehre von der Vorausverfügung für eine Einschränkung der Rechte aus § 771 ZPO: Der Vorbehaltskäufer könne nicht der Pfändung, sondern nur der Verwertung entgegentreten, solange der Kaufpreis nicht gezahlt sei.[175] Der Wegnahme der Vorbehaltssache durch

170 Konsequent Marotzke (S. 134 f.) und Egert (Rechtsbedingung, S. 211), die dem Vorbehaltskäufer vor Bedingungseintritt keinen eigenen Schadensersatzanspruch gewähren. Dagegen will Eichenhofer (AcP 185 (1985), 162, 190 f.) dem Käufer bereits während der Schwebezeit einen Schadensersatzanspruch gewähren, da dies aufgrund der Ungewißheit über die Rechtszuständigkeit an dem beschädigten Gegenstand geboten sei.
171 Kupisch, JZ 1976, 417, 427 FN 01.
172 Eichenhofer, AcP 185 (1985), 162, 188 f.
173 Kupisch, aaO., erwägt als offensiven Rechtbehelf eine Analogie zu § 985.
174 Meister, NJW 1959, 608, 611; Kupisch, JZ 1976, 417, 427; Stoll, ZHR 128 (1966), 239, 250; Lempenau, S. 82; Eichenhofer, AcP 185 (1985), 162, 184; Marotzke, S. 108 f.; Brecht, JherJahrb Bd. 61 (1912), 263, 307 ff.
175 Kupisch, JZ 1976, 417, 427; Stoll, ZHR 128 (1966), 239, 250; Lempenau, S. 82; Münzel, MDR 1959, 345, 350. AA. Eichenhofer aufgrund der Pendenztheorie (AcP 185 (1985), 162, 184): Bei Bedingungseintritt gelte das Pfändungspfandrecht im Zeitpunkt des Eintritts der Verstrickung rückwirkend als begründet.

den Gerichtsvollzieher gemäß § 808 ZPO soll der Vorbehaltsverkäufer ebenfalls begegnen können. Mit Hilfe der Drittwiderspruchsklage könne er die Rückgabe der Sache an den Vorbehaltskäufer erzwingen.[176]
Steht dem Vorbehaltskäufer demgegenüber ein subjektives Recht zu, kann eine Pfändung der Anwartschaft erfolgen. Da der Gläubiger in diesem Fall keine Zwangsvollstreckung in ein fremdes Recht betreibt, steht dem Vorbehaltsverkäufer die Drittwiderspruchsklage von vornherein nicht zu.[177]
Auch unter dem Gesichtspunkt, daß dem Vorbehaltskäufer bereits vor Bedingungseintritt ein wirtschaftlicher Wert zusteht, der sich nach den bereits geleisteten Zahlungen bemißt, ist es sinnvoll, zwischen der Rechtsstellung desjenigen, der eine Vorausverfügung über sein künftiges Eigentum trifft und demjenigen zu unterscheiden, der sein Anwartschaftsrecht überträgt.[178]

176 Stoll, aaO.

177 Umstritten ist lediglich, ob die Pfändung nach den Regeln der Sachpfändung (etwa Banke, S. 59 ff.; Henckel, FS Zeuner (1994), 193, 217 f.; Wieling, SaR, I, § 17 IV 3; Bülow, KreditsicherungsR, Rz. 721) oder nach den Regeln der Rechtspfändung (z. B. Liebrecht, KGBl 1905, 13, 15 ff.; Baur/ Stürner, SaR, § 59 V 4 a; Flume, AcP 161 (1962), 385, 404; Letzgus, S. 40 ff.; Sponer, S. 188 ff.; M. Wolf, SaR, Rz. 518) zu erfolgen hat.
Die wohl noch hM. plädiert für die Doppelpfändung, da sich das Pfandrecht am Anwartschaftsrecht mit Bedingungseintritt nicht an der Sache fortsetze, so daß die Pfändung des Anwartschaftsrechts nicht genüge (vgl. Jauernig, ZwVollstrR, § 20 III 2; Serick I, S. 303 ff.; Reinicke/ Tiedtke, KaufR, Rz. 1158 ff.).
Nach Raiser, S. 91 ff., wird die Sache selbst und damit die Anwartschaft gepfändet. Im Unterschied zu der Ansicht, die nur das Anwartschaftsrecht pfändet, dies jedoch in Form der Sachpfändung, ist nach Raiser schon *vor* Bedingungseintritt eine Vollstreckung in die Sache möglich. Die Ansicht Raisers ist ebenso wie die Theorie der Doppelpfändung im Hinblick auf § 771 problematisch, da der Gläubiger auf eine Sache zugreift, von der er weiß, daß sie nicht zum Schuldnervermögen gehört. Raiser und die Vertreter der Doppelpfändung können daher das Pfändungsproblem ebensowenig überzeugend lösen wie die Gegner der Anwartschaftslehre.
Raiser will diese Schwäche seiner Theorie dadurch vermeiden, daß er dem Verkäufer, obgleich sein Eigentum gepfändet wird, nur gemäß § 805 ZPO eine Klage auf vorzugsweise Befriedigung gewährt.

178 Im Steuerrecht werden daher Waren, die unter Eigentumsvorbehalt erworben sind, als wirtschaftliches Eigentum des Käufers behandelt und entsprechend bilanziert, vgl. Tipke/ Kruse, Abgabenordnung und Finanzgerichtsordnung, § 39 AO, Rz. 11 f. mit 33.

II. Die Deutung des Eigentumsvorbehalts als besitzloses Pfandrecht

Eine in der Literatur vertretene Ansicht behandelt den Eigentumsvorbehalt entsprechend den Regeln über das Pfandrecht an beweglichen Sachen.[179] Danach kommt dem Vorbehaltskäufer bereits vor Bedingungseintritt die Eigentümerstellung zu. Das Eigentum des Vorbehaltskäufers ist allerdings mit dem besitzlosen Pfandrecht beziehungsweise einem Verfallpfand des Vorbehaltsverkäufers belastet. Demzufolge verwandelt sich das Anwartschaftsrecht bei Bedingungseintritt nicht in das Vollrecht, sondern lediglich die Belastung mit dem Pfandrecht fällt weg.[180]
Als Begründung für die Pfandrechtskonzeption führt *A. Blomeyer* an, da der Zweck des Eigentumsvorbehalts darauf gerichtet sei, dem Käufer Eigentum zu verschaffen, stehe dem Vorbehaltsverkäufer nur noch Eigentum auf Zeit zu. Eine zeitliche Befristung sei mit dem Eigentum jedoch nicht zu vereinbaren.[181] Die Stellung des Vorbehaltsverkäufers sei daher nicht als Eigentum, sondern als Eigentumsbelastung zu qualifizieren.[182]
Demnach sei es „allein sachgemäß", den Käufer als Eigentümer und den Verkäufer als Verfallpfandgläubiger aufzufassen.[183]
Dem widerspreche zwar der Wortlaut des § 455; da die bedingte Übereignung aber ebenso wie die Pfandrechtsbestellung zur Sicherung einer Forderung vorgenommen werde, sei eine Anknüpfung an die Regeln über das Sachpfandrecht erforderlich.[184] Dem Vorbehaltskäufer könne vor Bedingungseintritt entweder das Eigentum oder aber überhaupt kein dingliches Recht an der Sache zustehen. Eine dritte Möglichkeit gebe es

179 Vgl. A. Blomeyer, Studien II, S. 121 ff.; ders., AcP 153 (1954), 239; ders., JZ 55, 5; 7; ders., AcP 162 (1963), 193 ff.; im Anschluß an A. Blomeyer auch Henke, S. 20; ders., JZ 1959, 202 ff.; in neuerer Zeit wieder Hübner, NJW 1980, 730; Berger, S. 119 ff. Etwas abweichend ist Walsmann (Der Verzicht, S. 222) der Ansicht, inhaltlich sei die bedingte Eigentumsübertragung zwar nichts anderes als die Bestellung eines Pfandrechts, formal sei jedoch die Eigentümerstellung des Vorbehaltsverkäufers anzuerkennen. Ähnlich Gerhards, S. 24 f.

180 A. Blomeyer, Studien II, S. 249.

181 A. Blomeyer, Studien II, S. 133 ff.; ders., AcP 153 (1954), 239, 245.

182 A. Blomeyer, Studien II, S. 167 f., 172, 220, 237 ff., 269 ff.; ders., AcP 162 (1963), 193, 197 ff.; ders., AcP 153 (1954), 239, 246; ders., JZ 1955, 5, 7; zustimmend Henke, JZ 1959, 202, 204, der zu diesem Ergebnis aufgrund einer Analysierung des Besitzmittlungsverhältnisses zwischen Käufer und Anwartschaftserwerber gelangt. Dazu näher § 2 C IV.

183 A. Blomeyer, AcP 153 (1954), 239, 249.

184 A. Blomeyer, AcP 162 (1963), 193, 195, 199, 200; ders., AcP 153 (1954), 239, 246.

nicht.[185] Die Unterscheidung zwischen Eigentum und Eigentumsanwartschaft sei daher bedeutungslos.[186] Der herrschenden Meinung wirft *A. Blomeyer* vor, die von ihr postulierte Verwandlung des Anwartschaftsrechts zum Vollrecht bei Bedingungseintritt geschehe „in einer Weise, die nur ein Wundergläubiger hinnehmen" könne.[187] Dies vermeide die Pfandrechtskonzeption, da mit Zahlung des Käufers lediglich die Eigentumsbelastung erlösche, während bei Nichtzahlung endgültig Verfall eintrete.[188]

Die Qualifizierung des Eigentumsvorbehalts als Pfandrecht führt auch zu Abweichungen bei der Beurteilung der Besitzlage. Nach *A. Blomeyer* entspricht die Besitzlage derjenigen bei Bestellung eines Nießbrauchs unter gleichzeitiger Rückvermietung[189]; denn der Veräußerer besitze nur auf Zeit und könne daher nicht als Eigenbesitzer angesehen werden.[190] Sein Fremdbesitz ergebe sich daraus, daß er weiter als Nutzungsberechtigter anzusehen sei. Aus § 159 ergebe sich nämlich, daß dem Erwerber das Nutzungsrecht nur schuldrechtlich eingeräumt werden könne.[191] Gleichzeitig vermittle der Veräußerer als Verfallpfandgläubiger dem Erwerber mittelbaren Eigenbesitz.[192] Da der Käufer die Sache nach der Pfandrechtsbestellung gleichsam zurückmiete, besitze er außerdem als Fremdbesitzer für den Verkäufer als Nutzungsberechtigten.

Aus dem Umstand, daß dem Vorbehaltsverkäufer weiterhin das Nutzungsrecht zustehe ergebe sich, daß der Vorbehaltskäufer lediglich ein schuldrechtliches Recht zum Besitz verfüge. Dennoch erübrige es sich, den gutgläubigen Anwartschaftserwerber über die Arglisteinrede zu schützen. Verabrede der Veräußerer, nachdem er zuvor eine Eigentumsübertragung nach den §§ 929, 930 vorgenommen hat, einen Eigentumsvorbehalt mit einem Dritten und übergebe diesem die Kaufsache, erwerbe dieser anstelle des schlechtgläubigen Veräußerers das Nutzungs-

185 A. Blomeyer, AcP 153 (1954), 239, 248.
186 A. Blomeyer, Studien II, S. 168.
187 A. Blomeyer, AcP 153 (1954), 239, 248.
188 A. Blomeyer, AcP 153 (1954), 239, 249.
189 A. Blomeyer, JZ 1955, 5, 7; ders., Studien II, S. 146 ff.; ebenso Berger, S. 140 f.
190 A. Blomeyer, Studien II, S. 241; ders., AcP 153 (1954), 239, 247; ders., AcP 162 (1963), 193, 201; ders., JZ 1955, 5, 7.
191 A. Blomeyer, AcP 153 (1954), 239, 248 FN 31; ders., JZ 1955, 5, 7.
192 A. Blomeyer, Studien II, S. 241; ders., AcP 153 (1954), 239, 249; ders., JZ 1955, 5, 7; ders., AcP 162 (1963), 193, 201; ebenso Henke, S. 20; ders., JZ 1959, 202, 204; Berger, S. 139 f.; Hübner, NJW 1980, 730, 734.

recht. Der Herausgabeanspruch gegen den Dritten scheitere in entsprechender Anwendung von § 986 Abs. 2.[193]

Berger versucht die Richtigkeit der Pfandrechtskonzeption zusätzlich mittels einer rechtshistorischen Betrachtung zu untermauern.[194] Bis ins 19. Jahrhundert hinein sei nämlich der Pfandrechtscharakter des *pactum reservati dominii* anerkannt gewesen. Lediglich die Tatsache, daß sich um die Mitte des 19. Jahrhunderts ein absoluter Eigentumsbegriff durchsetzte, habe zusammen mit der Entwicklung der Lehre von der abstrakten Übereignung und der Erneuerung der Bedingungslehre, zur Ablehnung des besitzlosen Pfandrechts geführt, so daß fortan dem Faustpfandprinzip der Vorrang eingeräumt wurde.[195] Der Gesetzgeber habe aber bewußt ermöglicht, den Zwang zur Übergabe beim Pfandrecht zu umgehen, indem er das Besitzkonstitut bei Veräußerung zwecks Sicherung einer Forderung zugelassen habe.[196]

Nach *Hübner* kommt den ursprünglichen Vorstellungen des Gesetzgebers für die Konstruktion des Eigentumsvorbehalts keine Bedeutung mehr zu, da die Rechtsentwicklung diese unumkehrbar überholt habe. Die Verwirklichung des von § 455 erstrebten Sicherungszwecks könne nur dadurch erreicht werden, daß von einem von der Vermutung des § 455 abweichenden Parteiwillen ausgegangen werde; die Parteien wollten nämlich in Wirklichkeit die Pfandrechtskonzeption.[197] Ferner gebühre der These vom pfandrechtsbelasteten Eigentum auch deshalb der Vorzug, weil sie eine sachgerechte Lösung der sich ergebenden Problemfälle ermögliche.[198]

Zwar ist nicht von der Hand zu weisen, daß man mit der Konstruktion des Eigentumsvorbehalts als Pfandrecht zu befriedigenden Ergebnissen gelangt. Auch ist nicht zu verkennen, daß der Sinn des Eigentumsvorbehalts ebenso wie der des Pfandrechts in der Sicherung der Kaufpreisforderung liegt.[199] Darüber hinaus haben Wissenschaft und Praxis bei der

193 A. Blomeyer, AcP 153 (1954), 239, 254.

194 Vgl. Berger, S. 46 ff.

195 Berger, S. 73 ff., zusammenfassend S. 119 ff.

196 Berger, S. 121; ähnlich auch Hübner, NJW 1980, 729, 731.

197 Hübner, NJW 1980, 729, 731, 735; ebenso Berger, S. 137.

198 Hübner, NJW 1980, 729, 731, 735; ebenso Berger, S. 121 f.

199 Überwiegend wird als Zweck des Eigentumsvorbehalts jedoch die Sicherung der Rückabwicklung angegeben, was mit der These von der schuldrechtlichen Abhängigkeit der Position des Käufers zusammenhängt. Vgl. nur Soergel - Mühl, § 455, Rz. 2; J. Blomeyer, JZ 1968, 691, 693; ders., DB 1969, 2117, 2120; Zörb, NJW 1971, 87; Lange, JuS 1971, 511, 513 f.; Derleder, ZHR 139 (1975), 20 ff.; Fenn/

Sicherungsübereignung das Verbot des besitzlosen Pfandrechts im Prinzip durchbrochen. Daher mag es berechtigt sein, die Sicherungsübereignung wie ein Pfandrecht zu behandeln.[200] Für den Eigentumsvorbehalt scheitert dies jedoch am insoweit eindeutigen Wortlaut des § 455, wonach das Eigentum im Zweifel erst mit Eintritt der Bedingung übergeht.[201] Entgegen *Hübner* ist es nicht zulässig, dem Parteiwillen so weit Gewalt anzutun, daß diese Vermutung in ihr Gegenteil verkehrt wird. Die Konstruktion des Eigentumsvorbehalts als besitzloses Pfandrecht steht aber auch im Widerspruch zu den Bedingungsregeln. Derjenige, zu dessen Gunsten aufschiebend bedingt verfügt wird, kann nämlich noch nicht als Inhaber des Rechts angesehen werden, wenn völlig offen ist, ob die Bedingung überhaupt eintritt.[202] Daher geht auch § 161 davon aus, daß derjenige, der während der Schwebezeit verfügt, weiter Berechtigter ist. Zudem ist der Vorwurf, der herrschenden Meinung gelinge es nicht, den Erwerb des Vollrechts bei Bedingungseintritt zu erklären, ungerechtfertigt. Der Erwerb des Eigentums stellt nämlich keine Besonderheit dar, sondern beruht ausschließlich auf der Wirkung der Bedingungsregeln. Auch die Lehre *A. Blomeyers* enthält letztlich den der herrschenden Meinung vorgeworfenen Automatismus, wenn auch unter Umkehrung der Verhältnisse: Zahlt der Käufer, erhält er unbelastetes Eigentum. Zahlt er hingegen nicht, wird aus dem belasteten Eigentum des Verkäufers wieder unbelastetes.

Durch die Möglichkeit, bei Ausfall der Bedingung die Kaufsache wieder an sich zu ziehen, erfährt der Verkäufer eine ausreichende Sicherung, so daß es entgegen *Hübner* auch vom Zweck des Eigentumsvorbehalts her nicht geboten erscheint, die gesetzliche Regelung zugunsten der Pfandrechtskonzeption aufzugeben.

Finger, JuS 1972, 148, 149; Tiedtke, DB 1980, 1477, 1480; Bülow, Jura 1986, 169, 172; Larenz, SR II 1, § 43 II; BGHZ 54, 214, 219.
Nach aA. sichert der Eigentumsvorbehalt sowohl die Rückabwicklung als auch die Kaufpreisforderung, vgl. MünchKomm - Westermann, § 455, Rz. 3, 5, 6, 38; Erman - Grunewald, § 455, Rz. 19; Pottschmidt/ Rohr, KreditsicherungsR, Rz. 395 (in erster Linie die Kaufpreisforderung, in zweiter Linie die Ansprüche nach Vertragsauflösung).

200 So Wieling, SaR I, § 18 II.

201 Ebenso Rinnewitz, S. 270 f.; Hans Stracke, S. 5 ff.; Wieling, SaR I, § 17 III u. FN 47; von Lübtow, JuS 1963, 171, 173; Raiser, S. 52; Marotzke, S. 15; J. Uhlenbruck, S. 22; Bülow, Jura 1986, 169; J. Blomeyer, JZ 1968, 691, 693; Huber, ZIP 1987, 750, 752; Brecht, JherJahrb Bd. 61 (1912), 263, 279.

202 Zutr. auch Kruschewski, S. 21, 42; Brecht, JherJahrb Bd. 61 (1912), 263, 265, 274, 277; vgl. dazu auch Flume, AT II, § 39, 3; K. Müller, DB 1969, 1493, 1497.

Dem historischen Argument *Bergers* läßt sich entgegenhalten, daß beispielsweise das römische Recht ein besitzloses Pfandrecht kannte, andererseits aber auch Vereinbarungen möglich waren, die erhebliche Ähnlichkeit zum heutigen Eigentumsvorbehalt aufweisen.[203] Darüber hinaus stand die Gleichsetzung des Eigentumsvorbehalts mit einem Pfandrecht bereits im 19. Jahrhundert kaum mehr zur Diskussion[204], so daß auch der Gesetzgeber diese Konstruktion nicht mehr in Erwägung zog.[205]

Daß die Konstruktion des Eigentumsvorbehalts als besitzloses Pfandrecht mit der Gesetzesfassung unvereinbar ist, verdeutlicht auch die von *A. Blomeyer* befürwortete Besitzlage. Daß der Vorbehaltsverkäufer trotz der Übergabe an den Käufer weiter nutzungsberechtigt sein soll, kann aus § 159 nicht abgeleitet werden. Nicht die dem Käufer eingeräumte Nutzungsbefugnis steht im Widerspruch zu § 159, sondern vielmehr die Tatsache, daß dem Käufer bereits vor Bedingungseintritt das Eigentum zugesprochen wird.

Schließlich ist auch die Heranziehung von § 986 Abs. 2 zum Schutz des gutgläubigen Vorbehaltskäufers verfehlt, sofern man dem Käufer mit *A. Blomeyer* lediglich ein obligatorisches Besitzrecht gewährt. Nach § 986 Abs. 2 kann der Inhaber eines obligatorischen Rechts dieses nach Besitzüberlassung dem Rechtsnachfolger des Eigentümers entgegenhalten. Die Vorschrift ist somit Ausdruck der durch die Übergabe eintretenden Verdinglichung schuldrechtlicher Besitzrechte an beweglichen Sachen.[206] Ein schuldrechtliches Besitzrecht rechtfertigt daher eine Analogie zu § 986 Abs. 2 nicht.

Daher kommt der Eigentumsvorbehalt zwar vom wirtschaftlichen Ergebnis her einem besitzlosen Pfandrecht gleich, unterscheidet sich von diesem jedoch durch seine Konstruktion.[207]

203 Kaser I, S. 144 f., 418; vgl. auch § 3 B II 2 a bb.

204 Dazu näher unter § 3 B II 2 c.

205 Vgl. Protokolle II, S. 81 (Mugdan II, S. 780 ff.): „Hinsichtlich der dinglichen Bedeutung des Vorbehalts dürfe aber nicht verkannt werden, daß es in der Absicht des Verkäufers liege, bis zur Tilgung der Kaufschuld das Eigenthum der verkauften Sache zu behalten, um einem zahlungsunfähigen Käufer gegenüber möglichst vor Verlust bewahrt zu sein".

206 Dazu ausführlich Wieling, SaR I, § 12 I 3 a aa u. § 13; vgl. zur Verdinglichung der Rechte der Fremdbesitzer auch § 2 A.

207 Richtig Bülow, Jura 1996, 190; Serick, Neue Rechtsentwicklungen, S. 216 f.; Wieling, SaR I, § 17 III pr.

C. Ergebnis

Den Regeln der §§ 158 ff. läßt sich ebensowenig wie § 455 eine Antwort auf die Frage nach dem Inhalt der Stellung des Vorbehaltskäufers entnehmen. So ist bereits der Rechtscharakter der Anwartschaft nicht aus den Bedingungsvorschriften zu ermitteln; gleiches gilt für die Dinglichkeit der Anwartschaft.

Die herrschende Meinung versucht, die Kennzeichnung der Stellung des Vorbehaltskäufers über eine Anknüpfung an die Eigentumsregeln zu erreichen. Nicht zu übersehen ist jedoch, daß die Argumentation weithin ergebnisorientiert abläuft und hernach durch eine scheinbar dogmatische Begründung abgesichert wird. Mit dem „wesensgleichen Minus" zum Eigentum wird ein Begriff geschaffen, der wegen seiner Unklarheit eine Klärung des Inhalts der Anwartschaft nicht leisten kann.

Aussagen über die Stellung des Vorbehaltskäufers lassen sich nicht aufgrund der Eigentumsregeln gewinnen, sondern ausschließlich durch das Heranziehen von Wertungen, die im Gesetz selbst zum Ausdruck kommen.

Daher geht es nicht an, den Vorbehaltskäufer bereits vor Bedingungseintritt als Eigentümer anzusehen und damit im Sinne einer eigenen Rechtsfindung den eindeutigen Willen des Gesetzgebers für unerheblich zu erklären.

Die Behandlung der Anwartschaftsübertragung als Vorausverfügung über das künftige Eigentum ist vor dem Hintergrund der widersprüchlichen Behandlung des Anwartschaftsrechts durch die herrschende Meinung zwar verständlich, aber gleichfalls nicht überzeugend. Sie kann die auftretenden Rechtsfragen nicht lösen, ohne im Ergebnis ein selbständiges Anwartschaftsrecht vorauszusetzen.

Als wichtiger Ausgangspunkt für die weitere Untersuchung bleibt festzuhalten, daß der Veräußerer beim Eigentumsvorbehalt als Eigentümer und mittelbarer Eigenbesitzer anzusehen ist, dem der Erwerber als unmittelbarer Fremdbesitzer den Besitz vermittelt.

§ 2. Ableitung der Rechtsnatur des Anwartschaftsrechts

A. Die Verdinglichung der Stellung des Vorbehaltskäufers

Der Rechtscharakter der Anwartschaft wäre erwiesen, sofern für das BGB von einer Verdinglichung der Rechte der Fremdbesitzer auszugehen wäre. Nach nahezu allgemeiner Ansicht ist das Prinzip, daß bloß obligatorische Rechte durch Übergabe verdinglicht werden können, jedoch nicht im geltenden Recht verankert.[1] Als Begründung dient der Hinweis, für eine Verdinglichung sei wegen der scharfen Trennung zwischen Schuld- und Sachenrecht, von der das Gesetz ausgehe, kein Raum. Weiter wird angeführt, durch eine Verdinglichung würde der *numerus clausus* der Sachenrechte gesprengt, und die Parteien hätten es in der Hand, nach Belieben Sachenrechte zu begründen. Richtig daran ist, daß der Gesetzgeber Wert darauf gelegt hat, den Gegensatz zwischen persönlichen und dinglichen Rechten klarzustellen.[2] Dies spricht aber nicht gegen eine Verdinglichung obligatorischer Rechte, sondern weist nur darauf hin, daß eine solche in den Rahmen des geltenden Abstraktionsprinzips einzubinden wäre.
Es ist zu zeigen, daß die Verdinglichung obligatorischer Rechte dem BGB bei Mobilien nicht fremd ist, sondern daß es sich hierbei vielmehr um ein bewußt eingeführtes Prinzip handelt. Auch ein Teil der Rechtslehre befürwortet abweichend von der herrschenden Ansicht eine mehr oder weniger starke Verdinglichung obligatorischer Rechte.

I. Die Lehre Dulckeits - Theorie vom relativen Eigen

Dulckeit geht davon aus, im BGB seien an zahlreichen Stellen schuldrechtliche und sachenrechtliche Regelungen miteinander verklammert. Als Ursache hierfür sei die Vermengung romanistischer Vorstellungen mit germanistischen Rechtsgrundsätzen anzusehen. Bereits dem älteren deutschen Recht sei eine strenge Unterscheidung zwischen Schuld- und Sachenrecht fremd gewesen. Dem deutschen Recht habe nämlich der Gedanke zugrunde gelegen, daß sich jedes Forderungsrecht durch die

1 Vgl. Crome, JherJahrb Bd. 37 (1897), 1, 64 ff; Neumann, S. 55; von Gierke, Fahrnisbesitz, S. 20 u. FN 49; ders., Dt. Privatrecht II, S. 259 FN 57; Diederichsen, S. 64; Weber, S. 34; MünchKomm - Medicus, § 1007, Rz. 3 FN 6.

2 Motive III, S. 1 ff.

Übergabe in ein dingliches Recht verwandele.[3] Hieraus schließt *Dulckeit*, die im älteren deutschen Recht vorgezeichnete Verdinglichung obligatorischer Rechte durch Besitzübertragung müsse für das geltende Zivilrecht weiterhin Geltung beanspruchen.

Die Verdinglichung der obligatorischen Rechte ist Ausgangspunkt für die Entwicklung der *Dulckeit'*schen Theorie vom relativen Eigen. Die vertragliche Verpflichtung zur Leistung sei nichts anderes als die Zusage eines Eigen. Dieses Eigen stehe bereits mit dem Vertragsschluß im Innenverhältnis dem Erwerber zu. Das relative Eigen verwandele sich durch die Übergabe in ein absolutes Eigen. Legitimiert durch das Beispiel des älteren deutschen Rechts will *Dulckeit* den engen Eigentumsbegriff beseitigen und unter das Eigentum auch jedes Forderungsrecht fassen. Aus dem uns geläufigen Eigentumsbegriff werde auf diese Weise ein umfassender Vermögensbegriff.[4]

Daher könne die Vorstellung eines selbständigen dinglichen Vertrages nicht länger aufrechterhalten werden. Der dingliche Vertrag sei ein begrifflicher Irrtum und keine Voraussetzung für den Übergang dinglicher Rechte; denn relativ sei das Eigentum bereits im schuldrechtlichen Vertrag übertragen. Damit verleiht *Dulckeit* dem bloßen Forderungsrecht bereits dinglichen Charakter. Dem Besitz fällt nur noch die Aufgabe zu, das bereits vorhandene dingliche Recht zur Erscheinung zu bringen.[5]

Daraus folgert *Dulckeit* weiter, derjenige, dem vertraglich ein Eigen zugesagt sei, sei als Eigentümer im Innenverhältnis, als wahrer Eigentümer, anzusehen, während derjenige, der das Eigen verspreche, nur der scheinbare Eigentümer im Außenverhältnis sei.[6] Dennoch habe dies nicht die Aufhebung des Gegensatzes zwischen Schuld- und Sachenrecht zur Folge. Das Gesetz übersehe jedoch die inhaltlichen Gemeinsamkeiten beider Arten des subjektiven Rechts.[7]

Entgegen der Vorstellung *Dulckeits* wird der Unterschied zwischen Schuld- und Sachenrecht durch die Theorie vom relativen Eigen *de facto* sehr wohl beseitigt, da die eigentliche Rechtsänderung bereits durch den bloßen Vertragsabschluß bewirkt werden soll. Durch den Verzicht auf

3 Dulckeit, S. 9.

4 Dulckeit, S. 34 f., 42, 48; zustimmend auch Enneccerus/ Nipperdey, AT I, § 79 II C FN 22.

5 Dulckeit, S. 48 ff.

6 Dulckeit, S. 43.

7 Dulckeit, S. 41.

die dingliche Einigung werden auch das Abstraktionsprinzip und das Trennungsprinzip aufgegeben; denn der Vertragspartner soll bereits durch den Vertragsschluß relativer Eigentümer werden. Für das geltende Recht kann aber nicht zweifelhaft sein, daß zwischen dem Verpflichtungsgeschäft und der dinglichen Rechtsänderung zu unterscheiden ist, und daß das Verfügungsgeschäft unabhängig vom Kausalgeschäft ausgestaltet ist.[8] Bereits *Johow* wollte das Abstraktionsprinzip in seinem Entwurf ausdrücklich festschreiben (§ 133). Die erste Kommission hatte dies in § 874 Abs. 1 S. 2, der auf § 829 verwies, übernommen. Die zweite Kommission verzichtete nur deshalb auf die Vorschrift, weil sich die Geltung des Abstraktionsprinzips bereits aus den Vorschriften über den Eigentumserwerb ergebe (Einigung und Übergabe).[9] Wie *Dulckeit* diese gesetzliche Wertung übergehen will, bleibt unklar.

Abzulehnen ist auch die Lehre vom relativen Eigen, da ansonsten das *ius ad rem* des preußischen ALR wieder eingeführt würde. Selbst das preußische Recht sah das Recht zur Sache, das durch den schuldrechtlichen Vertrag entstand, noch nicht als dingliches Recht an, sondern das dingliche Recht entstand erst durch die Besitzübertragung.[10] Zudem ist nicht zu verkennen, daß die Lehre vom relativen Eigen mit dem geltenden Eigentumsbegriff nicht zu vereinbaren ist.[11, 12]

Die Verdinglichung obligatorischer Rechte läßt sich auch nicht aus der Fortgeltung des älteren deutschen Rechts ableiten. Maßstab für die Verdinglichung kann einzig das geltende Recht sein.

8 Vgl. bereits Motive III, S. 6 ff. Eine andere Frage ist die rechtspolitische Haltbarkeit des Abstraktionsprinzips. Der BGB-Gesetzgeber hat sich unter dem Einfluß Savignys zum Abstraktionsprinzip bekannt, um die Sicherheit des Rechtsverkehrs zu gewährleisten (vgl. Motive III, S. 7). Zwar ist der Rechtssicherheit weitgehend durch die Anerkennung der Möglichkeit des gutgläubigen Erwerbs Genüge getan. Dennoch ist das Abstraktionsprinzip der Einheitslösung nicht zuletzt wegen der Abgrenzungsschwierigkeiten bei der Gutgläubigkeit und wegen des besseren Gläubigerschutzes überlegen. Vgl. dazu Stadler, Gestaltungsfreiheit, S. 46 ff., 76 ff., 249 ff., 263 f.; Wieling, SaR I, § 1 III; Baur/ Stürner, § 5 IV; MünchKomm - Quack, Einl. Sachenrecht, Rz. 34.

9 Mugdan III, S. 624, 531 (Protokolle III, S. 3678, 3408).

10 Vgl. nur Stobbe, Dt. Privatrecht II, S. 82; Dernburg, Preußisches Privatrecht I, S. 411 u. FN 3; aA. Ziebarth, Realexekution, §§ 14 ff.

11 Ebenso Diederichsen, S. 77 ff.; vgl. zum Eigentumsbegriff des BGB Schloßmann, JherJahrb Bd. 45 (1903), 289, 291, 298 ff.

12 Gegen Dulckeit auch P. Koch, S. 93 f.; Canaris, FS Flume (1979), S. 378 ff.; Diederichsen, S. 77 ff.; Merrem, S. 154 f.

II. Auffassung von Diederichsen

Ausgangspunkt für die Lehre *Diederichsens* ist, daß die Einschränkung der *rei vindicatio* durch ein schuldrechtliches Recht zum Besitz befremdend wirke. Dies sei nur damit zu erklären, daß derjenige, der aus § 985 in Anspruch genommen werde, über das rein obligatorische Besitzrecht hinaus ein Recht an der Sache haben müsse.[13] Die Vindikation scheitere nur deshalb, weil das auf dem Schuldverhältnis beruhende Besitzrecht ein Herrschaftsrecht sei, das dem Besitzberechtigten die Sache zuweise. Bei der Untersuchung des Charakters dieses Besitzrechts gelangt *Diederichsen* zu dem Ergebnis, es könne sich hierbei nicht um ein dingliches Recht handeln. Zwar habe der Besitzberechtigte, von dem Herausgabe verlangt werde, die unmittelbare Herrschaftsmacht über die Sache. Auch weise das Besitzrecht dem Betroffenen die Sache zu. Für die Qualifizierung als dingliches Recht fehle es aber an der Absolutheit des Klageschutzes. Der Schutz des obligatorisch Besitzberechtigten versage nämlich jedem gegenüber, mit Ausnahme des Vertragspartners.[14]

Daß die Vindikation des Eigentümers am schuldrechtlichen Recht zum Besitz scheitere, könne nur daran liegen, daß das Recht zum Besitz aus dem Schuldrecht „herausgewachsen" sei. Da es andererseits aber durch die Beschränkung auf den Schuldner und die Abhängigkeit vom Bestehen des Schuldverhältnisses weiterhin Bezug zum Schuldrecht aufweise, könne es sich nur um eine Zwischenform zwischen Schuld- und Sachenrecht handeln.[15]

Die Lösung des von *Diederichsen* aufgeworfenen Problems erfordert nicht zwingend die Konstruktion eines außerhalb des Schuldrechts stehenden Rechts zum Besitz. So vertritt etwa *Scherk*[16] die Ansicht, der Ausschluß der Vindikation beruhe darauf, daß beim Vorliegen eines Besitzmittlungsverhältnisses eine Besitzverwandlung in dem Sinne vorliege, daß dem Fremdbesitzer das aus dem Eigentum fließende Recht zum Besitz für die Dauer des Vertragsverhältnisses übertragen sei. Demgegenüber hält *Raape*[17] § 986 für eine Ausübungsschranke der Vindikation. Der Eigentümer könne deshalb nicht Herausgabe verlangen, weil er dem Besitzer die Herausgabe bis zum Ende der Besitzzeit gestundet habe.

13 Diederichsen, S. 4 ff.
14 Diederichsen, S. 37 ff.
15 Diederichsen, § 14.
16 Scherk, JherJahrb Bd. 67 (1917), 301 ff.
17 Raape, JherJahrb Bd. 71 (1922), 97 ff.

Diese Lösungsansätze kann *Diederichsen* nur deshalb nicht als unrichtig zurückweisen, weil es ihm nicht zu klären gelingt, wie es zur *Entstehung* des über das Schuldrecht hinausgewachsenen Rechts kommen soll. Daß der Fremdbesitzer die Herausgabe der Sache gegenüber dem Eigentümer verweigern darf, ist lediglich die Folge, aber keine hinreichende Begründung für die Entstehung des Rechts.[18] Weil die Frage nach dem „Mutterrecht" der verdinglichten obligatorischen Rechtsstellung unbeantwortet bleibt, kann *Diederichsen* auch nur Mutmaßungen bezüglich des Inhalts derselben anstellen. Die Vorstellung, es handelte sich hierbei um ein Recht, daß sich weder in die Kategorien des Schuldrechts noch in die des Sachenrechts einordnen lasse, ist dem Gesetz völlig fremd.[19] Unklar bleibt auch, warum ein „schuldrechtlich-dingliches" Recht dem Herausgabeanspruch des Eigentümers eher standhalten sollte als ein rein schuldrechtliches. Im übrigen treffen die Argumente, die *Diederichsen* gegen die Qualifizierung der Rechte der Fremdbesitzer als „dinglich" anführt, nicht zu. Zwar sieht er, daß derjenige, der als Fremdbesitzer etwa aufgrund von Miete oder Leihe für den Eigentümer besitzt, mit demjenigen zu vergleichen ist, dem ein beschränkt dingliches Recht an einer Sache eingeräumt ist.[20] Die Annahme, das Recht zum Besitz der Fremdbesitzer sei im Unterschied zu den beschränkt dinglichen Rechten von der Wirksamkeit des Vertragsverhältnisses abhängig, stellt jedoch eine *petitio principii* dar.[21]

III. Verdinglichung durch § 1007

Da sowohl die Theorie vom relativen Eigen als auch die Auffassung von einer teilweisen Verdinglichung obligatorischer Rechte nicht überzeugen, kann sich eine Verdinglichung der Rechte der Fremdbesitzer, mithin auch der Stellung des Vorbehaltskäufers, nur noch aus § 1007 ergeben. Dies mag zunächst erstaunen, da eine Befassung mit der Vorschrift, deren Fassung „dunkel"[22] sein soll, in der modernen Rechtswissenschaft kaum mehr erfolgt.[23] Das kann nicht nur daran liegen, daß § 1007 in der

18 Zutr. Merrem, S. 155.
19 S. dazu bereits § 1 A III 1 d, e u. 2.
20 Diederichsen, S. 92.
21 Zur Unabhängigkeit des verdinglichten Rechts vom Kausalgeschäft näher unter § 3 A II.
22 So ausdrücklich Medicus (MünchKomm, § 1007, Rz. 2) und Hager (Verkehrsschutz, S. 209).
23 Entsprechend kurz ist die Behandlung der Vorschrift in der Kommentarliteratur.

Praxis wenig Bedeutung zukommt[24], sondern hängt sicherlich auch mit der Unsicherheit zusammen, mit der die Rechtswissenschaft im allgemeinen der Vorschrift begegnet. So bestehen seit jeher Mißverständnisse bei der Ermittlung des Normzwecks, was *Medicus* gar zu dem Satz verleitet hat, ein solcher lasse sich kaum ermitteln.[25] Was die Verdinglichung obligatorischer Rechte anbelangt, läßt sich ein Ergebnis jedoch nur aus dem richtigen Verständnis des Klagegrundes des § 1007 gewinnen.[26]

1. Der Klagegrund des § 1007 nach herrschender Ansicht

a. Besitz als Klagegrund des § 1007

Eine Verdinglichung obligatorischer Rechte durch § 1007 wäre abzulehnen, wenn mit der noch immer herrschenden Meinung als Klagegrund des § 1007 der Besitz als solcher anzusehen wäre, so daß es sich bei der Vorschrift um einen Anspruch aus früherem Besitz handelte.[27] Diese Auffassung wird damit begründet, daß mit § 1007 der germanische Gewerebegriff Eingang in das Gesetz gefunden habe. Die Gewere sei demjenigen zuzusprechen, der in der Lage sei, die tatsächliche Herrschaft über eine Sache auszuüben.[28] Später sei man noch darüber hinausgegangen und habe in den Gewerebegriff auch Rechtsbeziehungen zur Sache aufgenommen. Demnach bringe die Gewere ein dingliches Recht zur Er-

24 Wieling (SaR I, § 12 IX 2 a FN 11) weist darauf hin, daß § 1007 möglicherweise nicht immer angewandt wurde, wenn seine Voraussetzungen vorgelegen haben.

25 MünchKomm - Medicus, § 1007, Rz. 3.

26 Entgegen Bucher, AcP 175 (1975), 461, 463, kann die Frage nach der Klagegrundlage daher nicht dahinstehen. Ähnlich wie Bucher auch Hager, Verkehrsschutz, S. 210 FN 145.

27 Von Gierke, Fahrnisbesitz, S. 19, 50, 58; ders., Dt. Privatrecht II, S. 261; Koppers, DJZ 1902, 196; Effertz, S. 20, 22, 34, 44 f., 54; Neumann, S. 10 ff.; Heilfron, BürgR III, § 32 d; Crome, JherJahrb Bd. 37 (1897), 1, 64; ders., System III, § 387 b I, II (S. 241 ff.); Cosack/ Mitteis, BürgR II, § 17 I; Planck - Brodmann, § 1007, Anm. 1; Biedermann, S. 30 f., 74, 76; Peipers, S. 16, 20; Rhode, Studien im Besitzrecht, Bd. II, S. 86; Lorey, S. 8, 27, 43; Miethke, S. 25 ff.; Leske, BGB und ALR I, S. 444 f; Heck, SaR, § 34, 2; Wolff/ Raiser, § 23 pr.; Eichler, SaR II 1, S. 236; MünchKomm - Medicus, § 1007, Rz. 3; ders., AcP 165 (1965), 115, 128, 129 FN 41, 132; Lopau, JuS 1980, 501; Diederichsen, S. 62 f.; Westermann - Pinger, SaR I, § 35 I 1; Soergel - Mühl, § 1007, Rz. 1; Staudinger - Gursky, § 1007, Rz. 1, 9, 20; BGH, NJW 1952, 1410.

28 Vgl. dazu Heusler, Institutionen II, S. 20 ff.; Delbrück, Die dingliche Klage des deutschen Rechts, S. 36; Albrecht, Gewere, S. 24 ff.

scheinung, sie sei das äußere Kleid eines dahinterstehenden dinglichen Rechts, sie gewähre eine Vermutung für das in ihr erscheinende Recht.[29] Zum Schutz dieses Rechtsscheins habe das deutsche Recht dem früheren Besitzer eine dingliche Klage aus dem Besitz gegeben, also eine Fahrnisklage aus unfreiwillig verlorener Gewere. Dies sei in § 1007 übernommen worden. Geschützt durch § 1007 werde daher das im Besitz vermutete Recht.[30]

Ebenso wie im älteren deutschen Recht stehe die Klage nicht nur dem Eigenbesitzer, sondern auch dem Fremdbesitzer zu. Bei beiden spreche der Besitz für das Vorhandensein des entsprechenden Rechts. Abweichend will *von Gierke* die Vermutungswirkung des § 1007 nur für die Eigenbesitzer gelten lassen. Bei den Fremdbesitzern verschaffe der Fahrnisbesitz dem persönlichen Recht, obgleich er es nicht in ein dingliches verwandele, in bestimmter Hinsicht dingliche Wirksamkeit.[31]

Obwohl der Kläger nicht aus seinem Besitzrecht, sondern aus seinem früheren Besitz klage, werde in § 1007 dennoch der Besserberechtigte gegen den Schlechterberechtigten geschützt.[32] Trotz der Qualifikation als Klage aus früherem Besitz wird der Klage überwiegend petitorischer Charakter zugesprochen, da sie auf endgültige Herausgabe der Sache gerichtet sei und dem Beklagten Einreden aus seinem Besitzrecht zustünden.[33] Der petitorische Anspruch aus § 1007 sei allerdings nicht identisch mit dem petitorischen Anspruch aus dem Recht an einer Sache. Der Kläger könne nur deswegen Herausgabe verlangen, damit „dem für gewöhnlich wahren Rechtszustand“ entsprochen werde.[34]

Andere wiederum meinen, § 1007 stehe zwischen § 861 und § 985. Zwar schütze § 1007 in erster Linie den Besitz als solchen, sei also eigentlich possessorischer Natur. Durch die bei § 1007 zulässige Verteidigung mit dem Recht zum Besitz erhalte die Norm aber auch petitorischen Charak-

29 Von Gierke, Fahrnisbesitz, S. 1 ff, 9, 29 ff., 69 ff.; ders., Dt. Privatrecht II, 258 ff; Stobbe/ Lehmann II 1, S. 194; Neumann, S. 3 ff., 11; Giese, S. 14 ff; Biedermann, S. 8 ff., 31; Lorey, S. 3; Ludolph, S. 17; Miethke, S. 8; in neuerer Zeit wieder Weber, S. 15, 33.
Als Begründer dieser Gewereauffassung gilt E. Huber, Gewere, S. 47 ff.

30 Biedermann, S. 31; Frank, S. 28 ff.; Peipers, S. 20.

31 Von Gierke, Fahrnisbesitz, S. 36, 69 ff.; ders., Dt. Privatrecht II, S. 260 ff; Miethke, S. 40; H. Frank, S. 51.

32 Biedermann, S. 31, 62 f.; Peipers, S. 20 f.

33 So von Gierke, Fahrnisbesitz, S. 65; ders., Dt. Privatrecht II, S. 263; Neumann, S. 49; Leske, BGB und ALR I, S. 445; Peipers, S. 20.

34 So Crome, System III, § 387 b V 1 (S. 251).

ter.[35] Unabhängig von der Qualifikation als petitorischer Anspruch oder als Anspruch, der eine Mittelstellung zwischen Possessorium und Petitorium einnimmt, geht die überwiegende Ansicht von einem *dinglichen* Anspruch aus Besitz aus.[36]

b. Recht zum Besitz aus Besitz

Nach einer anderen Auffassung, die hauptsächlich von *Wolff/ Raiser* vertreten wird, ist der Anspruchsgrund des § 1007 ein „Recht zum Besitz aus Besitz". Man könne nicht dabei stehenbleiben, ausschließlich auf den Besitz abzustellen. Zu berücksichtigen sei nämlich, daß das Gesetz demjenigen, der den Besitz an einer Sache gutgläubig erworben habe, ein Recht zum Besitz gebe. Auf diese Weise führe der bloße Besitz zu einem Recht zum Besitz.[37] Insoweit unterscheide sich § 1007 auch nicht von § 861. Bei beiden Klagen beruhe der Anspruch darauf, daß das Recht zum Besitz die tatsächliche Sachherrschaft überdauere. Der Unterschied zwischen beiden Klagen sei nur darin begründet, daß § 861 auf die vorläufige Wiederherstellung des gestörten Besitzes gerichtet sei, während dem Beklagten nach § 1007 petitorische Einwendungen zustünden und die Klage außerdem auf eine endgültige Regelung des Besitzstandes abziele. Es könne nach § 1007 daher nur derjenige Kläger obsiegen, dem ein besseres Recht zum Besitz zustehe als dem Beklagten.

c. Eigentum als Klagegrund des § 1007

In neuerer Zeit hat *Weber* versucht nachzuweisen, daß sowohl § 1007 als auch § 985 auf dasselbe Ziel gerichtet sind. In beiden Fällen sei das Eigentum als Klagegrund anzusehen.[38] Bei § 1007 handele es sich lediglich

35 Effertz, S. 11, 40, 44; Biedermann, S. 32 f.; Lorey, S. 8, „petitorischer Anspruch auf possessorischer Grundlage"; H. Frank, S. 30; Janssen, S. 51; Eichler, SaR II 1, S. 237 u. FN 274; Staudinger - Gursky, § 1007, Rz. 1; Diederichsen, S. 64.

36 Vgl. etwa Lorey, S. 10; Biedermann, S. 33; Giese, S. 26 ff., 84; Effertz, S. 12; Neumann, S. 11; Peipers, S. 44; Beck, S. 4, 58.

37 Wolff/ Raiser, § 23 pr.; Oertmann, JW 1929, 570; ders., JherJahrb Bd. 66 (1916), 130; ähnlich wohl auch Endemann II, § 46, 2; Eichler, SaR II 1, S. 236 f.; Giese, S. 29; Gerhardt, MobiliarSaR, S. 26; Soergel - Mühl, § 1007, Rz. 1; Weitnauer, FS Larenz (1983), S. 705, 710 f. mit dem Verweis auf Hörer. Nach Hörers Ansicht gibt der Besitz als reine Tatsache jedoch gerade kein Recht zum Besitz (vgl. S. 27, 42).

38 Weber, S. 44 f., 64 ff.; im Anschluß an Weber auch Westermann - Pinger, SaR I, § 35 VI.

um eine Weiterentwicklung der *actio Publiciana* des römischen Rechts.[39] Daran habe auch die zweite Kommission festhalten wollen. Diese habe die Klage zwar auf die Fremdbesitzer ausgedehnt, was jedoch nicht bedeute, daß sie mit dem publizianischen Prinzip gebrochen habe. Dies zeige sich bereits an der Bezugnahme auf die §§ 932 ff. Auch nach der Einbeziehung der Fremdbesitzer als Kläger diene § 1007 weiterhin der Geltendmachung des Eigentums.[40] Der Fremdbesitzer mache, wenn er sich der Klage bediene, nämlich nur das Recht seines Oberbesitzers - des Eigenbesitzers - geltend.[41] Demnach liege ein Fall von gesetzlicher Prozeßstandschaft vor.
Eine andere Deutung der Vorschrift sei auch deshalb nicht möglich, weil das BGB eine Verdinglichung obligatorischer Rechte ablehne.[42] Andererseits sei die Auffassung der herrschenden Meinung, der Besitz spreche für ein dingliches Recht, mit § 1006 nicht zu vereinbaren, weshalb als Klagegrundlage auch nicht der Besitz angesehen werden könne. Es bleibe daher nur noch die Möglichkeit, daß § 1007 der Geltendmachung des Eigentums, nämlich der Erleichterung der Eigentumsverfolgung, diene. § 1007 fungiere folglich als prozessuale Einredebeschränkung gegenüber dem bisherigen Eigenbesitzer und bewirke, daß im Herausgabestreit um eine bewegliche Sache die Eigentumsvermutung in bestimmten Fällen nicht widerlegt werden könne.[43] Der Gesetzgeber habe lediglich versäumt, die Einredebeschränkung im Herausgabestreit, die er selbst angestrebt habe, „in eine adäquate Form zu bringen". Es sei daher wünschenswert, die Einredebeschränkung gegenüber dem früheren Eigenbesitzer in § 1006 aufzunehmen.[44]

Pinger führt ergänzend an, auch die Tatsache, daß § 1007 bei den Ansprüchen aus dem Eigentum eingeordnet worden sei, verdeutliche, daß die Vorschrift der Geltendmachung des Eigentums diene.[45]

39 Weber, S. 56 ff.
40 Weber, S. 43 ff.
41 Weber. S. 60, 67 f.
42 Weber, S. 34.
43 Weber, S. 35, 40, 64 ff.
44 Weber, S. 65.
45 Westermann - Pinger, SaR I, § 35 I.

2. *Kritische Betrachtung*

a. Die herrschende Ansicht, die den Besitz als solchen als Klagegrund des § 1007 ansieht, beruht letztlich auf einem falschen Gewereverständnis. Zum einen ist Gewere nicht mit der tatsächlichen Sachherrschaft gleichzusetzen. Es gab durchaus Fälle, in denen die Quellen von einer Gewere ausgehen, obwohl eine tatsächliche Sachherrschaft fehlte. So hatte etwa der Vermieter oder Verpächter Gewere an einem Grundstück.[46] Ebenso ist das von *E. Huber*[47] gegen Ende des 19. Jahrhunderts begründete, noch immer herrschende Gewereverständnis, nach dem die Gewere ein dingliches Recht zur Erscheinung bringt, mithin also die Vermutung für ein dahinterstehendes dingliches Recht begründet, nicht haltbar.[48] Nach dieser Ansicht ist es möglich, daß die Gewere nicht von einem Recht begleitet wird. Der Kläger klagte jedoch nicht aus vermutetem Recht. Vielmehr war Klagegrund bei beweglichen Sachen die Verletzung des dinglichen Rechts selbst. Dies zeigt sich daran, daß es lediglich die Klage aus verlorengegangener früherer Gewere gab, so daß den angeblich daneben bestehenden Rechten wie Pfandrecht oder Eigentum keine Klagemöglichkeit entsprach.[49] Hielte man an der Ansicht fest, die Gewere bringe ein dahinterstehendes dingliches Recht zum Ausdruck, wäre der Rechtsinhaber schutzlos, sobald er den Besitz ohne seinen Willen verliert. In diesem Falle endet nämlich seine Gewere und damit auch die Vermutung für das dahinterstehende Recht. Es ist demzufolge davon auszugehen, daß Gewere und dingliches Recht keine begrifflichen Gegensätze darstellten, sondern vielmehr identisch waren.[50] Gewere und damit ein Recht an der Sache hatte demzufolge der Eigentümer ebenso wie der Dieb, der Pächter oder der Mieter, sofern sie Gewahrsam an der Sache hatten. Die Gleichsetzung von Gewere und Recht an der Sache be-

46 Vgl. dazu ausführlich P. Koch, S. 12 ff.

47 E. Huber, Gewere, S. 47 ff.

48 Verwiesen sei hierfür auf die ausführliche Darstellung des Gewerebegriffs bei P. Koch, S. 7 - 45.

49 Vgl. P. Koch, S. 25 f.; Wieling, SaR I, § 10 I 1 FN 3.

50 So zutr. Gaupp, ZfdR Bd. 1 (1839), S. 87, 107; Stobbe, Dt. Privatrecht II, S. 12 FN 7 a; ders. in: Ersch und Grubers Encyklopädie, S. 435 ff.; P. Koch, S. 22 ff. Abweichend C. G. Bruns, Recht des Besitzes, S. 315, 318 f.: Bruns geht zwar ebenfalls von einer Identität zwischen Gewere und Recht an der Sache aus, ist jedoch der Ansicht, in den Fällen der Besitzübertragung auf einen Fremdbesitzer sei das Vindikationsrecht des Eigentümers auf diesen übergegangen, so daß das Recht des Eigentümers als die eigentliche Grundlage der Klage anzusehen sei.

deutet, daß die Klage aus verlorengegangener Gewere sich als eine Klage aus der Verletzung des dinglichen Rechts darstellte. Hierbei obsiegte derjenige, der das bessere Recht an der Sache für sich in Anspruch nehmen konnte.[51]

Daraus ergibt sich, daß die These, der Fahrnisbesitz bringe ein dingliches Recht zur Erscheinung, weshalb der Besitz Klagegrund des § 1007 sei, nicht aus dem Gewerebegriff des germanisch-deutschen Recht abgeleitet werden kann. Vielmehr spricht die Tatsache, daß § 1007 dem germanischen Recht entnommen ist, und der Rechtsschutz dort auch den Fremdbesitzern zustand, dafür, daß es sich auch bei § 1007 um einen Anspruch handelt, der dem Schutz eines dinglichen Rechts dient.

Die Ansicht, bei § 1007 handele es sich um eine Klage aus früherem Besitz, muß aber auch deswegen abgelehnt werden, weil der Besitz als solcher lediglich ein Faktum, aber kein Recht ist.[52] Der Besitz selbst wird nur gegen bestimmte Verletzungen mittels possessorischer Besitzschutzansprüche geschützt, und das auch nur vorläufig. Dennoch soll es sich bei § 1007 um einen dinglichen Anspruch handeln.[53] Damit würde jedoch das Prinzip, daß nur dingliche Rechte mittels einer dinglichen Klage geschützt werden, für § 1007 aufgegeben.[54] Der Besitz als etwas rein Tatsächliches kann kein dingliches Recht geben und nicht zu einem dinglichen Anspruch führen.[55] Aus diesem Grund läßt sich auch die von *Wolff/ Raiser* vertretene Ansicht, die Klage aus § 1007 beruhe darauf, daß der Besitz ein Recht zum Besitz gebe, nicht aufrechterhalten. Wer sich nicht

51 Zutr. P. Koch, S. 36 ff.; Wieling, SaR I, § 13 I 1 b.

52 So schon von Savigny, Das Recht des Besitzes, S. 34 f., 44 ff., 55 ff.; aA. Enneccerus/ Nipperdey, AT I, § 80 I 1 u. 3: Nipperdey leitet aus dem Schutz, der dem Besitz zuteil wird, dessen Rechtscharakter ab und tendiert dazu, den Besitz als dingliches Recht anzusehen.

53 Vgl. Nachweise in FN 36.

54 Die Römer sahen die gerichtliche Verfolgbarkeit noch nicht als Konsequenz der Verletzung eines Rechts an. Vgl. Windscheid, Pandekten I, § 44. Die Auffassung, daß jeder Klage ein Recht vorgegeben sein müsse, setzte sich erst im 19. Jahrhundert durch. Vgl. von Savigny, System V, § 204, 205; Dernburg, Pandekten I, § 127; Gaupp, ZfdR Bd. 1 (1839), 87, 108; Stobbe, Dt. Privatrecht II, S. 615 FN 7; Landsberg, BürgR II, S. 685 ff., 689 FN 3; Zitelmann, IPR II, S. 307; Cosack/ Mitteis, BürgR II, § 1 III 1 b, mit der Bemerkung, der dingliche Anspruch sei das dingliche Recht im Kriegszustand; P. Koch, S. 73. Für unser heutiges Rechtsverständnis ist daher das Recht das Primäre, die Klage das, was aus der Verletzung des Rechts folgt; aA. Staudinger - Gursky (§ 1007, Rz. 3) der auch § 861 als dinglichen Anspruch ansehen will.

55 Krit. auch Pawlowski, Der Rechtsbesitz im geltenden Sachen- und Immaterialgüterrecht, S. 60; Wieling, SaR I, § 12 IX 2 a.

von der Vorstellung löst, in § 1007 werde der Besitz geschützt, kann keine Begründung dafür geben, warum derjenige Kläger obsiegt, der das bessere Recht zum Besitz für sich in Anspruch nehmen kann.[56] Daß der frühere Besitzer Herausgabe von einem minderberechtigten Besitzer verlangen kann, ist nur dadurch zu erklären, daß er ein Recht zum Besitz hat, und zwar ein besseres Besitzrecht als der Beklagte.

Obwohl dies vehement bestritten wird, legt auch die herrschende Meinung im Ergebnis dem Anspruch aus § 1007 ein Recht zum Besitz zugrunde. Einigkeit besteht nämlich darüber, daß die Klage nicht von einem Besitzer erhoben werden kann, der selbst bösgläubig ist. Bösgläubig ist aber nur derjenige, dem beim Besitzerwerb bekannt oder grob fahrlässig unbekannt war, daß er nicht zum Besitz berechtigt ist. Daß sich dies mit der Auffassung, § 1007 sei eine Besitzverfolgungsklage, nicht verträgt, ist offensichtlich. Es läßt sich auch nicht mit der unklaren Formulierung rechtfertigen, obwohl das persönliche Recht keine Umwandlung in ein dingliches erfahre, komme dem Fahrnisbesitz dennoch für den Angriffsfall gewisse dingliche Kraft zu.[57] Bezeichnenderweise sucht man vergebens nach einer Erklärung dafür, wie es zu diesem dinglichen Schutz kommen soll. Diese Unsicherheiten lassen sich auch nicht dadurch beseitigen, daß der Klage aus § 1007 eine Mittelstellung zwischen possessorischem und petitorischem Anspruch eingeräumt wird. Ein solcher gemischt possessorisch-petitorischer Anspruch stellte einen Fremdkörper in unserer Rechtsordnung dar.[58]

Die Klage aus § 1007 knüpft sowohl an die römischrechtliche *actio Publiciana* als auch an die deutschrechtliche Fahrnisklage aus unfreiwillig verlorener Gewere an.[59] Der römischrechtliche Bezug zeigt sich vor allem darin, daß § 1007 ebenso wie die *actio Publiciana* auch dem Ersitzungsbesitzer zusteht, also demjenigen, der eine bewegliche Sache als eigene in Besitz hält. Der deutschrechtliche Ansatzpunkt liegt darin be-

56 So auch Wieling, SaR I, § 12 IX 2 a; Hörer, S. 26 f.

57 So von Gierke, Fahrnisbesitz, S. 69 ff., ders., Dt. Privatrecht II, S. 264; im Anschluß an von Gierke auch Effertz, S. 21.

58 Krit. hierzu auch P. Koch, S. 78 f.; Canaris, FS Flume (1979), S. 371, 398; Wieling, SaR I, § 12 IX 2 a.

59 Vgl. hierzu ausführlich P. Koch, S. 1 ff.; Wieling, SaR I, § 12 IX, § 13 I; Merrem, S. 157 ff.; Falsch ist die vielfach vertretene Ansicht, die einzige Wurzel des § 1007 sei die deutschrechtliche Klage aus verlorengegangener Gewere; so aber von Gierke, Fahrnisbesitz, S. 15, 48 ff., 70 ff.; ders., Dt. Privatrecht II, S. 258 f.; Effertz, S. 12; Neumann, S. 8 f.; Biedermann, S. 6, 95; Frank, S. 23; Crome, System III, § 387 b I (S. 241); Dulckeit, S. 13.

gründet, daß auch der Fremdbesitzer die Klage anstellen kann. Gemeinsam war der *actio Publiciana* und der deutschrechtlichen Fahrnisklage die Relativität des Rechtsschutzes, die ebenfalls in § 1007 zum Ausdruck kommt. Nur derjenige soll Herausgabe verlangen können, der sich auf das stärkere Recht stützen kann. Betrachtet man die *actio Publiciana*, ergibt sich, daß die Römer den Usukapionsbesitz noch nicht als Recht an der Sache aufgefaßt haben. Die Klage diente zwar dem Schutz des *bonae fidei possessor*. Aber erst in der Kaiserzeit setzte sich der Gedanke durch, daß die *bonae fidei possessio* ein dingliches Recht ist, daß also derjenige, der als Eigenbesitzer eine Sache in gutem Glauben ergreift, das heißt redlich davon überzeugt ist, sich die Sache aneignen zu dürfen, ein Recht an der Sache erlangt.[60] Im 19. Jahrhunderts war dies jedenfalls allgemein anerkannt. So wird auch in den Motiven zum BGB in bezug auf die publizianische Rechtsposition darauf hingewiesen, daß die qualifizierte Besitzerwerbung zu einer „dinglichen eigentumsähnlichen Rechtsposition" führt.[61] Wenn in § 1007 der Eigenbesitzer mit der Besitzerlangung ein Recht an der Sache erlangt, sofern er gutgläubig ist, leuchtet nicht ein, warum für den Fremdbesitzer etwas anderes gelten soll.

Nicht überzeugend ist auch die vereinzelt vertretene Ansicht, Klagegrund des § 1007 könne bereits deshalb nicht ein Recht zum Besitz sein, weil die Klage aus § 1007 auch demjenigen früheren Besitzer zustehe, der kein Recht zum Besitz habe, sondern nur gutgläubig in bezug auf ein solches sei.[62] Daß dem gutgläubigen früheren Besitzer die Klage gewährt wird, ist nur dadurch zu erklären, daß er selbst ein dingliches Recht zum Besitz hat.[63] Das Gesetz erwähnt dieses Recht zwar nicht, setzt aber, indem es zur Verfolgung desselben den Anspruch aus § 1007 gewährt, ein dingliches Recht zum Besitz voraus.

60 Giese, S. 25; von Ihering, Geist des römischen Rechts III, S. 367; Dernburg, Pandekten I, § 228; Windscheid, Pandekten I, § 199; H. Frank, S. 24; Wieling, SaR I, § 12 IX 2 a; aA. Brinz (Pandekten I, § 194), der meint, die Römer hätten die bonae fidei possessio bereits als dingliches Recht aufgefaßt.

61 Motive III, S. 241.

62 So Crome, System III, § 387 b I mit II (S. 241 ff.); Lorey, S. 40; MünchKomm - Medicus, § 1007, Rz. 3; ders., AcP 165 (1965), 115, 131. Medicus meint, es sei ein gesetzgeberischer Fehler, wenn auch derjenige, der in Wirklichkeit gar kein Recht zum Besitz habe, sondern nur gutgläubig in bezug auf ein solches sei, die Sache herausverlangen könne. § 1007 bedürfe daher einer weitgehenden Korrektur durch eine „sehr freie Auslegung".

63 So zutr. Hörer, S. 27 ff.; Landsberg, BürgR II, S. 685; Zitelmann, IPR II, S. 307 ff.

Als Zwischenergebnis ist demnach festzuhalten, daß als Klagegrundlage des § 1007 nicht der Besitz als solcher anzusehen ist, sondern daß die Klage nur dann Erfolg haben kann, wenn dem Kläger ein dingliches Recht zusteht.[64]

b. Zu erörtern bleibt noch die Auffassung *Webers*, § 1007 diene letztlich nur der Geltendmachung des Eigentums. Nach *Weber* obsiegt der Kläger aus § 1007 dann, wenn seine Eigentumsvermutung nicht widerlegt werden kann. Träfe dies zu, wäre § 1006 überflüssig, weil in diesem Falle beide Vorschriften im Prinzip dasselbe beinhalteten. Die Ansicht, der Gesetzgeber habe § 1007 als Einredebeschränkung gegenüber dem früheren Eigenbesitzer verstanden, ist angesichts der Tatsache, daß diesbezüglich sowohl im Gesetz selbst als auch in den Protokollen und den Motiven jeglicher Hinweis fehlt, eine reine Unterstellung. Zur Rechtfertigung seines Standpunktes kann *Weber* letztlich auch nur darauf verweisen, dem Gesetzgeber sei es nicht gelungen, seine wahren Absichten in eine klare Vorschrift zu fassen. Mit diesem Argument läßt sich freilich jedes gewünschte Ergebnis erzielen. Betrachtet man indes die zum Ausdruck gekommenen Absichten des Gesetzgebers, so ergibt sich, daß die Klage auch dem Fremdbesitzer zustehen sollte. Dies kann jedoch nur so verstanden werden, daß der Fremdbesitzer *selbst* den Anspruch geltend machen kann. Von einer gesetzlichen Prozeßstandschaft kann keine Rede sein.

Wenn § 1007 der Durchsetzung des Eigentums dienen soll, ist zudem kein Grund ersichtlich, warum dem Fremdbesitzer überhaupt die Möglichkeit zustehen soll, das Recht des Eigenbesitzers geltend zu machen.

Es trifft auch nicht zu, daß der Klagegrund „Geltendmachung des Eigentums" sich bereits aus der Stellung des § 1007 im Gesetz ergebe;

64 Gegen die Auffassung, der Besitz sei Grundlage des Herausgabeanspruchs schon: Denkschrift zum Entwurf eines Bürgerlichen Gesetzbuches nebst drei Anlagen, S. 139: Der frühere Besitzer erhält die Möglichkeit, „sein Eigentum oder sonstiges Recht zum Besitz ... gegen den jetzigen Besitzer zu verfolgen". Weiterhin ist in der Denkschrift ausdrücklich die Rede davon, daß dem „besseren Recht zum Besitze" zum Sieg verholfen werden soll (S. 140).
Vgl. auch E. Goldmann, S. 55 ff.; Henle, MecklZ Bd. 44 (1928), S. 260; Zitelmann, IPR II, S. 307 ff., 343 ff.; Kühne, AcP 140 (1935), 1, 21; Landsberg, BürgR II, S. 685 ff. Unklar spricht Kretschmar (SaR, § 1007, Anm. 1, 2, 5) einerseits davon, Grund des § 1007 sei die Tatsache des Besitzes, während er an anderer Stelle als Grund des Anspruchs das bessere Recht zum Besitz angibt.
Vgl. dazu in neuerer Zeit Hörer, S. 35 ff., 42, 49; P. Koch, S. 73 ff.; Wieling, SaR I, § 12 IX 2, § 13 I 3, 4; Dulckeit, S. 12 ff.; RGRK - Pikart, § 1007, Rz. 3, 10, 11; Canaris, FS Flume (1979), S. 372, 398; Merrem, S. 157 ff.

denn diese verdankt die Vorschrift allein der Tatsache, daß sie zusammen mit § 1006 an die Stelle des in § 945 E I geregelten publizianischen Anspruchs getreten ist. Die Auffassung, Klagegrund des § 1007 sei das Eigentum, erweist sich demnach als in keiner Weise mit dem Gesetz vereinbar.[65]

3. Entstehungsgeschichte und Normzweck

Nicht allein Gründe der Logik machen es erforderlich, als Normzweck des § 1007 den Schutz eines dinglichen Besitzrechts anzusehen. Vielmehr entspricht diese Interpretation auch der Sichtweise des Gesetzgebers, was aufgrund der wechselvollen Entstehungsgeschichte der Vorschrift zugegebenermaßen nicht immer klar im Gesetzeswortlaut zum Ausdruck kommt. Ein Blick auf die Entstehungsgeschichte schafft auch Klarheit bezüglich der Frage, wie die Entstehung des dinglichen Besitzrechts der Fremdbesitzer dogmatisch zu erklären ist.

a. Entstehungsgeschichte des § 1007

aa. Der Vorentwurf Johows

Johow[66] lehnte eine Klage, mit der nach Art der publizianischen Klage des römischen Rechts dem relativ besseren Recht zum Sieg verholfen wird, kategorisch ab. Man könne entweder berechtigt sein oder nicht. Es sei jedoch unmöglich, Vergleichsstufen im Recht zu gewähren. Der Streit um die relativ bessere Berechtigung an einer Sache verfolge lediglich den Zweck, diese wieder in die Hand des Eigentümers zu bringen. Es handele sich um eine Art Beweiserleichterung, die dem wirklich Berechtigten den Eigentumsbeweis erspare und statt dessen einen Grad an Wahrscheinlichkeit ausreichen lasse. Die *actio Publiciana* habe daher neben der Herausgabeklage des Eigentümers keine eigenständige Funktion. Zur Erleichterung der Eigentumsverfolgung wollte *Johow* sich mit der in den §§ 198 - 202 TE geregelten Eigentumsvermutung begnügen.

65 Gegen das Eigentum als Klagegrund auch Ludolph, S. 15; Biedermann, S. 32; Giese, S. 36; RGRK - Pikart, § 1007, Rz. 1; Staudinger - Gursky, § 1007, Rz. 4; MünchKomm - Medicus, § 1007, Rz. 3; Kohler, AcP 189 (1989) 299, 302.

66 Vgl. Johow, S. 957 ff.

bb. Der Entwurf der ersten Kommission (§ 945 E I)

Auch von der ersten Kommission wurde die Schwierigkeit gesehen, die sich ergeben kann, wenn derjenige, der als Eigentümer Herausgabe einer Sache verlangt, sein Eigentum bis zu der Person, bei der ein originärer Eigentumserwerb stattgefunden hat, zurückverfolgen und beweisen muß.[67] Trotz der Aufnahme der Vorschriften über den Gutglaubenserwerb (§§ 877 - 879), der possessorischen Klagen (§§ 819 - 824) und der Kondizierbarkeit des Besitzes (§ 737 Abs. 3) wurde jedoch weiterhin ein Bedürfnis zur Erleichterung der Eigentumsverfolgung gesehen. Denn der gutgläubige Erwerb erleide Ausnahmen vor allem in den allerdings selten auftretenden Fällen des derivativen Eigentumserwerbs ohne Tradition. Die Besitzklage hingegen hätte nur eine vorläufige Richtung. Erwogen wurden zwei Lösungswege: Einmal der deutschrechtliche Weg, der den Anträgen 1 und 5 zugrunde lag, zum zweiten die römischrechtliche *actio Publiciana*, in unterschiedlicher Weise enthalten in den Anträgen 2, 3 und 4. Der deutschrechtliche Ansatz wurde ausschließlich unter dem Gesichtspunkt der Erleichterung der Eigentumsverfolgung betrachtet. Der Klagegrund wurde in der Kontinuität des Besitzes gesehen. Der Besitz sollte ohne Untersuchung des Rechtes zum Besitz in die frühere Hand zurückgebracht werden. Die Anträge 1 und 5 wurden schließlich mit dem Argument verworfen, sie ließen immer noch Raum für die *exceptio de iure tertii*. Die Gefahr des Streits um das Recht eines Dritten sah die erste Kommission bei der *actio Publiciana* nicht gegeben und entschied sich daher schließlich im wesentlichen für die römischrechtliche Lösung. Antrag 3 Abs. 1, der auch Fälle des Eigentumserwerbs ohne gleichzeitigen Besitzerwerb berücksichtigte, wurde wegen der Regelungen bei Fund und Schatz als überflüssig abgelehnt. Antrag 4, der bestimmte, daß der Erbschaftsbesitzer den Anspruch nur geltend machen dürfe, wenn in der Person des Erblassers eine Eigentumserwerbstatsache eingetreten war, wurde als erledigt zurückgewiesen. Angenommen wurde schließlich Antrag 3 mit der in Antrag 4 B a vorgeschlagenen Verbesserung. Ausdrücklich entschied man sich dafür, die *bona fides* zur Voraussetzung der Norm zu machen und lehnte es ab, für die *Publiciana* an den älteren Besitz anzuknüpfen. Die Beweislast für die *bona fides* sollte also den Klä-

67 Vgl. zum Folgenden: Protokolle der 1. Kommission, S. 4236 ff.; Motive III, S. 429 ff. (Mugdan III, S. 240 ff.).

ger treffen. Wie im römischen Recht sollte die Klage gegenüber dem wirklichen Eigentümer nicht durchgreifen.

cc. Die zweite Kommission

An der Tatsache, daß die erste Kommission in § 945 im wesentlichen der *actio Publiciana* gefolgt war, setzte die Kritik der Befürworter einer mehr deutschrechtlichen Lösung an. Insbesondere traten nicht wenige dafür ein, die Klage auch dem Fremdbesitzer zu gewähren, weil für diesen ebenfalls das Bedürfnis bestehe, einen dinglichen Schutz zu erlangen.[68] Manche setzten noch eine Stufe vorher an, indem sie vertraten, alle Fremdbesitzer hätten ein Recht an der Sache.[69] Es sei kein Grund ersichtlich, die Rechte der Fremdbesitzer anders zu behandeln als das Eigentum oder die beschränkt dinglichen Rechte. Richtig sei daher, die Regelung des preußischen ALR zu übernehmen, die dem Fremdbesitzer, der aufgrund eines schuldrechtlichen Vertrages in den Besitz der Sache gelangt sei, ein Recht an der Sache gebe. Es sei daher geboten, die Besitzrechtsklage des preußischen Rechts wieder einzuführen.[70] Angemerkt wurde weiter, bei einer weiteren Befassung mit der Vorschrift sei zu berücksichtigen, daß die Klage nicht auf den Besitz als solches gestützt werden könne.[71]
Die zweite Kommission übernahm die angesprochenen Kritikpunkte in § 945 E II weitgehend.[72] Sie sah für eine Beschränkung der Klage auf den Eigenbesitzer wegen der in § 944 a eingeführten Eigentumsvermutung kein Bedürfnis mehr. Vielmehr hielt sie es für erforderlich, die Klage auch auf die Fremdbesitzer auszudehnen. Es genüge nämlich nicht,

68 So insbesondere Cosack, Das Sachenrecht im Entwurf des BGB, Bd. 2, S. 52 ff.; von Gierke, Der Entwurf eines Bürgerlichen Gesetzbuchs und das deutsche Recht, S. 438 f., 439 FN 1.

69 So Kindel, Das Recht an der Sache, S. 416 ff., 432 ff.: „Es liegt keine Veranlassung vor, Pacht und Miethe irgend anders zu behandeln als den Nießbrauch....Auch das Mieth- und Pachtrecht entsteht durch Vertrag. Es ist ein Recht an der Sache, welches durch die Obligation gedeckt ist....Für uns ist es daher unzweifelbar geworden, daß Miethe und Pacht als Rechte an Sachen zu betrachten sind.“ Dies müsse auch für den Käufer gelten, der sich im Besitz der Sache befinde. Ebenso Fuchs, Das Wesen der Dinglichkeit, S. 104 ff., 118.

70 Zusammenstellung der gutachterlichen Äußerungen zum Entwurf des BGB, Bd. 3, Äußerungen zum Sachenrecht, S. 216 (Äußerung von Ebbecke).

71 Zusammenstellung der gutachterlichen Äußerungen zum Entwurf des BGB, Bd. 3, Äußerungen zum Sachenrecht, S. 216 (Äußerung von Rieß).

72 Zum Folgenden vgl. Protokolle III, S. 380, 381, 383 (Mugdan III, S. 698 f.).

den Fremdbesitzer lediglich auf Besitzschutzansprüche zu verweisen. Daher müsse die preußische Regelung übernommen werden. Die Kommission entsprach damit dem Antrag 8, der im wesentlichen später Gesetz geworden ist.
Eine nähere Kennzeichnung des Rechts der Fremdbesitzer nahm die Kommission nicht vor. Zu tief saß die Furcht vor einem Rückfall in die *titulus-modus*-Lehre des preußischen Rechts. Dies erklärt auch die teilweise etwas undeutlichen Äußerungen der Protokolle. So wird § 945 E II etwa als Anspruch aus früherem Besitz bezeichnet.[73] Aus diesen Formulierungen läßt sich jedoch nicht der Schluß ziehen, der Gesetzgeber selbst habe als Klagegrund die Tatsache des Besitzes angesehen[74]; denn ausdrücklich ist in diesem Zusammenhang von einer Klage gegen den Schlechterberechtigten die Rede. Ein Schlechterberechigter setzt aber auf der Klägerseite einen Besserberechtigten voraus. Zudem findet sich an anderer Stelle der Hinweis, eine Ausdehnung der Klage auf den Fremdbesitzer sei vonnöten, da die dem Besitzer zustehenden Ansprüche aus dem Besitz nicht ausreichten. Auch das spricht dafür, daß die zweite Kommission den späteren § 1007 durchaus im Gegensatz zu den lediglich possessorischen Besitzschutzansprüchen gesehen hat.
Letzte Zweifel beseitigt der ausdrückliche Verweis auf die Besitzrechtsklage des preußischen Rechts. Für das richtige Verständnis des § 1007 ist daher ein Blick auf die entsprechende Vorschrift des Landrechts unerläßlich.

b. Die Besitzrechtsklage des ALR

§ 161 I 7 ALR, die § 1007 entsprechende Vorschrift des Landrechts lautet: *„Gegen den, welcher den Besitz einer Sache oder eines Rechts weder durch Gewalt, noch heimlich, mit List, oder bloß bittweise überkommen hat, kann der vorige Besitzer auf Wiederherstellung des Besitzes nur in so fern klagen, als er ein besseres Recht zum Besitze nachzuweisen hat"*. Die Klage stand neben dem vollständigen Besitzer (§§ 175 - 178 I 7 ALR) auch dem unvollständigen Besitzer (§§ 169 - 171 I 7 ALR) zu. Dabei verstand das ALR unter dem vollständigen Besitzer denjenigen, der eine Sache als eigene im Besitz hielt und die Absicht hatte, sie zu haben

73 Protokolle III, S. 383 (Mugdan III, S. 698 f.).
74 Andererseits genügt es nicht, die von der zweiten Kommission für die Klage gewählte Bezeichnung mit dem Hinweis abzutun, sie beruhe auf einem falsch verstandenen Gewerebegriff (so aber P. Koch, S. 52).

und zu behalten (§ 7 I 7 ALR). Dies entspricht dem Eigenbesitzer des BGB, dem ebenso wie im ALR die Klage zusteht. Demgegenüber bezeichnete das ALR den als unvollständigen Besitzer, der eine Sache in Besitz hielt, gleichzeitig aber fremdes Eigentum anerkannte (§ 6 I 7 ALR). Das ist der Fremdbesitzer des BGB, der hier wie dort durch die Klage geschützt wird.[75]

Voraussetzung für die Klage aus § 161 I 7 ALR war die Redlichkeit des Besitzers (§ 178 I 7 ALR). Gemeint war damit der gute Glaube in bezug auf ein Recht zum Besitz.[76] Für das preußische Recht ist das Recht zum Besitz vom Recht des Besitzes zu unterscheiden. Das Recht des Besitzes gibt alle Rechte, die an die Tatsache des Besitzes anknüpfen (§ 136 I 7 ALR).[77] Demgegenüber verlangt das Recht zum Besitz Redlichkeit und Rechtmäßigkeit, wobei die Rechtmäßigkeit des Besitzes im Sinne der *titulus-modus*-Lehre von der Beschaffenheit und Gültigkeit des Titels abhängt (§ 135 I 7 mit § 10 I 7 ALR).[78]

Die klaren Äußerungen des Landrechts legen den Schluß nahe, daß § 161 I 7 ALR eine Besitzrechtsklage war, welche für den Kläger ein besseres Recht zum Besitz verlangte.[79] Ungeachtet dessen wird teilweise vertreten, bei der Vorschrift handele es sich um einen Besitzschutzanspruch, weshalb als Klagegrundlage der frühere Besitz angesehen werden müsse.[80] Dies soll sich aus § 179 I 7 ALR ergeben, wo es heißt, daß jeder Besitzer in der Regel die Vermutung der Rechtmäßigkeit und Redlichkeit

75 Im preußischen Recht war darüber hinaus noch der Inhaber geschützt, der eine Sache lediglich in Gewahrsam hielt.

76 Dernburg, Preußisches Privatrecht I, § 163.

77 Von Daniels, Preußisches Privatrecht I, § 169.

78 Vgl. von Daniels, Preußisches Privatrecht I, S. 178.

79 So auch die hM., vgl. Dernburg, Preußisches Privatrecht I, § 249; C. F. Koch, Lehre vom Besitz, S. 294 ff.; Koch, Allgemeines Landrecht, S. 340 Anm. 35; von Brünneck, Gruchot Bd. 11 (1867), 840, 846; Franklin, Gruchot Bd. 5 (1861), 1, 22 f.; von Roth, Dt. Privatrecht III, § 265; von Glasenapp, Gruchot Bd. 24 (1880), 245, 266, 281; von Savigny, Obligationenrecht II, S. 165 Anm. bb; R. Bruns, Die preußische Besitzrechtsklage, S. 16, 18; E. Goldmann, S. 35 ff.; H. Frank, S. 21; Leske, BGB und ALR I, S. 444; Striethorst´s Archiv Bd. 4, No. 33; Striethorst´s Archiv Bd. 8, No. 3.

80 Von Gierke, Dt. Privatrecht II, S. 258 u. FN 54; Delbrück, Die dingliche Klage des deutschen Rechts, S. 232 ff.; dennoch sieht Delbrück in der Klage eine petitorische; Ziebarth, Realexekution, S. 301 ff.

seines Besitzes für sich hat. Das Wort „jeder" beziehe sich sowohl auf den Kläger als auch auf den Beklagten.[81]
Diese Interpretation ist jedoch unrichtig. Die Vermutungswirkung des § 179 I 7 ALR sollte vielmehr nur dem gegenwärtigen Besitzer zugute kommen. Dies ergibt sich einerseits aus § 180 I 7 ALR, der auf § 179 I 7 ALR verweist und besagt, daß der *Beklagte* wegen der Vermutung des § 179 I 7 ALR den Titel seines Besitzes nicht angeben und nachweisen muß. Dementsprechend hat auch im Gesetzesentwurf zum späteren § 179 I 7 ALR anstelle von „jeder Besitzer" lediglich „Besitzer" gestanden.[82]
Das Wort „jeder" in § 179 I 7 ALR kann sich daher lediglich auf die unterschiedlichen Besitzer, denen die Klage aus § 161 I 7 ALR zusteht, den vollständigen Besitzer, den unvollständigen Besitzer und den Inhaber, beziehen.[83] Insofern kann der Verweis auf § 179 I 7 ALR auch die These nicht stützen, die Klage aus § 161 I 7 ALR gebe dem älteren Besitz den Vorzug.[84] Zwar sollte § 196 des Entwurfs zum ALR in der Tat heißen: *„Der titulierte Besitzer kann sein Besitzrecht gegen jeden geltend machen, der nicht einen älteren oder besseren Titel hat"*. Dieser Vorschlag blieb jedoch im redigierten Entwurf unberücksichtigt. Als in den Monita die Anknüpfung an den älteren Besitz wiederholt wurde, bezeichnete der Redaktor *Goßler* dies als „ganz falsch".[85] In § 161 I 7 ALR ist die Anknüpfung an den älteren Besitz daher auch nicht mehr enthalten.[86] Der Wortlaut der Vorschrift, die den Grundsatz an die Spitze stellt, daß derjenige, der sich des Anspruchs bedienen will, ein besseres Recht zum Besitz als der Klagegegner aufweisen muß, ist insoweit eindeutig.

81 Delbrück, Die dingliche Klage des deutschen Rechts, S. 235; Dernburg, Preußisches Privatrecht I, § 249, der allerdings daraus im Gegensatz zu Delbrück nicht den Schluß zieht, der ältere Besitz solle vorgehen.
82 Vgl. Simon/ Strampf, Materialien des ALR, S. 165.
83 I.E. ebenso E. Goldmann, S. 41 ff.; von Glasenapp, Gruchot Bd. 24 (1880), 245, 266 ff.; Förster/ Eccius, Preußisches Privatrecht II, § 164 (S. 115 FN 28); R. Bruns, Die preußische Besitzrechtsklage, S. 17, Striethorst´s Archiv Bd. 81, No. 68.
84 So aber Delbrück, Die dingliche Klage des deutschen Rechts, S. 232 ff.
85 Vgl. Simon/ Strampf, Materialien des ALR, S. 286.
86 Gegen die Anknüpfung an den älteren Besitz auch Förster/ Eccius, Preußisches Privatrecht II, § 164 (S. 111 ff.); von Roth, Dt. Privatrecht III, § 264; C. G. Bruns, JbgemR Bd. 4 (1860), 1 ff.; ders., Recht des Besitzes, S. 212 f.; R. Bruns, Die preußische Besitzrechtsklage, S. 18, 28; Stobbe, Dt. Privatrecht II, § 147; Pagenstecher, Die römische Lehre vom Eigenthum in ihrer modernen Anwendbarkeit, 3. Abtheilung, S. 207 f.; von Glasenapp, Gruchot Bd. 24 (1880), 245, 266 ff.; E. Goldmann, S. 35.

Dies ergibt sich auch daraus, daß die Klage des Landrechts an das *possessorium ordinarium* des gemeinen Rechts anknüpfte. Dieses war zwar ursprünglich als Besitzklage konzipiert. Seit dem 18. Jahrhundert wurde der Klage aber mehr und mehr petitorischer Charakter beigemessen. Entschieden wurde nunmehr, wer das Recht zum Besitz hatte. Damit war die Klage zu einem Anspruch aus dem besseren Recht zum Besitz geworden. Die Klage gegen den Schlechterberechtigten ist vom *possessorium ordinarium* über das ALR ins BGB gelangt.[87] Die Bezugnahme auf den älteren Besitz ist daher auch für § 1007 abzulehnen.
Die Klage des Landrechts basierte darauf, daß jedes persönliche Recht eines Fremdbesitzers dadurch zum dinglichen wurde, daß die Sache dem Berechtigten übergeben wurde (§ 135 I 2 ALR).[88] Hatten die Vertragsparteien etwa einen Mietvertrag abgeschlossen, wurde aus dem persönlichen Recht des Mieters auf Übergabe der Mietsache mit der Übergabe ein dingliches Recht. Dieses dingliche Recht begründete in Verbindung mit der Redlichkeit ein besseres Recht zum Besitz gegenüber dem unredlichen Besitzer und war durch den dinglichen Anspruch geschützt, den § 161 I 7 ALR gewährte.

c. *Folgen für das moderne Recht*

Für das moderne Recht besteht kein Zweifel daran, daß mit einer dinglichen Klage ein dingliches Recht korrespondiert, welches durch die Klage geschützt wird. Daher steht nach Ausdehnung des Anspruchs aus § 1007 auf die Fremdbesitzer auch diesen ein dingliches Recht zu. Daß dem Kläger aufgrund seines Rechts zum Besitz eine dingliche Klage gegen den Schlechterberechtigten gegeben wird, beruht darauf, daß die Übergabe einer beweglichen Sache unter der Voraussetzung der Gutgläubigkeit (§ 1007 Abs. 3 S. 1) in der Hand des Besitzers ein dingliches Recht entstehen läßt. Allerdings genügt die Übergabe allein nicht. Vielmehr kann das verdinglichte Recht des Fremdbesitzers - wie andere dingliche Rechte auch - nur rechtsgeschäftlich begründet werden. Neben dem Vollzugsmoment, das in der Übergabe der Sache beziehungsweise in einem Übergabesurrogat besteht, muß demnach noch die rechtsgeschäftli-

87 Vgl. dazu Stobbe, Dt. Privatrecht II, § 147, § 77, 4; Leske, BGB und ALR I, S. 444.
88 Vgl. dazu Förster/ Eccius, Preußisches Privatrecht I, § 23 (S. 125), § 136 (S. 168 ff., 180); Fuchs, Gruchot Bd. 46 (1902), 549, 550; Dernburg, Preußisches Privatrecht I, S. 409; von Glasenapp, Gruchot Bd. 24 (1880), 245, 280; C. F. Koch, Lehre vom Besitz, S. 302; R. Bruns, Die preußische Besitzrechtsklage, S. 15.

che Einigung zwischen dem Übertragenden und dem Erwerber hinzukommen, um das verdinglichte Recht des Fremdbesitzers zur Entstehung gelangen zu lassen.[89] Nach der Dogmatik des BGB können dingliche Rechtswirkungen nämlich nur durch vorhergehende dingliche Einigung hervorgerufen werden. Eine weitere Abweichung zum Landrecht besteht darin, daß sich die Verdinglichung selbständig und unabhängig vom persönlichen Anspruch auf Einräumung vollzieht, damit das Abstraktionsprinzip gewahrt bleibt. Dies ergibt sich daraus, daß das BGB die *titulus-modus*-Lehre und das Recht zur Sache nicht übernommen hat.

IV. Ergebnis und Folgen für die Rechtsnatur der Anwartschaft

Durch die Entscheidung des Gesetzgebers, die Klage auf die Fremdbesitzer auszudehnen, hat er sich für die Verdinglichung obligatorischer Rechtsstellungen entschieden. Dies zeigt auch die ausdrückliche Anlehnung an die Regelung im preußischen ALR. Ein dingliches Recht zum Besitz ist daher die Quelle des Anspruchs aus § 1007, nicht etwa lediglich die Rechtsfolge.[90, 91] Nur die verdinglichende Funktion des § 1007

89 Zutr. Landsberg, BürgR II, S. 585; P. Koch, S. 103 ff.; Wieling, SaR I, § 13 II 1, § 17 II 2 a; Merrem, S. 157 ff.; Canaris, FS Flume (1979), S. 372, 401; Flatau, S. 45.

90 I.E. ebenso Landsberg, BürgR II, S. 579 ff.; O. Fischer, Sammlung von Vorträgen über den Entwurf eines Bürgerlichen Gesetzbuchs in der Fassung der dem Reichstage gemachten Vorlage, Heft III, S. 17; Endemann II, § 46, 2; Dernburg, BürgR III, § 124 II; Kühne, AcP 140 (1935), 1, 21 ff., 55; Zitelmann, IPR II, S. 307 ff., 343 ff.; Wieling, SaR I, § 12 IX 2, § 13 I 2, 3, 4; P. Koch, S. 76 ff.; ähnlich auch Wolff, FG Richard Koch (1903), S. 150, 176 f., der sich freilich damit begnügt, die Wertungen der deutschrechtlichen Anschauung auf das heutige Recht zu übertragen, ohne das Recht des Fremdbesitzers eindeutig als dinglich zu qualifizieren.
Differenzierend betrachtet Hörer (S. 86 ff.) das „relativ-dingliche" Recht lediglich als Rechtsfolge des § 1007. Danach soll zwischen dem Recht zum Besitz auf der Tatbestandsseite (absolut-dingliches oder relativ-obligatorisches Recht) und dem Recht zum Besitz auf der Rechtsfolgenseite, dem relativ-dinglichen Besitzrecht, zu unterscheiden sein. In diesem Sinne wohl auch Canaris, FS Flume (1979), S. 272, 398 ff.; Hager, Verkehrsschutz, S. 209 f. mit FN 145.

91 Entsprechend der Grundregel, daß der Kläger den Klagegrund beweisen muß, folgt aus den obigen Ausführungen, daß der Kläger bei § 1007 entgegen der hM. seinen eigenen guten Glauben in Bezug auf sein Recht zum Besitz beweisen muß. Indem er lediglich den bösen Glauben des jetzigen Besitzers erweist, hat er seine bessere Berechtigung noch nicht dargetan. Ansonsten könnte auch ein bösgläubiger früherer Besitzer die Sache von einem ebenfalls Bösgläubigen herausverlangen, wenn diesem der Nachweis nicht gelingt, daß der Kläger in bösem Glauben war. Hier aber muß der Satz gelten: „*Melior est condicio possessionis*". Im Gegensatz zu § 985 muß der

kann plausibel machen, warum der Fremdbesitzer selbst gegen den Eigentümer vorgehen kann, der ihm die Sache unberechtigt entzieht.
Da der Vorbehaltskäufer Fremdbesitzer ist, verfügt auch er über ein verdinglichtes Recht, womit gleichzeitig der Nachweis für den Rechtscharakter der Anwartschaft erbracht ist. Das dingliche Anwartschaftsrecht gibt dem Vorbehaltskäufer ein Besitzrecht gegenüber jedermann. Es gelangt durch Einigung und Übergabe beziehungsweise Übergabesurrogat zur Entstehung. Da sich das dingliche Recht des Vorbehaltskäufers bereits aus § 1007 ergibt, besteht entgegen der herrschenden Meinung kein Bedürfnis, eine Rechtsanalogie zum Eigentum zu ziehen.[92]
Mit diesem Ergebnis ist auf der anderen Seite aber auch die Ansicht widerlegt, ein dingliches Recht des Vorbehaltskäufers sei abzulehnen, weil es nicht gelinge, seinen Inhalt als vom Eigentum verschiedenes Recht zu denken.[93] Die durch § 1007 stattfindende Verdinglichung obligatorischer Rechte führt dazu, daß die Anwartschaft aus Vorbehaltskauf als selbständiges Recht behandelt werden muß, welches im Vergleich zum Eigentum kein *minderes* sondern ein *anderes* Recht darstellt.[94] Mit dieser Erkenntnis ist ein in die Kategorien unseres Rechtssystems leicht einzuordnendes Gebilde entstanden, das dem Willkürbegriff der „Eigentumsähnlichkeit" enthoben ist.

Kläger aus § 1007 aber nicht beweisen, daß er Eigentümer der Sache ist, sondern nur, daß ihm ein dingliches Recht zum Besitz an der Sache zusteht.

92 Für das Anwartschaftsrecht des Vorbehaltskäufers als verdinglichtes Recht auch Wieling, SaR I, § 17 II 2 a, § 17 III pr., § 17 III 2 a u. FN 69; Flatau, S. 45, ohne dafür jedoch § 1007 heranzuziehen.
Auch Serick hat in RabelsZ 24 (1959), 172 ff. darauf hingewiesen, bei der Diskussion über die Verdinglichung sei es angebracht, das Anwartschaftsrecht des Vorbehaltskäufers zu berücksichtigen. Unrichtig ist aber, wenn er meint, die Verdinglichung finde ratenweise statt. Die verdinglichte Rechtsstellung bleibt vielmehr bis zum Bedingungseintritt unverändert. Gegen eine „dynamische Entwicklung" des Anwartschaftsrechts auch Gudian, NJW 1967, 1786, 1787 FN 11.
Vgl. für das österreichische Recht Apathy, Die publizianische Klage, Das relative dingliche Recht des rechtmäßigen Besitzers, S. 57 ff., S. 91 ff.; ders., JurBl 1985, 231, 233: Apathy plädiert dafür, die Klage nach § 372 ABGB, die eigentlich nur den Ersitzungsbesitzer schützt, auf den Vorbehaltskäufer auszudehnen. Der Vorbehaltskäufer sei daher gegen den Eigentümer analog § 372 ABGB geschützt.

93 So Eichenhofer, AcP 185 (1985), 163, 187 f.

94 Insoweit zutr. Forkel, S. 100, 122 ff. Allerdings begnügt er sich damit, Anwartschaften als den Gestaltungsrechten nahestehende Erscheinungen mit Vorwirkungen des Vollrechts zu beschreiben, weil er versucht, eine dogmatische Einordnung zu finden, die gleichermaßen auf alle Anwartschaftsrechte paßt. Für ein Recht *sui generis* auch Fund, S. 12.

Vor diesem Hintergrund erweist es sich auch als verfehlt, von einem Anwartschaftsrecht zu sprechen, daß das obligatorische Recht des Vorbehaltskäufers verdingliche. Das Anwartschaftsrecht des Vorbehaltskäufers wird vielmehr wie andere dingliche Rechte auch rechtsgeschäftlich begründet und entsteht entgegen einer verbreiteten Meinung nicht als „zwangsläufige Folge" des Eigentumsvorbehalts.[95] Im Unterschied zu den sonstigen verdinglichten Rechten der Fremdbesitzer liegt beim Eigentumsvorbehalt aber zum einen eine aufschiebend bedingte Einigung über den Eigentumsübergang vor, zum anderen eine solche, die zur Entstehung des verdinglichten Rechts des Vorbehaltskäufers führt. Regelmäßig ist die Einigungserklärung der Parteien, sofern sie überhaupt ausdrücklich abgegeben wird, im Sinne dieser doppelten Einigung auszulegen.

B. Das dingliche Recht des Vorbehaltskäufers und der numerus clausus der Sachenrechte

Die herrschende Meinung tut sich schwer, die Dinglichkeit des Anwartschaftsrechts mit dem *numerus clausus* in Einklang zu bringen, von dem unser Sachenrecht geprägt sein soll. Da der Kreis der dinglichen Rechte unter der Geltung des BGB ein geschlossener sei, sei es den Parteien verwehrt, neue dingliche Rechte durch Vereinbarung einzuführen.[96]
Die überwiegende Ansicht gelangt jedoch zu dem Ergebnis, daß der Typenzwang der Sachenrechte trotz des angeblich durch einen Akt der Rechtsschöpfung entstandenen Anwartschaftsrechts nicht durchbrochen werde. So argumentiert *Holtz*, das Anwartschaftsrecht sei deshalb nicht außerhalb des Kreises der dinglichen Rechte anzusiedeln, weil es sich um aufschiebend bedingtes Eigentum handele.[97] Dieser Begründungsansatz kann jedoch nicht zutreffen, da damit ein selbständiges Anwartschaftsrecht im Grunde geleugnet würde.
Andere meinen, Sinn des Typenzwangs sei nicht, das Sachenrecht „auf dem Stand des Jahres 1900 gewissermaßen einfrieren zu lassen".[98] Der

95 So etwa Eichler, SaR II 1, S. 122.

96 Vgl. statt aller Crome, System III, § 341 VII (S. 11); Cosack/ Mitteis, BürgR II, § 2 I 2 c (S. 8); Endemann II, § 11, 1 b; Heilfron, BürgR III, S. 10; Nauenberg, S. 12; Raiser, S. 47 f.; K. Müller, SaR, Rz. 67 f.; Gerhardt, MobiliarSaR, S. 7.

97 Holtz, S. 26; ähnlich Fund, S. 33; Schnorr von Carolsfeld, KrVJschr Bd. 66 (1939), 174, 179 FN 18.

98 Raiser, S. 55 f.; ähnlich Wiegand, FS Kroeschell (1987), S. 623 ff.; Canaris, FS Flume (1979), 372, 376; Rinnewitz, S. 281 f.

Rechtsordnung sei es daher nicht verwehrt, auf dem Wege ergänzender Gesetzgebung und richterlicher Rechtsfortbildung Rechtsverhältnissen dinglichen Charakter zuzuerkennen, die bislang nicht dem anerkannten Kreis dinglicher Rechte angehörten. Nachdem Rechtsprechung und herrschende Lehre das Anwartschaftsrecht des Vorbehaltskäufers schrittweise den dinglichen Rechten gleichgestellt hätten, könne der *numerus clausus* der Sachenrechte dem nicht mehr entgegenstehen.
Wenn aber der Richter an ein dem Gesetz angeblich zugrunde liegendes Prinzip nicht gebunden ist und im Wege der Rechtsfortbildung nach den jeweiligen Bedürfnissen des Rechtsverkehrs neue dingliche Rechte einführen kann, ist damit der Typenzwang *de facto* aufgegeben.
In Anbetracht dieser Begründungsmängel kann nicht erstaunen, daß nicht wenige Autoren die Dinglichkeit des Rechts des Vorbehaltskäufers unter Berufung auf den geschlossenen Kreis der dinglichen Rechte bestreiten.[99] Auch die Rechtsprechung hat auf diesen Aspekt wiederholt hingewiesen.[100] Dies hindert Rechtsprechung und Lehre jedoch nicht daran, das Anwartschaftsrecht, wenn nötig, als dingliches Recht zu behandeln.
In Wahrheit besteht zwischen der Dinglichkeit der Stellung des Vorbehaltskäufers und dem *numerus clausus* der Sachenrechte deshalb kein Widerspruch, weil die Lehre vom Typenzwang für das Mobiliarsachenrecht des BGB keine Geltung beanspruchen kann. Zwar war ein geschlossener Kreis dinglicher Rechte im römischen Recht anerkannt.[101] Im germanischen Recht jedoch konnte jedes obligatorische Recht durch Übergabe zum dinglichen werden, so daß der Kreis dinglicher Rechte dort sowohl für das Mobiliarsachenrecht als auch im Bereich des Immobiliarsachenrechts unbegrenzt war.[102] Die dergestalt verdinglichten Rechte wurden einheitlich durch die Klage aus verlorener Gewere geschützt. Wie gesehen, griff das preußische Recht diese Regelung auf, indem es in § 135 I 2 ALR bestimmte, daß jedes obligatorische Recht zum Besitz durch Besitzeinräumung zum dinglichen wird. Ebenso wie das germanische Recht gab das preußische Recht dem Inhaber des dergestalt verdinglichten Rechts eine Klage gegen den Schlechterberechtigten

99 Vgl. dazu § 1 A III 1 b, Nachweise dort in FN 98.
100 RGZ 140, 223, 225; BGHZ 10, 69, 72; 30, 374, 377; 34, 122, 124.
101 Vgl. dazu Kaser I, S. 373.
102 Vgl. dazu ausführlich P. Koch, S. 7 ff.; Wieling, SaR I, § 1 II 4, § 13 I 4 a; Dernburg, Preußisches Privatrecht I, § 157; Heck, SaR, § 22; Förster/ Eccius, Preußisches Privatrecht I, § 23; Franklin, Gruchot Bd. 5 (1861), 1, 11 ff.; Fuchs, Gruchot Bd. 46 (1902), 549 ff.

(§ 161 I 7 ALR). Der BGB-Gesetzgeber ging ursprünglich in Anlehnung an *Johow*[103], der die römische Anschauung in seinem Teilentwurf übernommen hatte, von einer geschlossenen Zahl der dinglichen Rechte aus.[104] Daran hielt sich die zweite Kommission jedoch nicht mehr.[105] Sie weitete das System des *numerus clausus* zunächst dadurch aus, daß sie die Sicherung von Ansprüchen auf Einräumung von Rechten an Grundstücken mittels Vormerkung zuließ.[106] Zudem führte sie unter Bezugnahme auf das preußische Recht § 1007 ein und gab damit den Fremdbesitzern, denen eine bewegliche Sache übergeben wird, ein dingliches Besitzrecht. Mit der Ausdehnung der dinglichen Klage auf die Fremdbesitzer hatte sich die zweite Kommission für das Recht der beweglichen Sachen endgültig vom *numerus clausus* der Sachenrechte verabschiedet.[107] Demzufolge steht dieses Prinzip der Dinglichkeit des Anwartschaftsrechts auch nicht entgegen. Versuche, das dingliche Anwartschaftsrecht mit dem Typenzwang zu versöhnen, sind daher überflüssig.

C. Folgen der Verdinglichung für die Übertragbarkeit des Anwartschaftsrechts

I. Übertragbarkeit nach den Regeln der §§ 929 ff.

Sofern in Literatur und Rechtsprechung ein selbständiges Anwartschaftsrecht zugrundegelegt wird, ist anerkannt, daß dieses Gegenstand des Rechtsverkehrs sein kann.[108] Als Argument für die Übertragbarkeit wird

103 Johow I, S. 7; Johow II, S. 1069.

104 Mugdan III, S. 698 f.; vgl. dazu auch Förster/ Eccius, Preußisches Privatrecht II, § 136 (S. 168 ff. FN 9); Fuchs, Gruchot Bd. 46 (1902), 549, 550; P. Koch, S. 89.

105 Vgl. zur Kritik an der Übernahme des Prinzips durch den ersten Entwurf: Fuchs, Das Wesen der Dinglichkeit, S. 66 ff.

106 Vgl. Dernburg, BürgR III, § 62, 4, § 63, 3; Crome, System III, § 341 VII (S. 11 FN 70); Fuchs, Gruchot Bd. 46 (1902), 549, 561; Wieling, SaR I, § 1 II 4.

107 I.E. ebenso Kuhne, AcP 140 (1935), 1, 62; Dernburg, BürgR III, § 124. II; Wieling, SaR I, § 1 II 4 f., § 13 I 4 u. FN 28, § 17 III pr.; etwas abweichend P. Koch, S. 89: Der *numerus clausus* sei zumindest im Bereich des § 1007 aufgegeben; Heck, SaR, § 23, meint zwar, für das BGB gelte der Grundsatz des Typenzwangs, gibt im Ergebnis aber der Typenfreiheit den Vorrang. Holtz (S. 26 f.) und Fund (S. 14) sind der Ansicht, der *numerus clausus* gelte deshalb nicht, weil er keinen Ausdruck im Gesetz selbst gefunden habe. Zweifelnd MünchKomm - Quack, Einl. Sachenrecht, Rz. 29.

108 Vgl. aus der nahezu unübersehbaren Literatur statt aller: Liebrecht, KGBl 1905, 13, 14; Grimm, S. 25; Flatau, S. 67 f.; Meisner, S. 29 ff.; Richter, S. 18 f.; Freitag, S. 22

häufig vorgebracht, der Inhaber der stärkeren Anwartschaft könne nicht schlechter stehen als der lediglich obligatorisch berechtigte Käufer, dem die Zession offenstehe.[109] Auch wird darauf hingewiesen, die Übertragbarkeit ergebe sich daraus, daß es dem Verkäufer letztlich gleich sein könne, wer bei Bedingungseintritt das Eigentum erhalte.[110] Durchgängig wird vertreten, die Übertragung richte sich nach den §§ 929 ff., nicht etwa nach den §§ 413, 398.[111] Dies resultiere aus der Wesensverwandtschaft zwischen Anwartschaftsrecht und Eigentum.

Es ist jedoch nicht überzeugend, aus den Eigentumsregeln Schlüsse für die Übertragbarkeit des Anwartschaftsrechts zu ziehen, da das Anwartschaftsrecht als verdinglichtes Recht des Vorbehaltskäufers ein anderes Recht ist als das Eigentum.[112] Die Übertragbarkeit des Anwartschaftsrechts nach sachenrechtlichen Regeln ergibt sich bereits ohne weiteres aus der Anerkennung als verdinglichtes Recht. Auf eine Analogie zum Eigentum braucht dafür nicht zurückgegriffen zu werden. Zwar ist die Übertragbarkeit der verdinglichten Rechte der Fremdbesitzer grundsätzlich abzulehnen, wenn sie ohne Zustimmung erfolgt. So kann etwa der Mieter seine verdinglichte Stellung nicht auf einen Dritten übertragen, weil dies den Interessen des Eigentümers widerspräche und die dingliche Einigung zum Zwecke der Weiterübertragung insoweit einen unzulässi-

ff.; Michaelsen, S. 31 f.; Fund, S. 17 f.; Enneccerus/ Nipperdey, AT I, § 82 II 4; ders., AT II, § 197 II 1 u. 4 a.; Asch, ZZP 58 (1933/ 34), 241, 244; Schanz, JW 1931, 507, 508; Nauenberg, S. 32; Staudinger - Honsell, § 455, Rz. 38; Schlegelberger - Hefermehl, Anh. § 382, Rz. 34; Soergel - Mühl, § 929, Rz. 70; Pottschmidt/ Rohr, KreditsicherungsR, Rz. 407; Raiser, S. 23 f.; Reinicke/ Tiedtke, Kreditsicherung, S. 220; Holtz, S. 47 f.; Rühl, S. 97 f.; Schnorr von Carolsfeld, KrVJschr Bd. 66 (1939), 174, 182 f.; Michalski, AcP 181 (1981), 384, 398; Pikart, WM 1959, 1234, 1235; Letzgus, S. 10 ff.; Serick I, S. 255 ff.; Fenn/ Finger, JuS 1972, 148, 149; Larenz/ Wolf, AT, § 15, Rz. 127, § 50, Rz. 78; Rimmelspacher, KreditsicherungsR, Rz. 251; Medicus, BürgR, Rz. 473; K. Müller, SaR, Rz. 2436; von Tuhr, AT I, S. 224; Rehbinder, NWB 1989, 1811, 1815; Brox, JuS 1984, 657, 660 f.; Krüger, JuS 1994, 905; Eichler, SaR II 1, S. 123 ff.; MünchKomm - Westermann, § 455, Rz. 58 ff.; Gernhuber, FS Baur (1981), S. 31, 32 u. FN 3.

109 So zuerst Abenheimer, JW 1931, 3061, 3062; vgl. auch Michaelsen, S. 33.

110 So z. B. Richter, S. 18; Holtz, S. 46; Nauenberg, S. 32; Rühl, S. 97; Brox, JuS 1984, 657, 661; Abenheimer, JW 1931, 3061, 3062; Fenn/ Finger, JuS 1972, 148, 149.

111 AA. nur E. Wolf, SaR, § 7 C II k (S. 300), sofern ein selbständiges Anwartschaftsrecht anzuerkennen sei, was Wolf jedoch ablehnt.

112 Zu Recht halten auch Rose (NJW 1970, 1501 ff.), Westermann (MünchKomm, § 455, Rz. 58) und Gernhuber (FS Baur (1981), 31, 32 FN 3) diese Begründung für fragwürdig.

gen Vertrag zugunsten Dritter darstellte.[113] Wenn ein verdinglichtes Recht aber ausnahmsweise als übertragbar angesehen wird, müssen die §§ 929 ff. Anwendung finden; denn verdinglichte Rechte gelangen durch dingliche Einigung und Übergabe zur Entstehung, was impliziert, daß sich auch die Weiterübertragung nach sachenrechtlichen Regeln vollzieht.[114] Eine Übertragung ohne Übergabe widerspräche auch dem Publizitätsgrundsatz.

Daß die Übertragbarkeit der verdinglichten Stellung des Vorbehaltskäufers überhaupt anzuerkennen ist, läßt sich jedoch nur unzureichend mit der Erwägung rechtfertigen, dem Vorbehaltsverkäufer sei letztlich gleichgültig, wer bei Bedingungseintritt Eigentümer werde. Immerhin existiert nach der Übertragung eine weitere Person, deren Interessen tangiert werden können und mit der sich der Verkäufer unter Umständen auseinandersetzen muß. Auch der Vergleich mit der Zession gibt nichts für die Übertragbarkeit einer dinglichen Position her. Man sollte daher unumwunden zugeben, daß es in Wahrheit das wirtschaftliche Bedürfnis war, den in der Anwartschaft verkörperten Wert zu Kreditzwecken ausnutzen zu können, welches zur Anerkennung der Übertragbarkeit geführt hat.[115] Für den Käufer unter Eigentumsvorbehalt ist es von enormer Bedeutung, seine vermögenswerte Position bereits vor Bedingungseintritt nutzbar zu machen. Insbesondere die Sicherungsübereignung der Anwartschaft stellt eine wichtige Form der Kreditsicherung dar, die aus der Praxis nicht mehr wegzudenken ist. Die dogmatischen Bedenken gegen die Übertragbarkeit der Stellung des Vorbehaltskäufers sind auf diese Weise von der tatsächlichen Entwicklung überholt worden. Im Ergebnis ist daher der herrschenden Meinung zuzustimmen, daß der Vorbehaltskäufer ohne Zustimmung des Verkäufers als Berechtigter über sein Anwartschaftsrecht verfügen kann.

II. Zulässigkeit der Übertragung des Anwartschaftsrechts unter Übergabe der Vorbehaltssache

Eine andere Frage ist, ob nicht von einer Besitzpflicht des Vorbehaltskäufers auszugehen ist, so daß er die Vorbehaltssache nicht ohne Zustimmung des Veräußerers aus der Hand geben darf. Für eine Beschränkung auf die Übertragung nach den §§ 929, 930 spricht maßgeblich, daß

113 Vgl. dazu ausführlich P. Koch, S. 119 ff.; Wieling, SaR I, § 13 II 3.

114 Zutr. Wieling, SaR I, § 17 IV pr. u. IV 1 a.

115 In diesem Sinne auch Schnorr von Carolsfeld, KrVJschr Bd. 66 (1939), 174, 182.

die Einwirkungsmöglichkeiten auf die Kaufsache erschwert werden, wenn der Käufer den Besitz an der Sache auf einen Dritten überträgt. Zu berücksichtigen ist auch, daß die Sicherheit des Verkäufers durch die Übergabe der Sache auf einen Dritten beeinträchtigt werden kann, etwa wenn damit eine Änderung der Nutzungsart oder -intensität einhergeht.[116] Dem hält *Derleder* jedoch entgegen, häufig müsse der Verkäufer damit rechnen, daß bereits die erstmalige Ingebrauchnahme durch den Käufer zu einem erheblichen Wertverlust führe, so daß dem Verkäufer der Wert seiner Sicherheit genommen sei.[117] Daher verneint *Derleder* eine Besitzpflicht, sofern der Eigentumsvorbehalt Endabnehmer betrifft. Handele es sich bei den Kaufvertragsparteien aber um Produzenten, sei auch ohne besondere Vereinbarung von einer Besitzpflicht auszugehen, da eine solche bei hochwertigen Investitionsgütern regelmäßig den Erwartungen der Parteien entspreche.

Eine Unterscheidung danach, ob der Vorbehaltskäufer Endabnehmer oder Produzent ist, erscheint jedoch überkonstruiert. Einerseits kann es sich auch beim Verkauf an einen Endabnehmer um ein hochwertiges Gut handeln; andererseits ist es häufig gerade bei Investitionsgütern so, daß die Sache bereits durch die erstmalige Benutzung durch den Käufer erheblich an Wert einbüßt. Dies dürfte etwa dann der Fall sein, wenn es sich bei der Eigentumsvorbehaltsware um eine komplizierte technische Anlage handelt, die auf die spezifischen Wünsche des Käufers abgestimmt und daher ansonsten kaum verwertbar ist. Unabhängig von der Person des Vertragspartners ist es dem Vorbehaltsverkäufer in aller Regel nicht gleichgültig, wo sich die Sache befindet. Es kann ihm nicht zugemutet werden, umfangreiche Nachforschungen nach dem neuen Besitzer anzustellen. Im Ergebnis sind daher die schuldrechtlichen Vereinbarungen der Kaufvertragsparteien so auszulegen, daß dem Vorbehaltskäufer nicht gestattet ist, die Vorbehaltssache an einen Dritten weiterzugeben. Nur falls die Besitzübertragung ausdrücklich verabredet wurde oder ihre Zulässigkeit aus den Umständen zu entnehmen ist, darf der Vorbehaltskäufer die Vorbehaltsware aus der Hand geben. Andernfalls ist er zum Besitz berechtigt und verpflichtet, so daß er sein Anwartschaftsrecht weder nach § 929 übertragen noch aus anderen Gründen die Sache weggeben darf.[118]

116 So auch Asch, ZZP 58 (1933/ 34), 240, 244.

117 Derleder, ZHR 139 (1975), 20, 37.

118 Ebenso Wieling, SaR I, § 17 IV 1 a; Serick I, S. 265 f.; Letzgus, S. 23 f.; Flume, AT II, § 42, 4 d.

Davon zu unterscheiden ist die sachenrechtliche Wirkung der Verfügung. Der Zweiterwerber erwirbt im Falle der Einräumung des unmittelbaren Besitzes ein Recht, das auch gegen den Eigentümer wirkt. Selbst wenn der Vorbehaltsverkäufer die Übertragbarkeit ausgeschlossen hat, ist eine dennoch vorgenommene Verfügung des Käufers wegen § 137 sachenrechtlich gleichwohl wirksam. Dem Vorbehaltsverkäufer steht dann aber ein Schadenersatzanspruch gegenüber seinem Vertragspartner zu.

In der Literatur wird jedoch vertreten, der Eigentümer könne gemäß § 986 Abs. 1 S. 2 Herausgabe an den Vorbehaltskäufer verlangen, wenn dieser sein Anwartschaftsrecht gemäß § 929 auf einen Rechtsnachfolger übertragen habe.[119] Dem ist zu entgegnen, daß das Anwartschaftsrecht als dingliches Recht auch gegenüber dem Herausgabeanspruch des Eigentümers eine Einwendung aus § 986 geben muß, so daß § 986 Abs. 1 S. 2 auf diesen Fall nicht zutrifft.[120]

Dogmatisch unbefriedigend ist es auch, mit *Derleder* eine Herausgabepflicht mit Rücksicht auf die Interessenlage zu verneinen, ohne sich auf die dingliche Natur des Anwartschaftsrechts festlegen zu wollen. Daraus resultiert auch der Folgefehler *Derleders*, § 986 Abs. 1 S. 2 gelte gleichermaßen für die Übertragung des Anwartschaftsrechts unter Übergabe der Sache und für die mietweise Überlassung der Vorbehaltssache an einen Dritten.[121] Wird die Kaufsache vom Käufer befugt an einen Dritten vermietet oder verliehen, vermittelt dieser dem Käufer den Besitz und kann sich demzufolge auf ein vom Eigentümer abgeleitetes Besitzrecht stützen (§ 986 Abs. 1 S. 1 Alt. 2). Anders, wenn die miet- oder leihweise

119 So etwa Nauenberg, S. 32 FN 8; Serick I, S. 274; Erman (8. Aufl.) - Weitnauer, § 455, Rz. 9, 35; Rühl, S. 97, 107. Flume, AT II, § 42, 4 d, läßt offen, ob der Vorbehaltsverkäufer von dem Dritten nur Herausgabe an den Vorbehaltskäufer oder an sich verlangen kann.

120 I.E. so auch Raiser, S. 77; Diederichsen, S. 129, 132 f.; Schnorr von Carolsfeld, KrVJschr Bd. 66 (1939), 174, 181.
Stoll, JuS 1967, 12, 17, hält dies für unangemessen und lehnt daher die Konstruktion eines dinglichen Anwartschaftsrechts ab; ihm folgend Staudinger - Gursky, § 986, Rz. 10.

121 Derleder, ZHR 139 (1975), 20, 41 f.; ähnlich auch Georgiades, S. 126 f.: Nach Georgiades soll die Interessenabwägung auch gebieten, daß das Besitzrecht des Zweiterwerbers dann sein Ende findet, wenn er in Konkurs gerät oder unsorgsam mit der Sache umgeht, weil auch hierdurch die Sicherheit des Vorbehaltsverkäufers gefährdet sei.

vorgenommene Weitergabe der Sache unbefugt erfolgt. Der Veräußerer kann in diesem Fall gemäß § 986 Abs. 1 S. 2 die Herausgabe an den Käufer verlangen. Hat der Ersterwerber demgegenüber das dingliche Recht *selbst* übertragen, gelangt § 986 Abs. 1 S. 2 nicht zur Anwendung, da der Erwerber sich nicht auf eine Kette von Besitzrechten stützt, sondern in keinerlei schuldrechtlicher Beziehung zum Eigentümer steht.[122]

IV. Direkterwerb oder Durchgangserwerb?

Die zwangsläufige Folge der Veräußerlichkeit des Anwartschaftsrechts ist, daß der Vorbehaltskäufer, der über sein Anwartschaftsrecht verfügt, bei Bedingungseintritt das in Aussicht gestellte Recht nicht mehr erwerben kann, da er seine dingliche Position völlig aufgegeben hat.[123] Mit Eintritt der Bedingung wird daher der jeweilige Inhaber des Anwartschaftsrechts Eigentümer, und zwar *ipso iure* ohne Durchgangserwerb des Vorbehaltskäufers.

Das in der Literatur gegen den Direkterwerb angeführte Argument, der Vorbehaltsverkäufer habe sich nicht mit dem Zweiterwerber geeinigt, trifft nicht zu, da damit ein selbständig übertragbares Anwartschaftsrecht negiert würde.[124]

122 Dies hat außer für das Anwartschaftsrecht für alle anderen verdinglichten Rechte der Fremdbesitzer jedoch keine Bedeutung, da diese idR. nicht übertragbar sind, vgl. unter I.

123 S. nur Forkel, S. 184, Rinnewitz, S. 345, 370; K. Müller, SaR, Rz. 2432.
Die Rspr. ging ursprünglich davon aus, der Vorbehaltskäufer könne lediglich mit Ermächtigung des Verkäufers über das bei diesem verbliebene Eigentum verfügen, vgl. RGZ 95, 105, 106 ff.; zustimmend Brandis, JW 1931, 505 ff. Später vertrat das Reichsgericht die Auffassung, Gegenstand der Übertragung sei das Anwartschaftsrecht selbst. Dabei wurde die Wirksamkeit der Übertragung allerdings von der Zustimmung des Eigentümers abhängig gemacht. Dieses Erfordernis wurde aber insoweit aufgeweicht, als für die Zustimmung des Eigentümers das Schweigen auf die Anzeige der Übertragung als ausreichend erachtet wurde (sogenannte erweiterte Anwartschaftsübertragung), vgl. RGZ 140, 223, 229; OLG Stuttgart, NJW 1951, 445, 447. Erst in einer Entscheidung aus dem Jahre 1956 (BGHZ 20, 88) ließ der BGH auch diese Voraussetzung fallen und schloß sich der herrschenden Literaturmeinung an. Diese trat bereits seit den 30er Jahren dieses Jahrhunderts gegen Brandis und das Reichsgericht für einen Direkterwerb ein; vgl. Abenheimer, JW 1933, 3061 f.; Stulz, S. 57; Schanz, JW 1931, 507, 508; Richter, S. 28; Freitag, S. 24 ff.; Steingens, S. 13.

124 So aber Gerhards, S. 40. Auch E. Wolf (SaR, § 7 C II o FN 53 (S. 303), Schreiber (NJW 1966, 2333, 2335) und Münzel (MDR 1959, 435, 439) halten den Direkterwerb für nicht begründbar.

Bestritten wird ein unmittelbarer Erwerb des Anwartschaftsinhabers auch von *Wiegand.* Er spricht sich grundsätzlich zwar für die Übertragbarkeit des Anwartschaftsrechts aus. Diese soll jedoch nur dann zum unmittelbaren Eigentumserwerb führen, wenn die Sache gleichzeitig übergeben wird.[125] Verfüge der Vorbehaltskäufer jedoch nach den §§ 929, 930 über sein Anwartschaftsrecht, entstehe eine besitzrechtliche Situation, die mit dem traditionell zur Verfügung stehenden Instrumentarium nicht mehr adäquat beschrieben werden könne.[126] Dies zwinge dazu, die sicherungsweise Übertragung des Anwartschaftsrechts als antizipierte Eigentumsübertragung zu konstruieren, was notwendigerweise zum Durchgangserwerb führe.[127] Ein solcher sei hinzunehmen, da er sowohl der Systematik des Sachenrechts entspreche als auch rechtspolitisch wünschenswert sei.[128]
Die Ausführungen *Wiegands* sind bedenklich, da es weder für die Art der Übertragung noch für die sich daraus ergebenden Rechtsfolgen einen Unterschied machen kann, ob die Sache an den Erwerber übergeben wird oder nicht. Wer einen Durchgangserwerb befürwortet, ist gezwungen, sich generell gegen die Veräußerlichkeit der dinglichen Position des Vorbehaltskäufers zu entscheiden.
Verfehlt ist auch der Hinweis auf die bei der Übertragung nach den §§ 929, 930 entstehende Besitzlage, da das von der überwiegenden Ansicht bei der sicherungsweisen Übertragung des Anwartschaftsrechts befürwortete Besitzgebäude abzulehnen ist. Die herrschende Meinung geht für die sicherungsweise Übertragung des Anwartschaftsrechts fälschlich von einem gestuften Besitzmittlungsverhältnis aus, so daß der Sicherungsnehmer mittelbarer Fremdbesitzer 1. Stufe wird, der seinerseits dem Verkäufer den mittelbaren Eigenbesitz 2. Stufe vermittelt.[129] Diese Konstruktion verkennt, daß zwischen Vorbehaltsverkäufer und Sicherungsnehmer mangels schuldrechtlicher Beziehungen kein Besitzmittlungsverhältnis bestehen kann.[130] Die Annahme, der Sicherungsnehmer vermittle

125 Staudinger - Wiegand, Anh. §§ 929 - 931, Rz. 300.
126 Staudinger - Wiegand, Anh. §§ 929 - 931, Rz. 117 ff., 140.
127 Vgl. zur Lehre von der Vorausverfügung und zum Durchgangserwerb bereits § 1 B I.
128 Staudinger - Wiegand, Anh. §§ 929 - 931, Rz. 122, 141 f.
129 So etwa Zunft, NJW 1957, 445, 448; Graf Lambsdorff, Eigentumsvorbehalt, Rz. 122; Baur/ Stürner, SaR, § 59 V 2 b; K. Müller, SaR, Rz. 2436 a; Medicus, BürgR, Rz. 562; Reinicke/ Tiedtke, Kreditsicherung, S. 221; Reinicke/ Tiedtke, KaufR, Rz. 1149; MünchKomm - Joost, § 868, Rz. 20; BGHZ 28, 16, 28.
130 Zutr. auch Michalski, AcP 181 (1981) 384, 410; Henke, JZ 1959, 202, 204.

dem Vorbehaltsverkäufer den Besitz, obwohl er außerhalb der schuldrechtlichen Beziehungen der Parteien des Vorbehaltskaufs steht, läuft daher auf eine Fiktion hinaus.[131] Insofern trifft die Kritik *Wiegands* an der herrschenden Meinung zu. Entgegen *Wiegand* läßt sich die bei der sicherungsweisen Übertragung des Anwartschaftsrechts entstehende besitzrechtliche Situation jedoch ohne Schwierigkeiten mit der Figur des „Nebenbesitzes" erfassen.

Gegen den Nebenbesitz wird herkömmlich zwar vorgebracht, ein gleichzeitiger Besitzwille zugunsten verschiedener Personen, die nicht durch schuldrechtliche Beziehungen verbunden seien, sei nicht vorstellbar.[132] Diese Ansicht ist jedoch bereits im Ansatz verfehlt und wird durch ständiges Wiederholen nicht richtiger. Maßgeblich für das Vorliegen eines Besitzmittlungsverhältnisses ist allein der Wille des Besitzmittlers sowie dessen bestehende Bereitschaft, die Sache gegebenenfalls herauszugeben. Ein solcher Besitzwille verbunden mit der Herausgabebereitschaft kann auch mehreren Personen gegenüber existieren. Die herrschende Meinung leugnet dies, indem sie den Besitzwillen des Vorbehaltskäufers manipuliert und unterstellt, sein Wille sei dahingehend zu verstehen, daß er ausschließlich einer Person, dem Verkäufer, den Besitz vermittele; ein abweichender Wille soll bedeutungslos sein.[133] Stellt man zutreffend auf den tatsächlichen Willen ab, ergibt sich für den Eigentumsvorbehalt, daß der Vorbehaltskäufer trotz der sicherungsweisen Übertragung des Anwartschaftsrechts in aller Regel weiter bereit ist, den Verkäufer als Ober-

131 Zutr. Wieling, SaR I, § 6 III 3 b; Harry Westermann, NJW 1956, 1298; MünchKomm - Westermann, § 455, Rz. 61; Paulus, JZ 1957, 41, 45; Pohle, MDR 1956, 732 ff.; Michalski, AcP 181 (1981), 413 ff.; auch Baur/ Stürner (SaR, § 59 V 2 b) betonen, es sei nicht zu erklären, wie der Sicherungsnehmer sich in das bestehende Besitzmittlungsverhältnis zwischen Verkäufer und Käufer hineindrängen könne. Letztlich geben sie wegen § 1006 Abs. 3 aber der Besitzstufung den Vorzug (anders Baur, SaR (15. Auflage), § 59 V 2 b). Aus § 1006 Abs. 3 kann ein Argument gegen die Konstruktion des Nebenbesitzes jedoch nicht hergeleitet werden, da eine Rechtsunsicherheit, wem die Eigentumsvermutung des § 1006 Abs. 3 zugute kommt, nicht zu befürchten ist, vgl. dazu ausführlich Wieling, SaR I, § 6 III 3 b.

Henke, JZ 1959, 202, lehnt sowohl die Figur des Nebenbesitzes als auch die des mehrstufigen mittelbaren Besitzes ab und nimmt an, das Besitzkonstitut zwischen Käufer und Sicherungsnehmer könne nur aufschiebend bedingt sein, und daher den sofortigen Übergang des Anwartschaftsrechts nicht bewirken.

132 S. nur MünchKomm - Joost, § 868, Rz. 10; Reinicke/ Tiedtke, Kreditsicherung, S. 221; Reinicke/ Tiedtke, KaufR, Rz. 1149.

133 MünchKomm - Joost, § 868, Rz. 20.

besitzer anzusehen. Gleiches gilt auch im Verhältnis des Käufers zum Sicherungsnehmer.

Daher sind nicht nur die Ausführungen *Wiegands*, die Frage eines Direkterwerbs hänge von der Übertragungsart ab, sondern auch das als Begründung für diese Unterscheidung herangezogene gestufte Besitzmittlungsverhältnis abzulehnen.

D. Sonstige Folgen der Verdinglichung des Rechts des Käufers

I. Schutz gegen Verletzung durch Dritte

Das Anwartschaftsrecht ist als absolutes verdinglichtes Recht des Vorbehaltskäufers gegen Verletzungen durch Dritte nach § 823 Abs. 1 geschützt, was überwiegend auch anerkannt wird.[134] Abweichende Ansichten lassen sich nach der Klärung der Rechtsnatur der Anwartschaft auch nicht aufrechterhalten.

Einigkeit besteht jedoch nur darüber, daß der Anwartschaftsinhaber denjenigen Schaden verlangen kann, der sich aus der Verletzung des Besitz- und Nutzungsinteresses ergibt. Umstritten ist jedoch nach wie vor, wie es mit Schäden steht, die durch die Beeinträchtigung der Substanz der Vorbehaltsware entstehen.

Eine Ansicht hält bei Substanzschäden nur den Verkäufer als Eigentümer für anspruchsberechtigt, da unsicher sei, ob die Bedingung überhaupt eintrete.[135] Werde der Verkäufer nämlich nicht Eigentümer, erleide er auch keinen Substanzschaden. Im Falle des Bedingungseintritts bestehe jedoch analog § 281 die Verpflichtung, den Schadensersatzanspruch an den Käufer weiterzugeben.

Flume ist zwar ebenfalls der Auffassung, daß der Schadensersatzanspruch wegen Substanzschäden nur dem Eigentümer zusteht. Konsequenz der sich aus dem Eigentumsvorbehalt ergebenden Beschränkung

134 Raiser, S. 40 ff., 79 ff.; Michaelsen, S. 34 f.; Nauenberg, S. 25 ff; Forkel, S. 161; Baur/ Stürner, SaR, § 59 V a; Reinicke/ Tiedtke, KaufR, Rz. 1157; R. Müller, SaR, Rz. 2439; Schwab/ Prütting, SaR, § 33 II 7; Bülow, Kreditsicherheiten, Rz. 714 ff.; Gerhardt, MobiliarSaR, S. 152; Wieling, SaR I, § 17 III 2 a; Gernhuber, BürgR, § 13 V 4; Georgiades, S. 49 ff.; Serick I, S. 277 ff.; Schlegelberger - Hefermehl, Anh. § 382, Rz. 64; RGRK - Pikart, § 929, Rz. 77; MünchKomm - Westermann, § 455, Rz. 56; Palandt - Bassenge, § 929, Rz. 43; Schwerdtner, Jura 1980, 661, 666; Brox, JuS 1984, 657, 660; Müller-Laube, JuS 1993, 529, 530 ff.; Giesen, Jura 1994, 194, 198; RGZ 170, 1, 6 f.; BGHZ 55, 25 f.

135 Von Tuhr, AT II 2, § 81 I 2 (297 f.); Bülow, Kreditsicherheiten, Rz. 716.

der Verfügungsmacht des Verkäufers sei jedoch, die Empfangszuständigkeit für die eingezogene Forderung dem Käufer zuzusprechen.[136]
Das gegen diese Ansichten häufig geltend gemachte Argument, damit werde ein gegenwärtiges subjektives Recht negiert[137], trägt nicht. Es basiert letztlich wieder auf einem falschen Verständnis des § 1007. Der Schaden kann sich durchaus auf das Besitz- und Nutzungsinteresse beschränken, wie das Beispiel des Mieters zeigt. Dennoch wird hier nicht der Besitz als solcher geschützt; zu ersetzen ist vielmehr der Schaden, der auf dem Eingriff in die dingliche Rechtsposition des Mieters beruht. Dies erkennt im Ergebnis auch die herrschende Meinung an, indem sie den Besitz nur dann als „sonstiges Recht" anerkennt, wenn dem Besitzer zugleich ein Recht zum Besitz zusteht. Gegen die Beschränkung des Anwartschaftsberechtigten auf Schadensersatz wegen der Verletzung des Besitz- und Nutzungsinteresses spricht daher nicht der Rechtscharakter des Anwartschaftsrechts, wohl aber die Tatsache, daß das Anwartschaftsinteresse auch den Substanzschaden mit umfaßt. Das ergibt sich auch daraus, daß der Käufer wegen des Übergangs der Preisgefahr weiter zur Zahlung verpflichtet bleibt, so daß sich nicht sagen läßt, der Vorbehaltskäufer habe vor Bedingungseintritt noch keinen Schaden.
Demgegenüber hat die Rechtsprechung dem Anwärter ursprünglich den *vollen* Schadenersatz zugebilligt, allerdings mit unterschiedlicher Begründung: So stellte das OLG Jena darauf ab, daß der Käufer bereits die Gefahr der Sache trage.[138] Das RG hingegen griff auf das Institut der Drittschadensliquidation zurück. Der Anwärter könne, da er die Sache in seiner Obhut habe, auch das fremde Eigentümerinteresse ersetzt verlangen.[139] Der BGH geht nunmehr davon aus, Eigentümer und Anwartschaftsberechtigter seien Teilgläubiger, die den ihnen zustehenden Anteil vom Schädiger selbst einfordern könnten. Für die Zuteilung maßgebend soll der Abwicklungsstand des Kaufvertrages zur Zeit des Schadensfalles sein.[140] Der Käufer muß sich danach einen Abzug vom Sachwertinteresse in der Höhe gefallen lassen, die dem Verkäufer noch als Kaufpreis gebührt.

136 Flume, AcP 161 (1962), 385, 399 ff.
137 So etwa Müller-Laube, JuS 1993, 529, 532; Schlegelberger - Hefermehl, Anh. § 382, Rz. 64.
138 OLG Jena, SeuffArch Bd. 62, 59.
139 RGZ 170, 1, 6.
140 BGH WM 1957, 514; BGHZ 55, 20, 26; OLG Koblenz, NJW 1989, 535; zust. MünchKomm - Westermann, § 455, Rz. 56; W. Frank, NJW 1974, 2211, 2215.

Der Gefahrtragungsgedanke ist insoweit unbrauchbar, als er bezüglich des Verkäuferschadens, der in der Entwertung seiner Sicherheit liegt, nichts aussagt. Ein Verweis auf die Drittschadensliquidation ist ebenfalls nicht aussagekräftig, da dadurch der in Höhe des Anwartschaftsinteresses bestehende Schadensersatzanspruch des Käufers negiert würde. Auch ist der Verkäufer selbst sowohl Geschädigter als auch Anspruchsberechtigter. Die Situation beim Eigentumsvorbehalt ist daher in keiner Weise mit den Fällen vergleichbar, in denen die Liquidierung eines Drittschadens zugelassen wird. Die Auffassung des BGH ist gleichfalls nicht haltbar, da dadurch der Verkäufer die Stellung eines Pfandgläubigers erhielte.
In Anbetracht der Unzulänglichkeit der beschriebenen Ansätze befürwortet *Rühl* eine Lösung mittels dinglicher Surrogation, so daß das Anwartschaftsrecht an der Sache den Schadensersatzanspruch des Vorbehaltseigentümers ergreift.[141] Zwar würden sowohl der Vorbehaltsverkäufer als auch der Käufer durch Eingriffe Dritter in die unter Eigentumsvorbehalt veräußerte Sache verletzt.[142] Der Schadensersatzanspruch entstehe jedoch erst nach Eintritt der Bedingung beim Anwartschaftserwerber. Dies trage auch dem Umstand Rechnung, daß das Anwartschaftsrecht schwächer sei als das Vollrecht.
Es leuchtet jedoch nicht ein, warum dem Anwartschaftsinhaber, obwohl er durch den Eingriff des Dritten verletzt wurde, kein selbständiger Ersatzanspruch zustehen soll. Der deliktische Schadensersatzanspruch läßt sich nicht über die von *Rühl* gebildeten Vergleichsstufen im Recht zusprechen oder ablehnen. Wie so oft kann die Formel vom schwächeren Recht keinen Beitrag zur Klärung der zu lösenden Rechtsfrage leisten.
Ein von *Müller-Laube* gemachter Vorschlag geht dahin, von einer vorrangigen Forderungszuständigkeit des Anwartschaftserwerbers auszugehen.[143] Der Verkäufer könne zwar den Schadensersatzanspruch selbst geltend machen, jedoch nur verlangen, daß der Schädiger an den Anwartschaftserwerber leiste. Lediglich wenn der Anwartschaftserwerber die Sache nicht wieder übernehmen wolle, sei von einer Empfangsbefugnis des Eigentümers auszugehen. Argumentativ untermauert *Müller-Laube* diese Ausführungen damit, daß der Eigentümer die Dispositionsbefugnis aus dem Eigentum endgültig aufgegeben habe.

141 Rühl, S. 99 f.; ebenso Jacusiel, S. 59; A. Blomeyer, Studien II, S. 244 ff.; Nauenberg, S. 26.
142 Rühl, S. 98 f.
143 Müller-Laube, JuS 1993, 529, 534.

Dies erscheint jedoch vor allem in den Fällen als ungerechtfertigt, in denen die Vorbehaltssache völlig zerstört wird, da damit auch die dingliche Sicherheit des Verkäufers dahin ist. Diese Schwäche vermeidet *Schwerdtner*, der eine Lösung, nach der dem Vorbehaltskäufer allein der Schadensersatzanspruch zugewiesen wird, zwar ebenfalls für sachgerecht hält, aber die Interessen des Verkäufers mit berücksichtigt, indem er ihm ein Pfandrecht an der Schadensersatzforderung einräumt.[144] Obwohl damit ein interessegerechtes Ergebnis erzielt würde, leugnet diese Ansicht ebenso wie die von *Müller-Laube* im Prinzip eine Eigentumsverletzung des Vorbehaltsverkäufers, obwohl sie *de facto* vorliegt. Durch ein Pfandrecht an der Schadensersatzforderung eines anderen läßt sich diese jedenfalls nicht erfassen.

Vereinzelt wird im Schrifttum auch § 428 zur Lösung der Kollisionsfrage herangezogen.[145] Es ginge jedoch zu weit, Eigentümer und Anwärter als Gesamtgläubiger zu behandeln, so daß der Schuldner nach Belieben an einen der beiden leisten kann. Vor allem der Veräußerer könnte dadurch benachteiligt werden, da er unter Umständen keine Kenntnis von der Beschädigung der Vorbehaltssache hat. Dies wird auch nicht durch die Annahme einer im Innenverhältnis bestehenden Ausgleichspflicht vermieden.

Zu Recht zieht daher die überwiegende Ansicht für den Substanzschaden § 432 analog heran.[146] In die gleiche Richtung geht die analoge Anwendung von § 1281[147], obwohl damit verdeckt wird, daß der Eigentumsvorbehalt nicht als Pfandrecht konstruiert ist. Durch die gemeinsame Zuständigkeit von Verkäufer und Käufer kann zum einen angemessen berücksichtigt werden, daß der Eingriff des Dritten sowohl das Eigentumsinteresse des Vorbehaltsverkäufers als auch das Anwartschaftsinteresse des Käufers verletzt. Zudem wird damit dem Schädiger ermöglicht, ohne Rücksicht auf die internen Verhältnisse mit schuldbefreiender Wir-

144 Schwerdtner, Jura 1980, 660, 667.

145 Schwab/ Prütting, SaR, § 33 II 7; Prausnitz, ZHR 99 (1934), 97, 105.

146 Jauernig - Jauernig, § 929, Rz. 58; Erman - Grunewald, § 455, Rz. 38; Gerhardt, ImmobiliarSaR, S. 152; Wieling, SaR I, § 17 III 2 a; Reinicke/ Tiedtke, KaufR, Rz. 1157; Baur/ Stürner, SaR, § 59 V 5 a; K. Müller, SaR, Rz. 2439; Eichenhofer, AcP 185, 162, 190; Forkel, S. 209 f.; differenzierend Pottschmidt/ Rohr, KreditsicherungsR, Rz. 406 FN 68: Bei Zerstörung oder Entwendung der Kaufsache alleinige Geltendmachung durch den Anwartschaftsinhaber, soweit der Ersatzanspruch die Restkaufpreisforderung übersteigt, ansonsten Leistung an beide analog § 432.

147 Etwa Brox, JuS 1984, 657, 660; Fikentscher, SR, Rz. 758; A. Blomeyer, Studien II, S. 246; Raiser, S. 82 f.; Medicus, AcP 165 (1965), 115, 142 ff.; Gernhuber, BürgR, § 13 V 4; Schlegelberger - Hefermehl, Anh. § 382, Rz. 64; Henke, S. 79, der die bedingte Berechtigung als belastetes Vollrecht ansieht.

kung zu leisten. Unklar bleibt aber auch bei dieser Lösung, wie hoch das jeweilige Interesse der Beteiligten anzusetzen ist. Dies liegt darin begründet, daß sich während der Schwebezeit keine Aussage darüber treffen läßt, wer letztlich den Substanzschaden zu tragen hat. So trifft bei Eintritt der Bedingung der Schaden allein den Käufer, während bei Bedingungsausfall der Verkäufereigentümer durch die Substanzverletzung geschädigt wird. Diesem Umstand kann dadurch Rechnung getragen werden, daß der Schädiger zwar bereits während der Schwebezeit an die Eigentumsvorbehaltsparteien gemeinschaftlich leisten muß; die interne Aufteilung des Schadensersatzes ist jedoch aufgeschoben bis der Schwebezustand sein Ende gefunden hat. Entgegen *Müller-Laube* ist der Aufschub der internen Auseinandersetzung sehr wohl mit dem Rechtscharakter der Anwartschaft zu vereinbaren, da die Einziehung des Schadensersatzes vor Bedingungseintritt erfolgt.[148] Nur erfordert die mit der aufschiebend bedingten Übereignung verbundene Ungewißheit, die Aufteilung der Schadensersatzsumme erst später vorzunehmen.[149]

II. Unanwendbarkeit von § 985 auf den Anwartschaftsberechtigten

Die herrschende Meinung wendet § 985 analog auf das Anwartschaftsrecht an.[150] Andere sind der Ansicht, der Anspruch aus § 985 könne nur einer Person zustehen, da er sich nicht verdoppeln könne. Dem Käufer stehe die Vindikation daher nur zu, sofern er vom Eigentümer dazu vorab ermächtigt sei.[151] Manchmal wird dem Vorbehaltskäufer der Anspruch aus § 985 gegenüber dem Vorbehaltsverkäufer auch mit dem Argument versagt, daß seine Stellung schwächer sei.[152]

148 Anders wäre dies, wenn man mit annähme, der Schadensersatzanspruch stehe erst nach Bedingungseintritt dem nunmehr unbedingt Berechtigten zu. So noch Planck - Flad, § 160, Anm. 7; Enneccerus/ Nipperdey, AT II, § 197 II 3 (S. 1199).

149 I.E. ebenso Wieling, SaR I, § 17 III 2 a. Auch von Tuhr geht zutreffend davon aus, daß sich vor Entscheidung der Bedingung ein Verteilungsmaßstab nicht finden läßt, vgl. AT II 2, § 81 I 2 FN 12 (S. 298).

150 Vgl. etwa Braun, NJW 1962, 382, 383; Henke, S. 55 f.; Forkel, S. 210 f.; Gernhuber, BürgR, § 13 V 3; Raiser, S. 76; Serick I, S. 275 f.; Müller-Laube, JuS 1993, 529; Soergel - Mühl, § 985, Rz. 11; Erman - Grunewald, § 455, Rz. 37; Staudinger - Gursky, vor § 985, Rz. 6; Palandt - Bassenge, § 929, Rz. 43; Bülow, Kreditsicherheiten, Rz. 709; M. Wolf, SaR, Rz. 509; Gerhardt, MobiliarSaR, S. 152; Fikentscher, SR, Rz. 758.

151 Brox, JuS 1984, 657, 659; Gudian, NJW 1967, 1786, 1787; MünchKomm - Westermann, § 455, Rz. 52.

152 So etwa Serick I, S. 246, 275; Erman - Grunewald, § 455, Rz. 37.

Diese Unsicherheiten, die auf der unzureichenden dogmatischen Ableitung der Rechtsnatur der Anwartschaft beruhen, lösen sich mit der Erkenntnis der verdinglichenden Funktion des § 1007 ohne weiteres auf. Eine Analogie zu den Eigentumsregeln ist unangebracht, da für die verdinglichten Rechte der Fremdbesitzer nicht § 985 sondern § 1007 einschlägig ist.[153] Für die Nebenfolgen verweist § 1007 Abs. 3 S. 2 wieder auf die Vorschriften des Eigentümer-Besitzer-Verhältnisses.
Die Nichtanwendung von § 1007 zeigt, daß die Vorschrift auch dann nicht beachtet wird, wenn sie einschlägig ist. Statt das gesamte Spektrum des Gesetzes auszuschöpfen, greift man unter Berufung auf die bekannte Formel vom „wesensgleichen Minus" lieber auf eine Analogie zurück oder verweist den Käufer auf den wenig praktikablen Weg einer vorab erteilten Ermächtigung des Eigentümers.
Daraus ergibt sich, daß der Käufer die Sache aufgrund von § 1007 herausverlangen kann, wenn der Eigentümerverkäufer sie zu Unrecht wieder an sich nimmt; denn er hat das bessere Besitzrecht.
Die analoge Anwendung des § 985 auf den Anwartschaftsinhaber wird jedoch teilweise damit gerechtfertigt, daß § 1007 unterhalb der Reichweite des § 985 liege.[154] Habe der Käufer (K) die Sache an einen Dritten (B) weitergegeben und überlasse dieser sie einem redlichen Vierten (C), helfe dem Käufer nur die Vindikation. Die Anwendung von § 985 auf diesen Fall widerspricht jedoch den Wertungen des Gesetzes, da das Anwartschaftsrecht kein „minderes Eigentumsrecht", sondern ein anderes Recht als das Eigentum darstellt. Vielmehr ist der angeführte Beispielsfall nach § 1007 zu lösen. Sofern C den B für den Eigentümer hielt, erwirbt er ein absolutes verdinglichtes Recht, welches er dem Herausgabeanspruch des K gemäß §§ 1007 Abs. 3 S. 2, 986 Abs. 1 S. 1 entgegenhalten kann; denn C hat gegenüber K das bessere Recht. Im übrigen würde auch die analoge Anwendung des § 985 dem K nicht helfen, da C sich auf ein absolutes Recht berufen kann. Insofern weist § 985 keine Vorteile gegenüber § 1007 auf.

153 Zutr. Wieling, SaR I, § 17 III 2 a; MünchKomm - Medicus, § 985, Rz. 4; Brox, JuS 1984, 657, 659: Brox spricht jedoch fälschlich von einem Besitzanspruch. Zudem soll der Käufer gleichzeitig zur Geltendmachung des Eigentumsanspruchs ermächtigt sein.

154 So etwa Müller-Laube, JuS 1993, 529, 530.

III. Die Anwendung von § 771 ZPO auf das Anwartschaftsrecht

Hat der Anwartschaftsberechtigte, wie dies die Regel ist, das Vorbehaltsgut in seinem Gewahrsam, können Gläubiger des Vorbehaltseigentümers nicht durch Sachpfändung vollstrecken, weil der Anwartschaftsberechtigte der Pfändung nicht zustimmen wird, § 809 ZPO. Pfändbar wäre lediglich der eventuelle Herausgabeanspruch des Vorbehaltseigentümers, § 847 ZPO, was den Gläubiger jedoch kaum zufriedenstellen dürfte.

Anders ist es, wenn die Sache sich zeitweilig, etwa zur Reparatur, beim Verkäufer befindet. Während die überwiegende Ansicht für diesen Fall annimmt, daß der Inhaber des Anwartschaftsrechts der Pfändung widersprechen kann[155], lehnen andere die Anwendung der Drittwiderspruchsklage ab.[156]

So erkennt *Letzgus* das Anwartschaftsrecht zwar grundsätzlich als ein die Veräußerung hinderndes Recht an, verneint im Hinblick auf § 773 S. 2 ZPO jedoch ein Widerspruchsrecht.[157] Die Vorschrift zeige, daß der Gesetzgeber lediglich dem Nacherben ein Widerspruchsrecht habe geben wollen. Die Erstreckung des Widerspruchsrechts auf den Nacherben läßt indes keinerlei Rückschlüsse auf das Anwartschaftsrecht aus Vorbehaltseigentum zu. Der Gesetzgeber hatte keine Veranlassung, für die Erwerbsaussicht des Vorbehaltskäufers eine ausdrückliche Regelung zu schaffen, da es sich bei dieser um ein verdinglichtes Recht handelt.

Auch *Marotzke* lehnt es ab, dem Vorbehaltskäufer die Drittwiderspruchsklage zu geben, da dieser Fall in § 161 Abs. 1 S. 2 eine ausdrückliche Regelung erfahren habe.[158] Zutreffend daran ist, daß § 161 Abs. 1 S. 2 den Grundsatz des § 161 Abs. 1 S. 1, daß weitere Verfügungen des Rechtsinhabers dem bedingt Berechtigten nicht schaden, auf Verfügun-

155 Vgl. nur Banke, S. 131; Wieling, SaR I, § 17 III 1 a; Serick I, S. 292 ff.; Jacusiel, S. 59; Nauenberg, S. 28 f.; Gerhards, S. 75 f.; W. Frank, NJW 1974, 2211, 2213; Gernhuber, BürgR, § 13 V 2; A. Blomeyer, JR 1978, 271 ff.; Prütting/ Weth, JuS 1988, 505, 510; Jauernig, ZwVollstrR, § 13 IV 1 a; MünchKommZPO - K. Schmidt, § 771, Rz. 21; Baumbach/ Lauterbach - Hartmann, ZPO, § 771, Rz. 17; Zöller - Herget, ZPO, § 771, Rz. 14 Stichwort: Eigentumsvorbehalt; Soergel - Mühl, § 455, Rz. 81; RGRK - Mezger, § 455, Rz. 25; RGRK - Pikart, § 929, Rz. 78; Medicus, BürgR, Rz. 466; Hager, Verkehrsschutz, S. 158; Henckel, FS Zeuner (1994), 193, 194; BGHZ 55, 20, 27; BGH JR 1978, 199, 200.

156 So etwa Binter, JR 1932, 178 ff.; Marotzke, S. 113 ff.; Letzgus, S. 55; AG Hannover, DGVZ 1967, 158.

157 Letzgus, S. 55.

158 Marotzke, S. 113 ff.

gen im Wege der Zwangsvollstreckung ausdehnt. Daher wird eine Veräußerung des Vorbehaltsgutes durch den Gerichtsvollzieher mit Bedingungseintritt unwirksam. Diese Vorstellungen des Gesetzgebers[159] dekken sich jedoch nicht mehr mit dem heutigen Vollstreckungsverständnis. Danach scheidet bei der Versteigerung im Rahmen der Zwangsvollstrekkung ein rechtsgeschäftlicher Erwerb aus. Der Ersteher erlangt vielmehr unabhängig von seinem guten Glauben unbelastetes Eigentum.[160] Nach dem herrschenden Vollstreckungsverständnis greift daher der Schutz des § 161 Abs. 1 S. 2 nicht mehr ein. Selbst wenn man den Eigentumserwerb kraft staatlichen Hoheitsaktes für verfehlt hält[161], bleibt dennoch weiter Raum für § 771 ZPO, da der Vorbehaltskäufer bereits vor Bedingungseintritt über ein verdinglichtes Recht verfügt, das er ebenso wie dem rechtsgeschäftlichen Erwerber auch dem Erwerber in der Zwangsvollstreckung entgegenhalten kann.[162] Andernfalls gelangte man zu dem wenig befriedigenden Ergebnis, daß die dem Veräußerer und Vollstrekkungsschuldner zur Reparatur überlassene Sache vor Bedingungseintritt weder instand gesetzt würde noch an den Käufer zurückgelangte. Aufgrund dieses Nachteils, den die Anwendung von § 161 Abs. 1 S. 2 mit sich bringt, läßt auch *Marotzke* die Drittwiderspruchsklage zu, sofern dem Käufer als mittelbarer Besitzer ein fälliger Herausgabeanspruch gegenüber dem Vollstreckungsschuldner zusteht.[163] Diese Differenzierung ist dogmatisch jedoch kaum zu rechtfertigen.

Daher ist im Einklang mit der herrschenden Meinung davon auszugehen, daß der Anwartschaftsinhaber sich mit der Drittwiderspruchsklage zur Wehr setzen kann, wenn ein Gläubiger des Vorbehaltsverkäufers in die beim Vorbehaltsverkäufer befindliche Ware vollstreckt. Um zur An-

159 Vgl. dazu auch Motive I, S. 260: „Kommt es zur Zwangsversteigerung beziehungsweise zwangsweisen Überweisung des Gegenstandes, so findet dieselbe mit der Beschränkung statt, daß die Veräußerung beziehungsweise Überweisung mit der Erfüllung der Bedingung unwirksam wird".

160 Ganz hM., vgl. nur W. Frank, NJW 1974, 2211, 2213; A. Blomeyer, JR 1978, 271, 273; Jauernig, ZwVollstrR, § 18 IV A; Thomas/ Putzo, ZPO, § 817, Rz. 9; Serick I, S. 293; RGZ 156, 395, 397 f.; BGHZ 55, 20, 25; BGHZ 100, 98.
Ist dem Ersteher jedoch bekannt, daß die Pfandsache nicht dem Schuldner gehört, kann sein Erwerb nach § 826 BGB unbeachtlich sein, sofern weitere Umstände hinzutreten.

161 So Marotzke, S. 46 - 50; krit. auch Medicus, BürgR, Rz. 466; zweifelnd Wieling, SaR I, § 10 II 1 a mit V 5 c FN 63.

162 Zutr. Schwerdtner, Jura 1980, 661, 666; Medicus, BürgR, Rz. 466; A. Blomeyer, JR 1978, 271, 273; Gernhuber, BürgR, § 13 V 2.

163 Marotzke, S. 118 f.

wendbarkeit von § 771 ZPO zu gelangen, ist es zwingend erforderlich, den dinglichen Charakter des Anwartschaftsrechts anzuerkennen, da der Besitz an beweglichen Sachen entgegen einer weitverbreiteten Meinung[164] für die Klage aus § 771 ZPO nicht genügt. *Merrem* hat nachgewiesen, daß ein die Veräußerung hinderndes Recht nur derjenige hat, der sich auf ein materielles Abwehrrecht berufen kann.[165] Dieses Abwehrrecht muß dinglicher Natur sein, da es ansonsten gegenüber dem Vollstreckungsgläubiger nicht durchgreifen könnte. Dieser Schutz wird für die Fremdbesitzer durch § 1007 gewährleistet, was impliziert, daß auch der Vorbehaltskäufer die Pfändung durch eine gegen den Vollstreckungsgläubiger gerichtete Klage nach § 771 ZPO für unzulässig erklären lassen kann.

Demgegenüber gelingt der herrschenden Meinung eine dogmatische Rechtfertigung der Anwendung des § 771 ZPO auf den Anwartschaftsinhaber nicht, was einerseits auf der unsicheren dogmatischen Einordnung des Anwartschaftsrechts, andererseits aber auch auf dem aufgezeigten falschen Verständnis von § 771 ZPO beruht. Bezeichnend dafür ist, daß der Rechtsbehelf des § 771 ZPO nur teilweise auf das Anwartschaftsrecht selbst gestützt wird. So differenziert etwa *Serick* danach, ob der Vorbehaltskäufer noch mittelbarer Besitzer ist oder nicht.[166] Im ersten Fall soll sich der Rechtsbehelf des Käufers aus seinem mittelbaren Besitz ergeben, während im zweiten Fall das Anwartschaftsrecht selbst die Berechtigung zur Geltendmachung der Drittwiderspruchsklage geben soll. Letzteres wird wiederum mit der Eigentumsähnlichkeit der Anwartschaft begründet.[167] In beiden Fällen ist es jedoch das verdinglichte Besitzrecht des Anwartschaftsinhabers, das zur Anwendung von § 771 ZPO führt.

Zu klären bleibt noch, ob dem Anwartschaftsinhaber die Drittwiderspruchsklage nur in eingeschränkter Form zusteht, wie dies von einer verbreiteten Meinung befürwortet wird. Danach soll der Vorbehaltskäu-

164 Vgl. etwa Zöller - Herget, ZPO, § 771, Rz. 1; Baumbach/ Lauterbach - Hartmann, ZPO, § 771, Rz. 15; Jauernig, ZwVollstrR, § 13 IV 1 c. Andere stellen auf das Recht zum Besitz ab, z. B. Thomas/ Putzo, ZPO, § 771, Rz. 21; ähnlich MünchKommZPO - K. Schmidt, § 771, Rz. 38.

165 Merrem, S. 53 ff., zusammenfassend auf S. 139 ff. Die hM. sieht in § 771 ZPO demgegenüber zu Unrecht eine prozessuale Gestaltungsklage, vgl. Jauernig, ZwVollstrR, § 13 III; Zöller - Herget, ZPO, § 771, Rz. 4.

166 Serick I, S. 292 f. Beispiel für mittelbaren Besitz des Käufers: Der Vorbehaltsverkäufer nimmt die Sache zur Reparatur zurück.
Gegenbeispiel: Der Vorbehaltsverkäufer nimmt die Sache unberechtigt wieder an sich.

167 Serick I, S. 294.

fer nur der Verwertung widersprechen können, so daß Antrag und Urteil denselben Inhalt wie nach § 772 S. 2 ZPO und § 773 ZPO hätten. Erst nach Erlangung des Eigentums könne er gegen die Pfändung selbst vorgehen.[168] Eine Begrenzung des vollstreckungsrechtlichen Schutzes ist jedoch nicht gerechtfertigt, da durch das Fortbestehen der Pfändung das aus der dinglichen Anwartschaft resultierende Besitzrecht in gleicher Weise unberücksichtigt bliebe wie dies bei einem vollstreckungsrechtlichen Schutz lediglich nach § 161 Abs. 1 S. 2 der Fall wäre.[169]

168 MünchKommZPO - K. Schmidt, § 771, Rz. 21; Stein/ Jonas - Münzberg, ZPO, § 771, Rz. 17 a; Egert, Rechtsbedingung, S. 121; Lempenau, S. 37 f.; Henckel, FS Zeuner (1994), 193, 194.

169 I.E. so auch Nauenberg, S. 29; W. Frank, NJW 1974, 2211, 2213.

§ 3. Die Abhängigkeit des Anwartschaftsrechts vom Kaufvertrag

Nach herrschender Meinung besteht beim Eigentumsvorbehalt ein kausaler Zusammenhang zwischen schuldrechtlichem Grundgeschäft und dinglicher Anwartschaft. Es wird angenommen, das Anwartschaftsrecht sei sowohl in seiner Entstehung als auch in seinem Fortbestand vom Schicksal des Kausalgeschäftes, also des Kaufvertrages, abhängig.[1] Danach erlangt der Vorbehaltskäufer kein Anwartschaftsrecht, sofern der Kaufvertrag unwirksam ist; ein bestehendes Anwartschaftsrecht erlischt mit der Anfechtung des Kaufvertrags. Gleiches trete ein, wenn der Kaufvertrag durch die Rücktrittserklärung des Veräußerers in ein Rückabwicklungsschuldverhältnis umgewandelt werde, da dadurch die Pflicht zur Kaufpreiszahlung entfalle.

Mit dem Anwartschaftsrecht entfalle auch das Recht zum Besitz aus demselben, nicht nur das Besitzrecht aus dem Kaufvertrag. Demnach könne der Verkäufer die Vorbehaltsware vom Käufer oder, falls sie dem Zweiterwerber der Anwartschaft übergeben worden sei, von diesem herausverlangen.

Es wird sich zeigen, daß die Ansicht, das Anwartschaftsrecht sei von einer wirksam entstandenen Kaufpreisforderung abhängig, nicht haltbar ist. Im Anschluß daran wird die Frage des Bedingungsausfalls bei nicht rechtzeitiger Kaufpreiszahlung erörtert.

1 Vgl. RGRK - Mezger, § 455, Rz. 9, 34; Stoll, JuS 1967, 12, 15, 17; Serick I, S. 53; ders., AcP 166 (1966), 129; Gernhuber, FS Baur (1981), S. 31, 34 ff.; Waldner, MDR 1980, 459, 460; Braun, NJW 1962, 382, 383; Derleder, JuS 1979, 477, 480; Rehbinder, NWB 1989, 1811, 1815; Ludwig, NJW 1989, 1458, 1459; Jauernig, JuS 1994, 721, 723; Häsemeyer, FS Serick (1992), 153, 156; Raiser, S. 31 f., 62 f.; Bauknecht, NJW 1955, 1251, 1253; Emmerich, JuS 1980, 224; Kollhosser, JZ 1984, 196, 201 f.; ders., JZ 1985, 370, 372, 376; Gerhardt, JZ 1986, 672, 675; Loewenheim, JuS 1981, 721, 724; Reinicke, JuS 1986, 957, 963; Derleder, JuS 1979, 477, 480; Medicus, BürgR, Rz. 475, 479; Schapp, SaR, Rz. 254; Schwab/ Prütting, SaR, § 33 II 4; M. Wolf, SaR, Rz. 506, 514; Pottschmid/ Rohr, KreditsicherungsR, Rz. 408 f.; Bülow, Kreditsicherheiten, Rz. 680 ff., 688; ders., Jura 1986, 234 f.; ders., JuS 1996, 190, 191; Graf Lambsdorff, Eigentumsvorbehalt, Rz. 98, 134, 153, 157; J. Uhlenbruck, S. 55 ff.; Steckermeier, S. 67, 118 f.; Weitnauer, JZ 1965, 141; Wiegand, AcP 190 (1990), 112, 112; MünchKomm - Westermann, § 455, Rz. 2, 25, 50, 59 f.; MünchKomm - Quack, Einl. Sachenrecht, Rz. 37; Soergel - Mühl, § 929, Rz. 31; Jauernig - Jauernig, § 929, Rz. 36, 41, 43, 49; Hager, Verkehrsschutz, S. 317 ff.; Mülbert, AcP 197 (1997), 334, 337 Fn 63; BGHZ 54, 214, 216 ff.; 70, 96, 98; 75, 221, 225 f.; 92, 280, 292 f.

A. *Die Abhängigkeit des Anwartschaftsrechts von der Wirksamkeit des Kaufvertrages*

Wenn auch weitgehend Einigkeit darüber herrscht, daß das Anwartschaftsrecht an einer „schuldrechtlichen Schwäche“ leidet, die sich auch im Verhältnis zwischen Vorbehaltskäufer und Zweiterwerber fortsetzt, gehen die Meinungen weit auseinander, wenn es darum geht, dieses Ergebnis zu begründen.

I. Der bisherige Meinungsstand

1. Serick: Durchbrechung des Abstraktionsprinzips

Nach *Serick* ist das Anwartschaftsrecht Ergebnis einer kausalen Verfügung, so daß es von seinem Rechtsgrund abhängig ist.[2] Als *causa* der Übereignung sei die Erfüllung der obligatorischen Verpflichtung aus dem Kaufvertrag anzusehen. Indem der Vorbehaltsverkäufer der Übereignung die Bedingung der Kaufpreiszahlung beifüge, mache er das Kausalgeschäft zum Bestandteil des Erfüllungsgeschäftes. Die Verbindung des Verfügungsgeschäftes mit dem schuldrechtlichen Vertrag bringe es mit sich, daß die Grundregel, nach der das Verfügungsgeschäft von der Unwirksamkeit des Verpflichtungsgeschäftes unberührt bleibe, für den Eigentumsvorbehalt keine Geltung beanspruchen könne; es handele sich um eine Ausnahme vom Abstraktionsprinzip.[3]
Daraus ergebe sich, daß der Vorbehaltskäufer bei nicht wirksam zustandegekommenem Kaufvertrag keine Anwartschaft erlange. Ein bereits entstandenes Anwartschaftsrecht erlösche ohne weiteres, wenn der Rechtsgrund wegfalle, was bei der Anfechtung und der Aufhebung des Kaufvertrages, aber auch beim Rücktritt relevant werde.[4]
Diese Grundsätze müßten auch dann gelten, wenn die Position des Käufers auf einen Zweiterwerber übergegangen sei. Der Vorbehaltskäufer könne dem Zweiterwerber daher nur ein Recht verschaffen, das von der

2 Serick I, S. 53; ders., AcP 166 (1966), 129, 130; so auch Soergel - Mühl, § 929, Rz. 31; Ludwig, NJW 1989, 1458, 1459; Jauernig, JuS 1994, 721, 723; MünchKomm - Quack, Einl. Sachenrecht, Rz. 37; J. F. Baur, ESJ Anm. zu Fall 24 a (S. 144); Häsemeyer, FS Serick (1992), 153, 156; Flume, AT II, § 12 III 1; Stadler, Gestaltungsfreiheit, S. 85, 300, 695; Huber, ZIP 1987, 750, 758 u. FN 68.

3 Serick I, S. 54; ders., AcP 166 (1966), 129, 133; ebenso MünchKomm - Westermann, § 455, Rz. 28.

4 Serick I, S. 55, 250; ders., AcP 166 (1966), 129, 131.

ersten *causa* der Bestellung abhängig sei. Dies unterscheide die sicherungshalber vorgenommene Übertragung des Anwartschaftsrechts vom Sicherungseigentum. Beim Sicherungseigentum sei die Verbindung zum schuldrechtlichen Geschäft nicht so stark ausgeprägt, daß das Eigentum automatisch auf den Sicherungsgeber zurückfalle, wenn der Sicherungsvertrag erlösche.[5]
Daraus schließt *Serick*, das Anwartschaftsrecht des Vorbehaltskäufers weise eine „eigenartige Zwischenstellung zwischen Schuld- und Sachenrecht" auf. Die Verwurzelung mit dem Kausalgeschäft führe dazu, daß das Anwartschaftsrecht nicht mit einem beschränkt dinglichen Recht verglichen werden könne; es handele sich vielmehr um ein „schuldrechtlich-dingliches" Recht.[6]

2. Bedingtheit der Verfügung

Die übrigen Autoren gehen davon aus, schuldrechtliche Einwirkungen der beschriebenen Art führten deshalb zum Erlöschen des Anwartschaftsrechts, weil sie einen Ausfall der Bedingung zur Folge hätten. Als Bedingung für den Eigentumserwerb des Vorbehaltskäufers sei nämlich die Zahlung des *wirksam* vereinbarten Kaufpreises anzusehen. Sei daher der Kaufvertrag von Anfang an nichtig oder werde er später angefochten oder aufgehoben, könne die Bedingung des Eigentumsübergangs nicht mehr eintreten.[7] Gleiches müsse dann gelten, wenn der Veräußerer wegen Zahlungsverzuges vom Kaufvertrag zurücktrete. Trotz ihres Charakters als dingliches Recht bleibe die Anwartschaft daher in „eigentümlicher Weise" vom Schicksal des schuldrechtlichen Vertrages abhängig

5 Serick I, S. 55 mit 247, 250.
6 Serick, AcP 166 (1966), 129, 130; vgl. dazu bereits § 1 A III 1 e u. 2.
7 Vgl. Raiser, S. 31 f., 62 f.; Bauknecht, NJW 1955, 1251, 1253; Emmerich, JuS 1980, 224; Kollhosser, JZ 1984, 196, 201 f.; ders., JZ 1985, 370, 372, 376; Gerhardt, JZ 1986, 672, 675; Gernhuber, FS Baur (1981), S. 31, 34; Loewenheim, JuS 1981, 721, 724; Reinicke, JuS 1986, 957, 963; Rehbinder, NWB 1989, 1811, 1815; Ludwig, NJW 1989, 1458, 1459; Derleder, JuS 1979, 477, 480; Ehmann, Gesamtschuld, S. 157 mit FN 109; Pottschmid/ Rohr, KreditsicherungsR, Rz. 408 f.; Medicus, BürgR, Rz. 479; Bülow, Kreditsicherheiten, Rz. 680 ff., 688; ders., Jura 1986, 234 f.; ders., JuS 1996, 190, 191; Gerhardt, MobiliarSaR, S. 152; Schapp, SaR, Rz. 254; M. Wolf, SaR, Rz. 506, 514; K. Müller, SaR, Rz. 2454; Larenz, AT, § 25 III a 2 (S. 499); Jauernig - Jauernig, § 929, Rz. 36 f., 41, 49, 62; MünchKomm - Westermann, § 455, Rz. 2, 25, 50, 59 f.

und könne nur belastet mit dieser Schwäche auf einen Zweiterwerber übergehen.[8]

3. Abhängigkeit des Anwartschaftsrechts als Ausdruck der Akzessorietät

Nicht selten wird versucht, die Verbindung zwischen schuldrechtlichem Geschäft und Anwartschaftsrecht durch einen Vergleich mit dem akzessorischen Pfandrecht zu untermauern.[9] An der Akzessorietät von Pfandrecht und Hypothek werde deutlich, daß die Abhängigkeit eines dinglichen Rechts vom schuldrechtlichen Grundgeschäft dem BGB nicht fremd sei.

Wiegand vertritt, der Gesetzgeber habe, indem er bestimmte dingliche Rechte akzessorisch ausgestaltet habe, die Abhängigkeit dinglicher Rechte von der schuldrechtlichen Grundlage und damit die Entwicklung zur Relativierung des Abstraktionsprinzips eingeleitet.[10] Seitdem habe sich die Rechtsentwicklung insbesondere im Bereich der Kreditsicherung mehr und mehr von der Grundposition des Abstraktionsprinzips entfernt. Es sei daher nur folgerichtig, wenn mit der Anerkennung des Anwartschaftsrechts die „Abschottung des Sachenrechts" gegenüber dem Schuldrecht ein weiteres Mal durchbrochen worden sei.

II. Kritische Analyse der herrschenden Meinung und Entwicklung eines eigenen Lösungskonzepts

Gemeinsam ist den beschriebenen Ansichten, daß sie dem Vorbehaltskäufer eine von schuldrechtlichen Entwicklungen abhängige Position einräumen wollen, beziehungsweise die dingliche Position des Vorbehaltsverkäufers bei ursprünglicher Unwirksamkeit des Kaufvertrages erst gar nicht zur Entstehung gelangen lassen.

Bei allen Unterschieden in der Begründung geht es letztlich darum, das dingliche Recht des Vorbehaltskäufers an den Zweck des Eigentumsvorbehalts, dem Verkäufer Sicherheit für seine Vorleistung zu verschaffen,

8 So auch Flume, AcP 161 (1962), 385, 389, der ansonsten der Ansicht ist, die Eigentumsübertragung sei nicht allgemein von der Gültigkeit des Kaufvertrages abhängig, dazu unten II 2 c.

9 Etwa Banke, S. 101 f.; Raiser, S. 32; Stoll, ZHR 128 (1966), 239, 242; ders., JuS 1967, 12, 15: Vergleich mit der akzessorischen Vormerkung; Wiegand, AcP 190 (1990), 112, 129 FN 70; Wilhelm, SaR, Rz. 1241, 1249; Mülbert, AcP 197 (1997), 334, 357 FN 63; Fikentscher, SR, Rz. 758.

10 Wiegand, AcP 190 (1990), 112, 129 FN 70.

zu binden. Es stellt sich aber die Frage, ob ein als abhängig vom Kaufpreisanspruch konstruiertes Anwartschaftsrecht systemgerecht ist und weiter, ob nicht auch eine abstrakte Gestaltung geeignet wäre, den Vorbehaltsverkäufer in ausreichendem Umfang zu sichern.

1. Die Anwartschaft als akzessorisches Recht

Soweit sich die herrschende Meinung auf einen Vergleich mit den akzessorischen Rechten beruft, um zu belegen, daß es sich bei der Position des Vorbehaltskäufers um ein rechtsgrundabhängiges Recht handelt, geht dies fehl, da Akzessorietät und Kausalheit völlig unterschiedliche Sachverhalte betreffen.[11]

Eine Zuwendung ist kausal, wenn ihre Wirksamkeit davon abhängt, daß ein rechtserheblicher Zweck erreicht wird. Unter Akzessorietät wird dagegen die Abhängigkeit des sichernden Rechts vom zu sichernden Recht verstanden.[12] Das akzessorische Recht ist in seinem Bestand zwar auch davon abhängig, daß eine wirksame Vereinbarung bezüglich des zu sichernden Rechts zustande kommt. Diese Vereinbarung ist aber nicht *causa* des akzessorischen Rechts.[13] Die Verbindung zwischen Kausalheit und Akzessorietät besteht demzufolge darin, daß durch beide Begriffe eine Form der Abhängigkeit zum Ausdruck gebracht wird. Damit sind die Gemeinsamkeiten aber bereits erschöpft.

So ist etwa die Hypothek bezüglich ihrer Entstehung und ihres weiteren Bestands von einer schuldrechtlichen Forderung abhängig. Sie folgt der Forderung, weil sie ohne Forderung nicht bestehen kann, § 1153. Trotz

11 Zutr. Staudinger - Seiler, Einl. §§ 854 ff., Rz. 61; Stadler, Gestaltungsfreiheit, S. 18 f. Auch die Rechtsprechung hält Abstraktheit und Akzessorietät nicht genügend auseinander. So hat der BGH (vgl. NJW 1982, 275, 276; s. auch BAG NJW 1967, 751) angenommen, die Abstraktheit der Sicherungsabtretung vom Kausalgeschäft könne durch Vereinbarung zwischen Zedent und Zessionar so überwunden werden, daß eine *akzessorische* Abhängigkeit von der gesicherten Forderung entstehe. Gegen den BGH zu Recht Jauernig, NJW 1982, 268 ff.; Westermann - Westermann, SaR I, § 44 III 2 ff.; H. P. Westermann, SaR, Rz. 151.

12 Vgl. dazu ausführlich von Tuhr, AT I, S. 229 ff.; Medicus, JuS 1971, 497 ff.; Stadler, Gestaltungsfreiheit, S. 18 f. Es handelt sich hierbei um eine einseitige Abhängigkeit des Nebenrechts vom Hauptrecht. Gemeinsam ist den akzessorischen Rechten, daß sie nur dann zur Entstehung gelangen, wenn das Hauptrecht besteht. Im übrigen kann die Akzessorietät durch das Gesetz unterschiedlich intensiv ausgestaltet sein.

13 Fehlerhaft BGH NJW 1982, 275, 276: Die zu sichernde Forderung aus dem Darlehensvertrag sei als Grundgeschäft der Sicherungszession anzusehen.

der Verbindung mit der Forderung, deren Sicherung sie dient, läßt die Hypothek sich nicht als „kausale Belastung des Grundstücks“ bezeichnen. Rechtsgrund der Hypothekenbestellung ist der Sicherungsvertrag, in dem sich der Schuldner verpflichtet, dem Gläubiger zur Sicherung des ihm gewährten Kredites eine Hypothek zu bestellen. Ist der Sicherungsvertrag unwirksam, bleibt die Bestellung der Hypothek davon unberührt.[14] Indem das Gesetz die Existenz der Hypothek von der zu sichernden Forderung abhängig macht, wird demnach das Abstraktionsprinzip in keiner Weise eingeschränkt oder gar durchbrochen. Auf gar keinen Fall kann man das Prinzip der Akzessorietät dafür in Anspruch nehmen, eine Relativierung des Abstraktionsprinzips dogmatisch zu untermauern. Vielmehr sollte die von *Wiegand* aufgezeigte Tendenz, im Bereich des Kreditsicherungsrechts mehr und mehr vom Abstraktionsprinzip abzugehen, Anlaß geben, zur Grundposition des Gesetzes zurückzukehren und die leichtfertige Bereitschaft zur „Korrektur“ des Abstraktionsprinzips aufzugeben.

Aber nicht nur die Kennzeichnung der kausalen Abhängigkeit der Anwartschaft als „akzessorisch“ muß auf Ablehnung stoßen. Gleiches müßte auch für Versuche gelten, das Anwartschaftsrecht zwar nicht als kausalabhängiges, aber als ein akzessorisch mit der Kaufpreisforderung verbundenes Recht zu begreifen; denn ein akzessorisches Anwartschaftsrecht setzte voraus, daß der *Käufer* dem Verkäufer ein dingliches Recht einräumt, um dessen Kaufpreisanspruch zu sichern. Zwar wäre dies denkbar, da das vorbehaltene Eigentum letztlich der Sicherung der Kaufpreisforderung dient. Dafür ist jedoch in Anbetracht der vom Gesetzgeber für den Eigentumsvorbehalt abgelehnten Pfandrechtskonzeption kein Raum.[15]

Das einzige Recht, zu dem die Anwartschaft nach der Fassung des § 455 überhaupt in akzessorischer Verbindung stehen könnte, ist der Übereignungsanspruch. Daß eine Akzessorietät zum Übereignungsanspruch nicht vorliegen kann, ergibt sich jedoch bereits daraus, daß die dingliche Position des Vorbehaltskäufers nicht eine Sicherung seines Anspruchs auf Eigentumsübertragung bezweckt. Daneben hätte ein akzessorisch an den Übereignungsanspruch gebundenes Anwartschaftsrecht auch Konsequenzen für die Übertragbarkeit und damit für die Anerkennung als selb-

14 Insoweit übereinstimmend Serick I, S. 50 mit 247, 250, der daraus allerdings den Schluß ziehen will, die Verbindung des Anwartschaftsrechts mit dem Kaufvertrag gehe weit über die Akzessorietät hinaus.

15 S. auch § 1 B II u. § 3 B II 2 c.

ständiges sachenrechtliches Verfügungsobjekt. Das Anwartschaftsrecht wäre nur zusammen mit dem Übereignungsanspruch übertragbar. Man wäre gezwungen, von einer Abtretung des Übereignungsanspruchs auszugehen, der nach § 401 das Anwartschaftsrecht automatisch folgte.[16] Zudem ist nicht zu verkennen, daß ein Anwartschaftsrecht, das in akzessorischer Verbindung zum Übereignungsanspruch steht, mithin erlischt, wenn dieser selbst nicht mehr existiert, voraussetzt, daß dem Vorbehaltskäufer überhaupt noch ein Anspruch auf Übereignung zusteht. Dies wird von der herrschenden Meinung im wesentlichen mit dem Argument bejaht, der Verkäufer habe mit der aufschiebend bedingten Übereignung lediglich alle auf Verschaffung des Eigentums gerichteten Handlungen erbracht. Er schulde daher noch den Eintritt des Leistungserfolges, der bis zu dem Zeitpunkt ausstehe, in dem der Käufer tatsächlich unbedingtes Eigentum erlangt habe.[17]

Diese Sichtweise läßt sich jedoch nicht aufrechterhalten. Abweichend vom Normalfall der Eigentumsübertragung trifft den Verkäufer beim Eigentumsvorbehalt lediglich die Verpflichtung, dem Käufer aufschiebend bedingtes Eigentum zu verschaffen. Eine weitergehende Verpflichtung des Verkäufers könnte nur dann angenommen werden, wenn man mit dem Reichsgericht annähme, der Vorbehaltsverkäufer müsse noch im Augenblick des Bedingungseintritts bereit sein, das Eigentum auf den

16 In der Literatur wird teilweise vertreten, der Käufer verfüge neben seiner dinglichen Stellung im Zweifel auch über den noch nicht erloschenen Restanspruch aus § 433 Abs. 1. So etwa Marotzke, AcP 186 (1986), 490, 514; dazu näher § 4 A III 6.

17 Jaffé, S. 88; Schürmann, S. 28 f.; Raiser, S. 27 ff., 95; Meisner, S. 53; Fund, S. 15, 33 ff.; Warneyer, BGB I, § 455, Anm. 1; Witte, JW 1934, 1142; Tiedtke, DB 1980, 1477, 1480; Kuhn, WM 1972, 206, 210; Künne, DB 1971, 1509, 1512; Mühl, AcP 160 (1961), 264, 267; Marotzke, AcP 186 (1986), 490, 513 f.; ders., S. 39 f.; Serick I, S. 335 ff.; Serick V, S. 354 ff.; Graf Lambsdorff, Eigentumsvorbehalt, Rz. 146 f., 497; Bülow, Kreditsicherheiten, Rz. 654; ders., Jura 1986, 169, 171; U. Hoffmann, Jura 1995, 457; Baur/ Stürner, SaR, § 59 III 1 a; Wieser, NJW 1970, 913, 916; Hartmut Stracke, S. 114 ff.; Heinze, JR 1974, 451; Liebl, S. 46 ff.; Brox, JuS 1984, 657, 667; Bauknecht, NJW 1956, 1177; Lange, JuS 1971, 511, 515; Schwerdtner, Jura 1986, 661, 663; Gerhardt, JZ 1986, 672, 676; Pottschmidt/ Rohr, KreditsicherungsR, Rz. 460; Brecht, JherJahrb Bd. 61 (1912), 263, 297 f.; K. Müller, SaR, Rz. 2445, 2447; ders., DB 1969, 1494, 1495; Musielak, AcP 179 (1979), 189, 209; Häsemeyer, KTS 1973, 2, 12; ders., InsolvenzR, S. 407; Kuhn/ Uhlenbruck, KO, § 17, Rz. 18 c, d; Jaeger/ Henckel, KO, § 17, Rz. 49; Hess, KO, § 17, Rz. 18 ff.; Kilger/ Schmidt, KO, § 17, Anm. 3 a, b; RGZ 64, 204, 206 f.; 64, 334, 336 f.; 95, 105; 130, 40, 42 f.; 140, 156; BGH NJW 1954, 1326; NJW 1962, 2296 f.; BGHZ 98, 160, 168.

Käufer zu übertragen.[18] Dies wird heute aber zu Recht allgemein abgelehnt, so daß der Vorbehaltsverkäufer mit Zahlung der letzten Kaufpreisrate *ipso iure* sein Eigentum verliert. Der Verkäufer hat folglich auf den Bedingungseintritt keinerlei Einfluß, vielmehr verschafft sich der Käufer selbst das Eigentum. Es ist jedoch nicht möglich, dem Verkäufer eine Leistungsverpflichtung aufzuerlegen, die er nicht erfüllen kann: *impossibilium nulla est obligatio*. Nicht die Entstehung des Anspruchs auf Eigentumsübertragung als Wirkung des Kaufvertrages, sondern der Eigentumsübergang als Wirkung des dinglichen Geschäfts hängt von der vollständigen Kaufpreiszahlung ab.

Daß es sich bei der Annahme, den Verkäufer treffe noch eine Eigentumsverschaffungspflicht, um eine Fehlvorstellung handelt, zeigt sich auch daran, daß diese Ansicht nicht durchgängig aufrechterhalten werden kann, sondern zu Korrekturen nötigt, um allen Fallkonstellationen gerecht werden zu können.[19] Den Erfüllungsbegriff je nach Fallgestaltung unterschiedlich zu interpretieren, wie dies von Teilen der Literatur vorgeschlagen wird, kann ebenfalls nicht überzeugen.[20] Auf eine dogmati-

18 Vgl. RGZ 64, 204, 206 f.; 95, 105, 107; ebenso Warneyer, BGB I, § 455, Anm. 1; Asch, AcP 140 (1935), 183, 187.
Zutr. dagegen bereits Liebrecht, KGBl 1905, 13, 14.

19 So stellt der BGH bei der Rechtsmängelhaftung zwar grundsätzlich auf den Bedingungseintritt ab, da die Eigentumsverschaffungspflicht noch nicht erfüllt sei, korrigiert dieses Ergebnis jedoch über § 242: Ausnahmsweise müsse für die Lastenfreiheit auf den Zeitpunkt zwischen Kaufvertragsabschluß und Bedingungseintritt abgestellt werden, wenn der Dritte sein Recht an der Kaufsache vor Bedingungseintritt geltend mache oder der Vorbehaltskäufer in seinem Besitz behindert werde. Vgl. BGH NJW 1961, 1252; zustimmend Serick I, S. 126; abl. zu Recht Wiethölter, JZ 1961, 693.
Auch zu § 18 UmstG stellte die Rechtsprechung auf den Zeitpunkt der Begründung des Anwartschaftsrechts ab. Als „bewirkt" iSv. § 18 Abs. 1 Nr. 2 UmstG wurde die Leistung des Vorbehaltsverkäufers bereits mit der aufschiebend bedingten Einigung und der Übergabe der Sache angesehen, s. BGH NJW 1951, 437.
Was § 17 KO angeht, so wird die Vorschrift im Verkäuferkonkurs wegen der Unangemessenheit des dadurch für den Käufer entstehenden Ergebnisses überwiegend für nicht anwendbar gehalten (s. dazu § 4 C I 1). Die Probleme, die im Verkäuferkonkurs entstehen, hängen jedoch weniger mit § 17 KO als damit zusammen, daß die hM. den Bedingungsausfall von der Einwirkung auf die obligatorische Seite des Eigentumsvorbehalts abhängig macht (dazu ausführlich § 4 C II u. III).

20 So etwa MünchKomm - Westermann, § 455, Rz. 31; Staudinger - Honsell, § 455, Rz. 29; ders., JuS 1981, 705, 709; Wiethölter, JZ 1961, 693, 694; Raiser, S. 27; Lorenz, FS Serick (1992), 255, 261.

sche Erfassung des Problems kann nicht zugunsten von Einzelfallentscheidungen verzichtet werden.[21]
Daraus ergibt sich, daß der Verkäufer bereits mit der Verschaffung des Anwartschaftsrechts vollständig erfüllt hat, lediglich die Erfüllung durch den Käufer steht noch aus.[22] Daher besteht bereits kein Anspruch auf Eigentumsverschaffung, mit dem das Anwartschaftsrecht in akzessorische Verbindung gebracht werden könnte.
Das Anwartschaftsrecht kann daher allenfalls kausalabhängig, nicht aber akzessorisch sein.[23]

2. *Die Anwartschaft als kausalabhängiges Recht*

a. *Die Auswirkungen der schuldrechtlichen Abhängigkeit der Anwartschaft auf die vom Eigentumsvorbehalt betroffenen Personen*

Für die Parteien des Vorbehaltskaufs spielt es im Ergebnis keine große Rolle, ob das Anwartschaftsrecht kausal ausgestaltet ist oder ob man es als von schuldrechtlichen Einwirkungen unabhängiges Recht ansieht. Wird der schuldrechtliche Vertrag etwa durch Anfechtung vernichtet, fällt nach der ersten Konstruktion die Anwartschaft *ipso iure* weg, so daß der Vindikation des Verkäufers kein Recht zum Besitz mehr entgegen-

21 Krit. auch von Caemmerer, SJZ 1949, 816, 827.

22 Zutr. Liebrecht, KGBl 1905, 13 f.; Flatau, S. 38 ff.; Kress, AS, § 19 1 C b FN 59 (S. 414); Richter, S. 3 ff. (Zusammenfassung S. 13); Lieb, DJZ 1933, Spalte 430, 431; Henke, S. 14; Wieling, SaR I, § 17 II 1 a, III 1 a; Rietschel, NJW 1964, 914; Letzgus, S. 68 ff.; Unger, KTS 1969, 193, 209; Wiethölter, JZ 1961, 693, 694; Pikart, WM 1959, 1234, 1237; von Caemmerer, SJZ 1949, 816, 827 f.; Grimm, S. 50; Schlegelberger - Hefermehl, Anh. § 382, Rz. 156; Georgiades, S. 121 ff. mit 142 ff.; R. W. Müller, JW 1934, 1543.
Aufgrund der Pfandrechtskonzeption auch Berger, S. 170; Hübner, NJW 1980, 729, 734; A. Blomeyer, Studien II, S. 229; Gerhards, S. 79 f.
Teilweise wird dieses Ergebnis damit begründet, es komme beim Eigentumsvorbehalt nicht auf den Leistungserfolg, sondern auf die Leistungshandlung an; vgl. etwa Oertmann, LZ 1927, Spalte 9, 11 ff.; Holtz, S. 31; Freitag, S. 6, 40; Asch, AcP 140 (1935), 183, 186; Enneccerus/ Lehmann, SR, § 118 B III 2 a FN 9 (S. 480); Rühl, 192 ff., 204 ff; ders., ZZP 56 (1931), 154, 167; Michaelsen, S. 13 f.; Guyet, S. 44; Soergel - Mühl, § 455, Rz. 62; unklar Staudinger - Honsell, § 455, Rz. 29, 49, 50; Honsell, JuS 1981, 705, 708 mit 711.
Richtig ist es jedoch, den Leistungserfolg für maßgeblich zu halten. Diesen hat der Verkäufer bereits durch die aufschiebend bedingte Übereignung bewirkt.

23 Gegen die Anwartschaft als akzessorisches Recht auch Gernhuber, FS Baur (1981), S. 31, 35; Stadler, Durchbrechungen, S. 20.

steht; bei einer rechtsgrundunabhängigen Gestaltung findet dagegen eine Rückabwicklung nach Bereicherungsgrundsätzen statt.
Hat der Vorbehaltskäufer jedoch sein Anwartschaftsrecht als Mittel der Kreditsicherung eingesetzt, indem er es nach den §§ 929, 930 auf einen Zweiterwerber übertragen hat, werden durch die kausale Ausgestaltung des Eigentumsvorbehalts sowohl die Interessen des Vorbehaltskäufers als auch die seines Gläubigers berührt: Solange der Kaufpreis nicht gezahlt ist, läuft der Zweiterwerber Gefahr, sein Recht wieder zu verlieren, sei es durch nachträgliche Aufhebung des Vorbehaltskaufs, sei es durch Anfechtung. Auf diese Weise erhält der Zweiterwerber ein Recht, welches zwar im Verhältnis zu seinem Vertragspartner, dem Vorbehaltskäufer, abstrakt ausgestaltet ist, aber an die schuldrechtlichen Entwicklungen des Vorbehaltskaufs gekoppelt ist. Dieses Ergebnis ist um so merkwürdiger, als der Zweiterwerber an der das Anwartschaftsrecht zerstörenden schuldrechtlichen Einwirkung nicht beteiligt ist und demzufolge auch keinen Einfluß darauf hat. Der Zweiterwerber kann den Wegfall seiner dinglichen Position nur verhindern, indem er vor der Einwirkung auf den Kaufvertrag die Bedingung herbeiführt.
Zu berücksichtigen ist auch, daß sich der Anwartschaftserwerber auf die Beseitigung der Vertragswirkungen mittels Anfechtung oder Aufhebung nicht einstellen kann. Das einzige Ereignis, mit dem er nach der Funktion des Eigentumsvorbehalts rechnet, ist die Nichtzahlung durch den Vorbehaltskäufer. Indem die herrschende Meinung das Anwartschaftsrecht kausalabhängig macht, setzt sie den Zweiterwerber schutzlos der Willkür der Parteien des Vorbehaltskaufs aus.
Gegen die beschriebenen Auswirkungen kann sich die Kreditpraxis nur unzureichend sichern, indem sie sich vorab alle schuldrechtlichen Ansprüche des Käufers gegen den Verkäufer abtreten läßt, die sich aus dem Wegfall des Anwartschaftsrechts ergeben. Die schuldrechtliche Abhängigkeit des Anwartschaftsrechts führt daher zu einer Einschränkung der Verwendbarkeit als Kreditsicherungsmittel, was auch den Interessen des Vorbehaltskäufers widerspricht. Mit sinkender Akzeptanz als Mittel der Kreditsicherung leidet zwangsläufig die Verkehrsfähigkeit des Anwartschaftsrechts. Aus diesem Grund gibt es im Schrifttum bereits Überlegungen, die Möglichkeit zur selbständigen Übertragung der Käuferstellung einzuschränken.[24]

24 So etwa Staudinger - Wiegand, Anh. §§ 929 - 931, Rz. 115 ff. Wegen der schuldrechtlichen Schwäche der Anwartschaft und der Schwierigkeiten, die ein verselbständigtes Anwartschaftsrecht bezüglich der Besitzverhältnisse mit sich bringe, sei

Es zeigt sich, daß bereits eine lediglich an den Parteiinteressen orientierte Betrachtungsweise Zweifel an der kausalen Natur des Anwartschaftsrechts aufkommen läßt. Dem verschließt sich auch die herrschende Meinung nicht und unternimmt zunehmend Anstrengungen, das Anwartschaftsrecht von schuldrechtlichen Einwirkungen unabhängig zu machen, ohne allerdings die Geltung dieses Prinzips generell in Frage zu stellen.[25]

b. Vergleich mit dem Eigentum

Das BGB geht von der Abstraktheit der Verfügungsgeschäfte aus, so daß das Erfüllungsgeschäft im allgemeinen auch dann wirksam ist, wenn das Verpflichtungsgeschäft von vornherein nicht besteht oder nachträglich entfällt.[26] Wird bei der unbedingten Übereignung der Kaufvertrag angefochten, steht fest, daß der Kaufpreisanspruch wegen § 142 nicht wirksam entstanden ist. Gleichwohl verliert der Erwerber dadurch nicht sein Eigentum. Die Verfügung ist vielmehr grundsätzlich auch ohne Rechtsgrund wirksam, aber nicht von Bestand. Der Zuwendende kann das vom Zuwendungsempfänger rechtsgrundlos erlangte Eigentum nach Bereicherungsrecht zurückverlangen. Auf diese Weise kommt dem Bereicherungsrecht die Funktion eines schuldrechtlichen Korrektivs für bereits erfolgte Vermögensverschiebungen zu. Anders nur, wenn der Mangel, der dem Kausalgeschäft anhaftet, sich ausnahmsweise auch auf das dingliche Geschäft bezieht (sogenannte Fehleridentität). Dies wird regelmäßig bei § 123 der Fall sein, häufiger auch bei § 119 Abs. 2, bedarf aber immer einer genauen Prüfung und darf nicht schematisch bejaht werden, um das Abstraktionsprinzip nicht zur Farce zu machen.[27]

zumindest für die Sicherungsübereignung davon auszugehen, daß es sich der Sache nach um eine antizipierte Übertragung des Eigentums handele. Vgl. dazu bereits § 2 C IV.

25 Vgl. näher § 4.

26 Vgl. dazu bereits § 2 A I u. dort FN 8.

27 Vgl. dazu Marcuse, Gruchot Bd. 66 (1923), 159, 163 ff.; Schwab/ Prütting, SaR, § 4 II 5; Westermann - Westermann, SaR I, § 4 IV 1, der dieses Ergebnis freilich über § 139 wieder aushebelt; Eichler, SaR I, S. 110; Wieling, SaR I, § 1 III 4 c aa; Staudinger - Seiler, Einl. §§ 854 ff., Rz. 51. Neuerdings spricht sich Stadler (Gestaltungs-freiheit, S. 179) generell gegen eine Anfechtbarkeit des Verfügungsgeschäftes nach § 119 Abs. 2 aus. Bei § 123 bejaht sie die Anfechtbarkeit des Verfügungsgeschäftes bei der arglistigen Täuschung durch den Anfechtungsgegner, unter den Voraussetzungen des § 123 Abs. 2 sowie im Falle einer widerrechtlichen Drohung, vgl. S. 182. Etwas abweichend, aber in der Tendenz ebenfalls zurückhaltend

Der Gesetzgeber ging allgemein von der Überlegenheit dieses auf *Savigny* und dessen Lehre vom dinglichen Vertrag zurückgehenden Prinzips gegenüber der gemeinrechtlichen Lehre vom *titulus* und *modus aquerendi* aus und zog dessen Richtigkeit nicht in Zweifel. Um so erstaunlicher ist die Behauptung, daß es der dinglichen Anwartschaft an der Unabhängigkeit vom Grundgeschäft mangeln soll, insbesondere, da die herrschende Meinung ansonsten durchweg für die Anwendung der für das Eigentum geltenden Regeln auf das Anwartschaftsrecht plädiert. Erklären läßt sich eine solche Abhängigkeit auch nicht mit der Umschreibung, beim Anwartschaftsrecht handele es sich lediglich um ein „wesensgleiches Minus“ des Eigentums. Wenn das Anwartschaftsrecht gerade die für das Eigentum charakteristische Unabhängigkeit vom Kausalgeschäft nicht aufweist, verbietet sich ein Vergleich mit dem Eigentum überhaupt. Auch wenn man das Anwartschaftsrecht wie hier nicht als gemindertes Eigentum, sondern als vom Eigentum verschiedenes dingliches Recht ansieht, müßte eine kausale Gestaltung als Fremdkörper erscheinen, da nach der Konzeption des BGB dingliche Rechte abstrakt ausgestaltet sind.[28]

Wer für den Eigentumsvorbehalt von einer Durchbrechung des Abstraktionsprinzips ausgeht, kann darüber hinaus nicht begründen, warum dem Zweiterwerber, zu dessen Gunsten der Vorbehaltskäufer in der Schwebezeit verfügt hat, bei Einwirkungen auf den Kaufvertrag nicht einmal sein guter Glaube helfen soll, so daß er seine Anwartschaft verliert. Aus Verkehrsschutzgründen müßte ihm doch zumindest die Möglichkeit zum gutgläubigen Erwerb zustehen. Dies wird aber gerade abgelehnt; die „schuldrechtliche Schwäche“ des Anwartschaftsrechts soll vielmehr unabhängig vom guten Glauben des Zweiterwerbers zum Wegfall seines Rechts führen, da sie sich im Verhältnis des Käufers zum Zweiterwerber fortsetze.[29]

bezüglich der Beseitigung des Verfügungsgeschäftes mittels Anfechtung: Lindemann, Durchbrechungen, S. 48 f., 123 f.

28 Das bedeutet nicht, daß die Abstraktheit *schlechthin* Voraussetzung für die Anerkennung als dingliches Recht ist, da nach hM. die Parteien dingliche Rechte in Abhängigkeit von ihrer *causa* bringen können. Verfehlt daher Serick I, S. 246, 285; ders., AcP 166 (1966), 129, 131. Vgl. dazu bereits § 1 A III 2.

29 Vgl. unter D.

c. *Unwirksamkeit des Kaufvertrages bei bedingter Übereignung, aber bereits erfolgter Kaufpreiszahlung*

Wie anfechtbar die herrschende Meinung ist, zeigt sich auch dann, wenn die Parteien ursprünglich eine aufschiebend bedingte Übereignung vorgenommen haben, die Nichtigkeit des Kaufvertrages aber erst *nach* der vollständigen Zahlung des Kaufpreises offenbar wird. Dies kann etwa der Fall sein, wenn der Verkäufer erst nach Eingang der letzten Rate bemerkt, daß er bei Abschluß des Kaufvertrages einem rechtlich relevanten Irrtum unterlegen ist. Wer davon ausgeht, das Anwartschaftsrecht sei Ergebnis einer kausalen Verfügung, müßte die Stellung des Vorbehaltskäufers auch nach der vollständigen Kaufpreiszahlung dadurch weiter für gefährdet halten, daß sich irgendwann die Unwirksamkeit des Kaufvertrages herausstellt. Wegen der *ex-tunc*-Wirkung des § 142 Abs. 1 wäre das Anwartschaftsrecht dann nämlich nicht entstanden und hätte sich folglich auch nicht in Eigentum verwandeln können. Daß eine solche Sichtweise im Widerspruch zum Abstraktionsprinzip steht, leuchtet unmittelbar ein. Daher läßt die herrschende Meinung die kausale Abhängigkeit der Stellung des Vorbehaltskäufers mit Zahlung der letzten Kaufpreisrate enden. Ab diesem Zeitpunkt soll der Käufer Eigentum erlangen, welches sich in keiner Weise von dem bei unbedingter Übereignung unterscheidet.[30] Wie aus dem rechtsgrundabhängigen Anwartschaftsrecht schließlich doch von schuldrechtlichen Einwirkungen unabhängiges Eigentum werden soll, und warum der Bedingungseintritt dafür den entscheidenden zeitlichen Einschnitt bilden soll, bleibt völlig ungeklärt.[31] Wenn die Stellung des Vorbehaltskäufers nur für die Schwebezeit als kausalabhängig angesehen wird, wird die Erlangung rechtsgrundunabhängigen Eigentums zur reinen Zeitfrage. Während der nachträgliche Wegfall der Kaufpreisforderung, etwa infolge einer vom Verkäufer erklärten Anfechtung, den bereits erfolgten Eigentumsübergang nicht hinfällig macht, soll ein Eigentumserwerb nicht mehr möglich sein, wenn sich die Vertragsnichtigkeit *vor* Zahlung der letzten Kaufpreisrate herausstellt. Von solchen Zufälligkeiten kann der Eigentumserwerb des Käufers nicht abhängen.

30 So ausdrücklich Erman (8. Aufl.) - Weitnauer, § 455, Rz. 13; Eder, S. 158 f.; Rinnewitz, 213 f.; Serick I, S. 55; Wilhelm, SaR, Rz. 1289.

31 Krit. zu Recht auch Stoll, ZHR 128 (1966), 239, 242; Marotzke, AcP 186 (1986), 490, 511; Stadler, Gestaltungsfreiheit, S. 292.

Flume, der die Unhaltbarkeit dieses Ergebnisses erkannt hat, schlägt vor, die Zahlung und Entgegennahme des nichtig vereinbarten Kaufpreises nur in bestimmten Fällen als Bedingungseintritt gelten lassen.[32] Danach soll es maßgeblich von der *Kenntnis* der Nichtigkeit abhängen, ob der Vorbehaltskäufer durch Zahlung des vereinbarten Kaufpreises eine von schuldrechtlichen Einwirkungen nicht mehr zu beeinträchtigende Position erlangen kann. Das Eigentum gehe bei Nichtigkeit des Kaufvertrages nur dann auf den Vorbehaltskäufer über, wenn dieser zahle und beiden Parteien die Nichtigkeit des Kaufvertrages unbekannt sei, da ansonsten das Abstraktionsprinzip durchbrochen würde. Wüßten dagegen beide Kaufvertragsparteien um die Nichtigkeit des Kaufvertrages, könne die Bedingung nicht eintreten; es komme lediglich eine erneute Übertragung des Eigentums in Betracht. Eine weitere Unterscheidung trifft *Flume* für den Fall, daß nur einer Kaufvertragspartei die Nichtigkeit zur Kenntnis gelangt ist. Habe nur der Verkäufer Kenntnis von der Nichtigkeit, plädiert er dafür, die Bedingung eintreten zu lassen. Demgegenüber scheide der Eigentumsübergang aus, wenn nur der Vorbehaltskäufer von der Nichtigkeit wisse.
Die Kenntnis der Nichtigkeit kann jedoch keinen Einfluß auf die Möglichkeit des Bedingungseintritts haben. Die aus der Kausalabhängigkeit resultierenden Folgen lassen sich nicht mit Hilfe von Schutzwürdigkeitserwägungen korrigieren. Es handelt es sich hier nicht um eine Art gutgläubigen Erwerb, sondern um die Frage der Abhängigkeit einer dinglichen Position von ihrer schuldrechtlichen Grundlage.[33]

d. Kausale Abhängigkeit des Anwartschaftsrechts und Sicherungsfunktion des Eigentumsvorbehalts

Bislang hat sich eine Erklärung dafür, warum die Anwartschaft kausal durch das Entstehen und Bestehenbleiben des Kaufvertrages bedingt sein soll, nicht finden lassen. Vielmehr spricht alles dafür, das Anwartschaftsrecht aus Vorbehaltskauf nicht anders zu behandeln, als dies für das Eigentum und für alle dinglichen Rechte anerkannt ist. Aufgrund des eindeutigen Bekenntnisses des Gesetzgebers zum Abstraktionsprinzip könnte für den Eigentumsvorbehalt von einer kausalen Verfügung nur

32 Flume, AcP 161 (1962), 385, 388 f.; ders., AT II, § 42, 2; ihm folgend Rinnewitz, S. 213; ähnlich Schlegelberger - Hefermehl, Anh. § 382, Rz. 25.

33 Gegen Flume zu Recht auch Marotzke, AcP 186 (1986), 490, 511 FN 73, allerdings ohne Begründung.

dann ausgegangen werden, wenn dies durch die besondere Eigenart des Vorbehaltskaufs gerechtfertigt wäre. Verlangten die berechtigten Sicherungsinteressen des Verkäufers eine Verbindung der Anwartschaft mit dem Kaufvertrag, wäre in der Tat zu überlegen, ob für den Eigentumsvorbehalt von einer Einschränkung des Abstraktionsprinzips ausgegangen werden muß.

Zweck des Eigentumsvorbehalts ist es jedoch, den Vorbehaltsverkäufer, der durch die aufschiebend bedingte Übereignung eine Vorleistung erbracht hat, gegen das Ausbleiben der Kaufpreiszahlung zu sichern. Mit dem vorbehaltenen Eigentum wird hingegen nicht die Intention verfolgt, dem Veräußerer eine Sicherung gegen die Unwirksamkeit des Kaufvertrages zu verschaffen. Bei Unwirksamkeit des schuldrechtlichen Vertrages ist eine dingliche Absicherung des Vorbehaltsverkäufers nicht erforderlich; es genügen vielmehr die Mittel, die das Bereicherungsrecht für die Rückabwicklung zur Verfügung stellt. An der rechtlichen Situation des Vorbehaltsverkäufers sind keine Besonderheiten erkennbar, die zu seinen Gunsten abweichend vom Normalfall der unbedingten Übereignung die Einführung des Kausalprinzips erforderten. Es kann daher nicht davon ausgegangen werden, der Regelung des Eigentumsvorbehalts liege ein kausaler dinglicher Übereignungsvertrag zugrunde. Der Vorbehaltskäufer müßte demzufolge auch bei unwirksamem Kaufvertrag eine Anwartschaft erlangen.

3. Begründung der schuldrechtlichen Abhängigkeit der Anwartschaft über die Bedingung

Eine Abhängigkeit der Stellung des Vorbehaltskäufers von der Wirksamkeit des Kaufvertrages kann sich allenfalls noch aus der Fassung der Bedingung ergeben.

a. Keine gültige Bedingung bei unwirksamem Kaufvertrag

Man könnte argumentieren, es sei überhaupt keine gültige Bedingung vereinbart, wenn der Kaufvertrag nicht wirksam zustande gekommen ist. Dann müßte aber der Kaufvertrag selbst unter einer Bedingung stehen. Eine solche Konstruktion wurde teilweise im gemeinen Recht als für den Eigentumsvorbehalt maßgeblich angesehen.[34] In Anbetracht der Bestim-

34 Vgl. dazu B II 2 c.

mung des § 455 ist dies aber nicht mehr haltbar, da darin unzweifelhaft zum Ausdruck kommt, daß die Bedingung auf die dingliche Seite des Eigentumsvorbehalts Bezug nimmt.[35] Im Übereignungsvertrag ist die Bedingung in allen Einzelheiten enthalten. Dort sind Höhe und Anzahl der zu zahlenden Raten festgelegt. Der Eigentumsvorbehalt betrifft folglich nur den Übereignungsvertrag und läßt den obligatorischen Vertrag völlig unberührt. Das Gesetz macht sich hier das Trennungsprinzip zunutze.[36] Da aber die Anerkennung des Trennungsprinzips Voraussetzung für das Abstraktionsprinzip ist und der Gesetzgeber sich ausdrücklich auch dazu bekannt hat, spricht gerade die Tatsache, daß der Kaufvertrag perfekt und die Bedingung Teil des Übereignungsvertrages ist, dafür, diese vom Kaufvertrag unabhängig zu machen.[37]

b. Bedingung als Zahlung des wirksam vereinbarten Kaufpreises

Eine Verbindung zwischen Kaufvertrag und Anwartschaftsrecht könnte eventuell konstruiert werden, indem man mit der oben erwähnten Lite-

35 Heute wird von niemandem mehr bezweifelt, daß die Bedingung der dinglichen Einigung beigegeben ist; vgl. nur Jaffé, S. 7, 41; Stern, S. 18 f.; Behrens, S. 7, 20; Pudor, S. 33; MünchKomm - Westermann, § 455, Rz. 6.

36 Da im französischen Rechtskreis das Eigentum bereits mit Abschluß des Kaufvertrages auf den Käufer übergeht, mithin das Trennungsprinzip unbekannt ist, bereitete die Anerkennung des Eigentumsvorbehalts dort einige Schwierigkeiten. Zunächst wurde davon ausgegangen, der Kaufvertrag selbst sei suspensiv bedingt. Diese Meinung konnte sich angesichts der Tatsache, daß es wenig interessengerecht erscheint, den Käufer auf eine noch nicht entstandene Kaufpreisverpflichtung leisten zu lassen, dauerhaft aber nicht durchsetzen. Ein anderer Vorschlag ging dahin, man solle den Kaufvertrag als auflösend bedingt ansehen. Der *Cour de Cassation* entschied jedoch, nach dem Wortlaut der Vorbehaltsklausel verbleibe dem Verkäufer das Eigentum bis zur vollständigen Kaufpreiszahlung. Daher wird der Eigentumsvorbehalt trotz der Geltung des Konsensprinzips heute überwiegend als Bedingtheit des Eigentumserwerbs eingeordnet, vgl. dazu Stadler, Durchbrechungen, S. 278 ff. mwN. In Einklang mit der Tatsache, daß der *Code civil* vom Eigentumsübergang durch bloßen Schuldvertrag ausgeht, läßt sich diese Lösung jedoch nicht bringen. Daher wird teilweise vertreten, der Übergang des Eigentums beruhe auf einem *„interprétatif de la volonté des parties“*. Der Eigentumsvorbehalt läßt sich dann so konstruieren, daß die Parteien eine von der Vermutung der Einigung über den Eigentumsübergang abweichende Vereinbarung treffen. Vgl. dazu von Caemmerer, RabelsZ Bd. 12 (1938), 675, 695; Wieling, SaR I, § 1 III 1 d aa.

37 Gerade umgekehrt argumentiert Schwerdtner, Jura 1980, 661, 663: *Weil* der Kaufvertrag unbedingt ist, soll das Anwartschaftsrecht vom Bestand der Kaufpreisforderung abhängig sein.

raturmeinung[38] die Bedingung beim Eigentumsvorbehalt dahingehend formuliert, daß der Käufer durch die Zahlung einen *wirksam* entstandenen und weiter fortbestehenden Kaufpreisanspruch tilgen muß. Daß dies nicht die einzig mögliche Interpretation der Bedingung ist, wird meist überhaupt nicht erwähnt. Soweit überhaupt der Versuch einer Begründung unternommen wird, warum die Bedingung in dieser Weise auszulegen sei, wird dazu der Wortlaut des § 455 herangezogen. Wenn § 455 von der Zahlung des Kaufpreises spreche, sei damit selbstverständlich der Kaufpreisanspruch aus einem *wirksam* zustande gekommenen Kaufvertrag gemeint, da es ohne Kaufvertrag auch keinen Kaufpreis geben könne.[39]

Für eine derartige Auslegung enthält § 455 jedoch keinen Anhaltspunkt, da die Vorschrift zum Fall der Unwirksamkeit des Kaufvertrages gar keine Aussage trifft. In § 455 ist nur davon die Rede, daß die Übertragung des Eigentums im Zweifel unter der aufschiebenden Bedingung der Kaufpreiszahlung erfolgt. Diese Formulierung läßt den Schluß nicht zu, es werde auf einen wirksamen Kaufpreisanspruch Bezug genommen.[40] § 929 macht den Erwerb des Eigentums weder von einem wirksamen Kaufvertrag noch überhaupt von der Kaufpreiszahlung abhängig. Dies wird beim Eigentumsvorbehalt durch die der Übereignung hinzugefügte Bedingung nur insoweit modifiziert, als der Eigentumserwerb von der Kaufpreiszahlung abhängig gemacht wird. Das erfordert jedoch nicht, auch die *Wirksamkeit* der Kaufpreisforderung mit in die Bedingung aufzunehmen.

Durch die Annahme, der Käufer müsse einen wirksam entstandenen Kaufpreisanspruch tilgen, wird die dingliche Anwartschaft im Ergebnis zum kausalabhängigen Recht. Es ist nämlich unerheblich, ob die Verknüpfung zwischen schuldrechtlicher und dinglicher Ebene über die Bedingung konstruiert wird, oder ob man diese Abhängigkeit mit *Serick* sogleich mit dem Begriff der „kausalen Verfügung" kennzeichnet. In beiden Fällen wird der Eigentumsübergang kumulativ vom Vorhandensein von Kaufvertrag, dinglicher Einigung, Übergabe und Kaufpreiszahlung abhängig gemacht. Die vielfach an *Serick* geübte Kritik ist daher eher terminologischer denn inhaltlicher Natur.[41] Nicht umsonst wird vielfach

38 S. unter I 2.

39 So etwa Flume, AT II, § 42, 2; Gernhuber, FS Baur (1981), S. 31, 36 FN 11; Bülow, Kreditsicherheiten, Rz. 681; K. Müller, SaR, Rz. 2454.

40 So auch Marotzke, AcP 186 (1986), 490, 510 u. FN 70 f.

41 Zutr. Wieling, SaR I, § 17 II 2 a FN 29.

sowohl die mangelnde Abstraktheit gegenüber dem Grundgeschäft als auch die Bedingtheit der Verfügung herangezogen, um die schuldrechtliche Abhängigkeit der Anwartschaft zu begründen.[42]

Legt man das Abstraktionsprinzip zugrunde, kann die Bedingung nur den Inhalt haben, daß der Eigentumserwerb des Vorbehaltskäufers unabhängig von der Wirksamkeit des Kausalgeschäfts mit der Zahlung der als Kaufpreis vereinbarten Geldsumme erfolgt.[43]

Auch vom Zweck des Eigentumsvorbehaltes her erscheint es nicht geboten, die Bedingung in § 455 in dem von der herrschenden Meinung angenommenen Sinn zu interpretieren; denn das anzuerkennende Bedürfnis des Verkäufers, sich gegen die Nichtzahlung durch den Käufer abzusichern, wird auch erreicht, wenn der Eigentumsübergang abstrakt von der Zahlung des als Kaufpreis vereinbarten Geldbetrages abhängig gemacht wird. Wer die Möglichkeit der Herbeiführung der Bedingung an die Wirksamkeit des Kaufvertrages bindet, sichert den Verkäufer über das notwendige Maß hinaus und verschiebt damit das Interessengleichgewicht zwischen den Parteien zugunsten des Verkäufers, ohne daß dafür eine Notwendigkeit bestünde. Nicht die *Wirksamkeit* des Kaufvertrages, sondern die *Erfüllung* der Verpflichtung aus demselben ist beim Eigentumsvorbehalt ungewiß.

Ehmann ist jedoch der Ansicht, der Zweifel sei gar keine notwendige Voraussetzung der Vereinbarung einer Bedingung, sondern lediglich ein Erfahrungssatz.[44] Dies mag zutreffen, obwohl vernünftigerweise niemand die Wirkungen eines Rechtsgeschäfts vom Eintritt einer Bedingung abhängig machen wird, wenn er den Bedingungseintritt ohnehin für sicher hält. Indem *Ehmann* jedoch gerade den Eigentumsvorbehalt als Beispiel für einen Fall anführt, in dem der Eigentumsübergang vom Bestehen der Kaufpreisforderung abhängig ist, obwohl diesbezügliche Zweifel nicht

42 So etwa bei J. F. Baur, ESJ, Anm. zu Fall 24 a (S. 144); J. Uhlenbruck, S. 56 f.; Kollhosser, JZ 1985, 370, 376.

43 Auch in der Literatur gibt es Ansätze, die Bedingung nicht mehr an die wirksam entstandene Kaufpreisschuld zu binden; vgl. Marotzke, AcP 186 (1986), 490, 510 ff., anders noch in seiner 1977 erschienenen Schrift, vgl. dort S. 38 ff.; Stoll, ZHR 139 (1966), 239, 241 f.; Wieling, SaR I, § 17 II 2 a; Stadler, Durchbrechungen, S. 85; Eder, S. 158 ff., der allerdings der Auffassung ist, eine derartige Interpretation der Bedingung sei zwar möglich, werde von den Parteien idR. aber nicht als maßgeblich angesehen; unklar Erman (8. Aufl.) - Weitnauer, § 455, Rz. 13; Wilhelm, SaR, Rz. 1289.

Eine Befassung mit der Frage, wie die Bedingung in § 455 zu formulieren ist und wann der Ausfall der Bedingung erfolgt, wird jedoch versäumt.

44 Ehmann, Gesamtschuld, S. 180.

bestehen, geht er von einem vorgefaßten Inhalt der Regelung des § 455 aus.

Aus beiden Gesichtspunkten, der abstrakten Gestaltung der Verfügungsgeschäfte und der mit dem Eigentumsvorbehalt verfolgten Intention, ergibt sich demnach, daß der Eigentumsübergang unabhängig davon möglich ist, ob der Kaufpreisanspruch wirksam entstanden ist. Auch bei unwirksam zustande gekommenem oder angefochtenem Kaufvertrag ist der Eigentumserwerb durch Zahlung des in der dinglichen Einigung als Kaufpreis vereinbarten Geldbetrages möglich.

Daraus ergibt sich umgekehrt, daß der Bedingungsausfall nur mit der Nichtzahlung des Kaufpreises, nicht aber mit der Wirksamkeit des Kaufvertrages zusammenhängen kann.[45] Damit knüpft die Bedingung in § 455 an ein ungewisses zukünftiges Ereignis an, dessen Eintritt allein vom Willen des Käufers abhängig ist. Durch eine solche „echte" Bedingung wird das Abstraktionsprinzip in keiner Weise durchbrochen oder eingeschränkt, da sie gerade nicht auf die Gültigkeit des Kausalgeschäftes abzielt.

c. Bedingungszusammenhang kraft Parteiabrede

Nach den bisherigen Untersuchungen hat sich ein stichhaltiges Argument dafür, daß beim Eigentumsvorbehalt die dingliche Einigung und das daraus hervorgehende Anwartschaftsrecht kausal mit dem Kaufvertrag verbunden sind, nicht finden lassen. Obwohl von Gesetzes wegen nicht die Tilgung eines wirksam entstandenen Kaufpreisanspruchs zur Bedingung für den Eigentumsübergang erhoben ist, wäre denkbar, daß die Parteien diese Interpretation der Bedingung regelmäßig für maßgeblich ansehen und auf diese Weise ein kausalabhängiges Anwartschaftsrecht schaffen.[46] Eine solche Vereinbarung wird überwiegend für zulässig und damit das Abstraktionsprinzip für grundsätzlich abdingbar gehalten.[47] Dies wird allerdings vereinzelt mit Rücksicht auf die Definition der Bedingung bestritten.[48] Daran ist zutreffend, daß von einer „echten" Bedingung nur

45 Näher zum Bedingungsausfall unter B II 3.

46 So wohl Eder, S. 171, 182.

47 Dies entspricht der ganz hM. Lediglich bei bedingungsfeindlichen Geschäften soll es den Parteien verwehrt sein, das Verfügungsgeschäft in Abhängigkeit vom Kausalgeschäft zu bringen, § 925 Abs. 2. Vgl. dazu Lindemann, Durchbrechungen, S. 55 ff.; Westermann - Westermann, SaR I, § 4 IV 2; Wieling, SaR I, § 1 III 4 c bb.

48 So etwa Stadler, Gestaltungsfreiheit, S. 89; MünchKomm - Wacke, § 873, Rz. 24; in der Tendenz ebenfalls abl. Breyhan, Abstrakte Übereignung und Parteiwille in der

dann gesprochen werden kann, wenn die Rechtswirkungen eines Geschäftes durch Parteivereinbarung vom Eintritt eines zukünftigen, *objektiv* noch ungewissen Ereignisses abhängig gemacht werden.[49] Die *Wirksamkeit* des Grundgeschäfts ist aber kein objektiv ungewisses Ereignis, sondern vielmehr zu jedem Zeitpunkt eindeutig juristisch feststellbar. Dennoch stellen Rechtsprechung und herrschende Lehre zu Recht die nur *subjektiv* gegebene Ungewißheit als „uneigentliche" Bedingung dem objektiv ungewissen Ereignis gleich und halten insoweit die §§ 158 ff. für analog anwendbar.[50]

Zwar läßt sich nicht leugnen, daß durch die Zulassung einer „uneigentlichen" Bedingung der durch das Abstraktionsprinzip bezweckte Verkehrsschutz tangiert werden kann. Im Spannungsfeld zwischen Abstraktionsgrundsatz und Vertragsfreiheit sollte letzterer jedoch dann der Vorrang eingeräumt werden, wenn die Bedingung ausdrücklich vereinbart wurde; denn durch die offen zutage tretende Erklärung in Verbindung mit der außerdem bestehenden Möglichkeit eines gutgläubigen Erwerbs bleibt der Verkehr weitgehend geschützt. Insofern stünde einer ausdrücklichen Vereinbarung, durch die die Übereignung unter der Bedingung der Wirksamkeit des Kausalgeschäftes vorgenommen wird, nichts entgegen. Ein solcher Bedingungszusammenhang wird allerdings kaum praktisch werden, da sich die Parteien beim Eigentumsvorbehalt über die Rechtsgültigkeit des Vertrages keine Gedanken machen und daher auch keine diesbezügliche Vereinbarung treffen werden.

In Betracht käme demzufolge nur eine stillschweigende Bedingungsabrede, wobei damit die Frage aufgeworfen ist, unter welchen Voraussetzungen von einer solchen ausgegangen werden kann. Die Literatur ist teilweise recht großzügig bei der Annahme eines konkludenten Parteiwillens. So soll bei engem zeitlichen Zusammenhang zwischen Verpflichtungs- und Verfügungsgeschäft generell zu vermuten sein, die Parteien wollten den Eigentumsübergang nur, wenn das Verpflichtungsgeschäft wirksam zustande komme.[51]

Rechtsprechung, S. 76 ff.; Schlüter, JuS 1969, 10, 13 (letzterer ausdrücklich jedoch nur für § 139).

49 S. dazu Breyhan, Abstrakte Übereignung und Parteiwille in der Rechtsprechung, S. 45 f.; Stadler, Gestaltungsfreiheit, S. 82.

50 So etwa Westermann - Westermann, SaR I, § 4 IV 2; Lindemann, Durchbrechungen, S. 57.

51 Wiegand, AcP 190 (1990), 112, 134 f.; MünchKomm - Quack, Einl. Sachenrecht, Rz. 40; RGRK - Pikart, § 929, Rz. 13; Palandt - Heinrichs, Überbl. vor § 104, Rz. 24; anscheinend auch Peters, Jura 1986, 449, 451; RGZ 57, 95, 95.

Dadurch würde die gesetzgeberische Entscheidung für das Abstraktionsprinzip jedoch entwertet. Daher darf den Parteien ein solcher Wille nicht unterstellt werden. Ein stillschweigender Bedingungszusammenhang kann nur dann in Betracht gezogen werden, wenn konkrete Zweifel am Zustandekommen des Kausalgeschäftes bestehen und den Parteien dies bewußt ist.[52, 53] Gerechtfertigt ist auch eine Ausdehnung auf die Fälle, in denen das *wirksame* Zustandekommen des Kausalgeschäftes un-

52 Zutr. Breyhan, Abstrakte Übereignung und Parteiwille in der Rechtsprechung, S. 57 ff.; Marcuse, Gruchot Bd. 66 (1923), 159 ff., 162; Stadler, Durchbrechungen, S. 86 ff.; Staudinger - Seiler, Einl. §§ 854 ff., Rz. 52; Staudinger - Wiegand, § 929, Rz. 30 ff.; Wieling, SaR I, § 1 III 4 c bb; Soergel - Hefermehl, § 139, Rz. 20; Jauernig, JuS 1994, 721, 723; Lindemann, Durchbrechungen, S. 60 f.; Westermann - Westermann, SaR I, § 4 IV 2, der dieses Ergebnis freilich durch die äußerst großzügige Annahme einer Einheit von Grund- und Erfüllungsgeschäft iSv. § 139 wieder aufhebt.
Eine stillschweigende Bedingung kann etwa dann in Frage kommen, wenn es um die Zusendung unbestellter Waren geht oder dann, wenn das Verfügungsgeschäft vor dem Verpflichtungsgeschäft abgeschlossen wird. Im letzteren Fall könnte der Empfänger ansonsten die Annahme des Kaufvertrages ablehnen.

53 Auf Ablehnung müssen auch die teilweise unternommenen Bestrebungen, Kausalgeschäft und dinglichen Vertrag als Einheit im Sinne von § 139 zu behandeln, stoßen (so u.a. bei Westermann - Westermann, SaR I, § 4 IV 3; Heck, SaR, § 30, 8; Wolff/ Raiser, § 38 II 4; Enneccerus/ Nipperdey, AT II, § 202 IV 1 FN 38; Eisenhardt, JZ 1991, 271, 277; MünchKomm - Mayer-Maly, § 139, Rz. 16; BGH NJW 1967, 1130: Einheit zwischen Erbteilskauf und Erbteilsübertragung; BAG NJW 1967, 751: Einheit zwischen Grundgeschäft und Abtretung).
Zwar geht die hM. heute zu Recht davon aus, daß § 139 auch dann anwendbar ist, wenn zwar mehrere rechtlich selbständige Geschäfte vorliegen, diese aber wirtschaftlich gesehen eine Einheit bilden. Da ein Einheitlichkeitswille in der Regel kaum ausdrücklich erklärt wird, käme auch hier nur eine dahingehende stillschweigende Vereinbarung in Betracht. Die Annahme einer solchen brächte jedoch mit sich, daß dem dinglichen Vertrag für den Regelfall seine abstrakte Natur genommen würde. Nur wenn ausnahmsweise ein abweichender Parteiwille feststellbar wäre, wirkte sich die Unwirksamkeit des Kausalgeschäftes nicht auf das dingliche Geschäft aus. Damit würde die gesetzlich gewollte Regelung gerade umgekehrt und das Abstraktionsprinzip letztlich aufgegeben. Für die Anwendung des § 139 bleibt daher nur in den Fällen Raum, in denen auch ein stillschweigender Bedingungszusammenhang zu befürworten ist. Zutr. Goldmann, Gruchot Bd. 56 (1912), 161 ff.; Marcuse, Gruchot Bd. 66 (1923), 159, 161; Breyhan, Abstrakte Übereignung und Parteiwille in der Rechtsprechung, S. 81 ff., 102 ff.; Schlüter, JuS 1969, 11 ff.; Peters, Jura 1986, 449, 457; Jauernig, JuS 1994, 721, 724; Schwab/ Prütting, SaR, § 4 II 3; Flume, AT II, § 12 III 4; Larenz/ Wolf, AT, § 45, Rz. 11; Baur/ Stürner, SaR, § 5 IV 3 c; Wieling, SaR I, § 1 III 4 c cc; Stadler, Gestaltungsfreiheit, S. 94; aus der Rspr. BayObLG DRpfl 1969, 48. Die Entscheidung ist jedoch nicht allgemein aussagekräftig, da sie sich nur auf das Verhältnis zwischen Kaufvertrag und Auflassung bezieht.

gewiß ist.[54] Beim Eigentumsvorbehalt ist aber weder das Zustandekommen noch die Wirksamkeit des Kaufvertrages zweifelhaft. Vielmehr setzen die Parteien beide Aspekte voraus. Insofern besteht kein Unterschied zum Kaufvertrag ohne Eigentumsvorbehalt. Der Verkäufer vereinbart lediglich deshalb einen Eigentumsvorbehalt, um eine Sicherung für seine Gegenleistung zu erhalten. Die Übereignung ist daher allein durch die Zahlung bedingt.

Zudem könnte durch die Annahme eines konkludenten Bedingungszusammenhangs auch nur die *Wirksamkeit* des Grundgeschäftes zur Bedingung für den Bestand des Verfügungsgeschäftes erhoben werden. Damit wäre eine Klärung hinsichtlich des automatischen Wegfalls der Anwartschaft bei Rücktritt oder Anfechtung immer noch nicht erreicht. Nach zutreffender Ansicht kann das Verfügungsgeschäft durch die Konstruktion einer stillschweigenden Bedingung nämlich nicht vom *künftigen* Bestand des gültig zustande gekommenen Kausalgeschäftes abhängig gemacht werden; andernfalls könnte das Abstraktionsprinz beim Rücktrittsvorbehalt oder bei der Sicherungsübereignung regelmäßig ausgeschaltet werden.[55, 56]

Die Abhängigkeit des Anwartschaftsrechts vom Kausalgeschäft ist daher auch nicht über einen stillschweigenden Bedingungszusammenhang zu erreichen.

54 So zutr. Wieling, SaR I, § 1 III 4 c bb; Westermann - Westermann, SaR I, § 4 IV 2.

55 Zutr. Wieling, SaR I, § 1 III 4 c bb; Westermann - Westermann, SaR I, § 4 IV 2; etwas abweichend, da von einem anderen Ausgangspunkt ausgehend: Stadler, Gestaltungsfreiheit, S. 90 f.: Stadler lehnt die Anwendung der §§ 158 ff. auf die „uneigentlichen" Bedingungen grundsätzlich ab (vgl. oben FN 48). Gehe es jedoch um den *nachträglichen* Wegfall des Kausalgeschäftes, liege eine „echte" Bedingung vor, da das die Unwirksamkeit auslösende Ereignis bei Vornahme der Verfügung ungewiß sei. Im Gegensatz zur uneigentlichen Bedingung sei daher eine ausdrückliche Vereinbarung zulässig. Was die stillschweigende Annahme einer „echten" Bedingung angehe, müßten zumindest strenge Anforderungen an dieselbe gestellt werden. Da die Parteien aber in der Regel eine ausdrückliche Regelung träfen, wenn ihnen die Möglichkeit des künftigen Wegfalls des Kausalgeschäftes bewußt sei, werde die stillschweigende Bedingung kaum relevant.

56 Bei der Sicherungsübereignung wird den Parteien freilich vielfach eine auflösende Bedingung unterstellt, so daß die dingliche Wirkung automatisch wegfällt, wenn der Sicherungsvertrag unwirksam ist oder der Sicherungszweck entfällt. So insbesondere Serick III, S. 391 ff.; Raiser, S. 18; Schapp, SaR, Rz. 250 FN 66; Henke, S. 42 ff.; BGH NJW 1982, 775. Zutr. dagegen Bülow, Kreditsicherheiten, Rz. 1002 u. FN 117; H. P. Westermann, SaR, Rz. 151; Gerhardt, MobiliarSaR, S. 146; Flume, AT II, § 40, 2 d; BGH WM 1984, 357.

4. *Kein absolutes verdinglichtes Recht bei unwirksamem Kaufvertrag*

Zu klären ist noch, ob der Vorbehaltskäufer nur bei wirksam zustandegekommenem Kaufvertrag eine Anwartschaft als *absolutes* verdinglichtes Recht erhält, wie dies von *Wieling* befürwortet wird. Bei ursprünglicher Unwirksamkeit des Kaufvertrages werde lediglich ein *relatives* verdinglichtes Recht begründet, welches gegenüber dem Verkäufer zurücktreten müsse. Prämisse für die Verdinglichung eines obligatorischen Rechts sei nämlich, daß überhaupt ein obligatorisches Besitzrecht zur Entstehung gelange.[57]

Für das verdinglichte Recht des Vorbehaltskäufers gelte abweichend von den sonstigen verdinglichten Rechten der Fremdbesitzer zudem die Besonderheit, daß es auch *nach* seiner Entstehung weiter vom Kaufvertrag abhängig sei, da der Verkäufer ansonsten rechtlos gestellt werde.[58] Dies bedeute, daß das Anwartschaftsrecht als *absolutes* verdinglichtes Recht erlösche, wenn der Verkäufer den Kaufvertrag anfechte oder im Falle des Zahlungsverzugs des Käufers vom Vertrag zurücktrete.

Den Erwägungen *Wielings* kann nicht entgegengehalten werden, daß dingliche Rechte immer absoluter Natur seien, mithin gegenüber jedermann wirkten. Diese vielfach vertretene Ansicht[59] läßt sich ohne Einschränkungen nämlich nicht aufrechterhalten. Die Wirkung gegenüber jedermann ist zwar regelmäßig, aber nicht notwendigerweise mit einem dinglichen Recht verbunden. Dies verdeutlicht das Beispiel des Ersitzungsbesitzes. Indem bereits die erste Kommission in § 945 E 1 die *actio publiciana* des römischen und gemeinen Rechts übernahm, hat sie den Ersitzungsbesitz als dingliches Recht anerkannt.[60] Im Gegensatz zum Eigentum handelt es sich hierbei jedoch um ein *relatives* dingliches Recht, welches keinen Schutz gegen den Inhaber eines absoluten dinglichen

57 Wieling, SaR I, § 17 II 2 a mit § 13 III 1; grundsätzlich auch P. Koch, S. 86. Nach P. Koch gilt dies für das Anwartschaftsrecht des Vorbehaltskäufers jedoch nicht, da es dem Eigentum wesensverwandt sei, vgl. S. 99.

58 Wieling, SaR I, § 17 V b.

59 So etwa Staudinger - Seiler, Einl. §§ 854 ff., Rz. 18, 24; Nauenberg, S. 13; Larenz/Wolf, AT, § 15, Rz. 5; Larenz, AT, § 13 III (S. 230 f.). Soweit Larenz eine gewisse Verdinglichung obligatorischer Rechte anerkennt (Bsp.: Sicherung einer Forderung auf Einräumung oder Aufhebung eines dinglichen Rechts an einem Grundstück mittels Vormerkung), soll es sich immer um relative dingliche Rechte handeln. Da Larenz das Anwartschaftsrecht des Vorbehaltskäufers nicht als verdinglichtes Recht ansieht, geht er von dessen absoluten Charakter aus.

60 Vgl. § 2 A III 2 a mit 3 a bb.

Rechts gewährt. Dies bringt auch die Formulierung des § 1007 Abs. 2 S. 1 zum Ausdruck („... es sei denn, daß dieser Eigentümer der Sache ist....“).[61] Daraus geht deutlich hervor, daß Relativität und Dinglichkeit durchaus keine gegensätzlichen Begriffe sind.

Von der Relativität eines dinglichen Rechts läßt sich aber nur dann sprechen, wenn das Recht - wie beim Ersitzungsbesitz - von vornherein nur mit relativem Inhalt zur Entstehung gelangt. Im Gegensatz zum Ersitzungsbesitz sind die verdinglichten Rechte der Fremdbesitzer aber absoluter Natur.[62] So wirkt etwa das verdinglichte Besitzrecht des Mieters auch gegenüber dem Vermieter, der ihm als Eigentümer die Sache vermietet hat.

Auch werden die verdinglichten Rechte der Fremdbesitzer nach der Art absoluter dinglicher Rechte an beweglichen Sachen begründet und übertragen, sofern - wie beim Anwartschaftsrecht - ausnahmsweise die Übertragbarkeit anzuerkennen ist.[63] Es gibt keinen Grund, die verdinglichten Rechte der Fremdbesitzer in Abweichung zu sonstigen dinglichen Rechten bei unwirksamem schuldrechtlichem Vertrag nur als relatives Recht zur Entstehung gelangen zu lassen. Die Annahme, bei unwirksamem Kaufvertrag werde nur ein relatives verdinglichtes Recht begründet, führte im Verhältnis zum Verkäufereigentümer im Ergebnis zu einer kausalen Verbindung von schuldrechtlichem Vertrag und verdinglichtem Recht. Ein kausales verdinglichtes Recht wird von *Wieling* an anderer Stelle jedoch zu Recht als dem Abstraktionsprinzip widersprechend abgelehnt: So nimmt er für den Fall des Erlöschens des Schuldverhältnisses an, daß das verdinglichte Recht bestehen bleibt und gegenüber dem Besteller lediglich durch Abwicklungsansprüche beseitigt wird.[64]

Auch beim Eigentumsvorbehalt bezweifelt *Wieling* mit Rücksicht auf das Abstraktionsprinzip, ob der Eintritt der Bedingung einen wirksamen

61 Vgl. dazu ausführlich Wieling, SaR I, § 12 IX 2 a, § 12 IX 6 a; P. Koch, S. 70 ff.

62 Wieling, SaR I, § 13 II pr.; P. Koch, S. 86. Trotz dieses Unterschieds zum dinglichen Recht des Ersitzungsbesitzers bezeichnet P. Koch das Recht des Fremdbesitzers als „*eingeschänkt*-absolut-dingliches Recht“, was m.E. ein terminologischer Widerspruch ist.
Die Rechte der Fremdbesitzer wurden auch im preußischen Recht, dessen Regelung die 2. Kommission in § 1007 übernahm, als absolute Rechte angesehen, vgl. § 169 I 7 ALR: „Der unvollständige Besitzer ist, solange sein Besitzrecht dauert, keinem anderen, selbst nicht dem vollständigen Besitzer oder dem Eigenthümer, zu weichen schuldig“. § 170 I 7 ALR: „In eben dem Maaße ist er auch auf Wiederherstellung seines Besitzes gegen jeden anzutragen berechtigt“.

63 S. § 2 C I.

64 Wieling, SaR I, § 13 II 4.

Kaufvertrag voraussetzt.[65] Die Aussage, bei unwirksamem Kaufvertrag entstehe ein gegenüber dem Eigentümer nicht wirkendes Recht, ist damit nicht in Einklang zu bringen; denn mangels Wirksamkeit gegenüber dem Eigentümer hätte der Vorbehaltskäufer keine Möglichkeit mehr, die Bedingung herbeizuführen. Wenn die Bedingung nicht auf einen wirksam entstandenen Kaufpreisanspruch Bezug nimmt, kann das Recht des Vorbehaltskäufers unabhängig von der Wirksamkeit des Kaufvertrags nur absoluter Natur sein.

Letztlich muß auch der Ansicht, das verdinglichte Recht des Vorbehaltsverkäufers sei im Gegensatz zu den anderen verdinglichten Rechten auch *nach* seiner Entstehung weiter mit dem Schicksal des schuldrechtlichen Vertrages verbunden, widersprochen werden. Zwar ist *Wieling* darin zuzustimmen, daß die Unabhängigkeit des Anwartschaftsrechts überdacht werden müßte, sofern dadurch die Sicherheit des Verkäufers Schaden nähme. Da der Eigentumsvorbehalt aber nicht vor dem Risiko der Unwirksamkeit des Kaufvertrages schützen soll, kommt eine Gefährdung der Interessen des Vorbehaltsverkäufers nicht in Betracht. Auch für den Fall der Nichtzahlung des vereinbarten Kaufpreises durch den Käufer werden die Interessen des Verkäufers nur dann beeinträchtigt, wenn die schuldrechtliche Einwirkung auf den Kaufvertrag in Form der Rücktrittserklärung für den Bedingungsausfall verantwortlich gemacht wird. Es wird aber zu zeigen sein, daß die Rücktrittserklärung nicht der richtige Ansatzpunkt für den Ausfall der Bedingung ist.[66]

Es genügt daher eine unabhängig von der Wirksamkeit des schuldrechtlichen Geschäftes zu beurteilende Einigung in Verbindung mit der Übergabe, um das absolute verdinglichte Recht des Vorbehaltskäufers zur Entstehung zu bringen. Im Falle der Nichtigkeit des Kausalgeschäftes ist die Anwartschaft demzufolge nur über den Weg der ungerechtfertigten Bereicherung kondizierbar. Etwas anderes gilt nur dann, wenn der Mangel, der dem schuldrechtlichen Geschäft anhaftet, sich auch auf die Bestellung des verdinglichten Rechts bezieht. Ist neben dem Kaufvertrag auch das dingliche Geschäft unwirksam, erlangt der Käufer von vornher

65 Wieling, SaR I, § 17 II 2 a.

66 S. sogleich unter B.

ein nur ein Recht, das gegen den Eigentümer nicht wirkt.[67, 68] In dieser Situation scheint die Stellung des Zweiterwerbers gefährdet zu sein, da der Käufer ihm ebenfalls nur ein relatives verdinglichtes Recht verschaffen kann. Ein absolutes verdinglichtes Recht und damit die Möglichkeit, durch Herbeiführung der Bedingung Eigentum zu erlangen, kann er aber im Rahmen eines gutgläubigen Erwerbs erhalten.[69]

5. Zusammenhang zwischen Bedingung und verdinglichter Stellung des Vorbehaltskäufers

Bei den bisherigen Erörterungen wurde vorausgesetzt, daß der Ausfall der Bedingung den Verlust des Anwartschaftsrechts zur Folge hat. Die herrschende Meinung nimmt eine solche Abhängigkeit an, indem sie konstruiert, die Anwartschaft sei über die Bedingung an die Wirksamkeit und Erfüllbarkeit des Kaufvertrages gebunden. Nach der hier vertretenen Ansicht ist die Anwartschaft von der Erfüllbarkeit einer Bedingung abhängig, von der bislang nicht mehr gesagt werden kann, als daß sie nicht mit der Wirksamkeit des schuldrechtlichen Vertrages zusammenhängt.
Auch ein solcher Zusammenhang zwischen der Bedingung für den Eigentumsübergang und der Anwartschaft ist jedoch keineswegs zwingend. So geht etwa *Rietschel* davon aus, bei Bedingungsausfall könne der Käufer zwar kein Eigentum mehr erlangen, jedoch bleibe ihm sein dingliches Recht erhalten.[70]
Beim Eigentumsvorbehalt ist jedoch davon auszugehen, daß das dingliche Recht des Vorbehaltskäufers nur unter der für den Eigentumsübergang maßgebenden Bedingung bestellt wird. Zu berücksichtigen ist nämlich, daß nur deshalb ein Anwartschaftsrecht entsteht, weil der Verkäufer das Eigentum nicht sofort, sondern aufschiebend bedingt überträgt. Da zudem die aufschiebend bedingte Einigung mit der Einigung bezüglich der Bestellung des verdinglichten Rechts zusammenfällt, wäre es lebensfremd anzunehmen, die Parteien wollten dieser Einigung einen anderen Inhalt geben als der bezüglich des Eigentumsübergangs. Nur auf diese

67 Voraussetzung dafür ist die Gutgläubigkeit des Erwerbers, vgl. dazu Wieling, SaR I, § 13 III 1.

68 Ebenso entsteht ein relatives, gegenüber dem Eigentümer nicht wirkendes verdinglichtes Recht, wenn die Sache diesem abhanden gekommen ist, der Erwerber aber gutgläubig in bezug auf das eigene Recht zum Besitz ist. Vgl. Wieling, SaR I, § 13 III 1.

69 Vgl. unter D.

70 Rietschel, NJW 1964, 914.

Weise kann den Sicherungsinteressen des Veräußerers in ausreichendem Umfang Rechnung getragen werden. Andernfalls wäre es dem Eigentümerverkäufer trotz des Ausfalls der Bedingung verwehrt, Zugriff auf die Vorbehaltssache zu nehmen, da dem Käufer beziehungsweise dem Zweiterwerber der Anwartschaft weiterhin ein dingliches Besitzrecht zustünde.

Rietschel gelangt zu der Ansicht, die Anwartschaft bleibe trotz des Ausfalls der Bedingung bestehen, wohl auch nur deshalb, weil er mit der herrschenden Meinung den Rücktritt als das für den Bedingungsausfall maßgebliche Ereignis ansieht und daraus den zutreffenden Schluß zieht, die rein schuldrechtliche Einwirkung könne das Anwartschaftsrecht nicht vernichten. Dabei hätte *Rietschel* jedoch nicht stehenbleiben dürfen. Vielmehr hätte diese Erkenntnis Anlaß geben müssen, zur Frage des Bedingungsausfalls Stellung zu nehmen.

Demnach kann mit Bedingungsausfall nicht nur kein Eigentumsübergang auf den Anwartschaftsinhaber mehr erfolgen, sondern der Ausfall der Bedingung ist auch maßgeblich für den Wegfall des Anwartschaftsrechts, gleich, bei wem es sich befindet.

Insofern erweist sich das Recht des Zweiterwerbers zwar als resistent gegen Eingriffe in die rechtsgeschäftlichen Grundlagen des Vorbehaltskaufs, ist aber nicht so weit verselbständigt, daß es auch dem Ausfall der für den Eigentumsübergang gesetzten Bedingung standhielte. Dies ist jedoch nicht die Folge einer ihm anhaftenden „Schwäche“, sondern ergibt sich zwanglos aus den Regeln über bedingte Rechtsgeschäfte. Man kann daher durchaus davon sprechen, daß in der aufschiebend bedingten Übereignung zugleich eine auflösend bedingte Bestellung des Anwartschaftsrechts enthalten ist.[71] Welches Ereignis *in concreto* den Bedingungsausfall und damit den Wegfall des Anwartschaftsrechts bewirkt, bedarf noch einer näheren Untersuchung.[72]

6. Ergebnis

Als Ergebnis ist festzuhalten, daß beim Eigentumsvorbehalt keine kausale Verfügung vorliegt, und die Bedingung auch nicht auf einen wirksam entstandenen Kaufpreisanspruch Bezug nimmt. Beim Eigentumsvorbehalt geht es um eine Absicherung des Verkäufers für den Fall der

71 So ansatzweise bereits Sintenis, Das practische gemeine Civilrecht I, § 49, 21 (S. 483).
72 Dazu unter B II 3.

Nichtzahlung durch den Käufer. Insofern besteht keine Veranlassung, vom Abstraktionsprinzip abzugehen. Auch ein die Kausalabhängigkeit der Anwartschaft begründender stillschweigender Parteiwille kann daher im Zweifel nicht angenommen werden.
Entgegen der herrschenden Meinung ist für die Erfüllbarkeit der Bedingung bei § 455 nicht das Bestehen eines wirksamen Kaufvertrages Voraussetzung. Vielmehr ist als Bedingung die Zahlung des als Kaufpreis vereinbarten Geldbetrages anzusehen, und zwar unabhängig von der Wirksamkeit des Kausalgeschäftes. Dies führt zu einer von der herrschenden Meinung abweichenden Rückabwicklung für den Fall der Unwirksamkeit oder Anfechtung des Kaufvertrages[73], nötigt aber auch dazu, die Frage des Bedingungsausfalls zu überdenken.[74] Daneben hat ein vom Schicksal des Kaufvertrages unabhängiges Anwartschaftsrecht Konsequenzen für den gutgläubigen Erwerb.[75]

B. Der Ausfall der Bedingung und die Rücktrittserklärung

I. Herrschende Meinung: Abhängigkeit der Stellung des Vorbehaltskäufers von der Rücktrittserklärung

Nach herrschender Meinung ist die Erfüllbarkeit der Bedingung beim Eigentumsvorbehalt nicht nur von der Wirksamkeit des Kaufvertrages, sondern auch davon abhängig, daß der Vorbehaltsverkäufer nicht den Rücktritt vom Kaufvertrag erklärt. Sobald der Verkäufer im Falle Käuferverzuges von seinem Rücktrittsrecht Gebrauch macht, fällt danach die Bedingung aus.[76] Zwar werde durch den Rücktritt der Vertrag selbst

73 Vgl. unter C.
74 Vgl. unter B.
75 Vgl. unter D.
76 Vgl. aus der umfangreichen Literatur und Rechtsprechung: Schürmann, S. 42 f.; Steingens, S. 30; Meisner, S. 17; Gernhuber, FS Baur (1981), S. 31, 35; Georgiades, S. 19 f.; J. Uhlenbruck, S. 55 ff.; Schnorr von Carolsfeld, KritVJschr Bd. 66 (1939), 174, 183, 191; Stulz, JW 1933, 1450; Raiser, S. 76; J. Blomeyer, JZ 1968, 691, 692 f.; ders., DB 1969, 2117, 2118; ders., JZ 1971, 186, 187; Stoll, ZHR 128 (1966), 239, 245; Lange, JuS 1971, 511, 512 f.; Giesen, Jura 1994, 194, 197; Häsemeyer, FS Serick (1992), 153, 156; Fikentscher, SR, Rz. 757; Larenz, AT, § 25 III a 2 (S. 499); Medicus, BürgR, Rz. 479; Baur/ Stürner, SaR, § 59 III 2 b aa; Schapp, SaR, Rz. 254; Pottschmidt/ Rohr, KreditsicherungsR, Rz. 417; Gerhardt, MobiliarSaR, S. 57; M. Wolf, SaR, Rz. 506, 510; K. Müller, SaR, Rz. 2454; Bülow, Kreditsicherungsrecht, Rz. 682, 688; ders., Jura 1986, 169, 172 f.; Wilhelm, SaR, Rz. 1245; Reinicke/ Tiedtke, Kreditsicherung, S. 211 ff.; Derleder, ZHR 139 (1975), 20,

nicht in Wegfall gebracht, wohl aber führe die Rücktrittserklärung zu einer Beendigung der beiderseitigen Leistungspflichten und bewirke, daß der ursprüngliche Vertrag eine Umwandlung in ein Rückabwicklungsschuldverhältnis erfahre.[77] Mangels weiterer Erfüllbarkeit des Kaufvertrages falle daher die Bedingung aus. Mit dem Rücktritt sei auch der Verlust des vertragsabhängigen Anwartschaftsrechts verbunden, unabhängig davon, ob der Vorbehaltskäufer noch Inhaber desselben sei oder inzwischen weiter darüber verfügt habe. Der Vorbehaltsverkäufer könne gemäß § 346 Rückgabe der Kaufsache Zug um Zug gegen Rückzahlung der bereits erhaltenen Kaufpreisraten verlangen.

Neben den Ansprüchen aus den §§ 346 ff. wird dem Verkäufer mehrheitlich auch ein solcher aus § 985 gegen den Käufer zugestanden.[78] In jedem Fall soll der Anspruch aus § 985 dann relevant werden, wenn das Kaufobjekt sich nicht mehr beim Käufer befindet, sei es, daß der Käufer die Sache vermietet hat, sei es, daß er seine Anwartschaft unter gleichzeitiger Übergabe der Sache auf einen Dritten übertragen hat.

Statt sofort vom Kaufvertrag zurückzutreten, könne der Vorbehaltsverkäufer auch von den Rechten nach § 326 Gebrauch machen. Die Bedingung falle dann mit fruchtlosem Ablauf der vom Veräußerer gesetzten

24 ff.; Huber, ZIP 1987, 750, 752 (explizit nur für § 326); Tiedtke, DB 1980, 1477, 1480; Kuhn, WM 1972, 206; Henckel, FS Zeuner (1994), 193, 194; U. Hoffmann, Jura 1995, 457, 458; Erman - Grunewald, § 455, Rz. 12 f.; Soergel - Mühl, § 455, Rz. 66; Soergel - Mühl, § 929, Rz. 59; Staudinger - Kaiser, Vorbem. §§ 356 ff., Rz. 20; Staudinger - Honsell, § 455, Rz. 30; Staudinger - Gursky, § 986, Rz. 22; MünchKomm - Westermann, § 455, Rz. 35.

77 Daß der Rücktritt das Schuldverhältnis nur modifiziert, wird heute zu Recht allgemein anerkannt; vgl. etwa Staudinger - Kaiser, Vorbem. §§ 346 ff., Rz. 31, 51; MünchKomm - Janßen, vor § 346, Rz. 36; MünchKomm - Westermann, § 455, Rz. 36; Palandt - Heinrichs, Einf. vor § 346, Rz. 2; Bülow, Kreditsicherheiten, Rz. 634; Bydlinski, JZ 1986, 1028, 1029. Nach einer früheren, heute überholten Ansicht, wurde das Schuldverhältnis als durch den Rücktritt aufgehoben angesehen, so daß ein gesetzliches Schuldverhältnis entstand. Diese Sichtweise hatte zur Folge, daß durch den Rücktritt der Rechtsgrund für bereits erbrachte Leistungen entfiel. Konsequenterweise wurde das Bereicherungsrecht für anwendbar gehalten, sofern die §§ 346 ff. keine Sonderregeln enthielten. Vgl. dazu RGZ 50, 255; 75, 199, 201; Planck - Siber, vor § 346, Anm. 1 b ß; Schnorr von Carolsfeld, KritVJschr Bd. 66 (1939), 174, 183, 191; Meisner, S. 46.

78 Vgl. etwa Steingens, S. 31; Staudinger - Kaiser, § 346, Rz. 25; Graf Lambsdorff, Eigentumsvorbehalt, Rz. 98; aA. lediglich Raiser, S. 76 f.: Raiser geht zu Recht davon aus, daß die Vindikation aufgrund des vorrangigen Abwicklungsverhältnisses ausgeschlossen ist; vgl. auch Raiser, FS Manfred Wolff (1952), 123 ff; Wolff/ Raiser, § 84 I 2, IV 1.

Nachfrist aus, da damit die Erfüllungsansprüche erloschen seien. Ab diesem Zeitpunkt könne der Vorbehaltsverkäufer wahlweise Schadenersatz wegen Nichterfüllung verlangen oder vom Kaufvertrag zurücktreten. Obwohl der Ausfall der Bedingung bei § 326 nicht an die Geltendmachung des Gestaltungsrechts selbst geknüpft wird, ist das Anwartschaftsrecht durch das Abstellen auf die mit Fristablauf eintretende mangelnde Erfüllbarkeit weiterhin schuldrechtsabhängig.[79]

II. Unabhängigkeit des Bedingungsausfalls von der Rücktrittserklärung

1. Vorläufige These aufgrund der bislang gewonnenen Ergebnisse

Nach der hier vertretenen Lösung bezieht sich die Bedingung in § 455 nicht auf einen wirksam vereinbarten Kaufpreisanspruch, sondern kann auch dann noch eintreten, wenn der nichtig vereinbarte Kaufpreis gezahlt wird. Es liegt nahe, daß auch sonstige schuldrechtliche Einwirkungen den Bedingungsausfall nicht bewirken können. Mithin dürfte auch die Rücktrittserklärung, durch die lediglich die Erfüllungsansprüche zum Erlöschen gebracht werden, nicht für den Ausfall der Bedingung verantwortlich sein. Es müßte vielmehr ein anderer Bezugspunkt für den Bedingungsausfall gesucht werden, der sich an dieser Stelle nur so weit eingrenzen läßt, als daß er zwar in Zusammenhang mit der nicht rechtzeitigen Zahlung, nicht aber mit der Rücktrittserklärung steht.

Gestützt wird diese These auch dadurch, daß die Bindung des Bedingungsausfalls an die Rücktrittserklärung zu nicht unerheblichen dogmatischen Ungereimtheiten führt. Wer den Bedingungsausfall an die Rücktrittserklärung koppelt, muß hinnehmen, daß dem Rücktritt für den Bereich des Eigentumsvorbehalts dingliche Wirkung zukommt; denn mit der Rücktrittserklärung soll die aufschiebend bedingte dingliche Einigung hinfällig werden, und das dingliche Anwartschaftsrecht ohne weiteres erlöschen. Dies stellte eine Systemwidrigkeit dar, die um so schwerer wiegt, als der Rücktritt - anders als die Anfechtung - die dingliche Ebene nie erfassen kann. So kann die herrschende Meinung zur Rechtfertigung ihres Standpunktes auch lediglich darauf verweisen, durch ein vertrags-

79 Abweichend von der hM. stellen Niederländer (FS Wahl (1973), S. 243, 251 f.) und Kaiser (Staudinger - Kaiser, Vorbem. §§ 346 ff., Rz. 20, 32) für den Bedingungsausfall auf den Zeitpunkt ab, in dem der Verkäufer von seinem Wahlrecht Gebrauch macht. Der fruchtlose Ablauf der Nachfrist führe noch nicht zum Erlöschen der Erfüllungsansprüche.

abhängiges Anwartschaftsrecht könne den Sicherungsinteressen des Vorbehaltsverkäufers am besten Rechnung getragen werden. Es wird sich jedoch zeigen, daß der Eigentumsvorbehalt keineswegs dazu nötigt, den Herausgabeanspruch des Vorbehaltsverkäufers an die Beseitigung der vertraglichen Bindung zu knüpfen.

Auch die teilweise gegebene Begründung, das Anwartschaftsrecht stehe einem Herausgabeverlangen infolge Rücktritts nicht entgegen, weil es als dingliches Recht zwar grundsätzlich jedermann gegenüber wirke, dem Eigentümer gegenüber aber zurücktreten müsse[80], kann nichts zur Klärung beitragen. Da angesichts der durch die Übergabe der Kaufsache erfolgten Verdinglichung neben dem Besitzrecht aus der Anwartschaft für ein solches aus dem Kaufvertrag kein Raum ist, führte diese Ansicht dazu, daß dem Vorbehaltskäufer auch außerhalb des Rücktritts kein Recht zum Besitz zustünde.

Vergessen wird häufig auch, daß § 455 nur eine Auslegungsregel enthält, so daß es den Parteien unbenommen bleibt, den Eigentumsvorbehalt so zu vereinbaren, daß das Eigentum sofort auf den Vorbehaltskäufer übergeht und bei Nichtzahlung des Kaufpreises *ipso iure* auf den Verkäufer zurückfällt. Bei dieser resolutiven Konstruktion des Eigentumsvorbehalts würde wohl niemand auf den Gedanken kommen, daß das Eigentum dem Verkäufer nur dann wieder zusteht, wenn er den Rücktritt vom Kaufvertrag erklärt.

Die Vermutung, daß die Beseitigung der Vertragswirkungen mittels Rücktritts für sich genommen keine dingliche Wirkung hat, bestätigt sich bei näherer Beleuchtung der rechtsgeschichtlichen Grundlagen von Eigentumsvorbehalt und Rücktritt und des Zusammenhangs zwischen beiden Instituten.

2. *Zur Geschichte von Eigentumsvorbehalt und Rücktritt*

a. *Eigentumsvorbehalt und Rücktritt im römischen Recht*

aa. Im römischen Recht konnten die Wirkungen eines einmal geschlossenen Vertrages nicht durch Rücktritt beseitigt werden. Trotz des Fehlens eines allgemeinen Rücktrittsrechtes gab es aber Möglichkeiten, durch die die Parteien sich wieder vom Vertrag lösen konnten. Erreicht wurde dies durch Nebenabreden (*pacta adiecta*) beim Kaufvertrag, die in ihrer Wir-

80 S. dazu § 1 A III 1 a u. 2.

kung einem Rücktrittsvorbehalt gleichkamen.[81] So gab etwa die *addictio in diem* dem Verkäufer das Recht, vom Vertrag abzugehen, wenn er innerhalb einer bestimmten Frist ein besseres Angebot erhielt.[82] Mit dem *pactum displicentiae* konnte der Käufer die Möglichkeit erhalten, die Ware zu prüfen und sich bei Mißfallen vom Vertrag zu lösen.[83] Der Sicherung des Verkäufers gegen das Risiko, im Falle der Vorleistung den Kaufpreis nicht zu erhalten, diente die *lex commissoria*. Dabei handelte es sich um eine Nebenabrede zum Kaufvertrag, durch die der Kaufvertrag als aufgelöst galt, wenn der Käufer nicht bis zum vereinbarten Zeitpunkt bezahlte und der Verkäufer infolgedessen erklärte, vom Vertrag abgehen zu wollen.[84] War die *lex commissoria* mit dinglicher Wirkung versehen, wurde damit im Ergebnis die Wirkung eines Eigentumsvorbehalts erreicht.

bb. In altrömischer und zum Teil auch noch in vorklassischer Zeit war der Kauf ein Bargeschäft. Das Eigentum wurde also nur im direkten Austausch gegen den Kaufpreis erworben.[85] Solange das Barkaufprinzip galt, war eine Sicherung des Verkäufers nicht erforderlich. Dementsprechend macht *Justinian* unter Berufung auf eine XII-Tafelbestimmung den Eigentumserwerb von der Kaufpreiszahlung abhängig.[86]

81 Vgl. dazu ausführlich Kaser I, § 131 III; Honsell/ Maly/ Selb, Römisches Recht, § 117

82 Paul. D 18, 2, 1: „*In diem addictio ita fit: ille fundus centum esto tibi emptus, nisi si quis intra kalendas Ianuarias proximas meliorem condicionem fecerit, quo res a domino abeat*". (Jenes Grundstück soll für Dich um 100 gekauft sein, außer wenn jemand bis zum nächsten 1. Januar ein besseres Angebot macht, wodurch die Sache vom Eigentümer weggehen soll.).

83 Paul. D 41, 4, 2, 5 „ ... *si displicuerit intra diem certum, inempta sit*". (... wenn die Sache nicht bis zu einem bestimmten Termin gefallen wird, soll sie nicht gekauft sein.).

84 Pomp. D 18, 3, 2 „... *si ad diem pecunia soluta non sit, ut fundus inemptus sit.*" (... wenn bis zum Termin der Kaufpreis nicht gezahlt ist, soll das Grundstück nicht gekauft sein.).
Die Nichteinhaltung der bedungenen Frist hebt den Vertrag nicht von selbst auf. Daß die Auflösung des Kaufvertrages vom Willen des Verkäufers abhängig war, ergibt sich zwar nicht aus dem Wortlaut der Klausel, wohl aber aus den anschließenden Ausführungen des Juristen: „...*ita accipitur inemptus esse fundus, si venditor inemptum eum esse velit, quia id venditoris causa caveretur*". (...so wird angenommen, daß das Grundstück nicht gekauft ist, wenn der Verkäufer will, daß dieses nicht gekauft ist, weil dies im Interesse des Verkäufers sichergestellt wurde).

85 Jörs/ Kunkel/ Wenger, Römisches Recht, § 140 (S. 226); Kaser I, § 131.

86 I 2, 1, 41. Die Bedeutung dieses Prinzips ist umstritten. Zum Teil wird der zitierte Zwölftafelsatz nur auf die Manzipation bezogen; dagegen Jörs/ Kunkel/ Wenger, Römisches Recht, § 71, 3 b FN 21. Der Satz, der sich auch bei Varro, de re rustica 2, 1, 15, findet, muß in bestimmtem Umfang für *mancipatio* und *traditio* gleichermaßen gegolten haben.

Dem wird aber der Fall gleichgestellt, daß der Kaufpreis bindend versprochen ist. Daraus läßt sich entnehmen, daß für die vorklassische Zeit bereits von einer Trennung zwischen Übereignungsgeschäft und *causa* auszugehen ist.[87] Da das Eigentum nur überging, wenn die Kaufpreiszahlung zumindest durch Pfand oder Schuldübernahme sichergestellt war, entstand für den Verkäufer ebensowenig wie beim Barkauf ein Risiko.

In klassischer Zeit wurde das Preiszahlungserfordernis insoweit abgeschwächt, als die Kreditierung (*fidem sequi*) für den Eigentumserwerb des Käufers genügte.[88] Dies machte die Herausbildung von Instituten erforderlich, die den Verkäufer wegen seiner Kaufpreisforderung sicherstellten. Einen Eigentumsvorbehalt bei Kreditierung des Kaufpreises kannte das römische Recht jedoch noch nicht.[89, 90]

Dennoch fehlte es nicht an Möglichkeiten, durch die der Verkäufer die Zahlung des Kaufpreises sicherstellen konnte, und die lebhaft an den Eigentumsvorbehalt erinnern. So konnten die Kaufvertragsparteien etwa eine Vereinbarung treffen, mittels derer der Käufer die Sache bis zur vollständigen Zahlung des Kaufpreises als Mieter, Pächter oder Prekarist erhalten sollte.[91] Auf diese Weise behielt der Verkäufer bis zum Zeitpunkt der vollständigen Kaufpreiszahlung seine dingliche Rechtsstellung.

87 Jörs/ Kunkel/ Wenger, Römisches Recht, § 71, 3; Sandmann, Geschichte des Eigentumsvorbehalts, S. 4; Kaser I, § 24 IV 2; Misera, FS Serick (1992), S. 275, 276.

88 Kaser I, § 24 IV 3; Misera, FS Serick (1992), S. 275, 276.

89 So Honsell/ Mayer-Maly/ Selb, Römisches Recht, § 62 III 2; Thiemann, Entwicklung der Eigentumsanwartschaft, S. 38 ff.; Sandmann, Geschichte des Eigentumsvorbehalts, S. 6 f.; Sponer, S. 32; Leonhardt, Lehre vom Grundeigentum, S. 221 f.; Duncker, Rheinisches Museum für Jurisprudenz, Bd. 5 (1833), 160, 172; Dernburg, Pandekten I, § 215, 2; Loepert, S. 9 ff.; Bumke, Pactum reservati dominii, S. 8; Behrens, S. 2 u. FN 6.

90 In der nachklassischen Zeit erscheint eine Sicherung des Verkäufers mittels aufschiebend bedingter Übereignung wenigstens theoretisch eher möglich, da sich nunmehr Tendenzen zur Entwicklung eines abstrakten Causabegriffs zeigen. Man rückte mehr und mehr davon ab, die eigentumsverschaffende Wirkung auf die *traditio* und die *iusta causa* zu stützen, und stellte nunmehr auf den Eigentumsübertragungswillen ab. Vgl. Honsell/ Mayer-Maly/ Selb, Römisches Recht, § 62 III; Wieacker, Lex commissoria, S. 52 FN 2, 69. Damit hätte der vom Grundgeschäft losgelöste eigentumsübertragende Vertrag selbst einer Bedingung unterworfen werden können, s. Wieacker, Lex commissoria, S. 69. Zu einer klaren Durchbildung gelangte der Gedanke eines abstrakten, die Eigentumsübertragung bewirkenden Vertrages erst bei dem Basilikenscholiasten Constantinus Nicaeus (11. Jh.).

91 Vgl. dazu Honsell/ Mayer-Maly/ Selb, Römisches Recht, § 62 III 2 u. § 117 I b FN 11; Misera, FS Serick (1992), S. 275, 278 f. Meinhart, SZ 105 (1988), 729. Vielfach wird die Möglichkeit der Verbindung des Kaufs mit *precarium*, Miete oder Pfandvorbehalt mit dem gemeinrechtlichen *pactum reservati dominii* gleichgesetzt, vgl.

Auch die bereits erwähnte *lex commissoria* fand erhebliche Verbreitung. Ursprünglich wurde hierbei von einem aufschiebend bedingten Kauf ausgegangen, bei dem der Verkäufer trotz der Tradition das Eigentum an der Sache behielt. Eine solche Konstruktion brachte jedoch den Nachteil mit sich, daß den Verkäufer weiter die Gefahr des Untergangs des Kaufobjekts traf. Zudem stieß ein aufschiebend bedingter Kauf auf Schwierigkeiten bei der Begründung der Verpflichtung zur Kaufpreiszahlung. Daher gingen die Juristen später von der Vorstellung aus, der Kaufvertrag sei *pure* geschlossen, gelte jedoch bei Bedingungseintritt (Nichtzahlung) als aufgelöst.[92] Da dem römischen Recht die auflösende Bedingung bei Übertragung absoluter Rechte fremd war, wurde dies konstruktiv durch einen dem unbedingt geschlossenen Kauf zugefügten aufschiebend bedingten Aufhebungsvertrag gelöst, der dem Verkäufer das Recht zur Vertragsaufhebung gab, falls der Käufer innerhalb einer bestimmten Frist nicht zahlte.[93] Ob mit der Auflösung des Vertrages dingliche Folgen verbunden waren, so daß dem Verkäufer bei Nichtzahlung nicht nur die *actio venditi* auf Rückgewähr des Kaufobjektes zustand, sondern daß er dieses vielmehr vindizieren konnte, ist eine Frage, die sich aufgrund des spärlichen Quellenmaterials nicht mit Sicherheit in der einen oder anderen Richtung beantworten läßt. Mit der *lex commissoria* scheint aber vereinzelt ein dinglicher Rückfall des Eigentums verbunden gewesen zu sein.[94] Dies müßte wenigstens für *res nec mancipi* gegolten

Glück, Pandekten, Bd. XVI, S. 231 FN 49; Gensler, AcP 2 (1819), 291 ff.; Sintenis, Das praktische gemeine Civilrecht I, § 49, 11; Hofmann, AcP 18 (1835), 254, 264; Wieacker, Lex commissoria, S. 61; Kaser I, § 24 IV 3. Die juristische Konstruktion beider Institute ist aber durchaus verschieden. Zutr. Meinhart, aaO.

92 Vgl. Wieacker, Lex commissoria, S. 19 ff., 31 ff.; Sandmann, Geschichte des Eigentumsvorbehalts, S. 9. Zweifelnd Kaser I, § 131 III u. FN 74, der meint, es sei allein von der Vereinbarung abhängig gewesen, ob der Kauf aufschiebend bedingt geschlossen war oder nicht.

93 Näher dazu Jörs/ Kunkel/ Wenger, Römisches Recht, § 50, 2; Leser, Rücktritt vom Vertrag, S. 17; Berger, S. 48.

94 Vgl. einerseits die Konstitution des Kaisers Alexander Severus C 4, 54, 4: „*Commissoriae venditionis legem exercere non potest, qui post praestitutum pretii solvendi diem non vindicationem rei eligere, sed usurarum pretii petitionem sequi maluit*". (Der Verkäufer, der nach dem Zahlungstermin lieber Zinsen auf den Kaufpreis verlangt hat und sich nicht zur Vindikation der Sache entschließt, büßt sein Rücktrittsrecht ein.).
Andererseits aber C 4, 54, 3: „*Qui ea lege praedium vendidit, ut, nisi reliquum pretium intra certum tempus restitutum esset, ad se reverteretur, si non precariam possessionem tradidit, rei vindicationem non habet, sed actionem ex vendito*". (Wer unter der Bedingung ein Landgut verkauft hat, daß dieses, wenn nicht der Restkauf-

haben, die mittels Tradition übertragen wurden. Die dingliche Wirkung der Rücktrittsabrede läßt sich hier nämlich zwanglos mit dem Wegfall der *iusta causa traditionis* erklären.[95]

Es zeigt sich, daß bei den Römern das allgemeine Rücktrittsrecht durch die *lex commissoria* ersetzt wurde, wenn es um die Nichtzahlung des Kaufpreises ging. Mit der *lex commissoria* hatten die Römer aber gleichzeitig ein Instrumentarium, das funktional dem Eigentumsvorbehalt entsprach, wenn die Nebenabrede in Verbindung mit einem dinglichen Rückfallrecht stand.

b. Die Entwicklung der beiden Institute im gemeinen Recht und in den Partikulargesetzen

aa. Ein vertragliches Rücktrittsrecht wurde erstmals im ALR normiert. Die Regelung war aber insofern umständlich, als der Gläubiger bei Erfüllungsverweigerung durch den Schuldner erst auf Erfüllung klagen mußte. Erst nachdem das Bestehen der Leistungspflicht richterlich festgestellt war, hatte der Gläubiger die Wahl zwischen Schadensersatz und

preis innerhalb einer bestimmten Zeit beglichen war, auf ihn zurückfällt, hat nicht die *rei vindicatio*, sondern die *actio ex vendito*, wenn er nicht das Eigentum, sondern prekarischen Besitz übertragen hat.). Diese Stelle wird in der Literatur häufig als Beweis für die nur obligatorische Wirkung des Rücktritts angesehen, vgl. nur Wieacker, Lex commissoria, S. 58 ff.; Beseler, SZ 64 (1934), 18. Dagegen wird Alex. C 4, 54, 4, wo eindeutig die Vindikation gegeben wird, für interpoliert gehalten, vgl. Wieacker, Lex commissoria, S. 59, 108.
Die Pandektistik ging überwiegend von der dinglichen Wirkung der *lex commissoria* aus. S. nur von Vangerow, Pandekten I 1, § 96, 1; Duncker, Rheinisches Museum für Jurisprudenz, Bd. 5 (1833), 65, 96; Mühlenbruch, Pandekten II, § 404 FN 4; Leist, Sicherung von Forderungen, S. 20; Leonhardt, Lehre vom Grundeigentum, S. 237; aA. Hofmann, AcP 18 (1835), 254, 262 ff.; Bechmann, Der Kauf nach gemeinem Recht II, §§ 254 f.; Czyhlarz, Zur Lehre von der Resolutivbedingung, S. 54 ff.
Eine intensive Auseinandersetzung mit der Frage begann erst in diesem Jahrhundert. Pringsheim, SZ 50 (1930), 333, 406 f., Wieacker, Lex commisssoria, S. 45 ff., 115, Leser, Rücktritt vom Vertrag, S. 17, Beseler, SZ 54 (1934), 4, 18 verneinen die dingliche Wirkung zumindest für die Zeit der Klassik. Bejahend etwa Wesel, SZ 85 (1968), 94 ff., insbes. 100 ff.; Peters, Die Rücktrittsvorbehalte des römischen Kaufrechts, §§ 33 ff. (Zusammenfassung in § 40); Honsell/ Mayer-Maly/ Selb, Römisches Recht, § 117 I 1 a; Kaser I, § 131 III.

95 Auch bei Jörs/ Kunkel/ Wenger (Römisches Recht, § 50, 3 FN 15) findet sich die Vermutung, der Widerspruch zwischen C 4, 54, 3 und C 4, 54, 4 sei dadurch zu erklären, daß die Frage, ob der Verkäufer neben der Vertragsklage die *rei vindicatio* anstellen konnte, von der Form der Übertragung abhängig war. So auch Wesel, SZ 85 (1968), 94 ff., insbes. S. 104, 136, 161 f., 169 f.

Rücktritt. Damit war dem Gläubiger die Möglichkeit einer schnellen Lösung vom Vertrag verwehrt, so daß die Regelung selten zur Anwendung kam.[96] Eine Neuerung wurde durch das ADHGB von 1861 erreicht, wonach beim beiderseits noch unerfüllten Handelskauf der Verkäufer im Verzug des Käufers vom Vertrag abgehen konnte.[97] Die Regelung blieb aber auf den Handelskauf beschränkt, so daß man außerhalb desselben bei der *lex commissoria* stehenblieb.
Herrschend blieb die Auffassung, daß es sich hierbei um eine Resolutivbedingung handele, und daß diese als aufschiebend bedingter Auflösungsvertrag zu konstruieren sei.[98] Es gab aber auch bereits Stimmen, die für eine Gleichstellung mit der aufschiebenden Bedingung eintraten.[99] Das Rückabwicklungsproblem wurde mittels dinglichen Rückfalls und Rückwirkung gelöst.[100] Nur soweit der Rechtsgrund reiche, könne der Eigentumsübergang wirksam sein. Nach Eintritt der auflösenden Bedingung falle das Eigentum daher von selbst zurück.[101] Selbst bei *Savigny* findet sich ungeachtet seiner Lehre vom abstrakten dinglichen Vertrag noch die Auffassung von der dinglichen Wirkung der *lex commissoria*.[102] Ansätze zur Überwindung der Lehre von der Rückwirkung der erfüllten Bedingung finden sich bei *Windscheid*, der sich gegen die dingliche Rückwirkung aussprach, so daß nur eine obligatorische Verpflichtung für den jeweils Begünstigten bestand, die durch den Vertrag erzeugten rechtlichen Wirkungen rückgängig zu machen.[103] Da *Windscheid* aber gleichzeitig die einfache dingliche Wirkung befürwortete, so daß in der Zwischenzeit getroffene Verfügungen ihren Bestand verloren, unterschied er sich im Ergebnis freilich kaum von den Vertretern der dinglichen Rückwirkung.[104]

96 Vgl. dazu Leser, Rücktritt vom Vertrag, S. 7 ff.
97 Dazu ausführlich Leser, Rücktritt vom Vertrag, S. 10 ff.
98 Vgl. Dernburg, Pandekten I, § 106, 2 c; Windscheid, Pandekten I, § 86 u. FN 6 mit Übersicht über den Meinungsstand.
99 Windscheid, Die Wirkung der erfüllten Bedingung, S. 24 (anders in Pandekten I, § 86, 6), Wendt, Lehrbuch der Pandekten, § 52, 2.
100 Dernburg, Pandekten I, § 111, 2 a u. 9 f.; von Vangerow, Pandekten I 1, § 96, 1; Vgl. dazu auch Wieacker, Lex commissoria, S. 46 f.; Leser, Rücktritt vom Vertrag, S. 18 f.
101 Von Vangerow, Pandekten I 1, § 96, 1.
102 Von Savigny, System III, § 120 (S. 154).
103 Windscheid, Die Wirkung der erfüllten Bedingung, S. 23 ff.; ders., Pandekten I, § 91, 3; ebenso Sawallisch, Pactum reservati dominii, S. 37.
104 Dennoch ist das Verdienst Windscheids um die Überwindung der rückwirkenden Kraft der erfüllten Bedingung unbestreitbar.

Ohne Widerspruch blieb dies indes nicht. Schon 1829 leugnete *Riesser* aus Gründen der Verkehrssicherheit und mit der Begründung, Eigentum könne nicht durch bloßen Vertrag, sondern nur durch Tradition zurükkerworben werden, die Möglichkeit dinglich wirkender Resolutivbedingungen.[105] Bei der *lex commissoria* entstehe bei Eintritt der Bedingung nur eine persönliche Klage des Verkäufers gegen den Käufer.[106]
Im letzten Drittel des vorigen Jahrhunderts setzte sich der Gedanke, der durchgeführte Vertrag müsse mit schuldrechtlichen Mitteln rückabgewickelt werden, mehr und mehr durch.[107] So wies etwa *Bechmann* darauf hin, daß der Zweck des Rücktrittsvorbehalts lediglich darin bestehe, den Verkäufer von seiner vertraglichen Verpflichtung zu entbinden. Wolle er eine dinglich wirksame Sicherung der Kaufpreisforderung erreichen, könne er einen Eigentumsvorbehalt vereinbaren.[108]
Mit Rücksicht auf das Abstraktionsprinzip wurde die Auffassung von der dinglichen Wirkung der *lex commissoria* erstmals von *Czyhlarz* verworfen. *Czyhlarz* erkannte, daß die bis dahin herrschende Lehre dingliches Geschäft und *causa* in einer dem Abstraktionsprinzip widersprechenden Weise miteinander in Verbindung brachte. Da nicht die *causa traditionis*, sondern nur der gemeinsame Wille zur Eigentumsübertragung für den Übergang des Eigentums entscheidend sei, könne die Gültigkeit des Kaufvertrages nicht für den Eigentumsübergang von Bedeutung sein; ebensowenig könne das spätere Ungültigwerden des Kaufvertrages zum Rückfall des Eigentums führen.[109]

105 Riesser, Zeitschrift für Civilrecht und Prozeß, Bd. 2 (1829), 1 - 46 u. 270 - 318.

106 Riesser ging außerdem davon aus, auch das *pactum reservati dominii* habe, sofern das Eigentum resolutiv bedingt auf den Käufer übertragen worden sei, keine dingliche Wirkung, sondern könne nur zu obligatorischen Ansprüchen führen (Zeitschrift für Civilrecht und Prozeß, Bd. 2 (1829), 270, 313 f.). Dies ist jedoch unzutreffend, da beim *pactum reservati dominii* die Eigentumsübertragung selbst die von der Bedingung in Bezug genommene Wirkung ist, so daß das Eigentum bei Bedingungseintritt ohne weiteres wieder dem Veräußerer zusteht.

107 Adickes, Die Lehre von den Bedingungen nach römischem und heutigem Recht, S. 38 ff.; Fitting, ZHR 2 (1859), 203, 242 ff.; Bechmann, Der Kauf nach gemeinem Recht II, §§ 250 (S. 495 f.), 254 (S. 521 f.), 255 (S. 525 ff.); J. Engelmann, Der Rückfall des Eigenthums im Römischen Recht, S. 39 ff.; Czyhlarz, Zur Lehre von der Resolutivbedingung, S. 51 ff.; Schulin, Über Resolutivbedingungen und Endtermine, S. 140 ff.

108 Vgl. Bechmann, Der Kauf nach gemeinem Recht II, § 254 (S. 521 f.). Damit hatte Bechmann den Unterschied zwischen der *lex commissoria* und dem *pactum reservati dominii* klar herausgestellt. Wie Bechmann auch Schulin, Über Resolutivbedingungen und Endtermine, S. 142.

109 Czyhlarz, Zur Lehre von der Resolutivbedingung, S. 52 f.

Nur wenige lösten sich jedoch von der Bedingungsnatur der *lex commissoria* und erkannten, daß damit nicht mehr beabsichtigt war, als ein Rücktrittsrecht, und nicht etwa eine von selbst wirkende Bedingung.[110] Zudem setzte die Diskussion zu spät ein, um die Meinung der großen Pandektenlehrbücher noch ändern zu können. Endgültig durchsetzen konnte sich die Ansicht, daß sich das einer Partei zustehende Recht zur Vertragsauflösung nur schuldrechtlich auswirken kann, daher erst im BGB.

Außer der *lex commissoria* als Rücktrittsersatz kannte das gemeine Recht auch noch einen anderen Weg, die Wirkungen eines geschlossenen Vertrages wieder zu beseitigen. Sofern eine *lex commissoria* nicht vereinbart war, war die Wirkung des Verzugs prinzipiell nur die, daß der Schuldner zur Leistung des Interesses des Gläubigers verpflichtet war; denn das gemeine Recht kannte im Falle des Zahlungsverzuges kein gesetzliches Rücktrittsrecht.[111] Dies hätte den Verkäufer aber bis auf weiteres an den Vertrag gebunden. Daher wurde dem Verkäufer die Möglichkeit gegeben, die ihm vom Käufer nachträglich angebotene Leistung zurückzuweisen, wenn sein Interesse daran weggefallen war. Ein Interessewegfall wurde insbesondere dann angenommen, wenn der Verkäufer die Sache anderweitig verkauft hatte, um den Kaufpreis zu seiner Befriedigung zu verwenden. In diesen Fällen brauchte der Verkäufer auch seinerseits nicht mehr zu leisten.[112] Durch das Recht, die Leistung zurückzuweisen, wurden daher im Ergebnis die Wirkungen eines Rücktrittsrechts erreicht.

bb. Auch der Eigentumsvorbehalt (*pactum reservati dominii*) war im gemeinen Recht bereits anerkannt. In Deutschland wird das *pactum reservati dominii* erstmals im ausgehenden 16. Jahrhundert von sächsischen Juristen erwähnt.[113] Mit der sächsischen Prozeß- und Gerichtsordnung

110 Zutr. jedoch Mühlenbruch, Pandekten II, § 267; Wendt, Lehrbuch der Pandekten, §§ 52, 2; 56, 2; 73, 1; 250, 1. Unrichtig nimmt Wendt allerdings an, das Gebrauchmachen von der Rücktrittsbefugnis habe dingliche Wirkung (so in § 73, 1).

111 Ein solches konnte allerdings vereinbart werden, vgl. Dernburg, Pandekten I, § 41, 4

112 Dazu Bade, Pactum reservati dominii, S. 77 f.; Leist, Sicherung von Forderungen, S. 55; Loepert, S. 35; Windscheid, Pandekten II, § 280, 1; Regelsberger, AcP 50 (1867), 27, 28; OAG Darmstadt, SeuffA Bd. 10 (1856), No. 155; OAG Wiesbaden, SeuffA Bd. 11 (1857), No. 231; OAG Berlin SeuffA Bd. 24 (1870), No. 228; AG Celle SeuffA Bd. 35 (1880), No. 14.

113 Vgl. dazu Thiemann, Entwicklung der Eigentumsanwartschaft, S. 35 ff.; Sandmann, Geschichte des Eigentumsvorbehalts, S. 31 f.; Berger, S. 62 f.; Bade, Pactum reservati dominii, S. 16; Frey, Pactum reservati dominii, S. 11; Guyet, S. 6; Cohen, GrünhutsZ Bd. 21 (1894), 689, 694.

von 1622 fand es erstmals Eingang in die Partikulargesetzgebung.[114] Die Ursachen für die Herausbildung des Eigentumsvorbehalts liegen weitgehend im Unklaren. *Sandmann* hat nachgewiesen, daß dem Eigentumsvorbehalt ähnliche Gebilde bereits in der italienischen Literatur des Mittelalters erörtert worden sind.[115] Daraus will er den Schluß ziehen, das *pactum reservati dominii* sei im Zuge der Rezeption entdeckt worden. Zunächst habe man während der Rezeptionszeit die *lex commissoria* übernommen.[116] Nach der vollendeten Übernahme des römischrechtlichen Gutes sei auch der in den Schriften der italienischen Juristen des Mittelalters enthaltene Eigentumsvorbehalt rezipiert worden.[117] *Schiemann* ist demgegenüber der Auffassung, die sächsischen Juristen hätten aus den frühen verstreuten Zeugnissen eines Eigentumsvorbehalts nur die Bezeichnung für diese Rechtsfigur übernommen, während eine dem *pactum reservati dominii* ähnliche Vertragsgestaltung in Deutschland bereits für die Zeit vor der Rezeption wahrscheinlich gewesen sei.[118] Bei allem Streit um die Herkunft des *pactum* läßt sich jedenfalls kaum leugnen, daß die Entwicklung beziehungsweise Verbreitung desselben im Zusammenhang mit dem in der frühkapitalistischen Epoche wachsenden

114 Dort hieß es unter Artikel 42: „Also auch, wann einer bey Verkauffung des Guthes, wegen Bezahlung des Kauffgeldes nicht so sehr auf den Käuffer als auf dasselbe Guth, sich daran zu erholen gesehen, und ihm derowegen ausdrücklichen auf den Fall, da er nicht bezahlen würde, das Eigenthumb daran vorbehalten thete, wo würde er in solchem Falle, wann gleich keiner Verpfändung darneben gedacht were, vor allen andern Gläubigern billig davon bezahlt". (Zitiert nach Duncker, Rheinisches Museum für Jurisprudenz, Bd. 5 (1833), 160, 183 und Sandmann, Geschichte des Eigentumsvorbehalts, S. 33).

115 Sandmann, Geschichte des Eigentumsvorbehalts, S. 12 ff.

116 Sandmann, Geschichte des Eigentumsvorbehalts, S. 26 ff. Sandmann ist der Auffassung, das *pactum reservati dominii* habe sich als Sicherungsmittel neben der *lex commissoria* entwickelt, weil die Glossatoren letzterer die dingliche Wirkung weitgehend abgesprochen hätten. Dies habe die nachfolgende Generation der Kommentatoren dazu veranlaßt, nach neuen dinglichen Sicherungsmitteln zu suchen, um die Bedürfnisse der Praxis zu befriedigen. Vgl. auch Wieacker, Lex commissoria, S. 46. Dagegen aber Schiemann, SZ 93 (1976), 161, 184 f.: Die Glosse habe nicht den dinglichen Rückfall des Eigentums ausgeschlossen, sondern nur den Anwendungsbereich der *lex commissoria* eingeengt (zulässig nur bei Verabredung durch *verba directa*).

117 Sandmann, Geschichte des Eigentumsvorbehalts, S. 31 ff.

118 Schiemann, SZ 93 (1976), 161, 171 ff., insbes. S. 200 f. Einen Beweis dafür kann er jedoch nicht erbringen. Jedenfalls läßt sich vor der Erwähnung durch die sächsischen Juristen ein Beleg für die Existenz eines Eigentumsvorbehalts nicht finden. Vgl. auch Meinhart, SZ 105 (1988), 729: „Schöpfung des territorialen deutschen Rechts".

Handel und dem dadurch entstehenden Bedürfnis, den Bereich des Liegenschaftsverkehrs für die Kapitalbeschaffung nutzbar zu machen, zu sehen ist. Das Interesse an einer Förderung des Grundstücksverkaufs hatte zunächst zur Anerkennung der Veräußerungsfreiheit für Immobilien im städtischen Bereich geführt.[119] Wegen des hohen Gegenstandswertes erfolgten Grundstücksveräußerungen jedoch meist auf Kredit. Hierbei konnten die Grundsätze des Personalkredits das Sicherungsinteresse der Gläubiger nicht mehr befriedigen. Dem Bedürfnis nach einer wirksamen Gläubigersicherung hätte zwar durch die sich anbahnende Kundbarmachung der Pfandrechte in Grundbüchern Rechnung getragen werden können.[120] Dieser Prozeß endete jedoch mit der Rezeption des römischen Rechts, durch die auch das römische Pfandrecht mit seinem Mangel an Publizität Eingang in den deutschen Rechtskreis fand.[121]

Im römischen Recht mußte dem Gläubiger ursprünglich die Pfandsache zwar übergeben werden (*pignus datum*). Aber bereits in der späteren Republik war eine Verpfändung auch ohne Übergabe möglich. Für diese besitzlosen Pfandrechte bürgerte sich der Name *hypotheka* ein.[122] Der Mangel an Publizität hatte zwar den Vorteil, daß der Schuldner die Sache weiter benutzen konnte, damit war aber auch der Nachteil verbunden, daß der Kreditgeber nicht erkennen konnte, ob die Sache bereits verpfändet war. Dieser Nachteil wurde noch dadurch verstärkt, daß auf stillschweigende Vereinbarung gegründete Pfandrechte und Generalhypotheken häufig waren. Die dadurch verursachte Rechtsunsicherheit in der Frage, welche Hypothek den Vorrang hatte, wird sich vorteilhaft auf die Entwicklung oder Verbreitung des *pactum reservati dominii* im deutschen Rechtskreis ausgewirkt haben.[123] Daneben werden aber auch andere Faktoren, wie etwa

119 Vgl. dazu ausführlich Thiemann, Entwicklung der Eigentumsanwartschaft, S. 29 ff.; Wieacker, Privatrechtsgeschichte, S. 110; Schiemann, SZ 93 (1976), 161, 204 f.

120 Vgl. dazu näher Cohen, GrünhutsZ Bd. 21 (1894), 689, 694; Thiemann, Entwicklung der Eigentumsanwartschaft, S. 36 ff.; Wieacker, Privatrechtsgeschichte, S. 236.

121 Cohen, GrünhutsZ Bd. 21 (1894), 689, 694 f.; Wieacker, Privatrechtsgeschichte, S. 236. Allerdings haben nicht alle Handelsstädte das römische Grundpfandrecht rezipiert, sondern zum Teil durch eigene Stadtrechte auf ältere heimische Formen zurückgegriffen, vgl. Wieacker, Privatrechtsgeschichte, S. 236.

122 Ausführlich dazu Honsell/ Mayer-Maly/ Selb, Römisches Recht, § 81 - 85; Kaser I, § 110 I, II.

123 Ebenso Sandmann, Geschichte des Eigentumsvorbehalts, S. 35; Duncker, Rheinisches Museum für Jurisprudenz, Bd. 5 (1833), 160, 172; Leonhardt, Lehre vom Grundeigentum, S. 222; Cohen, GrünhutsZ 21 (1894), 705; Bade, Pactum reservati dominii, S. 14 f.; Bumke, Pactum reservati dominii, S. 10; Pudor, S. 10; Guyet, S. 6;

konkursrechtliche Vorteile gegenüber der Pfandrechtskonzeption, eine Rolle gespielt haben.[124]
Die Einführung des *pactum reservati dominii* neben der *lex commissoria* erscheint aber nur dann erklärlich, wenn letztere nicht als Abrede mit dinglicher Wirkung angesehen wurde oder dies zumindest nicht einheitlich anerkannt war.[125]
Das *pactum reservati dominii* kam ursprünglich nahezu ausschließlich bei Grundstückskäufen zur Anwendung, da die Bedeutung des Mobilienverkehrs vor Beginn der Industriellen Revolution noch relativ begrenzt war.[126]

c. *Die juristische Konstruktion des pactum reservati dominii*

Heftig umstritten war die rechtliche Konstruktion des *pactum reservati dominii*. Erörtert wurde anfangs die Theorie, daß der Eigentumsvorbehalt nur die Wirkung einer vorbehaltenen Hypothek habe.[127] Man erkannte aber bald, daß vor dem Hintergrund des als unzureichend empfundenen römischen Hypothekenrechts die Pfandrechtskonzeption dem Verkäufer

Sintenis, Das practische gemeine Civilrecht I, § 49, 21; Thiemann, Entwicklung der Eigentumsanwartschaft, S. 45; Sponer, S. 33.
Vgl. dazu auch die Motive zum bayrischen Hypothekengesetz von 1819 (zitiert nach Fund, S. 3): „Geht man auf den Ursprung dieses Vorbehalts bei der Veräußerung unbeweglicher Güter zurück, so findet man, daß nur die frühere höchst fehlerhafte Gesetzgebung zu demselben Anlaß gegeben hat; denn unter Gesetzen, die eine Menge anderer Gläubiger selbst dem Kaufschillingsreste vorziehen, hatte der Verkäufer in der Hypothek keine hinreichende Sicherheit und erst im Vorbehalte des Eigentums konnte er sie finden“.

124 So Schiemann, SZ 93 (1976), 161, 202 f. Schiemann nennt auch den Grund, daß das *pactum reservati dominii* zeitweise die Möglichkeit gab, den Formzwang für Grundstücksverpfändungen zu umgehen (S. 204). Insgesamt lasse sich aus diesen wirtschaftlichen Erwägungen ein zwingender Grund für das Aufkommen des *pactum reservati dominii* jedoch nicht ableiten (S. 205 ff.).

125 Die Stadt- und Landrechte der Rezeptionszeit sind diesbezüglich widersprüchlich. Hierbei scheint die dingliche Wirkung überwiegend keine Anerkennung gefunden zu haben, vgl. dazu näher Sandmann, Geschichte des Eigentumsvorbehalts, S. 27 ff.

126 Vgl. Duncker, Rheinisches Museum für Jurisprudenz, Bd. 5 (1833), 160, 165; Cohen, GrünhutsZ Bd. 21 (1894), 689, 697; Leonhardt, Lehre vom Grundeigentum, S. 221 ff.; Gensler, AcP 2 (1821), 291 ff.; Frey, Pactum reservati dominii, S. 12 f.; Guyet, S. 7; Schiemann, SZ 93 (1976), 161, 204 f.

127 Verf. der Abhandlung in: Juristische Zeitung für das Königreich Hannover, Jahrgang 1831, No. 10, S. 146 ff.; OAG Dresden SeuffA Bd. 23 (1868), No. 135.

gerade nicht die notwendige Sicherheit verschafft hätte.[128] Im 19. Jahrhundert erfolgte die Gleichsetzung von Hypothek und Eigentumsvorbehalt daher nur noch vereinzelt.

Uneinigkeit bestand lediglich noch hinsichtlich der Frage, ob die Klausel des Eigentumsvorbehalts als Resolutivbedingung wirke[129], oder ob in ihr eine Suspensivbedingung zu sehen sei.[130]

Soweit von einer Resolutivbedingung ausgegangen wurde, war umstritten, ob sich diese Bedingung auf den Kauf oder auf die Tradition bezog. Insbesondere von *Hofmann* wurde die Ansicht vertreten, ein Kauf ohne Eigentumsübertragung sei nicht denkbar, weshalb der Käufer bereits als Eigentümer anzusehen sei. Daraus folgerte *Hofmann* weiter, daß der Kauf selbst unter einer Resolutivbedingung stehe.[131] Die Befürworter eines bedingten Kaufs gerieten natürlich in Schwierigkeiten, das Verhältnis des *pactum reservati dominii* zur *lex commissoria* zu bestimmen. Ein Unterschied zur *lex commissoria* wurde daher teils gar nicht ge-

128 So Bade, Pactum reservati dominii, S. 18; Duncker, Rheinisches Museum für Jurisprudenz, Bd. 5 (1833), 65, 72 ff.; Cohen, GrünhutsZ Bd. 21 (1894), 689, 713; Frey, Pactum reservati dominii, S. 17; Thiemann, Entwicklung der Eigentumsanwartschaft, S. 65; gegen die Pfandrechtslösung auch Leonhardt, Lehre vom Grundeigentum, S. 225 ff.; von Vangerow, Pandekten I 1, § 96; Sawallisch, Pactum reservati dominii, S. 12 ff.; OAG Dresden, SeuffA Bd. 6 (1867), No. 147; OAG Oldenburg, SeuffA Bd. 25 (1871), No. 242.

129 So insbesondere Leonhardt, Lehre vom Grundeigentum, S. 232 ff.; Müller, AcP 12 (1829), 247 ff.; Hofmann, AcP 18 (1835), 254 ff.; Windscheid, Pandekten I, § 172, 7; Sawallisch, Pactum reservati dominii, S. 20 ff.; Bade, Pactum reservati dominii, S. 41 ff.; Loepert, S. 28 ff.; Cohen, GrünhutsZ Bd. 21 (1894), 689, 723; Dernburg, Pandekten I, § 215, 3.
Bade, Loepert, Cohen und Dernburg unterscheiden zwischen Immobilien und beweglichen Sachen. Für Immobilien sei von einer Resolutivbedingung auszugehen, bei Mobilien habe der Eigentumsvorbehalt im Zweifel die Bedeutung einer aufschiebenden Bedingung.

130 Dafür Gensler, AcP 2 (1819), S. 291 ff.; Riesser, Zeitschrift für Civilrecht und Prozeß, Bd. 2 (1829), 270, 313 f.; Matthäi, Juristische Zeitung für das Königreich Hannover Jahrgang 1830, No. 7, S. 98 ff.; Duncker, Rheinisches Museum für Jurisprudenz, Bd. 5 (1833), 65, 89 ff.; von Geyso, Zeitschrift für Civilrecht und Prozeß, Bd. 5 (1832) S. 161 ff.; Puchta, Pandekten, § 148, Anm. f; Bumke, Pactum reservati dominii, S. 22; Mühlenbruch, Pandekten II, § 405; Arndts, Pandekten, § 145.

131 Hofmann, AcP 18 (1835), 254, 262, 264; Müller, AcP 12 (1829), 247 ff. Hofmann meinte jedoch, der Eintritt der Bedingung habe keine dingliche Wirkung, so daß nur eine obligatorische Verpflichtung zur Rückübertragung bestehe. Das hängt damit zusammen, daß Hofmann das pactum reservati dominii mit der *lex commissoria* gleichsetzte. Letzterer versagte er die dingliche Wirkung.

macht[132], teilweise wurde danach unterschieden, ob der Vereinbarung eine Zeitbestimmung hinzugefügt war. War eine solche vorhanden, sollte die *lex commissoria* zur Anwendung kommen, bei Fehlen einer Zeitbestimmung sollte von einem *pactum reservati dominii* auszugehen sein.[133] Dem wurde jedoch zu Recht entgegengehalten, daß eine Identität zwischen beiden Instituten bereits deshalb ausscheide, weil ansonsten ein Bedürfnis zur Entwicklung des Eigentumsvorbehalts nicht bestanden hätte.[134] Gegen die gekünstelt wirkende Unterscheidung nach dem Vorhandensein einer Zeitbestimmung wurde geltend gemacht, daß einerseits den Quellen nicht zu entnehmen sei, daß die *lex commissoria* nicht auch ohne Angabe eines „*dies*" vorkam, und daß andererseits beim *pactum reservati dominii* eine Zeitbestimmung selten fehlen werde.[135]
In rechtsdogmatischer Hinsicht brachte vor allem die Abhandlung von *Leonhardt* die entscheidende Wende. *Leonhardt* erkannte, daß der Kaufvertrag beim *pactum* bereits mit der Einigung über Kaufgegenstand und Kaufpreis perfekt war und folgerte daraus, daß der Eigentumsvorbehalt ein Nebenvertrag sei, der nicht dem obligatorischen Vertrag, sondern der Tradition zugefügt sei.[136] Hierbei ging *Leonhardt* bereits davon aus, daß die Tradition als vom obligatorischen Geschäft unabhängiger dinglicher Vertrag anzusehen sei.[137]
Unter den Anhängern einer suspensiven Konstruktion des *pactum reservati dominii* wurde die Frage, worauf die Bedingung Bezug nimmt, ebenfalls unterschiedlich beantwortet. So war etwa die Vorstellung verbreitet, ein Kaufvertrag sei immer dann bedingt, wenn die Erfüllung desselben von einer Bedingung abhängig gemacht werde.[138] Bei *Sintenis* findet sich

132 Hofmann, AcP 18 (1835), 254, 265.
133 Müller, AcP 12 (1829), 247, 256 ff.
134 Leonhardt, Lehre vom Grundeigentum, S. 248; Leist, Sicherung von Forderungen, S. 74; von Geyso, Zeitschrift für Civilrecht und Prozeß, Bd. 5 (1832), 161, 169; Guyet, S. 26 FN 5.
135 Leonhardt, Lehre vom Grundeigentum, S. 248; Sawallisch, Pactum reservati dominii, S. 31; von Geyso, Zeitschrift für Civilrecht und Prozeß, Bd. 5 (1832), 161, 166 ff., für den Fall, daß von einer Resolutivbedingung auszugehen sei.
136 Leonhardt, Lehre vom Grundeigentum, S. 229 ff.; ebenso Sawallisch, Pactum reservati dominii, S. 10, 16, 19; Bade, Pactum reservati dominii, S. 21, 29 ff., 51; Loepert, S. 19 ff. Windscheid, Pandekten I, § 172, 18 a.
137 Leonhardt, Lehre vom Grundeigentum, S. 229.
138 So explizit Verf. der Abhandlung in: Juristische Zeitung für das Königreich Hannover, Jahrgang 1831, No. 10, S. 148 f.: „Wenn wirklich bei der Tradition - der Übertragung des juristischen Besitzes - der Übergang des Eigenthums, welchen die Creditirung des Kaufpreises mit sich führen würde, durch die Suspensiv-Bedingung ge-

die Aussage, das *pactum reservati dominii* bedinge zwar die Tradition, aber nur darum, weil es die *causa* derselben, den Kauf selbst, suspendiere. Mit Ausfall der Bedingung sei daher der Kauf hinfällig und die Vindikation zulässig.[139]

Im Anschluß an *Duncker*[140] wurde aber bald die Ansicht herrschend, die in der Abrede eine dem *Übereignungsvertrag* zugefügte Suspensivbedingung erblickte. Gegen *Sintenis* wurde zu Recht geltend gemacht, seine Auffassung vertrage sich nicht mit der Anerkennung eines abstrakten dinglichen Übereignungsvertrages; bei diesem sei die *causa traditionis* gerade nicht der Kaufvertrag, sondern die Einigung der Parteien darüber, daß das Eigentum übergehen solle.[141] Bezeichnend ist auch, daß *Sintenis* sich anstelle einer eigenen Begründung für seine Auffassung mit einem Verweis auf *Puchta* begnügte. Bei *Puchta* findet sich aber gerade die

hemmt würde, so nähme dadurch das Geschäft die Natur eines bedingten an. Ein Kauf ist ein bedingter, wenn die Erfüllung desselben von einer Bedingung abhängig gemacht ist". I.E. lehnt der Verf. die Suspensivbedingung jedoch als der Absicht der Parteien widersprechend ab. Für einen bedingten Kaufvertrag wohl auch OAG München, SeuffA Bd. 2 (1849), No. 10; R. Koch, Gruchot Bd. 12 (1868), 1, 7.

139 Sintenis, Das practische gemeine Civilrecht I, § 49, 21 (S. 483).
Im übrigen nahm Sintenis bei der Konstruktion des *pactum reservati dominii* insofern eine Sonderstellung ein, als er grundsätzlich zwar von einer Suspensivbedingung ausging, aber annahm, die Stellung des Käufers sei während der Schwebezeit zugleich resolutiv bedingt. Diesen Zustand bezeichnete Sintenis ein „Anomalon von Bedingung". Dieser m.E. zutreffende Ansatz (vgl. dazu auch A II 5), der die Anerkennung eines selbständig verfügbaren Rechts des Vorbehaltskäufers ermöglicht hätte, wurde im 19. Jahrhundert jedoch vehement bekämpft.

140 Duncker, Rheinisches Museum für Jurisprudenz, Bd. 5 (1833), 65, 73 ff.; von Geyso, Zeitschrift für Civilrecht und Prozeß, Bd. 5 (1832), 161, 162 ff.; Dernburg, Pandekten I, § 215, 1; Leist, Sicherung von Forderungen, S. 43 ff., 55; Bumke, Pactum reservati dominii, S. 15; Frey, Pactum reservati dominii, S. 17 ff.; Mühlenbruch, Pandekten II, § 405; Arndts, Pandekten, § 145; Loepert, S. 17 ff.; Guyet, S. 23; Pudor, S. 32 ff.; Thorsch, Pactum reservati dominii, S. 11 ff. Thorsch nimmt im Ergebnis allerdings keine echte Bedingung, sondern eine *condicio iuris* an. Der den Eigentumsvorbehalt betreffende Kauf sei kein Kreditgeschäft, weil ein solches nur vorliegen könne, wenn der Verkäufer seine Leistung bereits vollständig erbracht habe. Dies sei beim *pactum reservati dominii* aber nicht der Fall, weil bei diesem ein beiderseitiger Erfüllungsaufschub vorliege. Kreditkauf und Eigentumsvorbehalt schlössen sich aus. Der Verkäufer, der unter einer Bedingung tradiere, stelle damit keine selbständige Bedingung auf, sondern ziehe nur die Konsequenz aus der Gegenseitigkeit der Verpflichtungen. Das *pactum reservati dominii* enthalte daher nur eine *condicio tacita* oder *iuris*, vgl. Thorsch, Pactum reservati dominii, S. 19 - 39. Vgl. aus der Rspr. OAG Oldenburg, SeuffA Bd. 25 (1871), No. 242.

141 Vgl. die Kritik bei Bade, Pactum reservati dominii, S. 31 ff.; Pudor, S. 34; Loepert, S. 18 f.; auch OAG Oldenburg, SeuffA Bd. 25 (1871), No. 242.

entgegengesetzte Ansicht ausgesprochen: Der *beiderseitige Wille* zur Eigentumsübertragung könne ein bedingter sein, wodurch die Eigentumsübertragung suspendiert sei.[142] Dieses Rechtsgeschäft bezeichnet *Puchta* als *iusta causa traditionis*.

Spätestens ab der Mitte des 19. Jahrhunderts war daher unabhängig von der Konstruktion des *pactum reservati dominii* als Resolutiv- oder Suspensivbedingung anerkannt, daß der Kauf selbst keine Bedingung enthält, sondern daß es sich vielmehr um eine Vereinbarung handelt, die der Tradition zugefügt ist.[143] Dies war Ergebnis des Abrückens von der kausal ausgestalteten Tradition zugunsten der Lehre vom abstrakten dinglichen Übereignungsvertrag.[144]

Aus der Erkenntnis, daß die Wirkung des Eigentumsvorbehalts eine solche der Tradition sei, wurde gefolgert, daß der Ausfall beziehungsweise Eintritt der Bedingung den obligatorischen Vertrag unberührt lasse, und daß dadurch im Gegensatz zur *lex commissoria* kein Rücktrittsrecht entstehe.[145] Danach hatte der Bedingungseintritt/ -ausfall lediglich für das dingliche Geschäft Bedeutung, so daß der Vorbehaltskäufer bei aufschiebend bedingter Konstruktion nicht mehr Eigentümer werden konnte, während er bei der Resolutivbedingung das bereits erlangte Eigentum zugunsten des Verkäufers einbüßte. Dies wurde seit den 70er Jahren des 19. Jahrhunderts auch von der Rechtsprechung anerkannt.[146]

Damit stand der Unterschied zwischen dem *pactum reservati dominii* und der *lex commissoria* fest: Der Eigentumsvorbehalt tritt einem unbeding-

142 Puchta, Pandekten, § 148, f.

143 Die Frage, ob beim Eigentumsvorbehalt im Zweifel von einer Resolutivbedingung oder einer Suspensivbedingung auszugehen sei, war bis zur Klarstellung in § 455 BGB umstritten. Allerdings fand die suspensive Konstruktion im letzten Drittel des 19. Jahrhunderts immer mehr Anhänger. Insbesondere die Praxis ging durchweg von einer Suspensivbedingung aus, sofern die Parteien nicht ausdrücklich eine Resolutivbedingung vereinbart hatten. So etwa OAG Dresden, SeuffA Bd. 6 (1867), No. 147; RGZ 9, 169; 20, 237.

144 Damit hätte man konsequenterweise der *lex commissoria* ihre dingliche Wirkung versagen müssen. Das geschah jedoch nur vereinzelt.

145 Leonhardt, Lehre vom Grundeigentum, S. 246 ff.; Windscheid, Pandekten I, § 172, 18 a; Loepert, S. 23 f., 34; Sawallisch, Pactum reservati dominii, S. 34; Leist, Sicherung von Forderungen, S. 54 f.; Duncker, Rheinisches Museum für Jurisprudenz, Bd. 5 (1833), 65, 96; Bade, Pactum reservati dominii, S. 21, 35; Bumke, Pactum reservati dominii, S. 28; von Geyso, Zeitschrift für Civilrecht und Prozeß, Bd. 5 (1832), 161, 169, 173.

146 OAG Oldenburg, SeuffA Bd. 25 (1871), No. 241, 242, 243; RGZ 7, 147 ff.; 9, 169 ff; 49, 189, 190.

ten Kaufvertrag hinzu, was zur Folge hat, daß der obligatorische Vertrag vom Ausfall der Bedingung nicht betroffen wird. Demgegenüber macht die *lex commissoria* den Bestand des Kaufvertrages von der Zahlung des Kaufpreises abhängig.[147] Daraus erhellt, daß die gemeinrechtliche Dogmatik den Ausfall der Bedingung beim *pactum reservati dominii* in keiner Weise mit der Rücktrittserklärung verbunden hat. Vielmehr wurde der Frage, ob sich der Vorbehaltsverkäufer auch vom obligatorischen Vertrag lösen könne, zunächst überhaupt keine Beachtung geschenkt.

d. Das pactum reservati dominii bei beweglichen Sachen

Mit der partikularrechtlichen Herausbildung des modernen Hypothekenrechts, das die stillschweigende Hypothek abschaffte und das Publizitätsprinzip verwirklichte, wurde dem Eigentumsvorbehalt für den Bereich der Immobilien bald die Existenzgrundlage entzogen.[148] Viele Partikulargesetze gaben dem Eigentumsvorbehalt nunmehr die Bedeutung einer Hypothek.[149] Um die Mitte des 19. Jahrhunderts hatte sich daher der Eigentumsvorbehalt an Immobilien weitgehend überlebt.[150] Mit der schwindenden Bedeutung des *pactum reservati dominii* im Bereich der Immobilien erschloß sich jedoch bald ein neues Anwendungsgebiet: Der Eigentumsvorbehalt wurde im Bereich des Mobiliarverkehrs bedeutsam. Ursache hierfür dürfte der Übergang zur industriellen Gesellschaft gewesen sein, in der die Produktion von Massenartikeln in den Vordergrund rückte. Auf der Suche nach Absatzmärkten für diese Produkte war man gezwungen, diese auch für breitere Bevölkerungsschichten finanzierbar zu machen.[151] Da den potentiellen Konsumenten jedoch meist die Mittel zur sofortigen Begleichung des Kaufpreises fehlten, andererseits die Produzenten ohne adäquate Sicherung nicht zu einer Stundung bereit waren, suchte man nach Wegen, durch die den Interessen beider Parteien Rechnung getragen werden konnte. Dies hätte leicht durch die Anerkennung eines besitzlosen Pfandrechts geschehen können. Dazu sah man sich jedoch nach der Einführung des Faustpfandprinzips bei beweglichen Sa-

147 Evtl. mit der erwähnten dinglichen Wirkung.

148 Vgl. Cohen, GrünhutsZ Bd. 21 (1894), 689, 714; Guyet, S. 7.

149 So etwa die preußische Hypothekenordnung von 1783 und das bayerische Hypothekengesetz von 1822.

150 Cohen, GrünhutsZ Bd. 21 (1894), 689, 717 FN 35, gibt an, der Eigentumsvorbehalt an Immobilien komme nur noch bei der Veräußerung von Arbeiterwohnhäusern und landwirtschaftlichen Grundstücken, ansonsten aber nur äußerst selten vor.

151 S. dazu Thiemann, Entwicklung der Eigentumsanwartschaft, S. 51 ff.

chen und dem Verbot der Mobiliarhypothek außerstande. Als Ausweg blieb daher nur, den Anwendungsbereich des *pactum reservati dominii* auf bewegliche Sachen auszudehnen.[152]
Dort allerdings, wo der Eigentumsvorbehalt partikularrechtlich nicht existierte oder der dinglichen Wirkung entbehrte, sann man auf andere Abhilfe. So kannte das ALR zwar einen Eigentumsvorbehalt, dem es die Wirkung einer Resolutivbedingung gab.[153] Die Regelungen des preußischen Landrechts zum Eigentumsvorbehalt konnten aber insoweit das Sicherungsbedürfnis des Verkäufers nicht befriedigen, als § 262 I 11 ALR der auflösend bedingten Eigentumsübertragung die dingliche Wirkung versagte und dem Verkäufer nur einen schuldrechtlichen Rückübertragungsanspruch zugestand.[154] Um diese mißliche Wirkung zu umgehen, wurde es in der Praxis üblich, daß der Verkäufer mit dem Käufer eine Mietvereinbarung traf. Der „Käufer" war zu entsprechenden Mietzahlungen verpflichtet und erlangte, sobald diese einen entsprechenden Betrag erreicht hatten, das Eigentum an dem Gegenstand.[155] Da diese Vertragsform hauptsächlich bei Einrichtungsgegenständen zur Anwendung kam, wurde dafür die Bezeichnung „Möbelleihvertrag" gebräuchlich. In Wirklichkeit verbarg sich dahinter nichts anderes als das *pactum reservati dominii*, dessen unbefriedigende Wirkung bei Eintritt des Sicherungsfalles auf diese Weise umgangen werden sollte. Daher kann nicht verwundern, daß man im Streit um die rechtliche Natur des Möbelleihvertrages schließlich auf die Grundsätze zurückgriff, die bereits für das *pactum reservati dominii* herausgearbeitet worden waren.[156]

152 Vgl. dazu Lazarus, Abzahlungsgeschäfte, S. 1; Frey, Pactum reservati dominii, S. 14 f.

153 § 266 I 11 ALR: „Hat der Verkäufer auf den Fall, wenn der Käufer das creditirte Kaufgeld, oder einen gewissen Theil desselben, in einem bestimmten Termine nicht zahlen würde, sich das Eigenthum der verkauften und übergebenen Sache vorbehalten, so hat dieses Abkommen die Kraft eine auflösenden Bedingung (§§ 261, 262)".

154 Dieser wirkte allerdings dann gegen Dritte, wenn diese von der auflösend bedingten Eigentumsübertragung Kenntnis hatten, vgl. § 264 I 11 ALR.
§ 262 I 11 ALR lautete: „Auch in dem eintretenden Falle ist dennoch, wenn das Eigenthum auf den Verkäufer zurückgehen soll, eine neue Uebergabe an denselben erforderlich". Vgl. zu dieser Regelung auch Lazarus, Abzahlungsgeschäfte, S. 3.

155 Vgl. dazu von Brünneck, Gruchot Bd. 10 (1866), 339, 343 f.

156 Vgl. etwa Marwitz, Gruchot Bd. 35 (1891), 214, 217 f.; Lazarus, Abzahlungsgeschäfte, S. 46.

e. Die Kombination von Eigentumsvorbehalt und Rücktrittsrecht bei den Abzahlungsgeschäften

Da der Ausfall der Bedingung den obligatorischen Betrag unberührt ließ, stellte sich die Frage, wodurch und wann der Kaufvertrag endete. *Duncker* war der Auffassung, der Vorbehaltsverkäufer gebe durch die Vindikation zu erkennen, daß er von dem Vertrag abgehen wolle, und der Käufer erkläre sich, indem er die Sache herausgebe, damit einverstanden.[157] Dagegen aber wandte man zu Recht ein, daß damit die Tatsache, daß das *pactum reservati dominii* den Kaufvertrag selbst nicht zu einem bedingten mache, im Ergebnis negiert werde. Zudem könne dem Käufer nicht unterstellt werden, er sei mit der Auflösung des Kaufvertrages einverstanden, wenn er in Wirklichkeit nur seiner Verpflichtung zur Herausgabe nachkommen wolle.[158]

Aber auch die Gegenansicht, die den Kaufvertrag so lange bestehen lassen wollte, bis die daraus resultierenden Ansprüche aufgrund von Verjährung nicht mehr erfolgreich geltend gemacht werden konnten[159], stieß bald auf Ablehnung. Man betrachtete es als Notwendigkeit, dem Verkäufer die Möglichkeit zu geben, möglichst bald vom Vertrag loszukommen, da er ansonsten verpflichtet wäre, die Sache bis zum Ablauf der Verjährungsfrist für den Käufer aufzubewahren. Daran sei er in der Regel jedoch nicht interessiert. Vielmehr sei ihm meist weit mehr an der Verwertung des Kaufgegenstands gelegen.[160]

Daher ging die spätere gemeinrechtliche Doktrin dazu über, dem Verkäufer über den bereits erwähnten Rücktrittsersatz[161] das Recht zu geben, sich vom Kaufvertrag zu lösen, wenn seinerseits ein Interesse am Vollzug des Vertrages nicht mehr bestand. Häufig wurde nunmehr beim *pactum reservati dominii* neben der bedingten Übereignung noch zusätzlich eine Vereinbarung getroffen, die den Verkäufer dazu berechtigte, im Falle des Bedingungsausfalls vom Kaufvertrag abzugehen.[162] Die Kombination von *pactum reservati dominii* mit dem Recht zur Vertragsauflösung kam vor allem bei den seit der Mitte des 19. Jahrhunderts immer

157 Duncker, Rheinisches Museum für Jurisprudenz, Bd. 5 (1833), 160, 162.
158 Bade, Pactum reservati dominii, S. 76; Leonhardt, Die Lehre vom Grundeigentum, S. 247; Bumke, Pactum reservati dominii, S. 28 ff.
159 Leonhardt, Die Lehre vom Grundeigentum, 246 f., 258; Sawallisch, Pactum reservati dominii, S. 43.
160 Vgl. Bade, Pactum reservati dominii, S. 76 f.
161 S. dazu oben II 2 b aa a.E.
162 Lazarus, Abzahlungsgeschäfte, S. 1 ff.

häufiger werdenden Abzahlungsgeschäften zur Anwendung.[163] Bei den „Möbelleihverträgen“ war die Kombination von Eigentumsvorbehalt und Rücktrittsrecht ohnehin üblich.[164]
Unabhängig von der meist noch angenommenen dinglichen Wirkung des Rücktritts diente dieser in Verbindung mit dem Eigentumsvorbehalt lediglich der Herstellung des der Vertragsauflösung entsprechenden Zustands.[165]
Die Lösung vom Kaufvertrag hätte nun dem Käufer seinerseits einen Anspruch auf Rückgewähr der bereits gezahlten Raten verschafft, jedenfalls insoweit, als zu seinen Gunsten nach Abzug der Wertminderung der Kaufsache noch eine Differenz verblieb. Bei den Abzahlungsgeschäften gelang es dem Verkäufer aber meist, eine Vereinbarung zu treffen, die ihn dazu berechtigte, die vom Käufer bereits entrichteten Raten zu behalten.[166] Dies wirkte sich insbesondere dann zu Ungunsten des Käufers aus, wenn er bereits einen erheblichen Teil des Kaufpreises getilgt hatte. Verbreitet war auch die Klausel, daß bei Verzug mit einer Rate der gesamte Restbetrag sofort fällig sein sollte.[167]
Vor dem Hintergrund zunehmender Verbreitung der Abzahlungsgeschäfte riefen diese Mißstände schließlich den Gesetzgeber auf den Plan, der sich gezwungen sah, noch vor einer gesetzlichen Regelung des Eigentumsvorbehalts in einem Bürgerlichen Gesetzbuch in Form des Abzahlungsgesetzes Abhilfe zu schaffen. Das Gesetz beseitigte die Nachteile, die die Gesamtfälligkeits- und die Verwirkungsklausel mit sich brachten und machte in § 5 die übliche Kombination von Eigentumsvorbehalt und Rücktrittsrecht zu einer gesetzlichen. Grund dafür war, daß der Gesetzgeber befürchtete, skrupellose Abzahlungshändler könnten dazu übergehen, die aufschiebend bedingt übereignete Sache aufgrund des Eigentumsvorbehalts wieder an sich zu nehmen, gleichzeitig aber den Rücktritt nicht zu erklären, um den Käufer bis auf weiteres am Kaufvertrag festzuhalten. Dies hätte für den mittellosen Käufer bedeutet, daß er

163 Vgl. Lazarus, Abzahlungsgeschäfte, S. 2; Guyet, S. 4.

164 Vgl. Marwitz, Gruchot Bd. 35 (1891), 214, 220; Lazarus, Abzahlungsgeschäfte, S. 3; Leist, Sicherung von Forderungen, S. 74 f.

165 Vgl. Lazarus, Abzahlungsgeschäfte, S. 53

166 Vgl. Lazarus, Abzahlungsgeschäfte, S. 9 ff.; Crisolli, Einl. AbzG, S. 10 ff.; Wilke, Einl. AbzG, S. 8; Guyet, S. 4.

167 Lazarus, Abzahlungsgeschäfte, S. 10; Crisolli, Einl. AbzG, S. 21; Wilke, Einl. AbzG, S. 11 f.; Bumke, Pactum reservati dominii, S. 29.

nicht nur die Kaufsache, sondern auch die bereits gezahlten Raten für immer verloren hätte.[168]

f. Rücktritt, lex commissoria und Eigentumsvorbehalt in den Gesetzesmaterialien zum BGB

aa. Die Einführung eines Rücktrittsrechts und die Wirkung der lex commissoria

Das BGB vollzog die entscheidende Wende, indem es die *lex commissoria* und das *pactum reservati dominii* deutlich voneinander schied und einem allgemeinen Rücktrittsrecht zur Anerkennung verhalf.[169] Dabei ließ der Gesetzgeber sich von dem Gedanken leiten, daß das Gesetz durch die Zusammenfassung des *pactum displicentiae*, der *addictio in diem* und der *lex commissoria* zu einem allgemeinen vertragsmäßigen Rücktrittsrecht erheblich an Einfachheit und Klarheit gewinne.[170] Mit der damals noch verbreiteten Auffassung, der Kaufvertrag sei im Zweifel unter der Resolutivbedingung des Rücktritts geschlossen, wurde endgültig gebrochen und dem Rücktritt aus Gründen der Sicherheit des Verkehrs die dingliche Wirkung versagt.[171]

Trotz der Regelung eines allgemeinen vertraglichen Rücktrittsrechts sollte auch die Verfallklausel (*lex commissoria*) erhalten bleiben. Der Rechtsverlust sollte jedoch nicht bereits eingreifen, wenn die Bedingung der Verfallklausel erfüllt war, sondern erst dann, wenn der Rücktritt vom Vertrag erklärt wurde. Konsequenterweise läßt § 360 als Nachfolger der *lex commissoria* die dingliche Wirkung vermissen. An die Stelle der dinglichen Wirkung wurde eine bloße *obligatio ad restituendum* gesetzt.[172]

168 Stenographische Berichte über die Verhandlungen des Reichstages, 9. Legislaturperiode, II. Session, Bd. 2, Anlageband 1, S. 725 (zitiert nach Lazarus, Abzahlungsgeschäfte, S. 54).

169 Vgl. dazu Guyet, S. 9; Oertmann, Recht der Schuldverhältnisse, § 455, Anm. 4 u. Vorbem. § 346, Anm. 1.

170 Motive II, S. 280.

171 Motive II, S. 281. Vgl. dazu auch Guyet, S. 25 f.; Oertmann, Recht der Schuldverhältnisse, § 360, Anm. 3.

172 Motive II, S. 285.

bb. Das Gesetzgebungsverfahren bezüglich des Eigentumsvorbehalts

(1) Der Teilentwurf Johows

Der für das Sachenrecht zuständige Redaktor *Johow* wandte sich entschieden gegen die Zulässigkeit einer aufschiebend bedingten Übereignung. Er befürchtete, dadurch könne eine Gefährdung der Verkehrssicherheit einhergehen, da eine Art „Scheineigentum" entstehe.[173] Die bedingte Übereignung führe zu einem Schwebezustand, der mit dem Eigentum nicht zu vereinbaren sei.[174] Auch sei zu erwarten, daß der Veräußerer sich des Eigentumsvorbehaltes bediene, um das Faustpfandprinzip zu umgehen.[175]
Zwar erkannte *Johow*, daß durch die Nichtzulasssung einer Bedingung bei der Eigentumsübertragung die Verfügungsfreiheit des Veräußerers eine Schmälerung erleide. Er meinte jedoch, dies sei zugunsten des Drittschutzes hinzunehmen.[176]

(2) Die Teilentwurf in der Beratung der ersten Kommission

Die erste Kommission lehnte den Vorschlag *Johows*, die bedingte Tradition für unzulässig zu erklären, ab.[177] Weder der Antrag, die aufschiebend bedingte Übereignung für nichtig zu erklären, noch der, der bedingten Eigentumsübertragung die dingliche Wirkung zu versagen, fand die Mehrheit. Vielmehr wurden Bedingungen bei der Übereignung beweglicher Sachen uneingeschränkt zugelassen. Die von *Johow* hinsichtlich der Umgehung des Faustpfandprinzips geäußerten Bedenken wurden zwar erörtert[178]; die Kommission war jedoch der Ansicht, es gehe nicht an, die Privatautonomie in der im Entwurf vorgesehenen Weise zu beschränken.[179] Der Verkehrsschutz sei durch die gegenüber dem Entwurf erweiterte Anerkennung der Möglichkeit eines gutgläubigen Erwerbs gewahrt.[180] Damit gab die Kommission den Bedürfnissen der Praxis den Vorzug.

173 Johow, S. 774 f., 784 f.
174 Johow, S. 778, 784.
175 Johow, S. 783 f.
176 Johow, S. 785.
177 Protokolle der 1. Kommission, S. 4031.
178 Protokolle der 1. Kommission, S. 4032.
179 Protokolle der 1. Kommission, S. 4032.
180 Protokolle der 1. Kommission, S. 4033.

Aufschluß darüber, wie man sich die Konstruktion der bedingten Eigentumsübertragung vorzustellen habe, geben die Motive. Dort wird ausdrücklich betont, der Eigentumsvorbehalt beeinflusse nur das dingliche Rechtsgeschäft und mache den obligatorischen Vertrag nicht zu einem bedingten.[181] Hierzu wurde explizit auf die gemeinrechtliche Literatur und die Rechtsprechung des Reichsgerichts zum *pactum reservati dominii* verwiesen.
Dies macht deutlich, daß der Gesetzgeber im Einklang mit der damals herrschenden Meinung den Eigentumsvorbehalt als Vereinbarung ansah, die die schuldrechtlichen Abmachungen der Kaufvertragsparteien in keiner Weise tangierte. In dieser Hinsicht ist auch eine weitere Bemerkung der Motive erhellend: Es sei nach den Umständen des Falles zu prüfen, ob in Wirklichkeit gar kein Eigentumsvorbehalt, sondern nur ein Vertrag nach Maßgabe der Vorschriften der §§ 426 ff., 436 gewollt sei.[182] Die §§ 426 ff. betrafen den Rücktritt vom Vertrag[183], der ausdrücklich genannte § 436 behandelte die *lex commissoria.*[184] Konsequenterweise findet sich in den Motiven die Ansicht, der Eigentumsvorbehalt sei für das Obligationsrecht nicht von Interesse. Vielmehr habe er seine Bedeutung ausschließlich auf dem Gebiet des Sachenrechts.
Leider versäumte es die erste Kommission, eine entsprechende Regelung im Sachenrecht zu schaffen. Die Motive zum Sachenrecht stellen hierzu lapidar fest, daß der Entwurf über die bedingte oder betagte Eigentumstradition schweige.[185]

(3) Die Beratungen zum Eigentumsvorbehalt in der zweiten Kommission

Die zweite Kommission konnte sich infolge der in der Praxis weiten Verbreitung des Eigentumsvorbehalts einer Regelung nicht länger verschließen. Bereits bei den Beratungen zum Kaufrecht befaßte man sich nunmehr mit dem Eigentumsvorbehalt.
Der erste Antrag ging dahin, man solle im Bereich des Schuldrechts den Eigentumsvorbehalt lediglich als Vorbehalt des Rücktritts ansehen.[186] Der Antragsteller meinte, im Bereich des Schuldrechts komme es nur

181 Motive II, S. 319.
182 Motive II, S. 319.
183 §§ 346 ff. BGB.
184 § 360 BGB.
185 Motive III, S. 337.
186 Protokolle II, S. 79 f.

darauf an, zu bestimmen, daß der Verkäufer gegenüber dem sich im Zahlungsverzug befindlichen Käufer von seiner Verbindlichkeit frei werden wolle. Die dingliche Seite könne erst in der Beratung des Sachenrechts erörtert und entschieden werden. Dort müsse man auch die Frage erörtern, ob die Hinzufügung einer Bedingung bei der Eigentumsübertragung nicht zu verbieten sei.[187]
Die Kommission lehnte diesen Antrag zwar ab, aber nicht deshalb, weil sie an der Trennung zwischen dem ausschließlich die dingliche Ebene erfassenden Eigentumsvorbehalt und dem der Beseitigung der Vertragswirkungen dienenden Rücktritt zweifelte. Vielmehr hielt die Kommission es für notwendig, bereits im Kaufrecht die dingliche Wirkung des Eigentumsvorbehalts zu bestimmen. Es sei unzureichend, hier lediglich auf das Rücktrittsrecht im Verzugsfall einzugehen.[188] Bezüglich der grundsätzlichen Zulässigkeit der bedingten Eigentumsübertragung war die Kommission der Auffassung, bis zur Beratung des Sachenrechtes sei von dem Entwurf auszugehen, der diese nicht bezweifle.[189] Sollte die Frage der bedingten Eigentumsübertragung dort anders entschieden werden, könne man im Kaufrecht immer noch eine Änderung treffen. Hinsichtlich der dinglichen Bedeutung des Eigentumsvorbehalts sei davon auszugehen, daß es im Interesse des Verkäufers liege, bis zur Tilgung der Kaufpreisschuld Eigentümer zu bleiben, damit er einem zahlungsunfähigen Käufer gegenüber möglichst vor Verlust bewahrt sei. Es sei daher auch mit Rücksicht auf die wirtschaftlich unentbehrlichen Abzahlungsgeschäfte am sinnvollsten, wenn man dem berechtigten Verlangen des Verkäufers entspreche und als Auslegungsregel von einer aufschiebend bedingten Übereignung ausgehe.[190] Die Kommission gab damit dem 2. Antrag statt und lehnte den Unterantrag, der dahin ging, die Worte „unter der aufschiebenden Bedingung“ durch die Worte „unter der auflösenden Bedingung“ zu ersetzen, ab. Abgesehen von geringfügigen redaktionellen Änderungen ist diese Regelung später Gesetz geworden.

187 Protokolle II, S. 80.
188 Protokolle II, S. 81.
189 Protokolle II, S. 81.
190 Protokolle II, S. 81.

g. Ergebnis

Der Gesetzgeber knüpfte mit § 455 BGB unmittelbar an die herrschende gemeinrechtliche Ansicht zum *pactum reservati dominii* an.[191] Der einzige Unterschied war, daß man neben der dinglichen auch die obligatorische Seite des Eigentumsvorbehalts berücksichtigte und dies in einer Vorschrift regelte. Aber auch die Kombination von Eigentumsvorbehalt und Rücktrittsrecht war kein Novum, sondern vielmehr bereits unter der Geltung des gemeinen Rechts praktiziert worden. Daran, daß die Bedingung nur für die dingliche Seite des Eigentumsvorbehalts Bedeutung hat, und der Ausfall der Bedingung nicht von der rein obligatorisch wirkenden Rücktrittserklärung abhängt, sollte sich indes nichts ändern.

Eine andere Konstruktion des Eigentumsvorbehalts hätte auch die Abkehr von mittlerweile anerkannten Prinzipien bedeutet: Wäre der Gesetzgeber davon ausgegangen, daß die Rücktrittserklärung für den Ausfall der Bedingung verantwortlich ist, hätte er damit die *lex commissoria* mit dinglicher Wirkung wieder eingeführt.[192] Das aber sollte gerade vermieden werden, die *lex commissoria* vielmehr lediglich das Recht zum Rücktritt geben.

Indem die herrschende Meinung für den Bedingungsausfall auf die Rücktrittserklärung abstellt, negiert sie die Unterschiede zwischen Eigentumsvorbehalt und *lex commissoria*, die im 19. Jahrhundert so mühevoll entwickelt worden sind und die der Gesetzgeber klar zum Ausdruck gebracht hat. Damit kehrt die herrschende Meinung zu einem Stand der Dogmatik zurück, wie er kennzeichnend für die Zeit vor der endgültigen Etablierung des Abstraktionsprinzips war.

Folglich ist § 455 so zu lesen, daß die Vereinbarung eines Eigentumsvorbehalts im Zweifel die Wirkung einer Eigentumsübertragung unter der aufschiebenden Bedingung der vollständigen Zahlung des Kaufpreises hat. Diese dingliche Ebene des Eigentumsvorbehalts wird *ergänzt* durch das Recht des Verkäufers, im Falle des Verzuges des Käufers vom Kaufvertrag zurückzutreten. Die obligatorische Seite hat jedoch mit dem eigentlichen Eigentumsvorbehalt nichts zu tun und kann demzufolge für sich genommen auch nicht den Ausfall der Bedingung bewirken. Das bedeutet, daß unabhängig davon, welches Ereignis *in concreto* den Ausfall der Bedingung bewirkt, der Kaufvertrag so lange in Bestand bleibt, bis

191 So zutr. Sandmann, Geschichte des Eigentumsvorbehalts, S. 116; Bumke, Pactum reservati dominii, S. 41; Frey, Pactum reservati dominii, S. 27.

192 Auch die *lex commissoria* war als aufschiebend bedingte Konstruktion möglich.

der Verkäufer von seinem Rücktrittsrecht Gebrauch macht. Der Verkäufer kann also weiter auf Erfüllung bestehen. Die Zurücknahme der Kaufsache dient dann lediglich der Sicherung. Im Normalfall wird der Verkäufer jedoch die Sache aufgrund des Eigentumsvorbehalts an sich nehmen und nachfolgend den Rücktritt erklären, falls sich abzeichnet, daß der Käufer sich nicht nur kurzzeitig in Zahlungsschwierigkeiten befindet.

In Anbetracht der klaren Aussagen des Gesetzgebers kann nicht verwundern, daß in der Anfangszeit des BGB noch dogmatisch sauber zwischen der Geltendmachung des Eigentumsvorbehalts und der Rücktrittserklärung unterschieden wurde.[193] Der Verkäufer brauchte also nicht zurückzutreten, um den Ausfall der Bedingung zu bewirken. Daran hat auch die Rechtsprechung noch bis in die 20er Jahre dieses Jahrhunderts festgehalten.[194]

Soweit feststellbar rückten erstmals *Rühl* und *Schürmann* von dieser Sichtweise ab, indem sie den Ausfall der Bedingung an die Rücktrittserklärung knüpften.[195] Dies geschah maßgeblich mit dem Ziel, einen ein-

193 Vgl. Frey, Pactum reservati dominii, S. 27, 33 f.; Guyet, S. 24; Behrens, S. 22 ff., 28; Pudor, S. 46 f.; Wagener, S. 18 f., 20, 23, 32; Stern, S. 10, 18 FN 22; Jaffé, S. 19, 38 f., 41, 67; J. Fuchs, ZBH 1930, 123 ff.; Staub - Könige, Kommentar zum Handelsgesetzbuch, Exkurs zu § 382, Anm. 64 bis 66; Düringer/ Hachenburg - Hoeniger, Handelsgesetzbuch, Einl., Anm. 306; Crisolli, § 5 AbzG, Anm. 1; Wilke, § 5 AbzG, Anm. 1; Oertmann, Recht der Schuldverhältnisse, § 455, Anm. 1; Planck, § 455, Anm. 2 a; Crome, System II 1, § 212 3 b (S. 413); Dernburg, BürgR II 2, § 171 III; Warneyer, BGB I, § 455, Anm. V; Fischer/ Henle, BGB, § 455, Anm. bb 2; A. Engelmann, Das Bürgerliche Recht Deutschlands mit Einschluß des Handelsrechts historisch und dogmatisch dargestellt, § 119 VI; Grimm, S. 59; Bumke, Pactum reservati dominii, S. 41 ff.; Thiesing, ArchBR Bd. 20 (1902), 240, 244; Flatau, S. 79; K. A. Crisolli, ZHR 95 (1930), 270, 273 f.; Samter, § 5 AbzG, Anm. 1 u. 2; wohl auch Richter, S. 34 u. FN 150; RGRK (10. Aufl.) - Kuhn, § 455, Anm. IX B, anders jedoch Anm. IX A c: Das Anwartschaftsrecht erlösche mit Wegfall des Sicherungszwecks d. h. der Forderung; im Grundsatz auch Goldmann/ Lilienthal I, § 142 u. Windscheid/ Kipp, Pandekten II, § 387 (S. 640). Beide gehen jedoch davon aus, das Rückgabeverlangen aufgrund des Eigentumsvorbehalts enthalte regelmäßig den Rücktritt vom Kaufvertrag, vgl. dazu unter II 5.

194 Vgl. BadRP 1901, 302; RG JW 1905, 18, 19; 1907, 315; LZ 1907, Spalte 514, 515; OLG Dresden, Annalen des königlich-sächsischen Gerichts zu Dresden, Bd. 31, 263, 265 ff., 271; RGZ 49, 189, 190; 67, 383, 386; RG WarnRspr. 1930, 302; OLG Stuttgart, Das Recht 1910, No. 862; OLG Stuttgart, Das Recht 1912, No. 2202; OLG Karlsruhe, OLGE Bd. 38 (1919), S. 122, 123; im Grundsatz auch noch RGZ 119, 64, 68 (vgl. zu dieser Entscheidung unter II 5); zum gemeinen Recht bereits RGZ 7, 147 ff.; RG JW 1894, 181 No. 11.

195 Rühl, S. 92 f.; Schürmann S. 32; ebenso Steingens, S. 30 f.; Stulz, S. 37. Vorher wurde die Verknüpfung von schuldrechtlichen und dinglichen Elementen beim Eigentumsvorbehalt lediglich vereinzelt vertreten, vgl. Jacobi, KGBl 1915, 111 f. (im

deutigen Ansatzpunkt für den Ausfall der Bedingung zu schaffen und damit den Streit um die Frage, auf welches Ereignis für den Bedingungsausfall abzustellen sei, zu beenden. Damit hatte man gleichzeitig eine auf den ersten Blick als äußerst praktisch erscheinende Parallelität von dinglicher und obligatorischer Rechtslage erreicht.[196] Obwohl diese Auffassung im krassen Widerspruch zur damals ganz herrschenden Meinung stand, ging sie seitdem fast unwidersprochen in die Kommentarliteratur über und wurde fortan für selbstverständlich erachtet.[197]
Von hier aus war der Schritt, die Stellung des Vorbehaltskäufers umfassend von der Einwirkung auf die schuldrechtliche Ebene des Eigentumsvorbehalts abhängig zu machen, nicht mehr weit, eine Ansicht, die heute in vielen Bereichen revidiert werden muß.[198]

3. Der Ausfall der Bedingung bei vertragsunabhängiger Gestaltung des Anwartschaftsrechts

Wird der Ausfall der Bedingung wie hier nicht an die Wirksamkeit und Erfüllbarkeit der Kaufpreisforderung geknüpft, muß ein anderes Ereignis als der Rücktritt für den Wegfall der dinglichen Position des Vorbehaltskäufers verantwortlich sein. Sicher ist nur, daß der ungewisse Umstand, von dem der Eigentumsübergang abhängig gemacht wird, die Zahlung des Kaufpreises ist. Die Frage, wann feststeht, daß sich die Bedingung nicht mehr verwirklicht, war bereits vor Inkrafttreten des BGB umstritten und blieb es auch nachher, da der Gesetzgeber eine Klärung hinsichtlich des Bezugspunktes für den Bedingungsausfall nicht herbeigeführt hat.[199]
Zum einen könnte man in Erwägung ziehen, die Übereignung *schlechthin* von der vollständigen Zahlung des Kaufpreises abhängig zu machen.[200] Dies kann jedoch nicht zutreffen, da der Schwebezustand auf diese Wei-

Hinblick auf das Problem der Verjährung der Kaufpreisforderung, und dort auch nur für den Bereich der Abzahlungsverträge); Hein, Abzahlgesetz, S. 53 f.

196 Rühl stellt dies ausdrücklich als Vorzug seiner Lösung heraus, vgl. S. 93; so auch Steingens, S. 40; Enneccerus/ Lehmann, SR, § 118 B IV 2 c FN 11; Georgiades, S. 20.

197 Ausdrücklich gegen diese Tendenz richten sich J. Fuchs, ZBH 1930, 123 ff., und Wagener, S. 18 f.

198 Vgl. dazu § 4.

199 AA. Bumke, Pactum reservati dominii, S. 42: Der Gesetzgeber sei in § 455 davon ausgegangen, daß Defizienz der Bedingung mit dem Verzug des Käufers vorliege. Daher erübrige sich die Erörterung der Streitfrage des gemeinen Rechts.

200 So OLG Dresden, Annalen des königlich-sächsischen Gerichts zu Dresden, Bd. 31, 263, 267.

se nie ein Ende fände. Auch wenn der Käufer im Moment zahlungsunfähig ist, ist nicht auszuschließen, daß er irgendwann wieder zu Geld kommt oder ein Dritter für ihn leistet.[201] Es erscheint daher geboten, den Bedingungsausfall an ein feststehendes Ereignis zu knüpfen. Als solches käme der Konkurs des Käufers in Betracht[202], da damit zumindest für den Augenblick die Zahlungsunfähigkeit feststeht. Eine solche Sichtweise würde aber den Verkäufer in erheblichem Umfang benachteiligen. Er wäre gezwungen, ständige Unpünktlichkeiten des Käufers bei der Ratenzahlung hinzunehmen, solange nicht der Konkurs des Käufers eingetreten ist.[203]
Zum anderen könnte man an die nicht rechtzeitige Zahlung anknüpfen, so daß die Bedingung bereits dann ausfällt, wenn der Käufer nicht zum vereinbarten Termin zahlt.[204] Dies führte aber besonders dann zu einem wenig wünschenswerten Ergebnis, wenn der Kaufpreis - wie dies die Regel ist - in mehreren aufeinanderfolgenden Raten gezahlt werden soll.[205] Hier fiele die Bedingung bereits aus, wenn eine einzige Rate zu spät eintrifft, was im übrigen auch auf einem Versehen des Käufers beruhen kann. Auch ist zu berücksichtigen, daß ein kurzfristiger Zahlungsengpaß im Wirtschaftsleben eine alltägliche Erscheinung darstellt, die der Verkäufer vielleicht über einen gewissen Zeitraum hinzunehmen gewillt ist. Dies wird etwa in Betracht kommen, wenn der Käufer während eines längeren Abzahlungszeitraums, möglicherweise sogar erst gegen Ende, mit nur einer Rate kurzfristig in Verzug gerät.
Daraus ergibt sich, daß es den Interessen beider Parteien am ehesten entspricht, den Ausfall der Bedingung erst dann anzunehmen, wenn er nach dem Willen des Verkäufers eintreten soll.[206] Konstruktiv läßt sich dies so

201 Zutr. Bumke, Pactum reservati dominii, S. 25; Rühl, S. 93.

202 So RGZ 7, 147, 151; Bade, Pactum reservati dominii, S. 54 ff.; Frey, Pactum reservati dominii, S. 34; Loepert, S. 31 ff., 52; Behrens, S. 33; Eder, S. 168 ff. Für Loepert, Behrens und Frey soll der Konkurs aber nur dann für den Ausfall der Bedingung verantwortlich sein, wenn die Parteien keinen Termin oder keine Frist für die Zahlung vereinbart haben.

203 Gegen den Konkurs als Bezugspunkt auch Jaffé, S. 26 ff.; Leist, Sicherung von Forderungen, S. 54; Paetsch, S. 8.

204 So Stern, S. 24 f.; Bumke, Pactum reservati dominii, S. 24 f.; Frey, Pactum reservati dominii, S. 34; Jaffé, S. 27 ff.; Dernburg, BürgR II 2, § 171 III; Crome, System II 1, § 212, 3 b (S. 413); Pudor, S. 30 f.; Thiesing, ArchBR Bd. 20 (1902), 240, 244; Planck, § 455, Anm. 2 a; Richter, S. 34 FN 150.

205 Zutr. Guyet, S. 28 ff.

206 Insoweit zutr. Rühl, S. 93; Schürmann, S. 32; Steingens, S. 25 f.; Schnorr von Carolsfeld, KritVJSchr Bd. 66 (1939), 174, 183, 191; Stulz, S. 51 ff.; Paetsch, S. 7; Enneccerus/ Lehmann, SR, § 118 B III 2 c FN 11; Georgiades, S. 20. Allerdings ist

lösen, daß dem Veräußerer gestattet ist, bei nicht rechtzeitiger Zahlung des vereinbarten Kaufpreises die dingliche Einigung zu widerrufen. Zwar ist der Widerruf der dinglichen Einigung nach Übergabe der Sache normalerweise nicht mehr möglich.[207] Davon sollte jedoch angesichts der Vorteile, die Entscheidung über den Ausfall der Bedingung in die Hand des Verkäufers zu legen, für den Eigentumsvorbehalt abgewichen werden.[208] Der durch den Eigentumsvorbehalt geschaffene Schwebezustand muß irgendwann dadurch sein Ende finden, daß die Bedingung entweder eintritt oder ausfällt. Da die Stellung des Vorbehaltskäufers somit von vornherein einen vorläufigen Inhalt hat, spricht nichts dagegen, für den Eigentumsvorbehalt einen Widerruf der dinglichen Einigung für den Fall der nicht vereinbarungsgemäßen Zahlung zuzulassen.[209]

Der Bedingungsausfall hängt somit von der nicht rechtzeitigen Kaufpreiszahlung *und* von einer Erklärung des Vorbehaltsverkäufers ab, mit der er zum Ausdruck bringt, die dingliche Einigung zu widerrufen und den Eigentumsvorbehalt geltend zu machen. Der Verkäufer braucht den Widerruf der dinglichen Einigung aber nicht ausdrücklich zu erklären. Vielmehr ist im Herausgabeverlangen selbst regelmäßig die konkludente

es verfehlt, wenn die genannten Autoren daraus ableiten, für den Bedingungsausfall sei auf die Rücktrittserklärung abzustellen.
Zutr. dagegen Crisolli, § 5 AbzG, Anm. 38; Staub - Könige, Kommentar zum Handelsgesetzbuch, Exkurs zu § 382, Anm. 64; Leist, S. 54.

207 Umstr. ist lediglich, ob die Bindungswirkung bereits vor der Übergabe besteht. Die hM. schließt aus § 873 Abs. 2 und aus dem Wortlaut der §§ 929, 1032, 1205 („einig sein"), daß bei Mobilien die dingliche Einigung bis zur Übergabe frei widerruflich ist, vgl. nur E. Wolf, SaR, § 5 A III i (S. 219 f.); Baur/ Stürner, SaR, § 5 III i b; RGRK - Pikart, § 929, Rz. 52; Palandt - Bassenge, § 929, Rz. 6; dagegen zu Recht Endemann II, § 20 I; Dernburg, BürgR III, § 100 I 1; Wieling, SaR I, § 1 III 2 b.

208 Auf den Widerruf der dinglichen Einigung stellt im Prinzip auch Marotzke (AcP 186 (1986), 490, 512) ab. Er behandelt jedoch nicht den Fall der alleinigen Geltendmachung des Eigentumsvorbehalts, sondern stellt nur auf die Rücktrittserklärung vom Kaufvertrag ab, die im Zweifel eine „Lossagung" von der dinglichen Einigung enthalte. Offenbar scheut Marotzke sich, hier von einem Widerruf des dinglichen Geschäfts zu sprechen.

209 Man könnte auch daran denken, dem Vorbehaltsverkäufer die Möglichkeit zum Rücktritt von der dinglichen Einigung zu geben. Der Gesetzgeber hat jedoch den Anwendungsbereich der Rücktrittsregeln auf schuldrechtliche Verträge beschränken wollen, wie sich aus der Stellung im Gesetz zeigt. Dies ist auch kein bloßer Formalismus, da der Rücktritt vom dinglichen Vertrag zu einem Widerspruch zwischen den §§ 347, 987 ff. und den Regeln über das Eigentümer-Besitzer-Verhältnis führte. So müßte der Rücktrittsgegner die bis zum Rücktritt gezogenen Nutzungen nach §§ 347 S. 2, 987 herausgeben, während er bei direkter Anwendung der §§ 987 ff. dazu nur bei Bösgläubigkeit verpflichtet wäre (§ 990).

Erklärung enthalten, an der dinglichen Einigung nicht länger festhalten zu wollen.
Diese Fassung der Bedingung ist auch mit dem Wesen der Bedingung, das darin besteht, den Eintritt einer bestimmten Rechtswirkung von einem zukünftigen ungewissen Ereignis abhängig zu machen, vereinbar. Damit ist nämlich nicht ausgeschlossen, daß der Bedingungsausfall neben dem Nichteintritt dieses Ereignisses zusätzlich noch die Mitwirkung einer Vertragspartei erfordert.[210] Dadurch entsteht jedenfalls keine reine Potestativbedingung.[211]
Sobald der Vorbehaltsverkäufer erklärt, nunmehr den Eigentumsvorbehalt auszuüben, ist dem Käufer die Möglichkeit, durch Zahlung des Restkaufpreises Eigentum an der Kaufsache zu erlangen, versagt.[212] Er verliert sein dingliches Anwartschaftsrecht und muß die Kaufsache nach den §§ 985, 986 an den Verkäufer herausgeben.[213] Ist der Vorbehaltskäufer nicht mehr Inhaber der Anwartschaft, tritt der Sicherungsfall ein, wenn der Vorbehaltsverkäufer weder von seinem Vertragspartner noch vom Anwartschaftserwerber Zahlung erhält. In diesem Fall erlischt mit der Erklärung des Vorbehaltsverkäufers, nunmehr auf die Vorbehaltssache zugreifen zu wollen, auch das Anwartschaftsrecht des Dritten[214]; denn

210 Diejenigen Autoren, die den Ausfall der Bedingung zutreffend an der Erklärung des Vorbehaltsverkäufers festmachen (etwa Crisolli, § 5 AbzG, Anm. 38; Leist, S. 54; Wagener, S. 18 f.; Staub - Könige, Kommentar zum Handelsgesetzbuch, Exkurs zu § 382, Anm. 64), haben versäumt anzugeben, woraus sich die Befugnis dazu ergeben soll; insoweit zutr. Paetsch, S. 8.

211 Der klassische Fall der Bedingung, in dem der Bedingungseintritt allein vom Zufall abhängt und die Vertragspartner darauf keinen Einfluß haben, liegt beim Eigentumsvorbehalt ohnehin nicht vor; denn der Käufer kann den Eintritt der Bedingung durch sein Verhalten beeinflussen (Willkürbedingung).

212 Unrichtig Eder, S. 169 ff. Eder zieht zwar zutreffend in Erwägung, das Anwartschaftsrecht von Einwirkungen auf den Kaufvertrag unabhängig zu machen und geht insoweit folgerichtig davon aus, daß in diesem Fall auch der Rücktritt vom Kaufvertrag die Stellung des Vorbehaltskäufers nicht beeinträchtigen könne. Unzutreffend ist es jedoch, wenn er weiter vertritt, die Bedingung falle aus, wenn *nach* der Rücktrittserklärung die noch ausstehenden Kaufpreisraten weder vom Vorbehaltskäufer noch von einem Dritten getilgt würden. Eine solche Sichtweise ließe völlig im Ungewissen, an welches Ereignis der Ausfall der Bedingung anknüpft.

213 Vom Verlust des Anwartschaftsrechtes in diesem Falle sprechen bereits: Behrens, S. 43; Stern, S. 36; Leist, Sicherung von Forderungen, S. 54; Guyet, S. 42.

214 Dem Problem, daß der Vorbehaltsverkäufer von der Anwartschaftsübertragung häufig nichts erfahren wird und daher auch nichts von einer eventuellen Bereitschaft des Dritten, die Bedingung herbeizuführen, sieht sich auch die hM. gegenüber. Abhilfe ist dadurch möglich, daß sich der Vorbehaltskäufer gegenüber dem Anwartschaftserwerber dazu verpflichtet, Zahlungsrückstände unverzüglich anzuzeigen.

das Anwartschaftsrecht ist zwar nicht kausalabhängig, wohl aber abhängig von der Möglichkeit des Bedingungseintritts.[215] Wurde die Vorbehaltssache an einen Dritten übergeben, etwa weil der Vorbehaltskäufer diesem sein Anwartschaftsrecht nach § 929 übertragen hat, kann der Vorbehaltsverkäufer Herausgabe verlangen. Befindet sich die Vorbehaltssache dagegen noch im Besitz des Käufers, muß dieser sie an den Verkäufer herausgeben, da auch er sich wegen des Erlöschens der Anwartschaft auf ein Recht zum Besitz nicht mehr stützen kann.

Sollten die Parteien ihrer Vereinbarung ausnahmsweise keine feste Zeitbestimmung hinzugefügt haben, fällt die Bedingung aus, wenn der Verkäufer nach Ablauf einer dem Käufer gesetzten angemessenen Frist, die nach der Verkehrssitte zu bestimmen ist, die Vorbehaltsware herausverlangt.[216]

Der Kaufvertrag bleibt vom Bedingungsausfall zunächst unberührt, so daß die dingliche Wirkung der Vorbehaltsklausel nicht mit der obligatorischen übereinstimmt.[217] Durch das Abgehen von der dinglichen Einigung stellt sich der Kaufvertrag wieder als beiderseitig unerfüllter Vertrag dar.[218] Der Vorbehaltsverkäufer ist verpflichtet, dem Käufer mit der Zahlung des Restkaufpreises das Eigentum an der Ware zu übertragen.[219]

215 Vgl. ausführlich unter A II 5.

216 Richtig Stern, S. 25.

217 So zutr. Crome, System II 1, § 212 3 b (S. 413); Dernburg, BürgR II 2, § 171 III; Behrens, S. 43; BadRP 1901, 302.

218 Der Verkäufer ist durch die Wiederansichnahme nicht wegen seines Zahlungsanspruchs befriedigt, andernfalls der Eigentumsvorbehalt wie ein Pfandrecht behandelt würde.

219 So zutr. Crisolli, § 5 AbzG, Anm. 38; J. Fuchs, ZBH 1930, 123, 125.
Ipso iure kann der Käufer das Eigentum mit Zahlung des Restkaufpreises nicht mehr erlangen, da die Bedingung ausgefallen ist.
Demgegenüber geht Jaffé (S. 46 f.) davon aus, auch nach Bedingungsausfall sei ein unmittelbarer Eigentumserwerb des Käufers noch möglich. Neben der Einigung, die die *rechtzeitige* Zahlung zur Bedingung für den Eigentumsübergang erhebe, bestehe nämlich eine *sekundäre* Einigung, welche *schlechthin* durch die Erfüllung der dem Käufer obliegenden Verbindlichkeit bedingt sei. Diese zweite Einigung werde hinfällig, wenn der Erwerber dem vom Verkäufer erhobenen Eigentumsherausgabeanspruch nachkomme. Als Grund für die sekundäre Einigung nennt Jaffé, der Eigentumsvorbehalt habe nach dem Willen der Parteien nur subsidiäre Bedeutung. Er solle den Verkäufer lediglich vor Verlust bewahren. Wenn der Käufer seine Zahlungen nicht rechtzeitig erbringe und daher die Bedingung ausfalle, spreche nichts dagegen, den sekundären Bedingungseintritt noch zuzulassen, da der Verkäufer in diesem Falle keinen Verlust erleide. *Vor* Rückgabe der Kaufsache entfällt die sekundäre Einigung nach Jaffé durch Rücktritt vom Kaufvertrag.
Die Annahme einer sekundären Einigung stellt jedoch eine reine Fiktion dar. Zudem ist rein logisch ein Bedingungsausfall nach dem Bedingungsausfall nicht möglich.

Will der Verkäufer sich nunmehr auch vom Kaufvertrag lösen und damit von der Verpflichtung, Eigentum zu übertragen, steht es ihm frei, den Rücktritt zu erklären, sofern die Verzugsvoraussetzungen vorliegen. Dies verdeutlicht den Unterschied zur Pfandrechtskonzeption: Der Verkäufer darf sich aus der Kaufsache erst befriedigen, wenn er den Vertrag durch Rücktritt aufgelöst hat.

Auf diese Weise ergänzen sich Eigentumsvorbehalt und Rücktritt. Durch das vorbehaltene Eigentum kann der Verkäufer die Sache vindizieren, durch Ausübung des Rücktrittsrechts kann er wieder unbeschränkt darüber verfügen.

4. Enthält die Ausübung des Eigentumsvorbehalts konkludent die Rücktrittserklärung?

Der Verkäufer dürfte häufig daran interessiert sein, auch von der vertraglichen Verpflichtung loszukommen. Ein Teil der Literatur vertritt daher, in der Geltendmachung des Eigentumsvorbehalts sei regelmäßig auch der Rücktritt vom Kaufvertrag enthalten.[220] Zum Beweis der Richtigkeit dieser Auffassung wird fälschlich auf ein Urteil des Reichsgerichts aus dem Jahr 1928[221] verwiesen[222]: Der Kläger, der mit dem Beklagten einen Eigentumsvorbehalt über mehrere Kühe verabredet hatte, erhielt diese aufgrund einer einstweiligen Verfügung zurück und ließ sie versteigern. Der Versteigerungserlös wurde hinterlegt. Der Kläger verlangte mit der Klage sowohl Zahlung des Kaufpreises als auch die Einwilligung zur Auszahlung des hinterlegten Betrages. Das Reichsgericht hat hier das Herausgabeverlangen nur deshalb als Rücktritt aufgefaßt, weil der Kläger durch die Versteigerung der Kühe zum Ausdruck ge-

Unklar bleibt auch, warum die zweite Bedingung ausfallen soll, wenn der Käufer der Vindikation Folge leistet, während sie vor der Rückgabe von der Rücktrittserklärung abhängig ist. Damit wird die zweite Bedingung jedenfalls partiell abhängig vom Kaufvertrag. Jaffé gelangt zu dieser Lösung wohl, weil er Bedenken hat, den Bedingungsausfall bereits mit der nicht rechtzeitigen Zahlung eintreten zu lassen. Dies hätte Anlaß dazu gegeben, die Bedingung nicht eher ausfallen zu lassen, als der Verkäufer dies will.

220 Goldmann/ Lilienthal I, § 142 Anm. 2; ebenso Windscheid/ Kipp, Pandekten II, § 387 (S. 649); ähnlich Meisner, S. 17; Schürmann, S. 32 f., 42 f. Steingens, S. 32, 40. Zum gemeinen Recht hatte bereits Duncker (Rheinisches Museum für Jurisprudenz, Bd. 5 (1833), 160, 162) die Ansicht vertreten, durch die Vindikation gebe der Verkäufer zu erkennen, daß er vom Vertrag abgehen wolle (s. unter II 2 e).

221 RGZ 119, 64, 68.

222 So etwa bei Schürmann, S. 18; Steingens, S. 32 f.

bracht hatte, daß die Rücknahme der Kühe nicht lediglich der Sicherung dienen sollte. Die Entscheidung war daher zutreffend und bedeutete kein Abrücken von der bis dahin geltenden Rechtsprechung.[223] Aus ihr kann nicht verallgemeinernd abgeleitet werden, der Vorbehaltsverkäufer, der die Sache aufgrund von Verzug zurückverlange, mache mit der Geltendmachung des Eigentumsvorbehalts *stets* zugleich von seinem Rücktrittsrecht Gebrauch.

Da beim Eigentumsvorbehalt der Kaufvertrag selbst nicht bedingt ist, kann er nicht durch die Vindikation aufgelöst werden.[224] Nach der gesetzlichen Regelung stehen das sich aus dem Eigentumsvorbehalt ergebende Recht, die Sache herauszuverlangen, und das Recht, den Rücktritt zu erklären, unabhängig nebeneinander.

Es kann durchaus Veranlassung bestehen, den Kaufvertrag weiter aufrechtzuerhalten, etwa, wenn davon auszugehen ist, daß der Käufer seinen Verpflichtungen in absehbarer Zeit wieder nachkommt. Die Geltendmachung des Eigentumsvorbehalts dient dann als Druckmittel, um den Käufer zur Wiederaufnahme seiner Zahlungen zu zwingen und so den Vertrag doch noch durchzuführen. Zudem will der den Eigentumsvorbehalt geltend machende Verkäufer durch die Rücknahme die weitere Abnutzung oder eine anderweitige Beeinträchtigung seiner Sicherheit verhindern.[225]

Zwar enthält § 13 Abs. 3 VerbrkrG die unwiderlegliche Vermutung, daß die Rücknahme der Sache als Ausübung des Rücktrittsrechts anzusehen ist. Die Vorschrift, die § 5 AbzG nachgebildet ist, soll verhindern, daß der Verbraucher die Möglichkeit zur Nutzung der Sache verliert, gleichzeitig aber an den Kreditvertrag gebunden bleibt.[226] Dem Gesetzgeber

223 Zutr. J. Fuchs, ZBH 1930, 123, 124.

224 Zutr. Pudor, S. 47; Guyet, S. 24; Fuchs, ZBH 1930, 123 ff.; Jaffé, S. 42 ff.; Staub - Könige, Kommentar zum Handelsgesetzbuch, Exkurs zu § 382, Anm. 64; Crome, System II 1, § 212, 3 b mit FN 69 (S. 413); Loepert, S. 51; Warneyer, BGB I, § 455, Anm. V; BadRP 1901, 302; RG JW 1905, 15, 18; zum gemeinen Recht bereits Leonhardt, Lehre vom Grundeigentum, S. 246 ff.

225 J. Fuchs (ZBH 1930, 123, 125) gibt in Anbetracht der Tatsache, daß der Gedanke, die Zurücknahme enthalte die Rücktrittserklärung, zu Beginn der 30er Jahre dieses Jahrhunderts immer weiter um sich griff, den Lieferanten den Rat, in die Lieferungsbedingungen einen Passus aufzunehmen, der klarstellt, daß der Verkäufer trotz der Geltendmachung des Eigentumsvorbehalts noch Zahlung beanspruchen kann.

226 Vgl. dazu Bülow, VerbrkrG, § 13, Rz. 27; Palandt - Putzo, § 13 VerbrkrG, Rz. 8; Müller-Laube, JuS 1982, 797, 799.
Nach der hM. bliebe für § 13 Abs. 3 im Bereich des Eigentumsvorbehalts kein Anwendungsbereich, da die Bedingung erst mit der Rücktrittserklärung ausfallen soll.

war die Regelung des Abzahlungsgesetzes bekannt. Dennoch hat er sie nicht übernommen, sondern es vielmehr vorgezogen, zwischen der Ausübung des Eigentumsvorbehalts und dem Rücktritt vom Kaufvertrag zu unterscheiden. Dies ist auch gerechtfertigt, da für einen gesteigerten Schutz des Käufers nur im Bereich der Abzahlungsgeschäfte ein Bedürfnis besteht. Außerhalb des Anwendungsbereichs des Verbraucherkreditgesetzes ist daher nicht von einer solchen unwiderleglichen Vermutung auszugehen.[227]

Auch im Zweifel kann das Herausgabeverlangen nicht als Rücktritt vom Kaufvertrag aufgefaßt werden, da der Rücktritt für den Verkäufer nicht unbedingt vorteilhaft sein muß. Vielmehr ergibt sich aus dem Sicherungszweck des Eigentumsvorbehalts, daß die dingliche Wirkung als wichtiger anzusehen ist als die Rückabwicklung des Kaufgeschäftes.

5. Die Wirkung der Rücktrittserklärung

Der umgekehrte Fall, daß der Verkäufer ausdrücklich nur den Rücktritt vom Kaufvertrag erklärt, ist jedoch anders zu bewerten. Hier muß, falls gegenteilige Anhaltspunkte nicht ersichtlich sind, davon ausgegangen werden, daß in der Erklärung des Verkäufers, vom Kaufvertrag zurücktreten zu wollen, die Ausübung des Eigentumsvorbehalts regelmäßig mitenthalten ist.[228] Es kommt dem Verkäufer nämlich maßgeblich darauf an, seine dingliche Sicherung zu realisieren, was er durch die rein schuldrechtliche Einwirkung nicht erreichen kann. Dies gilt natürlich nur dann, wenn der Vorbehaltsverkäufer gleichzeitig Eigentümer ist. Der Nichteigentümer, der eine Sache unter Vorbehalt des Eigentums verkauft

Anders nur, wenn man dem Vorbehaltsverkäufer ein „vorläufiges Rücknahmerecht" zugesteht, was aber überwiegend abgelehnt wird (dazu näher unter III 2).
Die Rspr. gelangte freilich häufig dennoch zur Anwendung von § 5 AbzG, indem sie die Vorschrift übermäßig weit auslegte: So soll eine Wiederansichnahme etwa dann vorliegen, wenn der Käufer freiwillig den Besitz aufgegeben hat (vgl. BGHZ 45, 111 ff.). Auch die Vollstreckung des Verkäufers in die Kaufsache soll als Wiederansichnahme anzusehen sein (vgl. BGH 55, 59 ff.). Diese Rspr. dürfte auf § 13 Abs. 3 VerbrkrG übertragbar sein. Dagegen zu Recht Medicus, BürgR, Rz. 303 ff.; zutr. auch Bülow, VerbrkrG, § 13, Rz. 28.

227 I.E. so auch Crome, System II 1,§ 212, 3 b mit FN 69 (S. 413); Planck, § 455, Anm. 2 a; RGZ 7, 315.
AA. Steingens, S. 34, der den in § 5 AbzG enthaltenen Rechtsgedanken verallgemeinern will.

228 So auch Marotzke, AcP 186 (1986), 490, 512, der aber den umgekehrten Fall - die alleinige Geltendmachung des Eigentumsvorbehalts - nicht behandelt.

hat, bleibt darauf beschränkt, den Rücktritt vom Kaufvertrag zu erklären. Eine darüber hinausgehende dingliche Sicherung kann er nicht erreichen.

6. Anspruch des Käufers auf Rückzahlung der Kaufpreisraten bei Ausübung des Eigentumsvorbehalts ohne Rücktritt vom Vertrag

Die konsequente Trennung zwischen der dinglichen und der obligatorischen Seite des Eigentumsvorbehalts führt dazu, daß der Käufer weiter zur Kaufpreiszahlung verpflichtet ist, wenn der Verkäufer nur die dingliche Seite des Eigentumsvorbehalts geltend macht, während der Verkäufer die bereits geleisteten Zahlungen zunächst nicht zurückgeben muß.[229]
Zwar hat die Sicherheit des Verkäufers dadurch, daß er Zugriff auf die Sache nehmen kann, eine Vergrößerung erfahren. Der Verkäufer erhält damit aber nur einen Rechtsvorteil, der ihm durch die Verabredung des Eigentumsvorbehalts von vornherein zustand. Der Käufer hat die Situation, daß er nunmehr die Nutzung der Sache verliert, selbst herbeigeführt, indem er nicht verabredungsgemäß seine Zahlungen erbracht hat. Zudem kann er Zug um Zug gegen Zahlung des Restkaufpreises Übereignung verlangen.
In vielen Fällen wird es sich auch um Abzahlungsgeschäfte handeln, bei denen das Verbraucherkreditgesetz durch seine gesetzliche Verbindung von Eigentumsvorbehalt und Rücktrittsrecht verhindert, daß der Verkäufer die Sache herausverlangt, aber am Kaufvertrag weiter festhält.
Weiter ist zu berücksichtigen, daß der Zustand, daß der Verkäufer zwar vindiziert, den Vertrag aber aufrechterhält, in der Regel vorübergehender Natur ist. Sobald der Veräußerer erkennt, daß die Aufrechterhaltung des Kaufvertrags keinen Sinn mehr macht, weil mit einer Besserung der wirtschaftlichen Lage des Käufers nicht mehr zu rechnen ist, wird er den Rücktritt ohnehin erklären. Ansonsten wäre der Eigentumsvorbehalt für ihn wertlos, da er den Gegenstand nicht gefahrlos verwerten könnte: Sofern der Käufer den Restkaufpreis schließlich doch noch zahlte, machte er sich schadensersatzpflichtig, da er seiner Verpflichtung zur Eigentumsübertragung nicht mehr nachkommen könnte. An einer Aufbewah-

229 So zutr. RGZ 7, 147, 150 f; RG JW 1907, 315; Loepert, S. 60; Behrens, S. 32, 46 ff.; Stern, S. 36; Guyet, S. 24; Crome, System II 1, § 212, 3 b mit FN 69 (S. 413); Oertmann, Recht der Schuldverhältnisse, § 455, Anm. 1; Staub - Könige, Kommentar zum Handelsgesetzbuch, Exkurs zu § 382, Anm. 64; Jaffé, S. 67; Dernburg, BürgR II 2, § 171 III; Staudinger (10. Aufl.) - Ostler, § 455, Anm. 44; Planck, § 455, Anm. 2 a; Leist, Sicherung von Forderungen, S. 57.

rung des Kaufgegenstands ist dem Verkäufer in aller Regel aber nicht gelegen.

Zudem kann der Vorbehaltsverkäufer auf die in der Zwischenzeit vom Käufer gezogenen Nutzungen nur Zugriff nehmen, wenn er vom Vertrag zurücktritt. Gemäß § 347 wird der Anspruchsgegner nämlich so behandelt, als ob vom Empfange der Leistung an Rechtshängigkeit eingetreten wäre.[230] Ist die Sache infolge Verschuldens des Käufers verschlechtert, kann der Verkäufer nur über die §§ 347, 989 Schadensersatz verlangen.

Die Tatsache, daß der Verkäufer die Sache herausverlangen kann, ohne vom Kaufvertrag abgehen zu müssen, darf jedoch nicht dazu führen, daß der Verkäufer durch den Wert der zurückerhaltenen Sache und den vom Käufer bereits gezahlten Kaufpreis auf Dauer wirtschaftlich mehr erhält als ihm nach dem Kaufvertrag zustand. Die Rücknahme der Kaufsache hat den Sinn einer allgemeinen Sicherung des Verkäufers. Er soll letztlich nicht besser stehen, als wenn der Käufer seiner Verpflichtung uneingeschränkt nachgekommen wäre. Denkbar wäre jedoch, daß der Verkäufer nur deshalb am Kaufvertrag festhält, weil er von der fortbestehenden Zahlungsunfähigkeit des Käufers ausgeht und daher hofft, sowohl das

230 In diesem Bereich ist jedoch manches umstritten, so etwa, ob der Käufer dem Verkäufer neben den tatsächlich gezogenen Nutzungen (§§ 347 S. 2, 987 Abs. 1) und dem Ersatz für schuldhaft nicht gezogene Nutzungen (§§ 347 S. 2, § 987 Abs. 2) auch eine Überlassungsvergütung zahlen muß. Dies wird von der wohl hM. u.a. mit dem Verweis auf § 2 Abs. 1 S. 2 AbzG (der jetzige § 13 Abs. 2 S. 1 VerbrkrG sieht nicht mehr explizit eine Überlassungsvergütung vor, sondern verweist allgemein auf die §§ 346 bis 354 und 356 BGB) begründet, der eine dem § 346 S. 2 entsprechende Regelung traf, den Verkäufer also demjenigen gleichstellte, der von einem Vertrag zurücktritt, der eine Gebrauchsüberlassung zum Inhalt hat. So Schürmann, S. 53, Serick I, S. 134 FN 59; Rühl, S. 274; J. Blomeyer, JZ 1968, 691, 693 FN 31; ders., DB 1969, 2117, 2119; K. Müller, DB 1969, 1493

Nach anderer Ansicht soll dem Verkäufer eine Nutzungsvergütung nicht zustehen, da auch der Kauf *ohne* Eigentumsvorbehalt nicht der Regelung des § 346 S. 2 unterstellt werde. Nur die tatsächlich gezogenen und die unter der Voraussetzung des § 987 Abs. 2 nicht gezogenen Nutzungen seien herauszugeben (so Raisch, FS Weber (1975), S. 337, 341 f.; Bülow, VerbrkrG, § 13, Rz. 14, 16, 17 f.; Staudinger - Kaiser, § 347, Rz. 3; MünchKomm - Westermann, § 455, Rz. 35; BGH NJW 1984, 2937.).

Wieling geht demgegenüber davon aus, daß § 346 S. 2 für Fälle der Gebrauchsüberlassung eine Spezialvorschrift zu § 347 S. 2 darstellt. Der Vorbehaltsverkäufer kann danach nur eine Gebühr für die Überlassung der Benutzung fordern. Die gezogenen Nutzungen müssen hingegen nicht herausgegeben oder ersetzt werden (vgl. AcP 169 (1969), 137, 167 u. FN 110).

Kaufobjekt als auch die bereits erlangten Kaufpreisraten endgültig behalten zu können.

Dies kann dadurch verhindert werden, daß man dem Käufer einen Bereicherungsanspruch gewährt, sofern der Wert der verkauften Sache den noch rückständigen Teil des Kaufpreises übersteigt. Auch das Reichsgericht sowie Teile der älteren Literatur haben sich in diesem Fall für einen Rückgewährsanspruch aus ungerechtfertigter Bereicherung ausgesprochen.[231] Eine nähere Qualifikation dieses Anspruchs unterblieb dabei jedoch durchgängig. Um eine *condictio ob causam finitam* (§ 812 Abs. 1 S. 2 Alt. 1) kann es sich jedenfalls nicht handeln, da die Erfüllungsverpflichtung des Käufers fortbesteht.

In Betracht kommt nur ein Kondiktionsanspruch aus § 812 Abs. 1 S. 2 Alt. 2 *(condictio ob rem)*. § 812 Abs. 1 S. 2 Alt. 2 setzt bei gegenseitigen Verträgen voraus, daß ein über den Anspruch auf die Gegenleistung hinausgehender Erfolg Vertragsinhalt geworden ist. Damit soll ein Nebeneinander zwischen Erfüllungsklage und Bereicherungsanspruch verhindert werden.[232] Beim Eigentumsvorbehalt liegt der Sachverhalt jedoch so, daß der Käufer aufgrund der Vorleistung des Verkäufers in die Lage versetzt wird, automatisch den Bedingungseintritt herbeizuführen. Es besteht folglich kein Gegenanspruch mehr, den der Käufer rechtlich erzwingen könnte. Insofern ist es gerechtfertigt, neben der Erfüllung der Verbindlichkeit aus dem Kaufvertrag von einem Zusatzzweck auszugehen, der in der Möglichkeit des unmittelbaren Eigentumserwerbs besteht.[233] Daher kann der Vorbehaltskäufer mit Ausfall der Bedingung ei-

231 Vgl. etwa RGZ 7, 147, 151; 67, 383, 386; RG JW 1907, 315; Staub - Könige, Kommentar zum Handelsgesetzbuch, Exkurs zu § 382, Anm. 64; Crome, System II 1, § 212, 3 b (S. 413 f.); Loepert, S. 42, 60; Behrens, S. 46; im Grundsatz auch Dernburg, BürgR II 2, § 171 III FN 15.

232 Vgl. nur Wieling, BerR, § 3 III 3 a; Larenz/ Canaris, SR II 2, § 68 I 3 a.

233 Dies gilt jedenfalls dann, wenn man mit der ständigen Rspr. und der wohl hL. die *condictio ob rem* auch bei Bestehen eines gegenseitigen Vertrages bejaht, sofern ein über die Erfüllung hinausgehender „angestaffelter" Zweck verfehlt worden ist. So insbes. Ehmann, Gesamtschuld, S. 171 ff. (zur Zwecklehre, vgl. S. 130 ff.); ders., NJW 1973, 1035 f.; Liebs, JZ 1978, 697, 700; Erman - Westermann, § 812, Rz. 51; RGZ 66, 132, 133 f.; 106, 93, 98; 129, 307, 308 f.; 132, 238, 240 ff.; BGHZ 44, 321, 323; 108, 256, 265.
AA. von Caemmerer, FS Rabel (1954), S. 333, 345 ff.; Söllner, AcP 163 (1963), 21, 44 f.; Wieling, BerR, § 3 III 3 e; ders., JuS 1978, 801, 802; Reuter/ Martinek, BerR, § 5 III 2 c; Esser/ Weyers, SR II, § 49 II; Larenz/ Canaris, SR II 2, § 68 I 3 d.

nen Kondiktionsanspruch aus § 812 Abs. 1 S. 2 Alt. 2 geltend machen.[234] Dies gilt jedoch nur dann, wenn der Verkäufer nicht bereit ist, den Kaufvertrag mittels Rücktritts aufzulösen, obwohl der Käufer zum Ausdruck gebracht hat, den Restkaufpreis nicht mehr aufbringen zu können.[235] Übt der Verkäufer das ihn eigentlich begünstigende Rücktrittsrecht nur deshalb nicht aus, weil er sich einen Vorteil verschaffen will, der bei normaler Vertragsabwicklung nicht entstanden wäre, kann sich dies auch als sittlich verwerfliches Verhalten darstellen, so daß der Tatbestand des § 826 erfüllt sein kann.

III. Vorteile der hier vertretenen Lösung

Die hier befürwortete Lösung ist nicht nur in dogmatischer Hinsicht stringent, sie verschafft dem Verkäufer für den Fall der nicht rechtzeiti-

234 Wer die Zweckstaffelungstheorie ablehnt, kann die Regeln über den Wegfall der Geschäftsgrundlage anwenden und auf diesem Wege oder über § 157 zu einem Rücktrittsrecht des Käufers gelangen. Denkbar wäre auch, dem Vorbehaltsverkäufer eine Verpflichtung zum Vertragsrücktritt aufzuerlegen, wenn er den Käufer auf Dauer an den Vertrag binden will.

235 Das Problem, wie verhindert werden soll, daß der Verkäufer im Ergebnis mehr als den vereinbarten Kaufpreis erhält, müßte sich auch für diejenigen stellen, die den Bedingungsausfall von der Rücktrittserklärung abhängig machen, dem Verkäufer aber ein „vorläufiges Rücknahmerecht" zugestehen. Eine Auseinandersetzung mit der Frage erfolgt jedoch lediglich vereinzelt, so etwa bei Rühl, S. 258; Paetsch, S. 30. Vgl. zum vorläufigen Rücknahmerecht unter III 2.
Für die hM., die das Rückforderungsrecht an das Schicksal des schuldrechtlichen Vertrages bindet, entsteht die Frage, worauf der Rückforderungsanspruch des Käufers gestützt werden soll, wenn dieser in Konkurs fällt und der Konkursverwalter die Erfüllung des Kaufvertrages gemäß § 17 KO ablehnt. Soweit die Teilzahlungen den Schadensersatzanspruch des Verkäufers gemäß § 26 S. 2 KO übersteigen, wird dem Käufer ein Anspruch aus § 812 Abs. 1 S. 2 Alt. 1 (*condictio ob causam finitam*) oder § 812 Abs. 1 S. 2 Alt. 2 (*condictio ob rem*) zugebilligt. Vgl. Serick I, S. 343 f.; Graf Lambsdorff, Eigentumsvorbehalt, Rz. 508; Feldhaus, JZ 1956, 313, 314; Stürner, ZZP 94 (1981), 263, 298; Palandt - Thomas, § 812, Rz. 82; Erman - Westermann, § 818, Rz. 48; Baur/ Stürner, ZwVollstrR II, 9.9; RGZ 135, 167, 172; BGHZ 15, 333, 335, 336; 68, 379, 381; 96, 392, 397; NJW 1986, 1702, 1703; aA. RGZ 56, 238, 241 ff.; ausdrücklich offengelassen wurde die Bereicherungsfrage in RGZ 73, 58, 60.
Das Rückabwicklungsproblem entsteht auch bei Verjährung der Kaufpreisforderung, da diese den Verkäufer nach hM. trotz Fortbestehens des Kaufvertrages nicht an der Vindikation hindert. Der Anspruch des Käufers auf Rückzahlung des Kaufpreises wird teils über Bereicherungsrecht, teils über die §§ 346 ff. analog, von anderen wiederum analog § 1247 begründet. Vgl. dazu näher § 4 D a.E.

gen Kaufpreiszahlung auch eine Sicherheit, die sich bei Annahme eines vertragsabhängigen Anwartschaftsrechts in gleichem Umfang nur auf Umwegen erreichen läßt.

1. Nach herrschender Meinung muß der Verkäufer sich vom Vertrag lösen, wenn er den Ausfall der Bedingung bewirken will. Um dennoch zu einer möglichst effektiven Sicherung des Verkäufers zu gelangen, interpretiert die herrschende Meinung die Voraussetzungen für die Ausübung des Rücktrittsrechts abweichend von § 326. Im Gegensatz zu § 326 soll für das Rücktrittsrecht aus § 455 von der Entbehrlichkeit der Nachfristsetzung auszugehen sein, so daß der Vorbehaltsverkäufer im Verzugsfall sofort - mit dinglicher Wirkung - den Vertrag auflösen kann.[236] Als Begründung wird angeführt, es handele sich bei dem in § 455 erwähnten Rücktrittsrecht um ein vertragliches. Bei einem solchen sei das Setzen einer Nachfrist nicht erforderlich, falls keine besondere Vereinbarung vorliege.[237]
Aus der Qualifizierung als vertragliches Rücktrittsrecht läßt sich ein derart weitgehender Schluß jedoch nicht ziehen. § 455 sieht das Rücktrittsrecht nur im Verzugsfall vor und unterscheidet sich damit in keiner Weise von § 326, wohl aber von einem Rücktrittsvorbehalt, bei dem das Rücktrittsrecht normalerweise nicht an den Verzug des Vertragspartners geknüpft ist.[238] Die Stellung des § 455 hinter § 454 ist kein Zufall. Aus den Protokollen ist ersichtlich, daß eine besondere Erwähnung des Rücktritts in § 455 auch deshalb für erforderlich gehalten wurde, damit nicht die Vorschriften des § 467 a - das ist der jetzige § 454 - auf den Eigentumsvorbehalt übertragen würden.[239] Daraus erhellt, daß § 455 als Ausnahmevorschrift zu § 454 zu begreifen ist, durch die dem Vorbehaltsverkäufer trotz Erfüllung und Stundung des Kaufpreises ein Rück-

236 Vgl. etwa Rühl, S. 256; Schürmann, S. 43; Serick I, S. 132; Bülow, Kreditsicherheiten, Rz. 655, 666; ders., Jura 1986, 169, 172; Müller-Laube, JuS 1982, 797, 800; Fikentscher, SR, Rz. 756; Reinicke/ Tiedtke, Kreditsicherung, S. 211; Baur/ Stürner, SaR, § 59 III 2 a; Schapp, SaR, Rz. 264 FN 74; Gerhardt, MobiliarSaR, S. 152; Medicus, BürgR, Rz. 294; MünchKomm - Westermann, § 455, Rz. 35; Soergel - Mühl, § 455, Rz. 67; Staudinger - Honsell, § 455, Rz. 30; Graf Lambsdorff, Eigentumsvorbehalt, Rz. 132; Henckel, FS Zeuner (1994), 193; aA. soweit ersichtlich nur Stulz, S. 36; Bydlinski, JZ 1986, 1028; Esser/ Weyers, SR II, § 9 I 2 a; Huber, ZIP 1987, 750, 752.

237 S. etwa Palandt - Putzo, § 455, Rz. 26; BGH NJW 1984, 2937; NJW-RR 1995, 365, 366.

238 So zutr. Bydlinski, JZ 1986, 1028 f.

239 Protokolle II, S. 81.

trittsrecht gegeben wird, damit er neben der Geltendmachung des reinen Eigentumsvorbehalts die Möglichkeit zur Lösung vom Kaufvertrag erhält.[240] Es besteht daher keine Veranlassung, an das Rücktrittsrecht aus § 455 geringere Anforderungen zu stellen als an das aus § 326.[241]
In Wirklichkeit geht es der herrschenden Meinung darum, durch die Entbehrlichkeit einer Nachfristsetzung die weitere Benutzung und Wertminderung der Kaufsache zu verhindern und einen möglichst schnellen Zugriff auf die Sache zu ermöglichen.[242] Da der Ausfall der Bedingung in der Rücktrittserklärung gesehen wird, läßt sich der Gefahr der Verschlechterung der Kaufsache nur dadurch entgegenwirken, daß auf die Nachfristsetzung verzichtet wird. Nach der hier vertretenen Ansicht braucht den Verkäufer das rein schuldrechtliche Erfordernis einer Nachfristsetzung nicht zu kümmern, da er aufgrund seiner dinglichen Sicherung bereits vor Ausübung des Rücktrittsrechts auf die Kaufsache zugreifen kann.

2. Daß es den Interessen des Vorbehaltsverkäufers widersprechen kann, wenn die Rücknahme der Kaufsache nur bei Auflösung des Kaufvertrages und damit nur bei Aufgabe des Vertragsgewinns möglich ist, wird auch von der herrschenden Meinung nicht verkannt. Es gibt daher die Überlegung, dem Verkäufer ein vorläufiges Rücknahmerecht zuzugestehen, damit er sicherungshalber auf die Vorbehaltssache zugreifen, gleichzeitig aber am Kaufvertrag festhalten kann.[243] Als Begründung

240 Anders Bydlinski, JZ 1986, 1028, 1029. Bydlinski nimmt an, beim Eigentumsvorbehalt stehe der Leistungserfolg noch aus, so daß der Verkäufer noch nicht erfüllt habe. § 455 habe daher nur klarstellende Bedeutung in dem Sinne, daß beim Eigentumsvorbehalt nicht von einer Erfüllung im Sinne von § 454 gesprochen werden könne, weshalb das Rücktrittsrecht nach § 326 nicht ausgeschlossen sei.
Hefermehl (Schlegelberger - Hefermehl, Anh. § 382, Rz. 46) geht zwar zutreffend davon aus, daß § 455 eine Ausnahme von § 326 darstellt, meint im Gegensatz zur hier vertretenen Ansicht aber, einer Fristsetzung mit Ablehnungsandrohung bedürfe es nicht.

241 Ebenso Bydlinski, JZ 1986, 1028 ff.; Stulz, S. 36.

242 Das gibt Serick offen zu (Serick I, S. 132).

243 Dafür Serick I, S. 132 f., 137 f.; Rühl, S. 93, 105, 256 f.; ders., ZZP Bd. 56 (1931), 164, 181; Herboth, S. 96; K. Müller, DB 1969, 1493 ff.; Georgiades, S. 22 f., 113 f.; Diederichsen, S. 155 f.; Pottschmidt/ Rohr, KreditsicherungsR, Rz. 397; Dauner, JA 1978, 395; Honsell, JuS 1981, 505, 709; Staudinger - Honsell, § 455, Rz. 31; Schlegelberger - Hefermehl, Anh. § 382, Rz. 47; Palandt - Putzo, § 455, Rz. 27; Palandt - Bassenge, § 929, Rz. 40; BGHZ 34, 191, 197. Nach Serick und Rühl endet mit dem Zahlungsverzug nicht nur das Recht zum Besitz, vielmehr soll dem Vorbehaltsverkäufer daneben auch ein persönliches, im Kaufvertrag begründetes Rückforderungs-

wird angeführt, der Vorbehaltsverkäufer müsse berechtigt sein, seine Vorleistung wieder rückgängig zu machen, wenn der Käufer die Pflicht aus dem Kaufvertrag nicht erfülle. Die Grundlage für seine Vorleistung sei damit entfallen. Manche bejahen ein vorläufiges Rücknahmerecht nur dann, wenn dem Verkäufer wegen des zu erwartenden Wertverlustes nicht zugemutet werden kann, die Sache weiter im Besitz des Käufers zu belassen.[244]

Die Ansicht, der Verkäufer könne die Sache unter Aufrechterhaltung des Kaufvertrages herausverlangen, ist jedoch nicht begründbar, wenn gleichzeitig daran festgehalten wird, daß der Bedingungsausfall durch die Rücktrittserklärung bewirkt wird. Warum der Verzug, obwohl nicht verantwortlich für den Ausfall der Bedingung, das Besitzrecht des Vorbehaltskäufers beseitigen soll, bleibt danach nämlich völlig im unklaren.[245]

Auch das Argument, die Fiktion des § 13 Abs. 3 VerbrkrG wäre ohne ein vorläufiges Rücknahmerecht überflüssig[246], ist unzutreffend. Für § 13 Abs. 3 VerbrkrG bleibt nur dann kein Anwendungsbereich, wenn der Ausfall der Bedingung an die Rücktrittserklärung gekoppelt wird.

Ein Rücknahmerecht ohne Rücktrittserklärung ist ohne Zweifel sinnvoll, damit der Vorbehaltsverkäufer die Vorbehaltsware an sich nehmen und die weitere Abnutzung derselben verhindern kann, ohne gleichzeitig die

recht zustehen. Auf diese Weise soll auch der Vorbehaltsverkäufer, der nicht Eigentümer ist, auf die Sache zugreifen können.

244 So etwa Pottschmidt/ Rohr, KreditsicherungsR, Rz. 397; Wilhelm, SaR, Rz. 1292; Lange, JuS 1971, 511, 513 ff.

245 Die heute hM. lehnt ein Rücknahmerecht ohne Rücktritt ab, weil sie sieht, daß sich ein solches nicht aufrechterhalten läßt, wenn man den Bedingungsausfall an die schuldrechtliche Einwirkung knüpft. Vgl. dazu Schürmann, S. 43; Stulz, S. 53; ders, JW 1933, 1450; Steingens, S. 28; Derleder, ZHR 139, 20, 24, 27; Bauknecht, NJW 1955, 1251, 1254; Reinicke/ Tiedtke, Kreditsicherung, S. 212 f.; Larenz, SR II 1, § 43 II b; Stoll, ZHR 128 (1966), 239, 245; Müller-Laube, JuS 1982, 797, 798; Bülow, Kreditsicherheiten, Rz. 663 f.; ders., Jura 1986, 169, 172; Wieling, SaR I, § 17 II 1 c; Graf Lambsdorff, Eigentumsvorbehalt, Rz. 97, 133; Zörb, NJW 1971, 87; J. Blomeyer, JZ 1968, 691 ff.; ders., DB 1969, 2117 ff.; ders., JZ 1971, 186; Raiser, S. 73; 76; MünchKomm - Westermann, § 455, Rz. 38 f.; Erman - Grunewald, § 455, Rz. 12; Staudinger - Gursky, § 986, Rz. 22; U. Hoffmann, Jura 1995, 457, 458; Gerhardt, MobiliarSaR, S. 149 FN 32; BGHZ 54, 214, 217 f.
Daraus wird geschlossen, der Eigentumsvorbehalt sichere die Rechte des Vorbehaltsverkäufers bei Vertragsauflösung.
Ob die ausdrückliche Vereinbarung eines solchen Rücknahmerechtes einen Verstoß gegen § 9 Abs. 2 AGBG darstellt, ist innerhalb der hM. umstr. Dagegen Giesen, Jura 1994, 194, 197.

246 So etwa Staudinger - Honsell, § 455, Rz. 31; Honsell, JuS 1981, 705, 709.

durch den Vertragsschluß erlangten Vorteile aufgeben zu müssen. Dies ist konstruktiv jedoch nur dann möglich, wenn der Ausfall der Bedingung von der obligatorischen Seite des Eigentumsvorbehalts unabhängig gemacht wird. Anstatt diesen Schluß zu ziehen, wird zur Rechtfertigung eines Rücknahmerechts ohne Rücktritt fälschlich auf die Reichsgerichtsentscheidungen verwiesen, in denen noch zutreffend zwischen der Geltendmachung der aus dem Eigentumsvorbehalt resultierenden Rechte und der rein schuldrechtlich wirkenden Rücktrittserklärung unterschieden wurde.[247]

3. Wenn der Verkäufer anstelle des Rücktritts Schadensersatz wegen Nichterfüllung verlangt, führt die Anknüpfung des Bedingungsausfalls an den schuldrechtlichen Vertrag zu einer vom Regelfall abweichenden Interpretation des Inhalts des Schadensersatzanspruchs nach § 326. Außerhalb des Eigentumsvorbehalts ist der Verkäufer auf die Austauschmethode beschränkt, wenn er vorgeleistet hat, da die Vorleistung keine Schadensfolge ist und daher nicht im Wege des Schadensersatzes wegen Nichterfüllung wieder rückgängig gemacht werden kann.[248]

Dagegen soll beim Eigentumsvorbehalt der Eigentümerverkäufer die Kaufsache mit fruchtlosem Ablauf der Nachfrist zurückfordern können, da mit dem Erlöschen des Erfüllungsanspruchs die Bedingung ausgefallen sei.[249] Durch die Bindung des Bedingungsausfalls an den schuldrechtlichen Vertrag erscheint die erbrachte Vorleistung als Teil des Schadensersatzanpruchs.

Dies wird in der Literatur im Interesse der Systemkonformität zum Teil abgelehnt und vertreten, der Vorbehaltsverkäufer könne nur bei Rücktritt die Sache zurückverlangen, nicht aber, wenn er nach § 326 vorgehe und Schadensersatz geltend mache.[250] Daran ist zutreffend, daß eine Rückforderung im Rahmen des Schadensersatzanspruchs nicht in Betracht

247 So etwa bei Rühl, S. 256 f.; ders., ZZP Bd. 56 (1931), 164, 178; Serick I, S. 132 FN 54; Graf Lambsdorff, Eigentumsvorbehalt, Rz. 95 FN 3.

248 Vgl. nur Palandt - Heinrichs, § 325, Rz. 13; Diederichsen, S. 155 f.; BGHZ 87, 159; aA. Honsell, JuS 1981, 705, 710: Auch bei Vorleistung bestehe das Wahlrecht zwischen Austausch- und Differenzmethode. Offengelassen bei Raiser, FS Manfred Wolff (1952), 123, 131.

249 Vgl. etwa MünchKomm - Westermann, § 455, Rz. 39; Staudinger - Kaiser, Vorbem. §§ 346 ff., Rz. 20, 32 f.; Wilhelm, SaR, Rz. 1292; Palandt - Heinrichs, § 325, Rz. 13; Erman - Grunewald, § 455, Rz. 13; Derleder, ZHR 139 (1975), 20, 47 f.; Bülow, Kreditsicherheiten, Rz. 666; Huber, ZIP 1987, 750, 752; Lange, JuS 1971, 511, 514 f.; K. Müller, DB 1969, 1493, 1495; Diederichsen, S. 156 FN 546; BGHZ 126, 136.

250 So etwa J. Blomeyer, JZ 1971, 186; ders., DB 1969, 2117 FN 8; Niederländer, FS Wahl (1973), S. 243, 253 f.

kommt. Dem kann durch die Annahme eines vertragsunabhängigen Anwartschaftsrechts jedoch ohne weiteres Rechnung getragen werden, ohne daß der Verkäufer anstelle seiner dinglichen Sicherung auf einen bloßen Schadensersatzanspruch verwiesen wäre. Der Verkäufer kann aufgrund des vorbehaltenen Eigentums den Ausfall der Bedingung bewirken und die Vorbehaltsware vindizieren. Gleichzeitig kann er nach fruchtlosem Ablauf der Nachfrist Schadensersatz wegen Nichterfüllung nach § 326 verlangen.[251] Er kann natürlich auch lediglich die Rechte aus § 326 geltend machen, ohne den Ausfall der Bedingung zu bewirken. Seine dingliche Sicherung kann er auf diesem Weg jedoch nicht realisieren. Kommt der Käufer seiner Schadensersatzverpflichtung nach, geht das Eigentum *ipso iure* auf ihn über.[252]

C. Rückabwicklung bei rechtsgrundloser Erlangung der Vorbehaltssache

I. Der Vorbehaltskäufer ist Inhaber des Anwartschaftsrechts

Nach herrschender Ansicht hat der Vorbehaltskäufer kein Anwartschaftsrecht erlangt, wenn der Kaufvertrag unwirksam ist. Ein bereits entstandenes Anwartschaftsrecht erlischt durch Anfechtung. In beiden Fällen ist ein Eigentumserwerb nicht mehr möglich. Vielmehr kann der Verkäufer die Sache nach § 985 vom Käufer zurückverlangen.

Nach der hier befürworteten Lösung steht dem Käufer auch bei Unwirksamkeit des Kausalgeschäftes ein Anwartschaftsrecht zu, welches durch Zahlung des Restkaufpreises zum Eigentum werden kann.[253] Gleiches gilt dann, wenn der Kaufvertrag zwar nicht von Anfang an nichtig ist, aber später angefochten wird.

Allerdings kann der Käufer nicht verpflichtet sein, auf einen nichtigen Kaufvertrag weiterhin Zahlungen zu leisten. Er ist vielmehr berechtigt, seine Zahlungen einzustellen. Beschließt der Vorbehaltskäufer, aufgrund der Vertragsnichtigkeit keine weiteren Raten mehr zu erbringen, wird der Kaufvertrag in diesem Stadium rückabgewickelt.[254] Nach Bereicherungs-

251 So zutr. RGZ 144, 62, 65.

252 Ist der Vorbehaltsverkäufer nicht Eigentümer, bleibt er darauf beschränkt, den Rücktritt zu erklären oder nach § 326 vorzugehen.

253 Zusammenfassend unter A II 5.

254 Der Vorbehaltsverkäufer könnte aufgrund der Nichtzahlung des Käufers den Ausfall der Bedingung bewirken, ohne jedoch die Sache nach § 985 herausverlangen zu können; denn es liegt ein fehlgeschlagener Austauschvertrag vor, für den das Bereicherungsrecht Spezialregeln enthält, die nicht durch das allgemeinere Eigentümer-

recht ist der Vorbehaltsverkäufer zur Herausgabe der bereits erlangten Kaufpreisraten verpflichtet. Der Vorbehaltsverkäufer seinerseits kann den Besitz an der Vorbehaltssache und das Anwartschaftsrecht kondizieren.[255] Damit tritt Konsolidation ein, so daß das Anwartschaftsrecht analog § 1256 Abs. 1 erlischt.

Zu erörtern bleibt der Fall, daß der Käufer trotz der Vertragsnichtigkeit weiterhin Zahlungen erbringt. Dies dürfte in der Praxis zwar kaum vorkommen, insbesondere wenn der Käufer selbst den Kaufvertrag angefochten hat. Denkbar ist es aber immerhin. Daß der Käufer Eigentum erlangt, wenn der Verkäufer den ihm angebotenen Geldbetrag entgegennimmt, steht außer Frage, da es entgegen der herrschenden Meinung nicht auf die Wirksamkeit des Kaufvertrages ankommt. Damit ist jedoch noch nicht beantwortet, ob der Käufer die Bedingung auch gegen den Willen des Verkäufers noch herbeiführen kann. Dies hängt davon ab, ob die Nichtannahme des dem Verkäufer angebotenen Geldbetrags einen Verstoß gegen Treu und Glauben darstellt, was nach § 162 Abs. 1 zur Folge hätte, daß die Bedingung als eingetreten gilt.

Obgleich die Vertragsnichtigkeit keinen Einfluß auf die Bedingung hat, kann der Verkäufer in diesem Fall nicht weiterhin zur Entgegennahme der Zahlungen des Käufers verpflichtet sein. Der Veräußerer braucht sich nicht darauf einzulassen, zunächst den Bedingungseintritt geschehen zu lassen, um im unmittelbaren Anschluß daran das vom Käufer erlangte Eigentum zu kondizieren. Zudem kann der Verkäufer auch bereits *vor* Bedingungseintritt die Mitwirkung bei der Aufhebung der dinglichen Einigung gemäß § 812 Abs. 1 S. 1 Alt. 1 verlangen.[256] Daher hat es nicht den Eintritt der Bedingung zur Folge, wenn der Verkäufer den ihm vom Käufer angebotenen Geldbetrag nicht annimmt.[257]

Besitzer-Verhältnis außer Kraft gesetzt werden dürfen. So zutr. gegen die hM. Wieling, SaR I, § 12 I 3 b u. c; ders., Anm. zu BGH LM No. 4 zu § 100 BGB; ders., Anm. zu BGH LM No. 247 zu § 812 BGB; Schwab/ Prütting, SaR, § 48 VIII 5 b; Reuter/ Martinek, BerR, § 20 I 2 c cc.
Zur hM. etwa Raiser, FS Martin Wolff (1952), S. 123, 140; Wolff/ Raiser, § 84 I 2; Staudinger - Gursky, § 985, Rz. 18.

255 So zutr. Nauenberg, S. 44; Marotzke, AcP 186 (1986), 490, 511; allgemein zur Kondizierbarkeit von Anwartschaftsrechten Baur/ Stürner, SaR, § 15 IV 2 c, § 19 I 2 c ß.

256 Das gleiche Ergebnis wird durch Kondiktion des Anwartschaftsrechts erreicht.

257 Insoweit zutr. Marotzke, AcP 186 (1986), 490, 511 f.; ihm folgend Stadler, Durchbrechungen, S. 298 f.
Marotzke geht jedoch zu Unrecht davon aus, die dem Vorbehaltsverkäufer zustehende Möglichkeit, den Bedingungseintritt zu verhindern, nehme dem Käufer die

Meist wird der Käufer die ausstehende Kaufpreissumme jedoch per Banküberweisung begleichen, so daß der Verkäufer die Gutschrift auf seinem Konto und damit den Bedingungseintritt nicht verhindern kann. Widerspricht das Herbeiführen der Bedingung dem Willen des Verkäufers, wovon bei nichtigem Vertrag im Zweifel auszugehen ist, liegt ein Fall des § 162 Abs. 2 vor, so daß der Eintritt der Bedingung als nicht erfolgt gilt.

II. Weiterübertragung des Anwartschaftsrechts auf einen Zweiterwerber

Schwieriger gestaltet sich die Rückabwicklung dann, wenn der Vorbehaltskäufer über sein Anwartschaftsrecht bereits zugunsten eines Dritten verfügt hat, bevor sich die Rechtsgrundlosigkeit seines eigenen Erwerbs herausstellt. Zur Verdeutlichung mag folgender Fall dienen:
V verkauft K einen PKW unter Eigentumsvorbehalt zum Preis von 10.000 DM, zahlbar in Monatsraten à 1.000 DM. Nachdem K 6.000 DM an V gezahlt hat, veräußert er sein Anwartschaftsrecht für 6.000 DM an C. K soll den PKW jedoch noch einige Zeit für C aufbewahren. Unmittelbar nach Übertragung des Anwartschaftsrechts auf C stellt sich heraus, daß der Kaufvertrag zwischen V und K unwirksam ist.
Marotzke vertritt die Ansicht, auch C, auf den K seine Anwartschaft übertragen habe, könne in diesem Falle den Eintritt der Bedingung wegen § 162 Abs. 1 nicht mehr bewirken.[258] Diese Sichtweise trifft jedoch nicht zu, da dem Zweiterwerber die Möglichkeit zur Herbeiführung der Bedingung aufgrund eines eigenen Rechts zusteht.[259] Da ihn die schuldrechtlichen Beziehungen der Kaufvertragsparteien nichts angehen, kann kein Verstoß gegen Treu und Glauben vorliegen, wenn er die Befugnisse wahrnimmt, die sich aus dem Anwartschaftsrecht ergeben. Er kann nur dann mit dem Untergang seiner Position rechnen, wenn V keine Zahlungen mehr erhält und aus diesem Grund den Eigentumsvorbehalt geltend macht. Indem *Marotzke* dem Zweiterwerber verwehrt, durch Zahlung des Restkaufpreises Eigentum zu erlangen, macht er das Anwartschaftsrecht

Sicherheit der Erwerbsaussicht, die Voraussetzung für die Anerkennung als Anwartschaftsrecht sei (vgl. S. 512 FN 69).

258 Marotzke, AcP 186 (1986), 490, 512 f.; ebenso Stadler, Durchbrechungen, S. 299.

259 Im übrigen hält auch Marotzke sein Ergebnis, daß der Vorbehaltsverkäufer den Eigentumserwerb des Zweitanwärters durch Nichtannahme der Kaufpreisraten verhindern kann, nicht durchgängig aufrecht, sondern weicht etwa bei der Aufhebung des Kaufvertrages davon ab, vgl. näher § 4 A III 6.

im Ergebnis wieder kausalabhängig.[260] Aus § 162 kann man für die Anwartschaftsübertragung lediglich ableiten, daß der jeweilige Inhaber der Anwartschaft die Bedingung ohne Ablehnungsrecht des Vorbehaltsverkäufers (vgl. § 267 Abs. 2) herbeiführen kann.
Da die Bedingung in allen Einzelheiten in der dinglichen Einigung zwischen V und K festgelegt ist, kann C sie entsprechend dieser Vereinbarung - beim Ratenkauf folglich in mehreren Teilbeträgen - herbeiführen. War der Kaufpreis in einer Summe zu entrichten, braucht er nicht vor dem Zahlungstermin zu leisten.
Daher bleibt bei Weiterübertragung der Anwartschaft der durch den Eigentumsvorbehalt geschaffene Schwebezustand trotz der Nichtigkeit des Kaufvertrages so lange bestehen, bis die Bedingung entweder eintritt oder ausfällt. Dies hat Auswirkungen für die bereicherungsrechtliche Rückabwicklung zwischen V und K. V hätte gegen K einen Anspruch aus § 812 Abs. 1 S. 1 Alt. 1 auf Herausgabe des PKW und Rückübertragung des Anwartschaftsrechts. Jedoch ist K nicht mehr Inhaber des Anwartschaftsrechts, sondern C. Die Rückübertragung des Anwartschaftsrechts ist dem K daher zur Zeit nicht möglich. Ob sie endgültig unmöglich ist, hängt davon ab, ob C die Bedingung für den Eigentumserwerb herbeiführt. § 818 Abs. 2 erfaßt jedoch grundsätzlich nur die dauernde Unmöglichkeit.[261] Gleiches muß gelten, wenn die Unmöglichkeit nicht mit Gewißheit feststeht.[262] Für die Parteien ist es auch nicht unzumutbar, wenn die bereicherungsrechtliche Rückabwicklung bis zur Entscheidung über die Bedingung hinausgeschoben wird. V bekommt immerhin weiter seine Kaufpreisraten, und K hat diese Entwicklung durch die Übertragung der Anwartschaft von vornherein in Kauf genommen.
Auch den noch bei K verbliebenen PKW kann V während der Schwebezeit nicht nach § 812 von K herausverlangen. Unzweifelhaft ist, daß V nicht auf den sich bei K befindenden PKW zugreifen könnte, wenn sich die Unwirksamkeit des Kaufvertrages erst *nach* der Eigentumserlangung durch C herausgestellt hätte. Etwas anderes kann aber auch dann nicht gelten, wenn C zwar noch kein Eigentum erlangt hat, wohl aber ein Anwartschaftsrecht. In beiden Fällen steht C nämlich ein dingliches Recht

260 Konsequent Stadler, S. 298 f., die aus diesem Grund zur Kausalabhängigkeit des Anwartschaftsrechts gelangt.

261 Für die §§ 275, 306 ist dies allg. Meinung, vgl. etwa Palandt - Heinrichs, § 275, Rz. 17, § 306, Rz. 6.

262 Zum Rückerwerb ist K nicht verpflichtet. So zutr. Larenz/ Canaris, SR II 1, § 72 III 2 a; BGHZ 112, 376, 380 f.; aA. OGHZ 1, 72, 79.

zu, das zum Besitz der Sache berechtigt. Durch die Kondiktion des Besitzes würde C jedoch der mittelbare Besitz entzogen.

Die bereicherungsrechtliche Rückabwicklung ist daher insgesamt erst nach Beendigung des Schwebezustandes vorzunehmen. Zahlt C den Restkaufpreis, erlangt er Eigentum. Damit steht fest, daß sowohl die Herausgabe der Vorbehaltssache, als auch die Rückübertragung des Anwartschaftsrechts endgültig unmöglich ist. K muß folglich gemäß § 812 Abs. 2 Wertersatz für die Anwartschaft leisten.[263] Im Gegenzug hat V die bereits erhaltenen Kaufpreisraten zurückzuerstatten. Im Beispielsfall könnte keine der Parteien mehr etwas von der anderen verlangen; denn das Anwartschaftsrecht hatte einen objektiven Wert von 6.000 DM. In gleicher Höhe stand dem K ein Anspruch auf Rückzahlung des Kaufpreises zu.

Etwas anderes gilt jedoch, wenn C den Eintritt der Bedingung nicht herbeiführt. Gerät C etwa mit seinen Zahlungen in Rückstand, nachdem er noch zwei weitere Raten à 1.000 DM an V gezahlt hat, kann V den Ausfall der Bedingung bewirken und die Vorbehaltssache gemäß § 985 herausverlangen. Die Vindikation kommt jedoch nur in Betracht, wenn sich die Vorbehaltssache bei C oder einem Dritten befindet, nicht jedoch, wenn sie wie hier im Besitz des K steht. Zwischen V und K liegt nämlich ein fehlgeschlagener Austauschvertrag vor, so daß die §§ 812 ff. als Spezialregeln eingreifen und die §§ 985 ff. verdrängen.[264] K braucht die Sache daher nur Zug um Zug gegen Rückzahlung der von ihm an V gezahlten 6.000 DM herauszugeben.

Es stellt sich noch die Frage, auf welche Weise C die seinerseits an V gezahlten 2.000 DM zurückerhält. Zwar wird man die Vereinbarung zwischen K und C so interpretieren müssen, daß C sich mit dem Erwerb der Anwartschaft gleichzeitig gegenüber K verpflichtete, dessen Kaufpreisschuld gegenüber V zu tilgen. Insofern hätte eine Leistungsbeziehung zwischen C und K einerseits, und zwischen K und V andererseits vorgelegen. Ein direkter Durchgriff von C auf V wäre nach dem Grundsatz, daß innerhalb der Leistungsverhältnisse zu kondizieren ist, ausgeschlossen. Nachdem sich die Unwirksamkeit des Kaufvertrages herausgestellt hatte, konnte V jedoch nicht weiter davon ausgehen, daß es sich bei den Zahlungen um Leistungen des K handelte. Denn K war aufgrund der Nichtigkeit des Kaufvertrages nicht mehr zur Leistung verpflichtet. Nach

263 § 818 Abs. 2 greift auch bei Unmöglichkeit der Rückübertragung eines Rechts, vgl. Larenz/ Canaris, SR II 1, § 72 III 1 a.

264 Vgl. dazu bereits oben C I u. FN 254.

dem Empfängerhorizont lag daher eine Leistung von C an V vor.[265] Im übrigen wird man auch davon ausgehen müssen, daß die Pflicht des C, die Kaufpreisschuld des K abzulösen, mit der Unwirksamkeit des Kaufvertrages endete. Ab diesem Zeitpunkt zahlte C daher ausschließlich, um Eigentum zu erlangen. Da diese Zwecksetzung infolge des Bedingungsausfalls letztlich nicht erreicht wurde, steht C gegenüber V ein Anspruch aus § 812 Abs. 1 S. 2 Alt. 2 (*condictio ob rem*) zu, gerichtet auf die an V gezahlten 2.000 DM.
Diese Ausführungen gelten natürlich nur dann, wenn lediglich der Kaufvertrag, nicht aber das dingliche Geschäft von der Nichtigkeit betroffen ist. Wird auch die Verfügungsebene von der Vertragsnichtigkeit erfaßt, fällt das Anwartschaftsrecht des C *ex tunc* weg, sofern nicht die Voraussetzungen eines gutgläubigen Erwerbs vorliegen.

D. Der gutgläubige Erwerb des Anwartschaftsrechts

Der Vorbehaltskäufer kann über das ihm zustehende Anwartschaftsrecht als Berechtigter verfügen, während er eine Verfügung über das dem Verkäufer zustehende Eigentum nur als Nichtberechtigter vornehmen kann. Verfügt der Vorbehaltskäufer über das Eigentum, ist von Bedeutung, ob die Erklärungen der Parteien nicht in eine Übertragung des dem Käufer bereits zustehenden Anwartschaftsrechts umgedeutet werden können. In der Regel wird dies dem mutmaßlichen Willen der Parteien entsprechen. Wenn über das dingliche Anwartschaftsrecht nach den Regeln der §§ 929 ff. verfügt werden kann, muß auch ein gutgläubiger Erwerb vom Nichtberechtigten in Betracht kommen. Darüber besteht im Grundsatz weitgehend Einigkeit.[266] Allerdings werden für die Frage des gutgläubigen Er-

265 Vgl. zur Auslegung der Zweckbestimmung nach dem Empfängerhorizont Larenz/Canaris, SR II 1, § 70 III 3; Wieling, BerR, § 3 I 3 b.

266 Die Darstellung beschränkt sich auf die Wiedergabe des Meinungsstandes der ein selbständiges Anwartschaftsrecht anerkennenden Anwartschaftslehre. Für die Kritiker der Anwartschaftslehre, die von einer antizipierten Vorausverfügung über das Vollrecht ausgehen, ist ein gutgläubiger Erwerb des Anwartschaftsrechtes *per se* ausgeschlossen. Bezugspunkt für den gutgläubigen Erwerb ist beim Ersterwerb das Eigentum selbst, was zur unmittelbaren Anwendung der §§ 932 ff. führt, vgl. Lempenau, S. 55; Kupisch, JZ 1976, 417, 427; Marotzke, S. 121 f.; ähnlich Medicus, BürgR, Rz. 465, 474; Brecht, JherJahrb Bd. 61 (1912), 263, 285 ff.
Auch diejenigen, die im Eigentumsvorbehalt die Übertragung pfandrechtsbelasteten Eigentums oder wie Georgiades eine auflösend bedingte Vollrechtsübertragung sehen, gelangen für den gutgläubigen Ersterwerb unmittelbar zu den §§ 932 ff., vgl.

werbs mehrere Fallgruppen unterschieden, die im einzelnen bezüglich der Möglichkeit des gutgläubigen Erwerbs unterschiedlich beurteilt werden, was wiederum maßgeblich mit der Schwäche des Anwartschaftsrechts zusammenhängen soll. Herkömmlich wird zwischen dem gutgläubigen Ersterwerb und dem Zweiterwerb des Anwartschaftsrechts unterschieden. Der Ersterwerb ist dadurch gekennzeichnet, daß ein Nichtberechtigter das ihm angeblich zustehende Eigentum unter der aufschiebenden Bedingung der vollständigen Kaufpreiszahlung überträgt, während es beim gutgläubigen Zweiterwerb um die Übertragung des angeblichen Anwartschaftsrechts geht.

I. Die Auffassungen zum gutgläubigen Erwerb der Anwartschaft

1. Erwerb des Anwartschaftsrechts vom Nichteigentümer (Ersterwerb)

Nach nahezu allgemeiner Ansicht erhält der Käufer auch dann ein Anwartschaftsrecht, wenn der Vorbehaltsverkäufer zwar nicht Eigentümer der Vorbehaltsware, der Käufer diesbezüglich aber in gutem Glauben ist.[267] Ebenso wie der Käufer beim Barkauf Eigentum erlange, wenn der Verkäufer zwar nicht Eigentümer der Kaufsache, der Erwerber aber gutgläubig sei, müsse dies für den Vorbehaltskauf gelten, da es sich um ein Weniger an Rechtsübertragung handele.[268]
Teilweise wird hierbei für eine direkte Anwendung von § 932 plädiert, da es um die Erlangung aufschiebend bedingten Eigentums gehe. Es

Hübner, NJW 1980, 729 f.; A. Blomeyer, AcP 153 (1954), 247; Berger, S. 141 ff.; Georgiades, S. 165.

267 Raiser, S. 36; Herboth, S. 101; Grimm, S. 41 ff.; Erman - Grunewald, § 455, Rz. 32; RGRK - Mezger, § 455, Rz. 35; Reinicke/ Tiedtke, Kreditsicherung, S. 216; Reinikke/ Tiedtke, KaufR, Rz. 1145; Gerhardt, MobiliarSaR, S. 103; Pottschmidt/ Rohr, KreditsicherungsR, Rz. 414; Fikentscher, SR, Rz. 757; Flume, AcP 161 (1962), 385, 392; Baur/ Stürner, SaR, § 59 V 3 a; Bauknecht, NJW 1955, 1251, 1252; Schnorr von Carolsfeld, KritVJschr Bd. 66 (1939), 174, 183 f.; Diederichsen, S. 133; Henke, S. 11 f.; Schwerdtner, Jura 1980, 661, 664; Bülow, Kreditsicherheiten, Rz. 696; Wilhelm, SaR, Rz. 1233; Brox, JuS 1984, 657, 661; Wiegand, JuS 1974, 201, 211; Nauenberg, S. 17 ff.; Stoll, JuS 1967, 12 ff.; ders., ZHR 128 (1966), 239, 243; Sponer, S. 90 f.; Serick I, S. 268; Larenz, SR II 1, § 43 II c; Gernhuber, FS Baur (1981), S. 31, 33; Soergel - Mühl, § 929, Rz. 75; Schlegelberger - Hefermehl, Anh. § 382, Rz. 36; Staudinger - Honsell, § 455, Rz. 41; BGHZ 10, 69, 72; 30, 375; aA. Staudinger - Gursky, § 985, Rz. 10, da das Anwartschaftsrecht kein dingliches Besitzrecht gebe. Dazu bereits § 1 A III 1 b, 2.

268 Vgl. etwa Raiser, S. 36, Grimm, S. 45.

stelle sich nur noch die Frage, ob für den guten Glauben auf den Zeitpunkt der Vornahme des Rechtsgeschäftes oder auf den Bedingungseintritt abzustellen sei.[269] Diese wird heute allgemein dahin gehend beantwortet, daß es auf Einigung und Übergabe ankommt, während das Fortbestehen des guten Glaubens zur Zeit des Bedingungseintritts nicht verlangt wird.[270]

Überwiegend wird jedoch § 932 *analog* herangezogen, da es um den Erwerb des Anwartschaftsrechts gehe. Zwar beziehe sich der gute Glaube des Erwerbers zunächst auf das Eigentum des Veräußerers. Darin sei aber notwendigerweise der gute Glaube daran enthalten, daß ihm bereits jetzt die Vorstufe zum Eigentum übertragen werde.[271] Als Rechtsschein für den gutgläubigen Erwerb wird der Sachbesitz des Verkäufers zugrunde gelegt, was sich aus einem Vergleich mit dem Vollrecht ergebe.

Danach hat derjenige, der das Anwartschaftsrecht gutgläubig erworben hat, ein Recht zum Besitz, welches er der Vindikation des Eigentümers entgegenhalten kann.[272]

Allerdings werde durch die weitere Verselbständigung der Anwartschaft, die notwendig mit der Bejahung eines gutgläubigen Erwerbs einhergehe, nicht die Abhängigkeit derselben vom Fortbestand des sie begründenden Schuldverhältnisses beseitigt. Das Schuldverhältnis werde nicht kraft guten Glaubens fingiert. Werde es hinfällig, könne der Eigentümer die

269 BGHZ 10, 69 ff.; Flume, AcP 161 (1962), 385, 392; Stoll, JuS 1967, 12, 14; Pottschmidt/ Rohr, KreditsicherungsR, Rz. 414.

270 Vgl. etwa Brecht, JherJahrb Bd. 61 (1912), 263, 285 ff.; Grimm, S. 46 ff.; Bauknecht, NJW 1955, 1251, 1252; Soergel - Mühl, § 929, Rz. 66, 75; Schlegelberger - Hefermehl, Anh. § 382, Rz. 32; Flume, AcP 161 (1962), 385, 392; Stoll, JuS 1967, 12, 14; Nauenberg, S. 17 ff.; Westermann - Gursky, SaR I, § 46, 4; Wieling, SaR I, § 17 II 2 a FN 27 u. § 10 III 5 a; Medicus, BürgR, Rz. 465, 474; Holtz, S. 21; Rühl, S. 109; Kuhn, WM 1972, 206; Larenz, AT, § 25 III (S. 498); BGHZ 10, 69. AA. Hager, Verkehrsschutz, S. 128 ff.: Nach Hager muß der Käufer auch noch zur Zeit des Eigentumsübergangs gutgläubig sein. Allerdings soll der Käufer nach Zahlung der ersten Kaufpreisrate keine Nachforschungsobliegenheit mehr haben. Zudem entfalle die weitere Nachforschungsobliegenheit, sofern der Käufer einmal Erkundigungen über die Berechtigung des Verkäufers eingezogen habe. Da Hager zudem in Analogie zu den §§ 937 Abs. 2, 957 a. E. zu einer Beschränkung auf positives Wissen tendiert, unterscheidet er sich im Ergebnis kaum von der hM.

271 Serick I, S. 268; Larenz, SR II 1, § 43 II c; Raiser, S. 35 ff.; Medicus, BürgR, Rz. 474; Westermann - Gursky, SaR I, § 46, 4; Baur/ Stürner, SaR, § 59 V 3; Wieling, SaR I, § 17 II 2 a.

272 Str., vgl. zur Gegenansicht § 1 A III 1 b u. f.

Vorbehaltssache herausverlangen, da mit dem Schuldverhältnis auch das Anwartschaftsrecht erlösche.[273]

2. Der gutgläubige Zweiterwerb des Anwartschaftsrechts

a. Gutgläubiger Erwerb nur bei Bestehen der Kaufpreisforderung

Nach verbreiteter Ansicht ist grundsätzlich auch ein gutgläubiger Zweiterwerb der Anwartschaft möglich. Allerdings wird er entsprechend der Schwäche, die dem Anwartschaftsrecht anhaften soll, vom Entstehen der Kaufpreisforderung abhängig gemacht. Herkömmlich werden hierbei vier Fallgruppen unterschieden.

aa. Der gutgläubige Zweiterwerb eines bestehenden Anwartschaftsrechts vom Nichtanwärter

Der gutgläubige Zweiterwerb des Anwartschaftsrechts wird überwiegend dann anerkannt, wenn die Anwartschaft als solche zwar besteht, aber nicht dem Veräußerer, sondern einem Dritten zusteht. Vorstellbar ist etwa, daß M eine Sache von K entleiht, die dieser unter Eigentumsvorbehalt gekauft hat, und sodann das ihm nicht zustehende Anwartschaftsrecht auf D überträgt. Aus der Möglichkeit des gutgläubigen Ersterwerbs wird gefolgert, auch ein Zweiterwerb vom Nichtanwärter sei anzuerkennen.[274] Der gutgläubige Erwerb lasse sich bei bestehendem Anwartschaftsrecht auch deshalb nicht ablehnen, da der Erwerber auch das Eigentum gutgläubig erlangt hätte, falls anstelle einer Verfügung über das Anwartschaftsrecht eine solche über das Eigentum vorgenommen worden wäre. Durch einen Schluß *a maiore ad minus* müsse daher auch die Möglichkeit zum gutgläubigen Erwerb der Anwartschaft bejaht werden.[275]

273 Raiser, S. 37; Georgiades, S. 45; Mülbert, AcP 197 (1997), 334, 357 Fn 63.
274 Raiser, S. 38; Serick I, S. 270; Grimm, S. 63 f.; Herboth, S. 104; Forkel, S. 193; Schnorr von Carolsfeld, KritVJschr. Bd. 66 (1939), 174, 184; Erman - Grunewald, § 455, Rz. 33; Soergel - Mühl, § 929, Rz. 75; Schlegelberger - Hefermehl, Anh. § 382, Rz. 36; Staudinger - Honsell, § 455, Rz. 41; Palandt - Bassenge, § 929, Rz. 46; Baur/ Stürner, SaR, § 59 V 3 b; Gerhardt, MobiliarSaR, S. 155 f.; Schapp, SaR, Rz. 254; Hager, Verkehrsschutz, S. 315 ff.; Reinicke/ Tiedtke, KaufR, Rz. 1154; Reinicke, MDR 1959, 613, 616.
275 Erman (8. Aufl.) - Weitnauer, § 455, Rz. 31.

bb. Zweiterwerb eines nicht existierenden Anwartschaftsrechts vom Scheinanwärter

Nach einhelliger Auffassung ist der gutgläubige Zweiterwerb des Anwartschaftsrechts dann abzulehnen, wenn ein Kaufvertrag in keinem Verhältnis besteht. Habe M sich eine Sache von E entliehen und behaupte nunmehr gegenüber D, er habe sie unter Eigentumsvorbehalt gekauft, sei ein gutgläubiger Erwerb des D ausgeschlossen. Da es in diesem Falle keinen Vorbehaltskauf gebe, sei bereits kein Anwartschaftsrecht zur Entstehung gelangt, weswegen auch die Bedingung nicht eintreten könne. Auch ein gutgläubiger Erwerb sei abzulehnen, da er immer nur bezüglich der sachenrechtlichen Komponente der Anwartschaft in Betracht komme. Der gute Glaube an das Bestehen des die Anwartschaft begründenden Schuldverhältnisses werde nicht geschützt.[276]
Die Kausalabhängigkeit des Anwartschaftsrechts wirke sich auch auf ein bereits gutgläubig erworbenes Anwartschaftsrecht aus: Es bleibe weiterhin vom Fortbestand des Kaufvertrags abhängig.[277] Werde der Erstkauf angefochten, habe dies auch den Verlust des gutgläubig erworbenen Anwartschaftsrechts zur Folge.

cc. Gutgläubiger Erwerb des Anwartschaftsrechts im behaupteten Umfang

Denkbar ist auch der Fall, daß das Anwartschaftsrecht zwar besteht, aber nicht so, wie der Übertragende es behauptet. So kann etwa der Vorbehaltskäufer unter der falschen Angabe, er habe bereits neun von zehn Raten bezahlt, während in Wahrheit noch neun Raten ausstehen, über das Anwartschaftsrecht verfügen. Nahezu einmütig wird vertreten, in diesem Falle könne der Dritte, zu dessen Gunsten verfügt wurde, die Anwart-

276 Raiser, S. 38; Serick I, S. 271; Forkel, S. 194; Grimm, S. 64; Soergel - Mühl, § 929, Rz. 75; MünchKomm - Westermann, § 455, Rz. 70; RGRK - Pikart, § 929, Rz. 76; Baur/ Stürner, SaR, § 59 V 3 c; Gerhardt, MobiliarSaR, S. 156; Schapp, SaR, Rz. 254; Schnorr von Carolsfeld, KritVJschr Bd. 66 (1939), 174, 184; Wilhelm, SaR, Rz. 1245; Reinicke/ Tiedtke, KaufR, Rz. 1155; Hager, Verkehrsschutz, S. 317 ff.; Bülow, Kreditsicherheiten, Rz. 701 (i.E. lehnt Bülow den gutgläubigen Zweiterwerb aber generell ab, vgl. Rz. 697 ff.).

277 Mühl, AcP 160 (1961), 264, 268; Soergel - Mühl, § 929, Rz. 75; Raiser, S. 38; Serick I, S. 272; Wilhelm, SaR, Rz. 1245.

schaft nur so erhalten, wie sie tatsächlich existiere.[278] Bezüglich des obligatorischen Teils könne ein Schutz des guten Glaubens nämlich nicht in Betracht kommen.
Gleiches soll gelten, wenn der Besitzer einer Sache behauptet, ihm stehe ein Anwartschaftsrecht zu, welches bei Zahlung einer bestimmten Geldsumme zum Eigentum werde.

dd. Gutgläubiger Erwerb bei nicht bestehendem Anwartschaftsrecht, aber existierender Kaufpreisforderung

Dagegen wird der Fall, daß die Kaufpreisforderung gegen den Erstkäufer zwar entstanden, die aufschiebend bedingte Übereignung aber gescheitert ist, bezüglich der Möglichkeit des gutgläubigen Erwerbs unterschiedlich beurteilt.
Eine Auffassung hält in diesem Fall einen gutgläubigen Erwerb für möglich. Habe K etwa deshalb kein Anwartschaftsrecht erlangt, weil V nicht Eigentümer der Sache war und er selbst bösgläubig, und übertrage er nunmehr das nicht entstandene Anwartschaftsrecht gemäß § 929 auf den gutgläubigen D, erlange dieser analog § 932 ein Anwartschaftsrecht.[279]
Die Gegenmeinung lehnt die Möglichkeit eines gutgläubigen Erwerbs mit dem Argument ab, die Verfügungsmacht des Eigentümers dürfe nicht nach § 161 beschränkt werden, wenn überhaupt kein Anwartschaftsrecht bestehe.[280]

b. Kein gutgläubiger Zweiterwerb des Anwartschaftsrechts

Ein Teil der Literatur lehnt einen gutgläubigen Zweiterwerb generell ab, ohne danach zu unterscheiden, ob das Anwartschaftsrecht beziehungsweise der Kaufvertrag überhaupt bestehen. Zwar sei der Veräußerer im Besitz der Sache. Der Rechtsschein des Besitzes spreche aber nur für das Eigentum. Der Verfügende habe diesen Rechtsschein selbst zerstört, in-

278 Erman - Michalski, § 929, Rz. 24; Soergel - Mühl, § 929, Rz. 75; RGRK - Pikart, § 929, Rz. 76; Georgiades, S. 132 u. FN 10; Larenz, SR II 1, § 43 II c; Medicus, BürgR, Rz. 475; Wilhelm, SaR, Rz. 1245; Reinicke/ Tiedtke, KaufR, Rz. 1156; Westermann - Gursky, SaR I, § 45 III 1 d. Gursky tendiert allerdings dazu, den gutgläubigen Zweiterwerb allgemein abzulehnen.

279 Serick I, S. 271, Raiser, S. 38 f.; Mühl, AcP 160 (1961), 264, 268; Soergel - Mühl, § 929, Rz. 75; Schnorr von Carolsfeld, KritVjschr Bd. 66 (1939), 174, 184; Georgiades, S. 45; Grimm, S. 63 f.

280 So etwa Larenz, SR II 1, § 43 II c.

dem er dem Zweiterwerber mitgeteilt habe, daß er nicht Eigentümer sondern Inhaber einer Anwartschaft, und damit nur verfügungsbefugt über eine von der schuldrechtlichen Grundlage abhängige Position sei. Der Dritte könne keinen Schutz erwarten, da er sich nicht auf eine gesetzlich festgelegte Rechtsscheinsposition verlasse, sondern nur auf das Gerede des Verfügenden vertraue.[281] Zudem seien Rechtspositionen, die derart durch schuldrechtliche Komponenten bestimmt würden wie die Anwartschaft, generell ungeeignet für einen gutgläubigen Erwerb.[282]
Weiterhin wird gegen einen gutgläubigen Erwerb angeführt, vom Erwerber könne erwartet werden, daß er die Angaben desjenigen, der sich als Inhaber einer Anwartschaft ausgebe, überprüfe. Ein Erwerber, der dies unterlasse, sei nicht schutzwürdig.[283]

II. Kritik und Lösung auf der Grundlage eines rechtsgrundunabhängigen Anwartschaftsrechts

1. Der Ersterwerb

Begreift man das Anwartschaftsrecht als verdinglichtes Recht im Sinne von § 1007, welches durch Einigung und Übergabe entsteht, ergibt sich der gutgläubige Erwerb für den Fall, daß der Veräußerer sich als Eigentümer ausgibt, unproblematisch aus § 1007 Abs. 3 S. 1 Alt. 1. Ein Rückgriff auf die Eigentumsregeln ist daher nicht erforderlich. Ein verdinglichtes Recht kann grundsätzlich nur der Eigentümer als Berechtigter bestellen.[284] Auch für das verdinglichte Recht des Vorbehaltskäufers gilt insoweit nichts anderes. Vom Nichtberechtigten erwirbt der Vorbehalts-

281 Flume, AcP 161 (1962), 385, 394 ff.; ders., AT II, § 42, 4 c; Schwerdtner, Jura 1980, 661, 665; Medicus, BürgR, Rz. 475 a.E.; Schlegelberger - Hefermehl, Anh. § 382, Rz. 36; Bülow, Kreditsicherheiten, Rz. 697 ff.; ders., Jura 1986, 234, 238; ders., JuS 1996, 190, 191; Pottschmidt/ Rohr, KreditsicherungsR, Rz. 415; Wiegand, JuS 1974, 201, 211 f.; Kupisch, JZ 1976, 417, 427; Brox, JuS 1984, 657, 661 f.; Westermann - Gursky, SaR I, § 45 III 1 d; MünchKomm - Westermann, § 455, Rz. 67.

282 Westermann - Gursky, SaR I, § 45 III 1 d; MünchKomm - Westermann, § 455, Rz. 67; Wiegand, JuS 1974, 201, 211; Brox, JuS 1984, 657, 662; Medicus, BürgR, Rz. 475.

283 So etwa Brox, JuS 1984, 657, 662; Medicus, BürgR, Rz. 475.

284 Natürlich auch derjenige, dem ein dingliches Recht an der Sache zusteht, verbunden mit der Berechtigung zur Überlassung an einen Dritten, so etwa der Mieter, dem die Untervermietung gestattet ist. Vgl. dazu Wieling, SaR I, § 13 I 4 b, II 2; P. Koch, S. 127 ff.

käufer ein Anwartschaftsrecht, sofern Einigung und Übergabe vorliegen und der Käufer gutgläubig ist. Maßgeblich für seinen guten Glauben ist demnach, daß er den Veräußerer als Eigentümer ansieht, da nur dieser eine Verfügung, welche das Eigentum belastet, treffen kann.
Aus diesem Grund kann der Auffassung, der gutgläubige Ersterwerb ergebe sich daraus, daß der gute Glaube bezüglich des Eigentums den guten Glauben hinsichtlich der Vorstufe des Eigentums einschließe, nicht gefolgt werden. Dies ergibt sich im übrigen auch daraus, daß das Anwartschaftsrecht bei Vornahme der Verfügung noch gar nicht existiert, vielmehr erst begründet wird.[285]
Neben dem guten Glauben ist weitere Voraussetzung für den Erwerb des verdinglichten Rechts des Vorbehaltskäufers, daß die Sache dem Berechtigten nicht abhanden gekommen ist, §§ 1007 Abs. 2, 935.[286]

2. Der Zweiterwerb

Die Befürworter eines gutgläubigen Zweiterwerbs dehnen die von ihnen postulierte schuldrechtliche Abhängigkeit des Anwartschaftsrechts auch auf den gutgläubigen Erwerb aus. Dies hat zur Folge, daß der Erwerber weithin ungeschützt bleibt, obwohl sachliche Gesichtspunkte für eine unterschiedliche Behandlung danach, ob die Kaufpreisforderung existent ist oder nicht, nicht erkennbar sind. Wäre der Veräußerer als Eigentümer aufgetreten, hätte der Zweiterwerber sogar das Eigentum gutgläubig erwerben können. Dagegen soll er bei Vorspiegelung eines Anwartschaftsrechts nichts erhalten, obwohl die Anwartschaft als dem Eigentum „wesensgleiches" Recht angesehen wird.
Zu Recht nennen *Baur/ Stürner* das Ergebnis „verblüffend".[287] Es ist aber nur deshalb verblüffend, weil es nicht zutrifft. Es bedarf keiner Erörterung, daß durch Gutgläubigkeit niemand einen schuldrechtlichen Vertrag zustande bringen kann. Darum geht es aber auch gar nicht. Bezugspunkt für den guten Glauben ist einzig das dingliche Anwartschaftsrecht, nicht etwa das Bestehen einer Kaufpreisforderung.
Darüber hinaus wäre die Anwendung der Gutglaubensvorschriften gerade bei Annahme eines kausalabhängigen Anwartschaftsrechts aus Verkehrsschutzgründen geboten.

285 Darauf weist zutreffend Stoll, ZHR 128 (1966), 239, 247, hin.
286 Im Falle des Abhandenkommens kann lediglich ein relatives, gegenüber dem Eigentümer nicht wirkendes Recht entstehen. Vgl. dazu Wieling, SaR I, § 13 II 2.
287 Baur/ Stürner, SaR, § 59 V 3 c.

Nicht nachvollziehbar ist auch, warum ein gutgläubiger Erwerb zwar abgelehnt wird, wenn die Kaufpreisforderung nicht oder nicht wirksam entstanden ist, ein solcher jedoch überwiegend dann befürwortet wird, wenn die Anwartschaft mangels wirksamer dinglicher Einigung nicht existiert. Auch hieran wird deutlich, daß die Lehre von der Kausalabhängigkeit zu willkürlichen, mit den Wertungen der Rechtsordnung nicht übereinstimmenden Ergebnissen gelangt.

Denjenigen, die einen gutgläubigen Zweiterwerb des Anwartschaftsrechts ganz ablehnen, ist zugute zu halten, daß sie zu einheitlichen Ergebnissen gelangen. Aus der Erkenntnis, daß es nicht angehen kann, den Gutglaubensschutz von der Entwicklung der obligatorischen Seite des Eigentumsvorbehalts abhängig zu machen, läßt sich jedoch nicht der Schluß ziehen, Rechtspositionen, die in Abhängigkeit vom schuldrechtlichen Grundgeschäft stünden, seien für einen gutgläubigen Erwerb generell ungeeignet. Diese Ansicht löst die Widersprüche der herrschenden Meinung unzutreffend auf und schafft neue, ohne daß damit die Grundfrage der Kausalabhängigkeit des Anwartschaftsrechts beantwortet würde.

Es gehört zu den Prinzipien unserer Rechtsordnung, daß dingliche Rechte gutgläubig vom Nichtberechtigten erworben werden können. Da sich die Dinglichkeit des Anwartschaftsrechts angesichts von § 1007 nicht leugnen läßt, muß auch ein gutgläubiger Erwerb desselben möglich sein. Wer dies bestreitet, wäre gezwungen, auch die Übertragbarkeit der Rechtsposition des Vorbehaltskäufers zu negieren.

Bleibt noch der Einwand, ein gutgläubiger Erwerb komme nicht in Betracht, da der Besitz Vermutungswirkung nur für das Eigentum entfalte. Zu diesem Ergebnis kann nur derjenige gelangen, der die Regelung des § 1006 für sich genommen betrachtet. Aus den Verweisungen der §§ 1065 und 1227 ergibt sich aber, daß § 1006 auch als Vermutung des Inhalts gelten kann, daß der Besitzer einen Nießbrauch innehat beziehungsweise ihm ein Pfandrecht zusteht.[288] Den drei Regelungen zusam-

288 Dies ist unbestritten, vgl. nur Staudinger - Frank, § 1065, Rz. 14; Palandt - Bassenge, § 1065, Rz. 2; Wolff/ Raiser, § 22 pr.; Soergel - Mühl, § 1227, Rz. 6. Für das Pfandrecht wird allerdings überwiegend vertreten, die Pfandrechtsvermutung stehe dem Pfandrechtsbesitzer nur zu, wenn die Forderung existiere, vgl. Staudinger - Gursky, § 1006, Rz. 21; Soergel - Mühl, § 1227, Rz. 6; Erman - Küchenhoff, § 1227, Rz. 1; Wolff/ Raiser, § 22 pr. FN 2. Da das Pfandrecht aber nur bestehen kann, wenn es eine Forderung gibt, spricht mehr dafür, auch auf das Bestehen der Forderung zu schließen, wenn das Pfandrecht geltend gemacht wird. So auch Wieling, SaR I, § 12 VIII 2 g FN 58.

men ist daher der Grundgedanke zu entnehmen, daß dem Besitzer einer beweglichen Sache das dingliche Recht zusteht, in dessen Ausübung er besitzt. Da dem Vorbehaltskäufer als Fremdbesitzer angesichts der verdinglichenden Funktion des § 1007 ein dingliches Recht zusteht, streitet der Besitz für das Anwartschaftsrecht.[289, 290] Erst recht läßt sich ein gutgläubiger Erwerb nicht mit dem Hinweis ablehnen, der Erwerber sei nicht schutzwürdig, da er nur auf das Gerede des Veräußerers vertraue. Immer wenn es um einen gutgläubigen Erwerb geht, glaubt der Erwerber den Äußerungen des Veräußerers. Dem „Gerede" trägt das Gesetz immer dann Rechnung, wenn der Verfügende durch den Besitz der Sache legitimiert ist. Dies ist selbstverständlich auch für den gutgläubigen Erwerb der Anwartschaft zu verlangen.

Wenn schließlich *Flume* meint, ein Argument gegen den gutgläubigen Zweiterwerb aus einem Vergleich mit der Verfügung über ein nicht bestehendes Pfandrecht herleiten zu können[291], ist dies bereits deshalb abzulehnen, weil beim Pfandrecht ein gutgläubiger Erwerb entsprechend §§ 932 ff., 1208 zuzulassen ist.[292]

Zu guter Letzt geht auch die Ansicht fehl, der gutgläubige Zweiterwerb scheide aus, weil regelmäßig grobe Fahrlässigkeit vorliege, wenn der Erwerber ungeprüft auf die Angabe des Veräußerers, Inhaber einer Anwartschaft zu sein, vertraue. Die Frage, ob ein gutgläubiger Erwerb anzuerkennen ist, hat nichts mit den Anforderungen, die an die Gutgläubigkeit zu stellen sind, zu tun. Vielmehr spielen diese doch nur dann eine Rolle,

289 I.E. ebenso Wieling, SaR I, § 17 IV 1 b aa, § 12 VIII 2 g.

290 Die hM., die nicht von einer Verdinglichung obligatorischer Rechte ausgeht, lehnt es überwiegend ab, die Vermutung des § 1006 neben Pfandgläubiger und Nießbraucher auf sonstige Fremdbesitzer auszudehnen, vgl. Staudinger - Gursky, § 1006, Rz. 21; Wolff/ Raiser, § 22 pr.; Gierke, Fahrnisbesitz, S. 36; Mülbert, AcP 1997 (1997), 334, 382 Fn 127; zutr. jedoch Kühne, AcP 140 (1935), 1, 55 f.; Wieling, SaR I, § 13 II 6 b; Heck, SaR, § 33, 4 b, letzterer zwar ebenfalls unter Hinweis auf § 1007, ohne aber von einer Verdinglichung der Rechte der Fremdbesitzer auszugehen.

291 Flume, AcP 161 (1962), 385, 395.

292 Für einen gutgläubigen Erwerb des Pfandrechts auch Heck, SaR, § 105 V; Wieling, SaR I, § 15 VIII 1 b. Die wohl überwiegende Ansicht hält bei der Übertragung eines nicht bestehenden Pfandrechts einen gutgläubigen Erwerb für ausgeschlossen, da es sich nicht um einen rechtsgeschäftlichen Erwerb handele (§§ 1250 Abs. 1, 401, 412), vgl. Georgiades, S. 132 FN 9; Brox, JuS 1984, 657, 662. Vertritt man dies, läßt sich die Argumentation Flumes gleichfalls nicht aufrechterhalten, weil der gutgläubige Erwerb beim Pfandrecht dann nur mangels rechtsgeschäftlichen Erwerbs ausscheidet, während bei der Übertragung des Anwartschaftsrechtes ein solcher jedoch unzweifelhaft vorliegt.

wenn ein gutgläubiger Erwerb überhaupt zugelassen wird. Insgesamt erweist sich daher auch die Meinung, ein gutgläubiger Zweiterwerb der Anwartschaft sei allgemein zu verneinen, als nicht tragfähig.
Die vorangehenden Erörterungen verdeutlichen, daß ein kausalabhängiges Anwartschaftsrecht nicht nur unvereinbar mit dem in unserer Rechtsordnung verankerten Abstraktionsprinzip ist, sondern auch den Gutglaubensvorschriften widerspricht. Diese Schwierigkeiten werden durch die Annahme eines von der Wirksamkeit des Kaufvertrages unabhängigen Anwartschaftsrechts vermieden. Danach gelangt das Grundprinzip unseres Sachenrechtes, wonach dingliche Rechte an beweglichen Sachen gutgläubig erworben werden können, sofern kein Abhandenkommen vorliegt, auch für das Anwartschaftsrecht zur Anwendung. Ein gutgläubiger Zweiterwerb der Anwartschaft ist entgegen der herrschenden Meinung ohne Rücksicht darauf, ob ein wirksamer Kaufvertrag besteht, zu bejahen.
An den guten Glauben sind die normalen Anforderungen zu stellen, so daß keine Nachprüfungspflicht besteht, sofern keine Verdachtsmomente vorliegen. Ist der Zweiterwerber gutgläubig, erwirbt er die Anwartschaft und bei Zahlung des Restkaufpreises das Eigentum. Auch das einmal gutgläubig erworbene Anwartschaftsrecht ist nicht vom Bestand des Kaufvertrages abhängig, da ein solcher Zusammenhang bereits beim Erwerb vom Berechtigten nicht anzuerkennen ist.
Zu erörtern bleibt noch, ob der Zweiterwerber die Anwartschaft in der wirklichen oder lediglich in der behaupteten Höhe erhält. Aus der Beschaffenheit der Bedingung ergibt sich, nach wie vielen Raten in welcher Höhe der Vorbehaltskäufer Eigentum erlangen soll. Indem die Einzelheiten der Bedingung der dinglichen Einigung beigegeben werden, erhält der Vorbehaltskäufer ein Anwartschaftsrecht mit einem bestimmten Inhalt. Insoweit unterscheidet sich das Anwartschaftsrecht von sonstigen dinglichen Rechten, bei denen es allein auf das abstrakte Bestehen des Rechts ankommt. Daher müssen auch Angaben über den vermeintlichen Inhalt der Anwartschaft vom Schutz des guten Glaubens erfaßt werden.[293] Dies gilt nicht nur dann, wenn es an einer bedingten Einigung völlig fehlt und der Besitzer einer Sache dem Erwerber arglistig vorspiegelt, er sei Vorbehaltskäufer und habe bereits Zahlungen in einem bestimmten Umfang geleistet, sondern auch dann, wenn der wirkliche Vor-

293 So zutr. Nauenberg, S. 33; Grimm, S. 65; Herboth, S. 104 f.; S. 33; Wieling, SaR I, § 17 IV 1 b bb.

behaltskäufer sein Anwartschaftsrecht überträgt und dabei falsche Angaben über dessen Inhalt macht.

Nur auf den ersten Blick klingt es widersprüchlich, daß der Vorbehaltskäufer, der zutreffende Angaben über die noch ausstehenden Raten macht, als Berechtigter verfügt, während bei falschen Angaben nur ein Erwerb vom Nichtberechtigten in Betracht kommt; denn wenn der Vorbehaltskäufer eine falsche Ratenzahl behauptet, gibt er vor, ein Anwartschaftsrecht mit einem bestimmten Inhalt zu haben. In diesem Fall spricht die Tatsache, daß der Vorbehaltskäufer durch den Besitz legitimiert ist, für das dingliche Recht in der angegebenen Form. Mit einem Schutz des guten Glaubens an die schuldrechtliche Seite des Eigentumsvorbehaltes hat dies nichts zu tun. Zahlt der Zweiterwerber die angeblich noch ausstehenden Raten, erlangt er Eigentum. Auf diese Weise steht sich der Eigentümer sogar besser als wenn der Sachbesitzer sich als Eigentümer geriert hätte, da er wenigstens die Geldsumme erhält, die der Verfügende als noch ausstehend genannt hat.[294]

Dem gutgläubigen Erwerb der Anwartschaft wird wie dem Erwerb vom Berechtigten nur durch den Ausfall der Bedingung eine Grenze gesetzt. Hat etwa der Mieter des Vorbehaltskäufers einem Dritten ein Anwartschaftsrecht vorgespiegelt, hängt die Rechtsbeständigkeit seines Erwerbs von der vereinbarungsgemäßen Zahlung durch den Vorbehaltskäufer ab. Mit der Geltendmachung des Eigentumsvorbehalts durch den Vorbehaltsverkäufer erlischt auch das gutgläubig erworbene Anwartschaftsrecht des Dritten.

294 So auch Wieling, SaR I, § 17 IV 1 b bb.

§ 4. Die Durchbrechung der Kausalität des Anwartschaftsrechts durch die herrschende Meinung

BGH und herrschende Lehre halten die Ansicht, bei der Anwartschaft handele es sich um ein Recht, welches in Entstehung und Bestand von der schuldrechtlichen Beziehung zwischen den Parteien des Kaufvertrages abhängig ist, nicht uneingeschränkt durch. Vielmehr ist die Tendenz erkennbar, die Stellung des Anwartschaftsinhabers schrittweise zu stärken und sie nicht mehr in allen Fällen an das Schicksal des Vorbehaltskaufs zu binden.

Damit trägt die herrschende Meinung dem Umstand Rechnung, daß ein Kreditsicherungsmittel, das von den schuldrechtlichen Gestaltungen der Vertragspartner abhängig ist, in der Praxis kaum auf Akzeptanz stoßen kann.

Trotz dieser Erkenntnis wird im Grundsätzlichen weiter an der Theorie festgehalten, das Anwartschaftsrecht stehe in schuldrechtlicher Verbindung zum Kaufvertrag. Da die schuldrechtliche Schwäche der Stabilität der Stellung des Anwartschaftsinhabers eigentlich widerstreitet, wird letztere häufig von einer Abwägung der konkurrierenden Interessen zwischen Vorbehaltsverkäufer und Anwartschaftsinhaber abhängig gemacht. Infolgedessen hat sich eine diffizile Kasuistik herausgebildet, die zudem dadurch geprägt ist, daß die einzelnen Fallgruppen meist völlig uneinheitlich bewertet werden.

Es ist aufzuzeigen, daß die diskutierten Abweichungen von der Kausalität des Anwartschaftsrechts dogmatisch nicht tragfähig sind. Vielmehr läßt sich die Fragilität des Anwartschaftsrechts nur dann überwinden, wenn es insgesamt von der schuldrechtlichen Abhängigkeit gelöst wird.

A. Der erste Lastwagenfall - BGHZ 75, 221[1]

Bis zur Entscheidung des BGH im sogenannten ersten Lastwagenfall entsprach es nahezu allgemeiner Ansicht, daß das Anwartschaftsrecht auch nach der Übertragung auf einen Zweiterwerber mit der Existenz des zugrunde liegenden Kaufvertrages unlösbar verknüpft bleibt. Die Kaufvertragsparteien seien daher nicht daran gehindert, bei Vorliegen der ent-

1 Weitere Fundstellen: NJW 1980, 774; JuS 1980, 224; ZIP 1980, 36; MDR 1980, 224; JZ 1980, 30; DB 1980, 2416.

sprechenden Voraussetzungen den Rücktritt zu erklären oder den Kaufvertrag anzufechten. Weiterhin seien die Parteien befugt, durch eine Erweiterung des Eigentumsvorbehalts den Bedingungseintritt erst später erfolgen zu lassen oder ihn durch eine Aufhebung des Kaufvertrages ganz zu verhindern.[2] Auf diese Weise könne die Stellung des Zweiterwerbers sogar durch *willkürliches* Verhalten des Vorbehaltskäufers beeinträchtigt werden. Aus der gesicherten Stellung des Vorbehaltskäufers sei eine ungesicherte des Zweiterwerbers geworden.[3] Dies sei gerechtfertigt, weil derjenige, der sich mit der Übertragung des Anwartschaftsrechts begnüge, wisse, welches prekäre Recht er erwerbe.

Anderer Ansicht war lediglich *Flume* aufgrund seiner These, daß der Bedingungseintritt nicht allgemein von der Gültigkeit des Kaufvertrages abhängig ist.[4] Der Erwerber der Anwartschaft sei grundsätzlich davor sicher, daß der Vorbehalts*käufer* den Kaufvertrag im Einvernehmen mit dem Verkäufer aufhebe oder durch Anfechtung oder Rücktritt beseitige. Ebenso wie bei der Zession der Zedent die Herrschaft über die abgetretene Forderung nur noch mit Zustimmung des Zessionars habe, bedürfe auch der Vorbehaltskäufer für Einwirkungen auf den Kaufvertrag der Zustimmung des Anwartschaftsinhabers. Jedoch müsse dieser die Aufhebung oder Anfechtung des Kaufvertrages im Rahmen von § 407 gegen sich gelten lassen.[5] Demgegenüber sei der Vorbehalts*verkäufer* in jedem Fall befugt, die Rechtsposition des Anwartschaftserwerbers durch Anfechtung oder Rücktritt zu zerstören.[6]

I. Die Lösung des BGH im ersten Lastwagenfall

Im ersten Lastwagenfall rückte der BGH erstmals von der Meinung ab, daß die Rechtsstellung des Anwartschaftserwerbers durch *jede* Einwirkung der Vertragsparteien inhaltlich geändert oder aufgehoben werden kann. Der Entscheidung lag folgender, hier leicht vereinfachter Sachverhalt zugrunde:

K erwarb von V einen Lastwagen unter Eigentumsvorbehalt. Zur Sicherung eines Darlehens übertrug er sein Anwartschaftsrecht gemäß

2 Etwa Raiser, S. 32; Serick I, S. 253; Derleder, JuS 1979, 477, 480; Bauknecht, NJW 1955, 1251, 1253; BGHZ 35, 89, 94.

3 Serick I, S. 253.

4 S. dazu oben § 3 A II 2 c.

5 Flume, AT II 1, § 42, 4 b; ders., AcP 161 (1962), 388, 393 f.

6 Flume, aaO.

§§ 929, 930 analog auf die Bank B. Hernach ergänzten V und K den Kaufvertrag dergestalt, daß das Eigentum an dem Lastwagen bis zur Erfüllung weiterer Forderungen bei V verbleiben sollte. Diese Vereinbarung sollte V als Sicherheit für ein Darlehen, das er an K gewährt hatte, dienen. Wenig später zahlte K den Kaufpreis für den Lastwagen an V. Danach nahm V das Fahrzeug wegen bestehender Zahlungsrückstände des K an sich und veräußerte es an einen Dritten. Die B nahm V daraufhin auf Schadensersatz in Anspruch.

Der BGH hatte sich zunächst mit der Frage auseinanderzusetzen, ob die B mit der Zahlung des Kaufpreises durch K Eigentum an dem Lastkraftwagen erlangt hatte; denn nur dann war ihr Schadensersatzanspruch aus § 823 Abs. 1 (Eigentumsverletzung) begründet. Dies bejahte der BGH im Ergebnis.

Grundsätzlich bleibe es den Vertragsparteien unbenommen, den Eigentumsvorbehalt nachträglich in der Weise auszudehnen, daß er nunmehr auch der Sicherung weiterer Forderung diene.[7]

Der Bestand des Anwartschaftsrechts sei mit dem Schicksal des schuldrechtlichen Kaufvertrages verknüpft. Mit dieser Belastung gehe das Anwartschaftsrecht auf den Zweiterwerber über. Daher müsse der Zweiterwerber Einwirkungen, die sich aus der Abwicklung des Kaufvertrages ergäben, wie etwa eine vom Käufer ausgesprochene Wandlung, aber auch Einwirkungen des Vorbehaltsverkäufers, wie Rücktritt oder Anfechtung, hinnehmen.[8]

Dies bedeute jedoch nicht, daß der Zweiterwerber jedes *willkürliche* Verhalten, welches das Anwartschaftsrecht beeinträchtige, gegen sich gelten lassen müsse. Werde daher der Eigentumsvorbehalt nachträglich ausgedehnt, führe dies zu einer Inhaltsänderung des Anwartschaftsrechts, zu der dem Käufer *nach* der Übertragung seiner Position die Rechtszuständigkeit fehle; denn nach der Übertragung könne der Käufer nicht mehr über *dieses*[9] Recht verfügen. Wegen der schuldrechtlichen Abhängigkeit erweise sich die Ausdehnung des Eigentumsvorbehalts als unwirksame Verfügung über das Anwartschaftsrecht.[10]

Diese Lösung trage auch den Interessen des Wirtschaftslebens Rechnung. Es könne nicht zugelassen werden, daß die Position des Zweiterwerbers

7 BGHZ 75, 221, 224; so bereits BGHZ 42, 53, 58.
8 BGHZ 75, 221, 225 f.
9 Hervorhebung im Original.
10 BGHZ 75, 221, 226 f.

durch eine erneute Verwendung des Anwartschaftsrechts als Kreditsicherungsmittel zerstört werde.[11]
Wie bei einer Aufhebung des Kaufvertrages zu entscheiden sein soll, hat der BGH offengelassen. Er neigt jedoch dazu, die Zulässigkeit einer Vertragsaufhebung davon abhängig zu machen, ob die Einwirkung Rechte aus dem Kaufvertrag, wie Anfechtung oder Rücktritt, ersetzen soll oder ob sie willkürlich erfolgt.[12]

II. Stellungnahme

Die Entscheidung des BGH ist insofern zu begrüßen, als sie den ersten Beitrag zu einer Immunisierung der Rechtsstellung des Anwartschaftserwerbers gegen Einwirkungen der Vertragsparteien leistet. Die Begründung des BGH erweist sich jedoch als verfehlt.
Der BGH geht davon aus, daß die Vorbehaltsparteien durch die Erweiterung des Eigentumsvorbehalts den ursprünglichen *Kaufvertrag* insoweit modifiziert haben, daß der Käufer erst nach der Zahlung weiterer Raten Eigentümer werden sollte. Dies müßte auf der Grundlage der Schwäche, die dem Anwartschaftsrecht anhaften soll, automatisch zu einer Inhaltsänderung desselben führen, so daß die Bedingung entsprechend der Erweiterung des Kaufvertrages erst später eintreten kann. Dieses Ergebnis vermeidet der BGH, indem er insoweit von einer Einschränkung der Rechtszuständigkeit, also der *Verfügungsbefugnis*, ausgeht.
Zu berücksichtigen ist aber, daß eine Verfügung über das Anwartschaftsrecht in Wirklichkeit gar nicht vorliegt; denn auf dieses haben die Parteien gerade nicht eingewirkt. Vielmehr wurde es nach der Lehre von der Kausalabhängigkeit des Anwartschaftsrechts nur mittelbar dadurch betroffen, daß die Parteien eine Abänderung ihres ursprünglichen schuldrechtlichen Vertrages vorgenommen haben.[13]
Das aus der schuldrechtlichen Abhängigkeit resultierende Ergebnis kann nicht auf der Verfügungsebene korrigiert werden. Wer eine schuldrechtliche Einwirkung von der Verfügungsebene her beurteilt, hebt den Unterschied zwischen Schuld- und Sachenrecht auf und verläßt die Wertungen des Gesetzes. Trotzdem sieht der BGH keine Veranlassung, die Abhängigkeit der Stellung des Anwartschaftsinhabers anzuzweifeln und damit das Problem von der Wurzel her anzugehen.

11 BGHZ 75, 221, 227 f.
12 BGHZ 75, 221, 229.
13 Ebenso Gernhuber, FS Baur (1981), 31, 43.

Die Schwäche in der Argumentation liegt zudem darin, daß Maßnahmen, die sich als Abwicklung des dem Eigentumsvorbehalt zugrunde liegenden Kaufvertrages darstellen, zulässig bleiben sollen. Wenn etwa der Verkäufer wegen Zahlungsverzuges des Käufers vom Vertrag zurücktritt, hat dies ebenso wie die Erweiterung des Eigentumsvorbehalts Auswirkungen auf das Anwartschaftsrecht. Dennoch soll in diesem Fall eine Verfügung über das Anwartschaftsrecht nicht vorliegen, da es sich um eine *mittelbare* Einwirkung handele.[14] Eine solche müsse der Zweiterwerber hinnehmen, da sich damit ein Risiko verwirkliche, mit dem seine Position von vornherein belastet sei.[15] Wie bereits ausgeführt, liegt eine *mittelbare* Einwirkung aber auch dann vor, wenn die Parteien durch eine Änderung des Kaufvertrages den Eigentumsvorbehalt auf andere Forderungen ausdehnen. Die beiden Fälle sind von der Art der Einwirkung her gleichgelagert, was impliziert, daß auch die Rechtsfolge übereinstimmen muß.
Die Argumentation mit der mangelnden Verfügungsbefugnis bei Erweiterung des Eigentumsvorbehalts dient offenbar nur dazu, das wirtschaftlich erstrebte Ergebnis durch eine scheinbar dogmatische Begründung abzusichern.[16] Dies wird auch daran deutlich, daß der BGH die *Aufhebung* des Kaufvertrages nicht generell an der mangelnden Verfügungsbefugnis scheitern lassen will. In diesem Fall tendiert er vielmehr dazu, nach der Art der Einwirkung zu entscheiden und die Aufhebung des Kaufvertrages nur dann als unwirksam zu werten, wenn sie nicht lediglich der Geltendmachung vertraglicher Rechte dient. Eine solche Differenzierung ist jedoch bedenklich, da sich verläßliche Kriterien für die Kennzeichnung einer Einwirkung als „willkürlich" nicht finden lassen. Vorstellbar ist etwa, daß sich die unter Eigentumsvorbehalt veräußerte Maschine für Zwecke des Käufers als unbrauchbar erweist, der Verkäufer dafür aber gerade einen Abnehmer hat, dem er sie zu einem höheren Preis veräußern kann. Hier kann die Aufhebung des Kaufvertrages ebensowenig als „willkürlich" bezeichnet werden, wie wenn sie statt eines vertraglichen Rücktritts erfolgt. Nicht zuletzt steht eine Unterscheidung nach der Art der Einwirkung auch dem Bestreben entgegen, das Anwartschaftsrecht zu einem tauglichen Kreditsicherungsmittel auszugestalten.[17]

14 BGHZ 75, 221, 226 f.; zustimmend Larenz, SR II 1, § 43 II c (S. 116 f.).

15 Vgl. Larenz, aaO.

16 Krit. auch Gernhuber, FS Baur (1981), 31, 43: „Einem einfachen Syllogismus, der das Ergebnis zeitigt, folgen Argumente, die der Rechtfertigung des Ergebnisses dienen".

17 Gegen das fallweise Vorgehen des BGH auch Gernhuber, FS Baur (1981), 31, 43; J. Uhlenbruck, S. 72 ff.; Eder, S. 150.

III. Die Reaktionen im Schrifttum

Das Urteil des BGH ist im Schrifttum überwiegend auf Zustimmung gestoßen, wenn auch häufig eine vom BGH abweichende Begründung befürwortet wird.[18]

1. Nach *Bülow* ergibt sich die Richtigkeit der Entscheidung aus der Dinglichkeit des Anwartschaftsrechts.[19] Ein dingliches Recht könne allenfalls durch den Inhaber desselben oder durch den, der mit Zustimmung des Inhabers handele, geändert werden. Daraus schließt *Bülow*, jede nach der Übertragung des Anwartschaftsrechts erfolgende Änderung des Kaufvertrages sei nichtig. Dies ergebe sich auch aus § 1276, der für das Rechtspfandrecht eine ähnliche Regelung treffe.

In Anschluß an *Flume*[20] möchte *Bülow* den gutgläubigen Vorbehaltsverkäufer analog § 407 schützen.[21] Da der Vorbehaltsverkäufer in einer ähnlichen Lage sei wie der Schuldner, der in Unkenntnis der Abtretung an den Zedenten leiste, müsse der Zweiterwerber die Aufhebung oder Änderung des Kaufvertrages gegen sich gelten lassen, also den Verlust seines Anwartschaftsrechts hinnehmen, sofern der Vorbehaltsverkäufer keine Kenntnis von der Übertragung des Anwartschaftsrechts habe.

Zwar trifft es zu, daß ein dingliches Recht nur durch den Inhaber des Rechts beziehungsweise durch einen Dritten mit Zustimmung des Inhabers verändert werden kann. Wenn man aber die Rechtsposition des Anwartschaftserwerbers wie *Bülow* trotz der Abhängigkeit vom Grundgeschäft als gegenwärtiges dingliches Recht begreift, kann diese Figur nicht herangezogen werden, um eine Einschränkung dieser Abhängigkeit zu begründen. Es geht nicht an, die Dinglichkeit nur dann anzuführen, wenn sie zu der erstrebten Rechtsfolge paßt. So soll die Ausübung von Gestaltungsrechten

18 Dem BGH zustimmende Autoren: Forkel, NJW 1980, 774; Loewenheim, JuS 1981, 721; Serick V, S. 55, 481, 483 f.; J. F. Baur, ESJ, Anm. zu Fall 24 a; Merz, Anm. zu BGH LM, No. 36 zu § 455; Schlegelberger - Hefermehl, Anh. § 382, Rz. 11, 26, 27; Bülow, Kreditsicherheiten, Rz. 690; Medicus, BürgR, Rz. 473; Pottschmidt/ Rohr, KreditsicherungsR, Rz. 411; Wilhelm, NJW 1987, 1785, 1787 FN 15; Bayer, WM 1987, 1541, 1542; Rimmelspacher, KreditsicherungsR, Rz. 305; Rinnewitz, S. 376; Wieling, SaR I, § 17 V c; Gerhardt, JZ 1986, 672, 676; ders., MobiliarSaR, S. 155; Larenz, SR II 1, § 43 II c (S. 116); Soergel - Leptien, § 185, Rz. 15; Staudinger - Gursky, § 185, Rz. 9; Erman - Grunewald, § 455, Rz. 30.

19 Bülow, Kreditsicherheiten, Rz. 690; ders., Jura 1986, 234, 235.

20 S. oben pr.

21 Bülow, Kreditsicherheiten, Rz. 691; ebenso Steckermeier, S. 144; Rinnewitz, S. 388.

durch Käufer oder Verkäufer keineswegs an der Dinglichkeit des Anwartschaftsrechts scheitern. Vielmehr können diese Einwirkungen nach *Bülow* ohne Zustimmung des Anwartschaftserwerbers vorgenommen werden, so daß das Anwartschaftsrecht wegen seiner Abhängigkeit vom Kaufvertrag erlischt.[22] Diese Inkonsequenz läßt sich auch nicht mit dem Satz beseitigen, aus der Qualifizierung der Anwartschaft als dingliches Recht dürften nicht in begriffsjuristischer Weise Rechtsfolgen abgeleitet werden.[23]

Ebensowenig kann zur Rechtfertigung der Beständigkeit des Anwartschaftsrechts auf § 1276 verwiesen werden, da die Vorschrift auch bei sonstigen schuldrechtlichen Einwirkungen nicht einschlägig sein soll.[24]

Aber auch der Vergleich mit der Rechtslage bei der Zession führt nicht weiter. Man kann nicht einerseits dem Änderungsvertrag, durch den die Kaufvertragsparteien den Eigentumsvorbehalt auf weitere Forderungen ausdehnen, wegen der Dinglichkeit des Anwartschaftsrechts seine Wirksamkeit versagen, diesen Satz durch § 407 aber wieder einschränken. Die Vorschrift des § 407 ist auf Forderungen zugeschnitten. Auf das dingliche Anwartschaftsrecht paßt sie daher bereits von ihrer grundsätzlichen Konzeption her nicht.[25] Das dingliche Recht des Zweiterwerbers kann nicht durch eine Änderung des schuldrechtlichen Vertrages entfallen. Selbst wenn man mit der herrschenden Meinung davon ausginge, daß der Vorbehaltskäufer noch über einen zedierbaren Erfüllungsanspruch verfügt[26], ließe dies nicht den Schluß zu, daß § 407 Anwendung findet. Es geht nämlich nicht um die Zession dieses schuldrechtlichen Anspruchs, sondern in erster Linie um die Übertragung eines dinglichen Rechts.

Konsequenter ist es zwar, mit *Flume* nicht nur § 407 analog anzuwenden, sondern die Zulässigkeit schuldrechtlicher Einwirkungen insgesamt nach Zessionsrecht zu beurteilen.[27] Auf diese Weise gelangte man wenigstens bei der Geltendmachung von Gestaltungsrechten durch den Vorbehalts*käufer* zu einem Schutz des Anwartschaftserwerbers; denn die Zulässig-

22 Bülow, Kreditsicherheiten, Rz. 688.

23 Vgl. Bülow, Kreditsicherheiten, Rz. 680 u. FN 56.

24 Nach der hier vertretenen These, durch die das Anwartschaftsrecht von der kausalen Abhängigkeit gelöst wird, kommt § 1276 von vornherein nicht in Betracht, da das Anwartschaftsrecht und damit auch das Recht des Zweiterwerbers nicht durch schuldrechtliche Einwirkungen erlischt.

25 Richtig Gernhuber, FS Baur (1981), S. 31, 46, der freilich der Ansicht ist, dieser Unterschied sei so erheblich nicht.

26 Dagegen bereits unter § 3 A II 1 a.E.

27 S. oben pr.

keit der Ausübung des Gestaltungsrechts ist dann an seine Zustimmung gebunden. Dennoch ist auch der von *Flume* vorgeschlagene Weg abzulehnen, da eine Einschränkung der Befugnis der Kaufvertragsparteien, ihre vertraglichen Beziehungen untereinander zu regeln, mangels Vergleichbarkeit mit der Forderungszession nicht in Betracht kommt.[28] Zudem würde durch die Anwendung der Zessionsregeln die erstrebte Klarheit nicht erreicht, da auch im Zessionsrecht keine Einigkeit darüber besteht, ob der Zedent oder der Zessionar zur Geltendmachung von Gestaltungsrechten berechtigt ist, beziehungsweise ob Gestaltungsrechte nur durch einverständliches Zusammenwirken beider ausgeübt werden können.[29]

2. *Loewenheim* plädiert dafür, bei der Beurteilung der Frage, inwieweit sich das Anwartschaftsrecht gegen Einwirkungen auf den Kaufvertrag als immun erweist, von seiner Funktion als Kreditsicherungsmittel auszugehen.[30] Unter diesem Aspekt sei es erwägenswert, diejenigen Einwirkun-

28 Gegen eine Beschränkung der vertraglichen Gestaltungsfreiheit zu Recht auch Wieling, SaR I, § 17 V c.

29 In diesem Bereich ist nahezu alles umstritten. So vertritt von Tuhr, daß Gestaltungsrechte wie Anfechtung oder Rücktritt nicht auf den Zessionar übergehen, da dieser durch die Abtretung nicht in das Vertragsverhältnis zwischen Schuldner und Zedent eintrete, vgl. AT I, S. 226; AT II 1, S. 306. Sie könnten daher nur durch den Zedenten geltend gemacht werden.
Andere gehen zwar ebenfalls davon aus, daß Gestaltungsrechte beim Zedenten verbleiben, verlangen jedoch für die Ausübung die Zustimmung des Zessionars, vgl. Flume, AT II 1, § 31, 3; Planck - Siber, § 398, Anm. 4 a.
Nach wieder anderer Ansicht gehen Gestaltungsrechte gemäß § 401 auf den Zessionar über, etwa Lüke, JuS 1995, 90, 92; ähnlich Erman - Westermann, § 401, Rz. 1; für das Rücktrittsrecht so evtl. auch Staudinger - Kaduk, § 413, Rz. 40 f. Dies trifft jedoch nicht zu, da diese Gestaltungsrechte keine akzessorischen Nebenrechte sind.
Nach wohl hM. gehen Gestaltungsrechte zwar nicht nach § 401 über, jedoch ist bei entsprechender Vereinbarung ein Übergang zusammen mit dem Hauptrecht möglich. So etwa Jauernig - Stürner, § 401, Rz. 6; MünchKomm - Roth, § 398, Rz. 94; Soergel - Zeiss, § 398, Rz. 4 u. § 413, Rz. 4; Staudinger - Kaduk, § 413, Rz. 40 f. (nur für das Anfechtungsrecht); BGH NJW 1973, 1973 f.; NJW 1985, 2640, 2641 f. Verbleiben die Rechte beim Zedenten, wird für ihre Ausübung überwiegend die Zustimmung des Zessionars verlangt, so z. B. Staudinger - Kaduk, § 398, Rz. 24; MünchKomm - Roth, § 398, Rz. 94. Die Auffassung, daß Gestaltungsrechte mit der Forderung übertragen werden können, kann jedenfalls für höchstpersönliche Gestaltungsrechte wie das Anfechtungsrecht nicht aufrechterhalten werden, da diese untrennbar mit dem Rechtsverhältnis zwischen Schuldner und Zedent verbunden sind. Zutr. daher Jauernig - Stürner, § 401, Rz. 6; Larenz, SR I, § 34 VI; aA. Staudinger - Kaduk, § 413, Rz. 40 f.

30 Loewenheim, JuS 1981, 721, 724; ebenso Rinnewitz, S. 390 ff.

gen zuzulassen, bei denen es möglich sei, dem Zweiterwerber für den Verlust seiner schuldrechtsabhängigen Position eine Ersatzsicherung zukommen zu lassen. Denn hinter dem Anwartschaftsrecht stehe letztlich der wirtschaftliche Wert der Kaufsache. Bleibe dieser dem Zweiterwerber erhalten, ließen sich das Anwartschaftsrecht beeinträchtigende Gestaltungen der Kaufvertragsparteien eher hinnehmen.

So erhalte der Vorbehaltskäufer bei der Anfechtung einen Anspruch auf Rückzahlung der bereits gezahlten Kaufpreisraten, der wertmäßig der Anwartschaft entspreche. Diesen Anspruch könne der Zweiterwerber sich im vorhinein abtreten lassen.[31] Vielfach sei sogar von einer stillschweigenden Abtretung auszugehen.[32] Dem Parteiwillen könne zwar keine Gewalt angetan werden; aber die Rechtsprechung habe schon oft einen bindenden Vertragswillen der Parteien angenommen, wenn dies zur Findung eines angemessenen Ergebnisses erforderlich gewesen sei.

Auf diese Weise verliere der Zweiterwerber zwar sein dingliches Sicherungsrecht und erhalte dafür lediglich eine Ersatzsicherung, was dazu führen könne, daß er leer ausgehe, wenn der Vorbehaltsverkäufer außerstande sei, den Anspruch auf Rückzahlung des Kaufpreises zu erfüllen.[33] Dies sei jedoch als Konsequenz der dem Anwartschaftsrecht anhaftenden Schwäche hinzunehmen.

Ebenso wie die Ausübung des Wandlungs- oder Anfechtungsrechts durch den Vorbehaltskäufer sei auch die Aufhebung des Kaufvertrages zu behandeln, da auch hier ein Rückzahlungsanspruch bestehe, der als Ersatzsicherung dienen könne. Anderes müsse hingegen für die Erweiterung des Eigentumsvorbehalts gelten, da in diesem Fall kein abtretbarer Rückzahlungsanspruch zur Entstehung gelange. Die Ausdehnung des Eigentumsvorbehalts auf andere Forderungen sei daher als unwirksam anzusehen, da dem Zweiterwerber andernfalls der wirtschaftliche Wert seines Rechtes entzogen würde.

Zu Recht geht *Loewenheim* davon aus, daß sich aus dem Gesichtspunkt der fehlenden Rechtszuständigkeit wegen der bei anderen Gestaltungen wieder zum Zuge kommenden Schwäche des Anwartschaftsrecht nichts für die Stabilität der Stellung des Zweiterwerbers gewinnen läßt.[34] Seine

31 Eine antizipierte Zession der Ansprüche des Käufers zieht auch Gernhuber, FS Baur (1981), S. 31, 44 ff., in Betracht; ebenso Rinnewitz, S. 391.

32 Obwohl ansonsten mit Loewenheim übereinstimmend, lehnt Rinnewitz die Annahme einer stillschweigenden Vorausabtretung ab, vgl. S. 392.

33 Loewenheim, JuS 1981, 721, 725 FN 39.

34 Loewenheim, JuS 1981, 721, 724; ebenso Rinnewitz, S. 390.

ausschließlich von der Funktion des Anwartschaftsrechts als Kreditsicherungsmittel geprägte Interessenabwägung muß jedoch abgelehnt werden, weil *Loewenheim* damit eine Rechtsfindung vornimmt, die sich im wesentlichen außerhalb der Systematik des BGB bewegt.
So kann *Loewenheim* außer Zweckmäßigkeitserwägungen keine dogmatisch einleuchtende Begründung dafür angeben, warum bei der Erweiterung des Eigentumsvorbehalts von einer Einschränkung der vertraglichen Gestaltungsfreiheit auszugehen sein soll, während andere Vertragseinwirkungen für zulässig erachtet werden. Die Existenz eines dinglichen Rechts kann ebensowenig wie die vertragliche Gestaltungsfreiheit der Parteien von der Möglichkeit einer schuldrechtlichen Ersatzsicherung abhängig gemacht werden.
Auch ansonsten sind die Ausführungen *Loewenheims* widersprüchlich, was darin begründet ist, daß er die Begriffe der Dinglichkeit und der kausalen Abhängigkeit als beliebig einsetzbare Versatzstücke verwendet: Mit der Dinglichkeit des Anwartschaftsrechts begründet er, daß die Stellung des Zweiterwerbers nicht von schuldrechtlichen Vereinbarungen der Kaufvertragsparteien abhängig sein kann.[35] Daß für den Zweiterwerber jedoch nur eine schuldrechtliche Sicherung in Betracht komme, rechtfertigt er wiederum mit der Schwäche des Anwartschaftsrechts.
Die Annahme einer stillschweigenden Vorausabtretung der Ansprüche des Vorbehaltskäufers gegen den Verkäufer ist ebenfalls nicht tragfähig. Sie bliebe auch dann eine Unterstellung, wenn sie durch die Rechtsprechung gebilligt würde.
3. *Serick* versucht, die Entscheidung des BGH im ersten Lastwagenfall mit seiner eigenen Theorie, das Anwartschaftsrecht sei von der ersten *causa* seiner Bestellung abhängig, in Einklang zu bringen.[36] Die Erweiterung des Eigentumsvorbehalts stelle zwar eine kausale Verfügung dar, dürfe ihre Verfügungswirkung jedoch nicht zu Lasten Dritter entfalten. Daher fehle dem Vorbehaltskäufer gemäß § 185 die Befugnis, nach der Übertragung des Anwartschaftsrechts durch eine „schuldrechtlich-dingliche" Absprache noch einmal auf dieses einzuwirken.
Allerdings komme § 185 nur entsprechend zur Anwendung, da der Vorbehaltskäufer mit der Erweiterung des Eigentumsvorbehalts keine gewöhnliche Verfügung treffe, sondern eine solche über das kausalabhän-

35 Loewenheim, JuS 1981, 721, 725.
36 Serick V, S. 55, 483 f.

gige Anwartschaftsrecht. Es fehle dem Vorbehaltskäufer folglich die „schuldrechtlich-dingliche" Verfügungsbefugnis.

Dies bringe der BGH zutreffend mit dem Begriff der „fehlenden Rechtszuständigkeit" zum Ausdruck.[37] *Serick* betrachtet die Entscheidung des BGH demzufolge als konsequente Fortführung seiner eigenen These vom Wesen des Anwartschaftsrechts als „schuldrechtlich-dingliches" Recht.[38] Daß ein „schuldrechtlich-dingliches" Recht im System des BGB selbst dann keinen Platz hat, wenn man mit *Serick* annimmt, daß beim Eigentumsvorbehalt das Verfügungsgeschäft mit der *causa* verknüpft ist, wurde bereits dargelegt.[39] Ebenso ist eine „schuldrechtlich-dingliche" Verfügungsbefugnis abzulehnen.

Im ersten Band seines Werkes vertritt *Serick*, das Anwartschaftsrecht beruhe auf einer kausalen Verfügung, was zur Folge habe, daß es dem Zweiterwerber selbst durch willkürliches Verhalten des Vorbehaltskäufers entzogen werden könne.[40] In seiner Besprechung zum ersten Lastwagenfall benutzt *Serick* den Begriff der kausalen Verfügung jedoch, um die danach zwingende Rechtsfolge wieder in ihr Gegenteil zu verkehren. Daran wird deutlich, daß die Entscheidung des BGH in keiner Weise mit dem systematischen Ausgangspunkt *Sericks* vereinbar ist.[41]

4. *Ludwig* betrachtet die Ausdehnung des Eigentumsvorbehalts als Einwirkung, die die Ebene des Verfügungsgeschäftes betrifft.[42] Eine solche sei ohne Zustimmung des Zweiterwerbers unwirksam, da dadurch eine Inhaltsänderung des Anwartschaftsrechts herbeigeführt werde.[43]

Dagegen handele es sich bei der Aufhebung des Kaufvertrages um eine Manipulation auf der schuldrechtlichen Ebene. Daher habe die Aufhebung des Kaufvertrages den Ausfall der Bedingung und damit das Erlöschen des Anwartschaftsrechts zur Folge.

Dieses Ergebnis sei interessegerecht und könne nur ausnahmsweise durch eine Fiktion des Bedingungseintritts gemäß § 162 Abs. 1 analog korrigiert werden, sofern der Zweiterwerber als überwiegend schutzwür-

37 Serick V, S. 484 FN 36.
38 Vgl. § 1 A III 1 e.
39 Vgl. § 1 A III 2.
40 Serick I, S. 253.
41 Krit. zu Recht auch Steckermeier, S. 60.
42 Ludwig, NJW 1989, 1458, 1460; ebenso Kollhossser, JA 1984, 196, 201; Gernhuber, FS Baur (1981), 31, 34, 38; Steckermeier, S. 60, 114 ff. (s. unten III 5); Marotzke, AcP 186 (1986), 490, 502 (s. unten III 6).
43 Ludwig, NJW 1989, 1458, 1460; Kollhosser, JA 1984, 196, 201.

dig erscheine.[44] Dies müsse allerdings generell verneint werden, wenn die Aufhebung des Kaufvertrages an die Stelle eines an sich berechtigten Rücktritts beziehungsweise einer Wandlung trete. Auch ansonsten könne von Treuwidrigkeit nur bei Hinzutreten besonderer Umstände die Rede sein, beispielsweise, wenn die Aufhebung nur die Vernichtung des Anwartschaftsrechts zum Ziel habe.[45]
Bereits die Behauptung, die Erweiterung des Eigentumsvorbehalts stelle sich notwendig als Einwirkung auf das Verfügungsgeschäft dar, kann nicht aufrechterhalten werden. Wollen die Kaufvertragsparteien, daß der Eigentumsvorbehalt auch weitere Forderungen des Verkäufers gegen den Käufer sichern soll, können sie dies auf zwei Wegen erreichen. Zum einen können sie verabreden, daß die Bedingung erst zu einem späteren Zeitpunkt eintreten soll. In diesem Fall handelt es sich um eine Einwirkung, die die Verfügungsebene betrifft und die eine unwirksame Inhaltsänderung der Anwartschaft darstellt. Nur falls die Abrede der Parteien in diesem Sinne auszulegen ist, sind die Erörterungen *Ludwigs* zur Ausdehnung des Eigentumsvorbehalts zutreffend. Der Wunsch der Parteien, den Eigentumsvorbehalt erst erlöschen zu lassen, wenn weitere Forderungen des Verkäufers gegen den Käufer getilgt sind, läßt sich jedoch ebensogut durch eine Vereinbarung erreichen, durch die der ursprüngliche *Kaufvertrag* entsprechend geändert wird. In diesem Sinne hatte der BGH die vertragliche Abrede der Vorbehaltsparteien ausgelegt. Ein solcher Änderungsvertrag unterscheidet sich in keiner Weise von der Aufhebung des Kaufvertrages, außer daß letztere den Kaufvertrag nicht nur ändert, sondern ganz zum Erlöschen bringt. Indem *Ludwig* bei der Erweiterung des Eigentumsvorbehalts eine Vereinbarung unterstellt, die generell nur die dingliche Seite des Eigentumsvorbehalts betreffen kann, umgeht er das Problem. Sobald die Parteien eine Änderung auf schuldrechtlicher Ebene vornehmen, versagt der von ihm erstrebte Schutz des Anwartschaftserwerbers. In diesem Falle führt die von *Ludwig* angenommene Kausalabhängigkeit des Anwartschaftsrechts dazu, daß die Bedingung entsprechend der kaufvertraglichen Abrede erst später eintreten kann. Es ist jedoch nicht möglich, daß die Ausdehnung des Eigentumsvorbehalts, je nachdem, wie sie von den Parteien realisiert wird, zu völlig konträren Rechtsfolgen führt.

44 Ludwig, aaO; ebenso Rinnewitz, S. 386 f.
45 Ludwig, NJW 1989, 1458, 1461.

Der Anwendung des § 162 Abs. 1 auf den Fall der Aufhebung des Kaufvertrages steht entgegen, daß die Vorschrift nur die treuwidrige Verhinderung des Bedingungseintritts des Vorbehaltsverkäufers gegenüber seinem Vertragspartner erfaßt. Eine Ausdehnung auf den Anwartschaftserwerber läßt sich auch nicht über die Generalklausel des § 242 erreichen. § 162 Abs. 1 stellt zwar insoweit eine Konkretisierung des Grundsatzes von Treu und Glauben dar, als es treuwidrig wäre, wenn der Vorbehaltsverkäufer die ihm vom Käufer angebotene Zahlung nicht annähme. Eine treuwidrige Vereitelung oder Herbeiführung des Bedingungseintritts kann aber nur von den Personen ausgehen, zwischen denen die Bedingung vereinbart ist.[46] Eine Besonderheit des § 162 Abs. 1 ist die dort vorgesehene Fiktionswirkung. Über die Fiktion des Bedingungseintritts läßt sich eine Stabilisierung der Stellung des Anwartschaftserwerbers jedoch nicht erreichen, da der Ausfall der Bedingung nicht über Treu und Glauben korrigiert werden kann.

5. *Steckermeier* folgt insoweit den Ausführungen *Ludwigs*, als auch er die Erweiterung des Eigentumsvorbehalts als Manipulation auf der Ebene des Verfügungsgeschäftes ansieht[47], während er bei der Aufhebung des Kaufvertrages von einer den schuldrechtlichen Bereich betreffenden Einwirkung ausgeht.[48] Eine weitere Parallele zu *Ludwig* ergibt sich daraus, daß der Vorschrift des § 162 auch nach *Steckermeier* zentrale Bedeutung für die Aufhebung des Kaufvertrages zukommt.

Die Überlegungen *Steckermeiers* erfolgen allerdings vor dem Hintergrund, daß er ein selbständiges Anwartschaftsrecht ablehnt und lediglich eine Vorausverfügung über das künftige Eigentum anerkennt.[49]

Obwohl die schuldrechtliche Abhängigkeit der Anwartschaft vom Gesetz vorgegeben sei[50], könne die Anwartschaft nicht durch willkürliches Verhalten zu Fall gebracht werde, da sich dies mit einem Kreditsicherungsmittel nicht vertrage. Daher sei sowohl für Einwirkungen auf der Ebene des Verfügungsgeschäftes als auch für solche, die das Verpflichtungsgeschäft beträfen, nach einer insoweit kompetenzbeschränkenden Norm zu suchen.[51]

46 Vgl. dazu bereits § 3 C II.
47 Vgl. Steckermeier, S. 20 ff.
48 Steckermeier, S. 23 ff.
49 S. dazu bereits § 1 B I.
50 Steckermeier, S. 66 f.
51 Steckermeier, S. 115.

Bei Änderungen im Bereich des *Verfügungsgeschäftes* könne eine Beschränkung der Rechtsmacht nur aus § 185 gewonnen werden. Zwar komme das in § 185 Abs. 2 S. 2 niedergelegte Zeitvorrangsprinzip eigentlich nicht zum Zuge, da die Vorschrift die Einschränkung der Rechtsmacht gerade unter den Vorbehalt der Konvaleszenz stelle, also die Vereitelung derselben gar nicht erfasse.[52] Dennoch läßt *Steckermeier* bei Vereitelung der Konvaleszenz das Prioritätsprinzip schließlich doch zur Anwendung gelangen, da es keinen Unterschied machen könne, ob der Vorbehaltskäufer nach der Vorausverfügung eine weitere Verfügung vornehme oder ob er später zusammen mit dem Vorbehaltsverkäufer auf die dingliche Einigung einwirke.
Der erste Lastwagenfall wäre danach so zu lösen, daß die Erweiterung des Eigentumsvorbehalts und die Vorausverfügung zugunsten des Zweiterwerbers als miteinander nicht in Einklang stehende Verfügungen zu betrachten sind. Hierbei geht die Vorausverfügung der Bedingungsänderung vor, weil sie zeitlich vor derselben gelegen hat.[53]
Auch bei Dispositionen der Vertragsparteien auf der Ebene des *Kaufvertrages* plädiert *Steckermeier* für eine Bindung des Vorbehaltskäufers an die zeitlich vorangehende Vorausverfügung. Eine solche soll sich aus den in den §§ 161, 162, 185 enthaltenen Wertungen ergeben.[54]
Daß der Schutz des § 185 Abs. 2 S. 2 nur bei Verhinderung der Konvaleszenz auf der Ebene des Verfügungsgeschäftes greife und bei schuldrechtlichen Maßnahmen, die den Ausfall der Bedingung zur Folge hätten, versage, stehe im Widerspruch zur Regelung des § 162, die den Zweiterwerber vor der treuwidrigen Vereitelung des Bedingungseintritts durch den Vorbehaltsverkäufer schütze.[55]
Obwohl § 185 Abs. 2 S. 2 die Funktion des § 161 Abs. 1 im Bereich der Vorausverfügung wahrnehme, finde die Regelung des § 162 in § 185 zu Unrecht keine Entsprechung. Diese Lücke müsse durch eine Übertragung der in § 162 zum Ausdruck kommenden Wertungen auf § 185 Abs. 2 S. 2 geschlossen werden.
Die Vorschrift des § 162 sei auf der einen Seite jedoch zu eng, da sie den Zweiterwerber nur gegen eine treuwidrige Vereitelung des Bedingungseintritts durch den Vorbehaltsverkäufer schütze, während sie eine eben-

52 Steckermeier, S. 116 f., 157.
53 Steckermeier, S. 118; i.E. ebenso Marotzke, AcP 186 (1986), 490, 505 f.; ders., S. 35 ff.
54 Steckermeier, S. 121 ff.
55 Steckermeier, S. 121.

solche des Vorbehaltskäufers zulasse. Auf der anderen Seite schieße die Norm, indem sie den Bedingungseintritt fingiere, über ihren eigentlichen Sinn hinaus.[56] Letzteres ergebe sich aus § 161, der die Funktion erfülle, Einflußnahmen, die der Bedingung zuwiderliefen, zu unterbinden. Der Gesetzgeber habe nicht durchschaut, daß das Prinzip des Worthaltens auch § 162 zugrunde liege.[57] Es hätte daher genügt, dem Handelnden die Vorteile seines Tuns zu versagen, wenn er eine Verhaltenserwartung durch widersprüchliches Verhalten enttäuscht habe.[58] Statt dessen arbeite § 162 mit der Fiktion des Bedingungseintritts.

Die Anwendung dieser Rechtsfolge müsse daher ausscheiden, wenn die Gleichstellung der treuwidrigen Vereitelung des Bedingungseintritts mit dem Bedingungseintritt selbst unangemessen sei.[59]

Infolge dieser Überlegungen gelangt *Steckermeier* schließlich zu dem Satz, daß bei der Vorbehaltsübereignung jedes Rechtsgeschäft, das den Eintritt der Bedingung wider Treu und Glauben erschwert, insoweit unwirksam ist, als dadurch die von der Vorausverfügung abhängige Wirkung vereitelt oder beeinträchtigt wird.[60] Auch auf der *Kaufvertragsebene* sollen demzufolge im Falle der Treuwidrigkeit einverständliche Eingriffe der Partner des Vorbehaltskaufs an der mangelnden *Kompetenz* des Vorbehaltskäufers scheitern. Dies gelte etwa für die einverständliche Aufhebung des Kaufvertrages, weil es dafür auf Seiten des Vorbehaltskäufers kein nachvollziehbares Interesse gebe, es sei denn, daß dadurch die Ausübung eines Gestaltungsrechtes ersetzt werde. Damit werde zwar der rechtsgeschäftliche Gestaltungsspielraum des Vorbehaltsverkäufers beschnitten; jedoch könne dessen guter Glaube an den Fortbestand der Kompetenz des Vorbehaltskäufers zur Einwirkung auf die schuldrechtliche Ebene gemäß § 407 analog berücksichtigt werden.[61]

Die Ansicht *Steckermeiers* ist geradezu symptomatisch für die Vorgangsweise der herrschenden Meinung, die kausale Abhängigkeit der Rechtsstellung des Anwartschaftsinhabers als gegeben hinzunehmen und die damit zwangsläufig verbundenen Unzulänglichkeiten unter Heranziehung von Billigkeitskriterien wieder zu beseitigen.

56 Steckermeier, S. 134.
57 Steckermeier, S. 126.
58 Steckermeier, S. 132.
59 Steckermeier, S. 137.
60 Steckermeier, S. 140.
61 Steckermeier, S. 144.

Steckermeier geht bereits insoweit von einem unzutreffenden Ausgangspunkt aus, als er vertritt, Verfügungen des Vorbehaltskäufers seien nur über das künftige Eigentum denkbar.[62] Die Qualifizierung der Rechtsstellung des Vorbehaltskäufers als subjektives Recht läßt sich nämlich angesichts von § 1007 nicht leugnen.[63]

Daß sich die Erweiterung des Eigentumsvorbehalts zudem keineswegs notwendigerweise als Einwirkung darstellt, welche das dingliche Geschäft betrifft, wurde bereits ausgeführt.[64]

Darüber hinaus ist nicht haltbar, die Anwendung des § 185 Abs. 2 S. 2 auf den Fall der Vereitelung der Konvaleszenz anzuwenden. Auch die von *Steckermeier* angeführten Billigkeitserwägungen rechtfertigen kein anderes Ergebnis.

Ebensowenig treffen die Ausführungen zur Behandlung von Dispositionen auf der Kaufvertragsebene zu. Die Stabilität der Rechtsstellung des Verfügungsempfängers läßt sich nicht dadurch erreichen, daß man aus mehreren Normen die zum gewünschten Ergebnis passenden Teilstücke herausnimmt, sie miteinander kombiniert und diese Vorgangsweise schließlich mit dem Argument rechtfertigt, damit werde den Wertungsgesichtspunkten des Gesetzes entsprochen.

So kann die Tatsache, daß § 161 vor Bedingungseintritt unanwendbar ist, nicht durch die Heranziehung von § 162 überwunden werden.[65] Wenigstens erkennt *Steckermeier* im Gegensatz zu *Ludwig*, daß die in § 162 vorgesehene Fiktion des Bedingungseintritts nicht einschlägig sein kann, weil eine Einwirkung der Parteien auf den Kaufvertrag, selbst wenn sie als treuwidrig angesehen wird, nicht dazu führen kann, daß der Anwartschaftserwerber das Eigentum erlangt. Daß die in § 162 enthaltene Rechtsfolge nicht paßt, liegt aber nur daran, daß die Norm zur Beständigkeit der Stellung des Anwartschaftsinhabers nichts besagt.

Eine weitere Ungereimtheit ergibt sich daraus, daß *Steckermeier* die Einschränkung der Wirkung des § 162 nur für den Fall gelten läßt, daß der Verfügende durch sein Verhalten eine Verhaltenserwartung enttäuscht hat. Über das Argument, daß sich aus der Verfügung eines Nichtberechtigten, und von einer solchen geht *Steckermeier* aufgrund der Ablehnung eines selbständigen Anwartschaftsrechts aus, eigentlich keine Verhal-

62 Krit. dazu bereits unter § 1 B I.

63 Dazu näher § 2 A III 3 c u. IV.

64 S. unter III 4.

65 An anderer Stelle lehnt Steckermeier es ausdrücklich ab, den Inhalt des § 161 auf die Zeit vor Bedingungseintritt anzuwenden, s. S. 16 ff.

tenserwartung ableiten läßt, setzt er sich ebenfalls mit Billigkeitserwägungen hinweg.[66]
Auch der Versuch, über die §§ 161, 162 eine Beschränkung des rechtlichen Könnens auf der Verpflichtungsebene erreichen zu wollen, ist ein in rechtskonstruktiver Hinsicht nicht gangbarer Weg. Dadurch unterscheidet sich die Lösung *Steckermeiers* im Ergebnis nicht von der des BGH. Es ist nämlich unerheblich, ob man die aus der Kausalität des Anwartschaftsrechts resultierende Rechtsfolge über die §§ 161, 162 oder über § 185 wieder aufhebt.
Entgegen *Steckermeier* ist es nicht die Qualifikation der Anwartschaft als subjektives Recht, die den Weg zur Lösung der Sachprobleme verstellt, sondern die angenommene Kausalität zwischen Kaufvertrag und Anwartschaftsrecht. Zur Frage der Stabilität der Stellung des Anwartschaftsinhabers kann *Steckermeier* daher ebensowenig beitragen wie die herrschende Meinung.
6. *Marotzke* betrachtet übereinstimmend mit *Steckermeier* die Erweiterung des ursprünglichen Eigentumsvorbehalts als Einwirkung, durch die die dingliche Einigung modifiziert wird.[67] Als erklärter Gegner eines selbständigen Anwartschaftsrechts entscheidet er diesen Fall ebenso wie *Steckermeier* nach dem Prioritätsprinzip.[68] Die Erweiterung des Eigentumsvorbehalts sei eine dingliche Disposition des Käufers über seinen bei Bedingungseintritt eintretenden eigenen Erwerb. Dazu fehle dem Käufer aber die Rechtszuständigkeit, wenn er zuvor zugunsten eines Dritten eine Vorausverfügung über sein künftiges Eigentum getroffen habe. Daher sei die Erweiterung des Eigentumsvorbehalts gemäß § 185 Abs. 2 S. 2 unwirksam.
Abweichend von *Steckermeier* beurteilt *Marotzke* jedoch die Aufhebung des Kaufvertrages. Anders als in seiner 1977 erschienenen Schrift[69] vertritt er nunmehr, daß die Bedingung auch dann noch eintreten könne, wenn der Anwartschaftsinhaber auf einen nichtigen oder inzwischen aufgehobenen Kaufvertrag zahle.[70, 71] Allerdings könne der Vorbehaltsverkäufer den Bedingungseintritt durch Nichtannahme des Kaufpreises auch dann verhindern, wenn der Vorbehaltskäufer bereits zugunsten eines

66 Steckermeier, S. 137.
67 Marotzke, AcP 186 (1986), 490, 501 f. u. FN 42.
68 Marotzke, S. 35 ff.; ders., AcP 186 (1986), 490, 504 f.
69 Vgl. dort S. 38 f.
70 Marotzke, AcP 186 (1986), 490, 510 ff.
71 Vgl. dazu und zum Folgenden bereits § 3 A II 3 b FN 43 u. § 3 C.

Zweiterwerbers verfügt habe. Dies stelle keine treuwidrige Vereitelung des Bedingungseintritts im Sinne von § 162 Abs. 1 dar und könne daher auch nicht den Bedingungseintritt zur Folge haben.[72]
Diese Grundsätze müßten auch für die Aufhebung des Kaufvertrages gelten. Auch hier könne der Vorbehaltsverkäufer die Annahme des Kaufpreises verweigern.[73] Die damit für den Zweiterwerber verbundenen negativen Folgen seien vermeidbar, wenn man anerkenne, daß in der Weiterverfügung des Vorbehaltskäufers als Annex in der Regel auch die Rechte aus dem Kaufvertrag enthalten seien. Bei wirtschaftlicher Betrachtung lasse sich die dingliche Erwerbsaussicht nämlich nicht von den sich aus dem Kaufvertrag ergebenden Rechten trennen, da der Verfügungsempfänger keinesfalls schlechter stehen wolle als derjenige, zu dessen Gunsten ein Käufer, dem nicht aufschiebend bedingt übereignet worden sei, über seinen Anspruch aus § 433 Abs. 1 verfüge.[74] Daher umfasse die Verfügung des Vorbehaltskäufers auch den noch bestehenden Anspruch, das Eigentum selbst zu erhalten.
Mit der Übertragung dieser schuldrechtlichen Position habe der Käufer die Befugnis zu einer kollidierenden weiteren Verfügung verloren, so daß er insoweit als Nichtberechtigter im Sinne von § 185 anzusehen sei. Versuchten die Parteien des Vorbehaltskaufs, den Kaufvertrag durch Übereinkunft zu vernichten, sei dieser Vertrag gemäß § 139 analog auch im Hinblick auf die Rechte des Verkäufers (Kaufpreisanspruch) unwirksam.[75, 76] Dies gelte jedenfalls insoweit, als der Zweiterwerber die nachträgliche Aufhebung des Kaufvertrages nicht im Rahmen von § 407 Abs. 1 gegen sich gelten lassen müsse.[77]
Marotzke erkennt zwar, daß beim Eigentumsvorbehalt nur die Zahlung des Kaufpreises zur Bedingung für den Übergang des Eigentums erhoben ist und daß daher die Anwartschaft nicht vom Bestand des Kaufvertrages abhängig sein kann. Dieses Ergebnis macht er jedoch dadurch wieder hinfällig, daß er über § 162 dem Zweiterwerber die Möglichkeit zur Her-

72 Marotzke, AcP 186 (1986), 490, 511 ff.
73 Marotzke, AcP 186 (1986), 490, 513; ähnlich auch Flume, AT II, § 42, 2, der allerdings dann einen Bedingungseintritt befürwortet, wenn zumindest der Käufer von der Gültigkeit des Kaufvertrages ausgegangen ist, vgl. dazu auch § 3 A II 2 c.
74 Marotzke, AcP 186 (1986), 490, 513 f.; ders., S. 39 f.
75 Marotzke, AcP 186 (1986), 490, 515.
76 Um eine Analogie soll es sich deshalb handeln, weil § 139 nicht von Unwirksamkeit, sondern von Nichtigkeit spreche, vgl. Marotzke, AcP 186 (1986), 490, 515 FN 89; ders., S. 40 FN 88.
77 Marotzke, AcP 186 (1986), 490, 514 mit FN 88.

beiführung der Bedingung verwehrt, sofern der Kaufvertrag nichtig ist oder aufgehoben wurde. Es wurde bereits ausgeführt, daß sich aus der in § 162 enthaltenen Anknüpfung an die Treuwidrigkeit der Bedingungsvereitelung beziehungsweise -herbeiführung keine Folgen für die Weiterübertragung des Anwartschaftsrechts herleiten lassen, so daß der Zweiterwerber auch dann Eigentum erlangt, wenn er auf einen nichtigen oder aufgehobenen Kaufvertrag zahlt.[78]

Wie angreifbar die These ist, daß der Vorbehaltskäufer den Bedingungseintritt einseitig durch Nichtannahme des Kaufpreises verhindern kann, wird besonders bei der Aufhebung des Kaufvertrages deutlich. Weil *Marotzke* erkennt, daß es nicht zutreffen kann, dem Anwärter seine Position durch eine Vereinbarung zwischen den Kaufvertragsparteien zu entziehen, hebt er das aus § 162 abgeleitete Ergebnis wieder auf, indem er konstruiert, in der Weiterverfügung seien sämtliche Rechte aus dem Kaufvertrag enthalten.

Zum einen dürfte dieses Auslegungsergebnis dem Willen des Vorbehaltskäufers kaum jemals entsprechen, da es für ihn von größtem Interesse ist, die schuldrechtlichen Beziehungen zum Verkäufer selbst regeln zu können.[79] Zu berücksichtigen ist aber auch, daß die Übertragung sämtlicher Rechte aus dem Kaufvertrag Konsequenzen für die Geltendmachung von Gestaltungsrechten durch den Vorbehaltskäufer haben müßte: Wenn alle kaufvertraglichen Rechte dem Zweiterwerber zustehen, kann der Vorbehaltskäufer den Kaufvertrag weder anfechten, noch kann er Wandlung begehren. *Marotzke* meint, in diesen Fällen könne die Auslegung der Weiterverfügung ergeben, daß von einer „Rückermächtigung" zugunsten des Vorbehaltskäufers auszugehen sei.[80] Auf diese Weise wird den Parteien im Wege der Auslegung jeweils die Vereinbarung unterstellt, durch die sich das erstrebte Ergebnis erreichen läßt. Wer dem Zweiterwerber bei schuldrechtlichen Einwirkungen, die zum Wegfall des Kaufpreisanspruchs führen, die Möglichkeit zur Herbeiführung der Bedingung versagt, hat sich gegen die Stabilität des Anwartschaftsrechts entschieden. An diesem Ergebnis kann auch eine Analogie zu den §§ 398 ff. nichts mehr ändern, da eine dingliche Rechtsposition nicht nach den Zessionsregeln beurteilt werden kann.[81]

78 Vgl. § 3 C II.
79 I.E. so auch Gernhuber, FS Baur (1981), S. 31, 47; Raiser, S. 30.
80 Marotzke, AcP 186 (1986), 490, 514 FN 87.
81 Dagegen bereits unter III 1.

Darüber hinaus sind die Erwägungen *Marotzkes* bereits deshalb nicht stichhaltig, weil sie darauf aufbauen, daß noch ein abtretbarer „Restanspruch" aus § 433 Abs. 1 besteht. Dies ist jedoch nicht der Fall, da der Leistungserfolg beim Eigentumsvorbehalt bereits mit der aufschiebend bedingten Übereignung eintritt.[82]

IV. Ergebnis

Die Überlegungen zur Stabilität des Anwartschaftsrechts gegenüber einer Erweiterung des Eigentumsvorbehalts auf andere Forderungen können vor dem Hintergrund der Kausalabhängigkeit keinen Bestand haben; denn bei Annahme eines schuldrechtsabhängigen Rechts beeinflußt eine Änderung des Kaufvertrages die Bedingung und damit den Inhalt des Anwartschaftsrechts.

Indem der BGH die Einwirkung auf den Kaufvertrag an der Verfügungsbefugnis scheitern läßt, setzt er sich in Widerspruch zu Grundprinzipien unserer Rechtsordnung.

Auch die Qualifizierung als dingliches Recht läßt keinerlei Schlußfolgerungen im Hinblick auf die Stabilität der Stellung des Zweiterwerbers zu, sofern man die Anwartschaft nicht als vom Kaufvertrag unabhängiges Recht ansieht.

Ebensowenig überzeugt es, den Kaufvertragsparteien die Möglichkeit, die Ausdehnung des Eigentumsvorbehalts durch eine Modifizierung des schuldrechtlichen Vertrages umzusetzen, zu nehmen und zu unterstellen, daß die Einbeziehung weiterer Forderungen generell nur durch eine Änderung der dinglichen Ebene des Eigentumsvorbehalts erreicht werden könne.

Wenig einleuchtend ist es auch, daß der Anwartschaftsinhaber zwar gegen Abreden der Kaufvertragsparteien, durch die der Bedingungseintritt hinausgeschoben wird, geschützt sein soll, ihm der Parallelschutz bei Aufhebung des Kaufvertrages jedoch dann verweigert wird, wenn diese Abrede lediglich kaufvertragliche Rechte ersetzt. Für eine Differenzierung nach dem Grund der Vertragsaufhebung gibt es außer Billigkeitserwägungen keine überzeugenden Argumente.

Auch ein Teil der Literatur geht zu Recht davon aus, daß die Überlegungen zur Stabilisierung der Anwartschaft gegenüber schuldrechtlichen Einwirkungen mit einem kausalabhängigen Recht nicht zu vereinbaren

82 S. dazu § 3 A II 1 a.E.

sind. Daraus wird jedoch nicht die Unhaltbarkeit der Lehre von der schuldrechtlichen Schwäche des Anwartschaftsrechts gefolgert, sondern dem Anwartschaftsinhaber vielmehr generell der Schutz gegen Abreden der Vertragsparteien, die sein Recht beeinträchtigen, verweigert.[83]

V. Lösung bei Ablehnung der Lehre von der schuldrechtlichen Abhängigkeit des Anwartschaftsrechts

Hält man an dem Dogma der kausalen Abhängigkeit des Anwartschaftsrechts nicht weiter fest, ergibt sich eine stimmige Lösung des vom BGH entschiedenen Falles ohne weiteres:

Die Kaufvertragsparteien können den ursprünglichen Kaufvertrag dahingehend modifizieren, daß der Käufer erst nach der Zahlung weiterer Raten das Eigentum erlangen soll. Die Änderung des Kaufvertrages hat zunächst keinerlei Auswirkungen auf den dinglichen Bereich. Als Folge des Abstraktionsprinzips bedarf sie vielmehr erst der Umsetzung auf der Verfügungsebene.

Dies verdeutlicht ein Vergleich mit dem nachträglichen Eigentumsvorbehalt, der nach der unbedingten Übereignung an den Käufer einseitig durch den Verkäufer erklärt wird. Da der Käufer bereits Eigentum erlangt hat, ist die Erklärung des Verkäufers, nunmehr nur noch aufschiebend bedingt übereignen zu wollen, zunächst bedeutungslos. Liegt ein Eigentumsvorbehalt auch im Interesse des Käufers, etwa, weil diesem an einer Stundung des Kaufpreises gelegen ist, wird er sich mit der Änderung des Kaufvertrages einverstanden erklären. Durch eine solche Vereinbarung fällt das Eigentum jedoch nicht automatisch auf den Verkäufer zurück, eine Einigung muß vielmehr auch im Hinblick auf die Änderung der Eigentumslage erfolgen.

Strittig ist lediglich, auf welche Weise die dingliche Umsetzung zu erfolgen hat. Zum Teil wird eine Rückübereignung nach den §§ 929, 930, verbunden mit einer erneuten Übereignung nach § 929 S. 2, § 158 Abs. 1,

83 So etwa Waldner, MDR 1980, 459 f.; J. Uhlenbruck, S. 65 ff., 80 f.; Staudinger - Honsell, § 455, Rz. 39; Rehbinder, NWB 1989, 1811, 1815; Gernhuber, FS Baur (1981), 31, 48; Kollhosser, JA 1984, 196, 200 ff. Dies gilt nach Gernhuber und Kollhosser jedoch nur für die Aufhebung des Kaufvertrages. Die Erweiterung des Eigentumsvorbehalts wird dagegen als Wirkung des Verfügungsgeschäftes begriffen, vgl. auch unter III 4.

befürwortet.[84] Die Rechtsprechung verlangt zusätzlich noch die Vereinbarung eines besonderen Besitzmittlungsverhältnisses im Sinne von § 868, also eine Vereinbarung, nach der der Käufer wie ein Mieter oder Verwahrer für den Verkäufer besitzen soll.[85] Andere nehmen eine auflösend bedingte Sicherungsübereignung an den Verkäufer an, wodurch für den Käufer ein Anwartschaftsrecht begründet werde.[86] Die überwiegende Ansicht in der Literatur geht jedoch von einer Rückübertragung des Eigentums, verkürzt um die Anwartschaft des Käufers, aus.[87]
Die Annahme einer Rückübereignung verbunden mit einer Übereignung kurzer Hand stellt einen umständlichen Formalismus dar.[88] Auch das Argument der Rechtsprechung, durch die bloße Vereinbarung, der Käufer solle in Zukunft für den Verkäufer besitzen, entstehe noch kein Besitzmittlungsverhältnis, trifft nicht zu; denn die Annahme eines konkreten Konstituts wäre eine reine Fiktion.[89, 90] Auch der ursprüngliche Eigentumsvorbehalt begründet ein Rechtsverhältnis im Sinne von § 868.[91] Für den nachträglichen Eigentumsvorbehalt ist nicht mehr zu verlangen. Die Konstruktion mittels einer auflösend bedingten Sicherungsübereignung vermag bereits deshalb nicht zu überzeugen, weil sie den Parteiwillen

84 RGZ 49, 170, 172 f.; 54, 396, 397 f.; BGH NJW 1953, 217, 218; E. Wolf, SaR, § 2 B II b 8 (S. 59), § 7 B II e (S. 293); Pikart, WM 1959, 1234; Rehbinder, NWB 1989, 1811, 1813.

85 RGZ 49, 170, 173; 54, 396, 397 f.; BGH NJW 1953, 217, 218.

86 Rühl, S. 72 ff.; Eichler, SaR II 1, S. 141; Bülow, Jura 1986, 170 f.

87 Serick I, S. 93; Freitag, S. 4; Baur/ Stürner, SaR, § 51 V 7 b; Schlegelberger - Hefermehl, Anh. § 382, Rz. 11; Raiser, NJW 1953, 217; Schmidt, MDR 1955, 447; Westermann - Gursky, SaR I, § 18, 3; Honsell, JuS 1981, 705, 707 f.; MünchKomm - Westermann, § 455, Rz. 23; Flechtheim, JW 1911, 345; Wieling, SaR I, § 17 II 2 b u. FN 37.

88 Zutr. Honsell, JuS 1981, 705, 707 f.; Staudinger - Honsell, § 455, Rz. 15.

89 So auch Honsell, JuS 1981, 705, 708; Staudinger - Honsell, § 455, Rz. 15; Serick I, S. 94.

90 Überhaupt ist die Unterscheidung zwischen dem konkreten und dem abstrakten Besitzmittlungsverhältnis im Prinzip aufgegeben. Zum einen sollen nämlich äußerst niedrige Anforderungen für ein konkretes Besitzmittlungsverhältnis genügen, so daß die Annahme eines solchen in der Regel reine Formalität ist. Zum anderen will die hM. in den Fällen, in denen ein Besitzmittlungsverhältnis ernstlich gewollt ist, von einer konkludenten Vereinbarung desselben ausgehen, vgl. dazu ausführlich Wieling, SaR I, § 9 III 2 b, III 2 b aa; Serick I, S. 94; Schmidt, MDR 1955, 447.

91 Dazu bereits § 1 A II 1.

dadurch mißachtet, daß sie die aufschiebend bedingte Übereignung in eine Sicherungsübereignung umdeutet.[92, 93]
Wie der nachgeschobene Eigentumsvorbehalt sachenrechtlich umgesetzt wird, ist letztlich aber eher sekundär, solange Konsens darüber herrscht, daß die nachträgliche Änderung des Kaufvertrages nicht automatisch Einfluß auf die Eigentumslage hat.
Diese Grundsätze gelten auch dann, wenn der Käufer kein Eigentum, sondern eine Anwartschaft erlangt hat, da das dingliche Recht des Vorbehaltskäufers ebensowenig wie das Eigentum kausalabhängig ist. Änderungen der schuldrechtlichen Seite des Eigentumsvorbehalts bedürfen zusätzlich einer entsprechenden Änderung auf der dinglichen Ebene. Wirken die Kaufvertragsparteien auf den Kaufvertrag ein, indem sie vereinbaren, den Eigentumsvorbehalt auf weitere Forderungen auszudehnen, wird die dingliche Wirkung erst dadurch erreicht, daß eine entsprechende Inhaltsänderung des Anwartschaftsrechts herbeigeführt wird.[94] Damit ist den Anforderungen an das Besitzmittlungsverhältnis Genüge getan. Ebenso wie beim nachgeschobenen Eigentumsvorbehalt ist eine umständliche Rückübertragung der dinglichen Anwartschaft, verbunden mit einer erneuten Übertragung auf den Vorbehaltskäufer, abzulehnen.
Die Parteien können eine Abrede, nach der der Inhalt der Anwartschaft geändert werden soll, jedoch nur treffen, sofern der Vorbehaltskäufer noch Anwartschaftsinhaber ist. Nach der Übertragung auf einen Zweiterwerber ist er zur Modifizierung der dinglichen Einigung und damit zur Umsetzung des schuldrechtlichen Änderungsvertrages nicht mehr in der Lage, da darin eine Verfügung über das Anwartschaftsrecht läge, die er nur noch als Nichtberechtigter vornehmen könnte. Dies gilt natürlich in gleicher Weise, wenn die Parteien von vornherein eine Änderung der aufschiebenden Bedingung vereinbaren.

92 Krit. zu Recht auch MünchKomm - Westermann, § 455, Rz. 23; Honsell, Jus 1981, 705, 707; Staudinger - Honsell, § 455, Rz. 15; Serick I, S. 94.

93 Im übrigen zeigt sich hieran die Aufweichung des Bestimmtheitskriteriums. Die Umdeutung in eine Sicherungsübereignung wird nur deshalb vorgenommen, weil man bei der Sicherungsübereignung allgemein die Anforderungen an die Konkretheit des Besitzmittlungsverhältnisses für geringer erachtet und eine Sicherungsabrede genügen läßt.

94 Insoweit übereinstimmend Eder, S. 142 ff. Allerdings ist diese Lösung nur dann vertretbar, wenn man von der Unabhängigkeit des Anwartschaftsrechts vom schuldrechtlichen Grundgeschäft ausgeht. Dies prüft Eder an dieser Stelle aber noch nicht. Zudem gelangt er später zu dem Ergebnis, daß die gesetzliche Konzeption des § 455 eine solche Unabhängigkeit nicht zulasse (S. 171 f.).

Im ersten Lastwagenfall ist daher die B mit Zahlung des Kaufpreises durch den K Eigentümer geworden, da keine Genehmigung der Verfügung des K erfolgt ist. K fehlt nicht *wegen* der schuldrechtlichen Abhängigkeit des Anwartschaftsrechts die Verfügungsbefugnis, sondern das genaue Gegenteil ist der Fall: Weil das Anwartschaftsrecht vom schuldrechtlichen Grundgeschäft *unabhängig* ist, ist dem K die Möglichkeit zur Umsetzung der schuldrechtlichen Abrede auf die dingliche Ebene versagt.

Nichts anderes würde gelten, hätten V und K anstelle der Erweiterung des Eigentumsvorbehalts den Kaufvertrag aufgehoben, gleich aus welchem Grund dies erfolgt wäre. Auch wenn die Auflösung des Kaufvertrages lediglich andere Gestaltungsrechte ersetzt, erlischt das Anwartschaftsrecht mangels Schuldrechtsabhängigkeit nicht. Der Bedingungsausfall wird nur durch die Nichtzahlung des Käufers in Verbindung mit der Erklärung des Verkäufers, nunmehr den Eigentumsvorbehalt auszuüben, bewirkt.[95]

B. Der zweite Lastwagenfall - BGHZ 92, 280[96]

In einer Entscheidung aus dem Jahr 1984 hätte der BGH Gelegenheit gehabt, die im ersten Lastwagenfall immerhin begonnene Entwicklung zur Stabilisierung des Anwartschaftsrechts weiter voranzutreiben und zu festigen:

Das Betriebsgrundstück des Fabrikanten K war zur Sicherung mehrerer Kredite, die B 1 dem K gewährt hatte, mit Grundschulden in Höhe von 3 Millionen DM zu Gunsten der B 1 belastet. Hernach bestellte K bei V einen Lastkraftwagen zum Preis von 200.000 DM. K konnte vorerst nur eine Anzahlung von 30.000 DM an V leisten, weshalb zwischen V und K ein Eigentumsvorbehalt vereinbart wurde. Kurze Zeit später übernahm die B 2 die Finanzierung des Restkaufpreises. Um wegen des gewährten Darlehens gesichert zu sein, verlangte B 2 von V die Erklärung, daß das Eigentum an dem Fahrzeug zur Sicherheit auf sie, die B 2, übertragen werde. Diesem Verlangen entsprach V schließlich schriftlich. Zusätzlich enthielt das Schreiben einen Vermerk des K, daß dieser mit der Übertragung einverstanden sei. Danach zahlte B 2 den Restkaufpreis an V. Allerdings war der Lastkraftwagen bereits mehrere Monate vor Zahlung

95 S. dazu § 3 B II 3.

96 Weitere Fundstellen: WM 1984, 1606; NJW 1985, 376; JZ 1985, 393; MDR 1985, 571; ZIP 1984, 1456.

des Restkaufpreises an K ausgeliefert und auf dessen Betriebsgrundstück in Betrieb genommen worden. Knapp ein Jahr nach Begleichung des Restkaufpreises durch B 2 wurde über das Vermögen des K das Konkursverfahren eröffnet. Der Konkursverwalter gab den Lastkraftwagen mit Rücksicht auf das Sicherungseigentum der B 2 frei. Er wurde verwertet und erbrachte einen Erlös von 150.000 DM. B 1 fiel indes mit ihrer Darlehensforderung in Höhe von 850.000 DM aus. Sie nahm die B 2 in Anspruch, da sie der Meinung war, der Verwertungserlös stehe ihr zu.

I. Die Lösung des BGH

Der BGH hatte darüber zu befinden, ob der Lastwagen zu dem Zeitpunkt, zu dem er von B 2 verwertet wurde, im Haftungsverband der Grundschulden der B 1 gestanden hat. Dies verneinte der BGH im Ergebnis und wies daher die Klage der B 1 ab. Zur Begründung führte er aus, daß vorliegend nicht das Anwartschaftsrecht des K zur Sicherheit auf die Zweitbank übertragen worden sei, sondern daß V der B 2 vielmehr volles Eigentum übertragen habe.[97] Dieser Übereignung stehe § 161 nicht entgegen, da K der sicherungsweisen Übertragung des Eigentums auf B 2 ausdrücklich zugestimmt habe.[98] Dadurch hätten V und K die aufschiebend bedingte Übereignung rückgängig gemacht und das Anwartschaftsrecht aufgehoben.[99]
Gegen die Aufhebung des Anwartschaftsrechts bestünden keine Bedenken, sofern davon lediglich das Verhältnis der Parteien des Kaufvertrages berührt werde.[100] Es stelle sich jedoch die Frage, ob durch die Aufhebung des Anwartschaftsrechts auch die Grundpfandhaftung der B 1 entfallen sei oder ob die Aufhebung B 1 gegenüber unwirksam gewesen sei, so daß sich mit Bedingungseintritt die Grundpfandhaftung auf den Lastwagen selbst erstreckt habe, § 1120.
Obgleich es sich um eine vergleichbare Rechtslage handele, könnten die im ersten Lastwagenfall entwickelten Grundsätze hier nicht zur Anwendung gelangen, da der Vorbehaltsverkäufer sein Anwartschaftsrecht nicht weiterübertragen habe. Auch wenn man den Umstand berücksichtige,

97 BGHZ 92, 280, 287.
98 BGHZ 92, 280, 288.
99 BGHZ 92, 280, 289.
100 BGHZ 92, 280, 289.

daß das Anwartschaftsrecht mit einer Grundschuld belastet gewesen sei, liege keine Verfügung eines Nichtberechtigten vor.[101]
Der Wegfall der Grundpfandhaftung könne auch nicht durch eine analoge Anwendung von § 1276 verhindert werden. Das Anwartschaftsrecht sei ein weitgehend dem Sacheigentum angenähertes Recht. Die Vorschrift des § 1276 sei demgegenüber auf das Rechtspfandrecht zugeschnitten. Auch eine analoge Anwendung komme nicht in Betracht, da die Norm zum Ausdruck bringe, daß dem Rechtspfandgläubiger ein stärkerer Schutz gebühre als dem Sachpfandgläubiger. Der Aufhebung des verpfändeten Rechts entspreche beim Sachpfand nämlich die Zerstörung der Sache. In diesem Falle sei der Eigentümer aber auf die Geltendmachung von Schadensersatz beschränkt.
Zudem sei nicht zu verkennen, daß der Schutz des Grundpfandgläubigers wegen der Enthaftungsmöglichkeit des § 1121 Abs. 1 außerordentlich schwach ausgestaltet sei.
Mit Zahlung des Restkaufpreises durch B 2 sei der LKW demzufolge nicht in den Haftungsverband der Grundschuld gefallen, da das Anwartschaftsrecht bereits vorher aufgehoben worden sei und ein Pfandrecht am Anwartschaftsrecht, das sich in ein solches an der Sache hätte umwandeln können, nicht bestanden habe.[102]
Weiter prüfte der BGH, ob B 1 gegen B 2 wenigstens ein Schadensersatzanspruch gemäß § 823 Abs. 1 und §§ 823 Abs. 2, 1135, 1133, 1134 zugestanden habe. Dabei ließ er offen, ob für den Schadensersatzanspruch auch die Vereitelung der Grundpfandhaftung durch Aufhebung des Anwartschaftsrechts ausreiche. Jedenfalls sei das Verhalten der B 2 nicht rechtswidrig gewesen, da die Aufhebung des Anwartschaftsrechts und die nachfolgende sicherungsweise Übertragung des Eigentums im Rahmen einer „wirtschaftlich vernünftigen Abwicklung des Kaufvertrages“ erfolgt sei. Solche Einwirkungen müsse sich derjenige, der ein Recht an einem Anwartschaftsrecht erwerbe, gefallen lassen, da er wisse, daß er wegen der Abhängigkeit vom Grundgeschäft nur ein schwaches Recht erwerbe.[103]

101 BGHZ 92, 280, 290.
102 BGHZ 92, 280, 292.
103 BGHZ 92, 280, 292 f.

II. Kritische Stellungnahme

Die Entscheidung hat in der Literatur erhebliche Beachtung gefunden. Überwiegend wird das Ergebnis des BGH, der Vorbehaltskäufer könne sein Anwartschaftsrecht unter Beseitigung der Grundpfandhaftung aufheben, jedoch abgelehnt.[104] Es ist aufzuzeigen, daß die Argumente des BGH in der Tat nicht zu überzeugen vermögen.
Für eine Befassung mit dem Ausgangsfall ist jedoch zunächst auf die Frage einzugehen, ob die Zubehörhaftung des Grundstücks sich auch auf das Anwartschaftsrecht erstreckt.

1. Einbeziehung des Anwartschaftsrechts in den Haftungsverband

Der BGH[105] geht im zweiten Lastwagenfall im Einklang mit der herrschenden Meinung in der Literatur[106] davon aus, daß das Anwartschafts-

104 Vgl. Kollhosser, JZ 1985, 370, 371 ff.; Marotzke, AcP 186 (1986), 490 ff.; M. Reinicke, JuS 1986, 957 ff.; MünchKomm - Westermann, § 455, Rz. 81; Palandt - Bassenge, § 1120, Rz. 8 u. § 1276, Rz. 5; Erman - Räfle, vor § 1120, Rz. 10; Erman - Küchenhoff, § 1276, Rz. 8; Reinicke/ Tiedtke, Kreditsicherung, S. 228 ff.; Reinicke/ Tiedtke, KaufR, Rz. 1166 ff.; MünchKomm - Eickmann, § 1120, Rz. 39; Eder, S. 82 ff.; Larenz, SR II 1, § 43 II FN 47 (S. 119); Baur/ Stürner, SaR, § 59 V 2 d; Stekkermeier, S. 45 ff.; Bülow, Kreditsicherheiten Rz. 101, 694; Rimmelspacher, KreditsicherungsR, Rz. 307; Pottschmidt/ Rohr, KreditsicherungsR, Rz. 412 u. FN 75; Wieling, SaR I, § 17 V c u. FN 41 f.; Tiedtke, NJW 1985, 1305, 1307; ders., NJW 1988, 28; Bayer, WM 1987, 280 ff.; Scholz, MDR 1990, 679 ff.
Vor der Entscheidung des BGH zu diesem Problem bereits G. Reinicke, Gesetzliche Pfandrechte, S. 42; ders., MDR 1961, 681, 682; Marotzke, S. 38 f.; Kollhosser, JA 1984, 196, 201.

105 Vgl. auch BGHZ 35, 85, 88; BGH NJW 1965, 1475; NJW 1970, 2212, 2215; für § 559 auch BGHZ 117, 200; anders freilich noch RGZ 140, 223.

106 Vgl. nur Schwister, JW 1933, 1764; Holtz, JW 1933, 2572 f.; Bartels, JW 1933, 2573; G. Reinicke, Gesetzliche Pfandrechte, S. 7 ff., insbes. S. 10 - 21, 37 ff.; ders., MDR 1959, 613, 615; ders., MDR 1961, 681 f.; J. Uhlenbruck, S. 35 ff.; Raiser, S. 97 ff.; von Lübtow, JuS 1963, 171 ff.; Letzgus, S. 27 ff.; Klinkhammer/ Ranke, JuS 1973, 665, 669; Brox, JuS 1984, 657, 663; Bülow, Kreditsicherheiten, Rz. 99 f.; Pottschmidt/ Rohr, KreditsicherungsR, Rz. 416; Rimmelspacher, KreditsicherungsR, Rz. 278 ff., insbes. Rz. 290; Kollhosser, JA 1984, 196, 199; ders., JZ 1985, 370; Scholz, MDR 1990, 679, 680; Fischer, JuS 1993, 542 f.; Tiedtke, NJW 1988, 28; Bork, JA 1985, 292, 293; Erman - Räfle, vor § 1120, Rz. 9; MünchKomm - Eickmann, § 1120, Rz. 38; MünchKomm - Westermann, § 455, Rz. 78; Staudinger - Honsell, § 455, Rz. 38, 41; Westermann - Westermann, SaR I, § 44, 3; Georgiades, S. 88 ff.; Serick I, S. 279 ff.

recht in den Haftungsverband der Grundpfandrechte einzubeziehen ist. Daß § 1120 von seinem Wortlaut her nicht einschlägig ist, kann jedoch nicht mit der Wesensgleichheit des Anwartschaftsrechts im Verhältnis zum Eigentum überwunden werden.[107] Rückschlüsse aus den Eigentumsregeln sind deshalb nicht möglich, weil das Anwartschaftsrecht ein anderes Recht ist als das Eigentum.

Daher sind entgegen der herrschenden Meinung auch für die Verpfändung der Anwartschaft nicht die §§ 1205 ff., sondern vielmehr die §§ 1273 ff. anzuwenden. Freilich gelangt man für die Übertragung über § 1274 Abs. 1 S. 1 und 2 wieder zu den Regeln, die für das Sachpfand gelten. Diese Lösung hat aber den Vorteil, das Anwartschaftsrecht einheitlich zu behandeln und nicht je nach Sachlage einmal die §§ 1205 ff., dann wieder die §§ 1273 ff. anzuwenden.

Dennoch ist es im Ergebnis zu befürworten, das hypothekarische Recht am Zubehör auch auf das Anwartschaftsrecht zu erstrecken. Obwohl § 1120 nur Zubehörstücke erwähnt, die im Eigentum des Grundstückseigentümers stehen, bedeutet dies nicht, daß die Haftung darauf zu beschränken ist. Man sieht der Sache selbst nämlich nicht an, welches Recht dem Betroffenen an ihr zusteht. Das macht ein Vergleich mit der Parallelproblematik beim Vermieterpfandrecht deutlich: Bringt ein Mieter eine in seinem Eigentum stehende Sache in die gemietete Wohnung ein, hat der Vermieter gemäß § 559 ein gesetzliches Pfandrecht daran. Verfügt der Mieter hernach über die Sache, kann er einem Dritten nur pfandrechtsbelastetes Eigentum verschaffen, sofern kein gutgläubig lastenfreier Erwerb vorliegt. Verneinte man ein Pfandrecht am Anwartschaftsrecht, könnte der Mieter die nicht in seinem Eigentum stehende Sache in weiterem Umfang zu Kreditzwecken einsetzen, als wenn er Eigentümer derselben wäre.[108] Damit würde der vom Gesetzgeber gewollte Vermieterschutz nicht unerheblich eingeschränkt.

Diejenigen, die die Übertragung des Anwartschaftsrechts als Vorausverfügung über das künftige Eigentum ansehen, erkennen dieses Ergebnis über § 185 Abs. 2 S. 2 mehrheitlich ebenfalls an. Vgl. nur Marotzke, S. 60; Kupisch, JZ 1976, 417, 422.

107 So aber J. Uhlenbruck, S. 36; Georgiades, S. 90; Klinkhammer/ Ranke, JuS 1973, 665, 670; Kollhosser, JA 1984, 196, 199; ders., JZ 1985, 370 f.; Bülow, Kreditsicherheiten, Rz. 99 f.; Pottschmidt/ Rohr, KreditsicherungsR, Rz. 416; Erman - Räfle, vor § 1120, Rz. 9 f.; M. Reinicke, JuS 1986, 957, 959; BGHZ 117, 200.

108 Ebenso Reinicke/ Tiedtke, Kreditsicherung, S. 222; vgl. auch G. Reinicke, Gesetzliche Pfandrechte, S. 9 f.; Bülow, Kreditsicherheiten, Rz. 100; J. Uhlenbruck, S. 35 f.; Brox, JuS 1984, 657, 663; Fenn/ Finger, JuS 1972, 148, 150; BGH NJW 1992, 1156, 1157.

Für die Zulassung eines Pfandrechts am Anwartschaftsrecht spricht aber auch die Vorschrift des § 559 S. 3, wonach sich das Vermieterpfandrecht nicht auf Sachen bezieht, die der Pfändung nicht unterworfen sind. Mit dieser Formulierung bringt das Gesetz zum Ausdruck, daß nicht das Eigentum an sich, sondern vielmehr die Haftungsfunktion desselben entscheidend für das Vermieterpfandrecht ist. Da das Anwartschaftsrecht wegen des damit verbundenen Vermögenswertes haftungsmäßig bereits zum Vermögen des Mieters gehört, muß § 559 auch dann anwendbar sein, wenn der Mieter die Sache unter Eigentumsvorbehalt gekauft hat.[109] Diese Gesichtspunkte sind auf die Hypothekenhaftung zu übertragen, da auch in § 1120 die Wertung zum Ausdruck kommt, daß dem Grundpfandgläubiger eine bevorrechtigte Stellung zustehen soll. Die Formulierung des § 1120, nach der die Zubehörstücke im Eigentum des Grundstückseigentümers stehen müssen, ist nur deswegen getroffen, damit nicht in Rechte Unbeteiligter eingegriffen wird.[110] Dies ist aber nicht der Fall, da sich die Hypothek am Anwartschaftsrecht bei Bedingungseintritt am Eigentum selbst fortsetzt[111], während sie bei Bedingungsausfall zusammen mit dem Anwartschaftsrecht erlischt. Der Vorbehaltsverkäufer erleidet also in keinem Fall einen Nachteil.

Das von den Kritikern der Anwartschaftslehre gegen dieses Ergebnis vorgebrachte Argument, durch die Erstreckung der Haftung analog § 1120 gehe der Unterschied zwischen Durchgangs- und Direkterwerb verloren[112], greift nicht. Daß die Vorschriften über das gesetzliche Pfandrecht und die hypothekarische Haftung des Zubehörs auf das Anwartschaftsrecht entsprechend anzuwenden sind, ist Konsequenz seiner Qualifizierung als selbständiges dingliches Recht. Der Vorrang der dinglichen Haftung steht daher nicht im Widerspruch zum unmittelbaren Eigentumserwerb des Anwartschaftsinhabers.

109 So auch Fischer, JuS 1993, 542, 543; Rimmelspacher, KreditsicherungsR, Rz. 290, 293 f.; MünchKomm - Eickmann, § 1120, Rz. 38; BGH NJW 1992, 1156, 1157.

110 Zutr. G. Reinicke, Gesetzliche Pfandrechte, S. 20; ders., MDR 1961, 681.

111 Auch für diese Surrogation sollte nicht die Eigentumsähnlichkeit des Anwartschaftsrechts bemüht werden, sondern eher auf die §§ 1287, 1253, 1273 analog abgestellt werden. Vgl. dazu ausführlich G. Reinicke, Gesetzliche Pfandrechte, S. 34 ff.; ders., MDR 1961, 681, 682; zutr. auch Klinkhammer/ Ranke, JuS 1973, 665, 670 u. FN 50; M. Reinicke, JuS 1986, 957, 959; Fischer, JuS 1993, 542, 543; Brox, JuS 1984, 657, 663; Rimmelspacher, KreditsicherungsR, Rz. 291.

112 So etwa Medicus, BürgR, Rz. 484; Hennrichs, DB 1993, 1707, 1708 ff.; Kupisch, JZ 1976, 417, 421; Hübner, NJW 1980, 729, 732.

2. Variation des Ausgangsfalles: Sicherungsübereignung statt §§ 1120, 1192 Abs. 1

Nachdem die Vorfrage der Erstreckung der Grundpfandhaftung geklärt ist, kehren wir zur eigentlich interessierenden Fragestellung zurück, ob die Enthaftung des Anwartschaftsrechts am Zubehör - wie vom BGH entschieden - durch die Aufhebung des Anwartschaftsrechts erreicht werden kann.

Um das Problem deutlicher hervortreten zu lassen, soll zunächst der Ausgangsfall insoweit abgewandelt werden, daß K statt der Verbringung des LKWs auf ein mit einem Grundpfandrecht der B 1 belastetes Betriebsgrundstück sein Anwartschaftsrecht an dem LKW zur Sicherheit auf B 1 überträgt. Im übrigen soll es dabei bleiben, daß V und K das Anwartschaftsrecht einverständlich aufheben und V den LKW hernach an die den Kaufpreis finanzierende B 2 sicherungsübereignet.[113]

Auch ohne die Aufhebung des Anwartschaftsrechts an dieser Stelle bereits konstruktiv einzuordnen, stellt sie jedenfalls eine Verfügung über das Anwartschaftsrecht dar. Zu berücksichtigen ist aber, daß K bereits vor dieser Verfügung sein Anwartschaftsrecht sicherungsweise auf B 1 übertragen hatte. Da K der B 1 auf diese Weise eine Position verschafft hat, die mit Bedingungseintritt unmittelbar zur Erlangung des Sicherungseigentums am LKW führt, kann sie die durch Aufhebung des Anwartschaftsrechts vorgenommene Verfügung nur noch als Nichtberechtigte treffen. Mangels Zustimmung beziehungsweise Genehmigung der B 1 wäre die Aufhebung unwirksam, so daß B 2 kein Eigentum von V erlangt hätte. Die Verfügung des V wäre vielmehr mit Zahlung des Restkaufpreises gemäß § 161 Abs. 1 S. 1 unwirksam geworden, und B 1 hätte Eigentum erlangt.[114]

Zu diesem Ergebnis müßte der BGH nach seiner Entscheidung im ersten Lastwagenfall ebenfalls gelangen. Dort hatte er sogar in einer Einwirkung auf den Kaufvertrag wegen der damit nach seiner Ansicht automatisch verbundenen Inhaltsänderung des Anwartschaftsrechts eine Verfügung gesehen, zu der der Vorbehaltskäufer aufgrund seiner zuvor zugunsten des Sicherungsnehmers getroffenen Verfügung nicht mehr berechtigt ist.

113 Vgl. den ähnlichen Fall in BGHZ 56, 123.

114 Ein eventueller gutgläubiger Erwerb der B 2 scheitert an der mangelnden Übergabe, vgl. § 933.

Ersetzt man die Sicherungsübereignung durch eine Verpfändung des Anwartschaftsrechts, würde das Pfandrecht der B 1 durch die nachfolgende Verfügung der Vorbehaltsparteien ebenfalls nicht erlöschen.
Angesichts der völlig identischen Interessenlage leuchtet nicht ein, warum das Ergebnis anders lauten soll, wenn der Vorbehaltskäufer seine Anwartschaft zwar weder übertragen noch verpfändet hat, aber vor der Verfügung zugunsten der B 2 bereits ein Grundpfandrecht am Anwartschaftsrecht bestanden hat. Das Einbringen einer Zubehörsache in den Haftungsverband der Hypothek ist einer rechtsgeschäftlichen Verfügung nämlich ohne weiteres gleichzustellen.[115]

3. Der Vergleich mit BGHZ 35, 85

Der BGH setzt sich mit der Ansicht, die Kaufvertragsparteien könnten das Anwartschaftsrecht zu Lasten des Grundpfandgläubigers wieder aufheben, auch in Widerspruch zu einer Entscheidung aus dem Jahr 1961[116]:
K wollte auf seinem eigenen Grundstück ein Hotel errichten. Er erwarb von V Hotelinventar unter Eigentumsvorbehalt, um damit das Hotel auszustatten. Danach nahm K einen Kredit bei der B 1 auf und bestellte ihr dafür eine Hypothek am Hotelgrundstück. Noch vor Zahlung des Restkaufpreises nahm K bei B 2 einen weiteren Kredit auf und übertrug zur Sicherheit seine Anwartschaft am Hotelinventar. Danach zahlte er den Restkaufpreis an V.
Der BGH entschied sich hier für den Vorrang des Hypothekengläubigers. B 2 habe nämlich nur das mit dem Pfandrecht der B 1 belastete Anwartschaftsrecht erwerben können. Dieses habe sich mit der Zahlung des Restkaufpreises in ein Pfandrecht an der Sache umgewandelt.
Begründet hat der BGH dieses Ergebnis mit der weitgehenden Gleichstellung von Eigentum und Anwartschaft. Das Gesetz habe dem Hypothekengläubiger hinsichtlich des Zubehörs ein Vorrangrecht vor späteren Gläubigern eingeräumt. Dieser Grundsatz müsse auch dann gelten, wenn dem Dritten zwar nicht das Eigentum, wohl aber das von der Hypothe-

115 So zutr. Soergel - Leptien, § 185, Rz. 10; Erman - Seiler, § 647, Rz. 4; Wieling, SaR I, § 15 IX c bb; Marotzke, S. 56 ff.; aA. insbes. die Rspr., vgl. BGHZ 34, 122, 125 ff.; ablehnend auch Staudinger - Gursky, § 185, Rz. 89; MünchKomm - Schramm, § 185, Rz. 11.
116 Vgl. BGHZ 35, 85.

kenhaftung erfaßte Anwartschaftsrecht übertragen werde. In beiden Fällen erwerbe der Dritte daher ein belastetes Recht.[117]
Obwohl die Interessenlage vollkommen identisch ist, hebt der BGH diese Grundsätze im zweiten Lastwagenfall wieder auf. Der Schutz des Grundpfandgläubigers kann nicht davon abhängen, ob das Anwartschaftsrecht sicherungsweise auf einen Dritten übertragen wird oder ob die Kaufvertragsparteien es zunächst aufheben und sodann eine Sicherungsübertragung des Eigentums vornehmen. In beiden Fällen muß der Vorrang des Hypothekengläubigers gelten.
In BGHZ 35, 85 ließ der BGH sich von dem Gedanken leiten, es könne nicht angehen, daß der Vorbehaltskäufer seine Anwartschaft mehrfach zu Kreditzwecken ausnutze, da er nicht besser als ein Eigentümer stehen könne.[118] Nach der Entscheidung vom 10.10.1984 können die Kaufvertragsparteien dies problemlos durch Aufhebung des Anwartschaftsrechts umgehen.

4. Vergleich mit dem ersten Lastwagenfall

Weiter ist festzustellen, daß die Lösung des BGH nicht mit der Entscheidung im ersten Lastwagenfall in Einklang zu bringen ist. Es wäre nämlich nicht zu rechtfertigen, den Grundpfandgläubiger vor der Erweiterung des Eigentumsvorbehalts, also einer schuldrechtlichen Einwirkung, zu schützen, während er die Aufhebung des Anwartschaftsrechts hinnehmen muß.
Der BGH meint, der Unterschied zum ersten Lastwagenfall liege darin, daß der Käufer hier Inhaber des Anwartschaftsrechts geblieben sei, so daß von der Verfügung eines Nichtberechtigten nicht ausgegangen werden könne.
Im Gegensatz zum BGH ergibt sich aus der Tatsache, daß K auch nach dem Einbringen in den Haftungsverband weiter Anwartschaftsinhaber war, jedoch nichts für die Frage der Berechtigung. Maßgeblich dafür, ob jemand als Nichtberechtigter verfügt, ist allein das Vorliegen von Verfügungsmacht, nicht hingegen die Rechtsinhaberschaft. Daher wird von der herrschenden Meinung zu Recht anerkannt, daß derjenige, der über ein belastetes Recht als unbelastetes verfügt, insoweit als Nichtberechtigter anzusehen ist.[119]

117 BGHZ 35, 85, 89 f.
118 BGHZ 35, 85, 91.
119 Vgl. MünchKomm - Schramm, § 185, Rz. 1, 21; Soergel - Leptien, § 185, Rz. 16; Palandt - Heinrichs, § 185, Rz. 5; Erman - Brox, § 185, Rz. 3; Staudinger - Gursky,

Dies wird teilweise jedoch mit dem Argument bestritten, der Verfügende handele deshalb als Berechtigter, da er ohnehin nur das Recht übertragen könne, welches er habe.[120] Wäre dies zutreffend, stünde nichts mehr entgegen, selbst in der Verfügung eines Nichteigentümers die Verfügung eines Berechtigten zu sehen, da auch dieser nicht mehr Rechte übertragen kann, als er selbst hat. Diese Sichtweise hätte zudem zur Folge, daß derjenige, dessen Recht mit einem beschränkt dinglichen Recht belastet ist, dem Verfügungsempfänger immer nur ein belastetes Recht verschaffen könnte. Selbst die Zustimmung desjenigen, zu dessen Gunsten das dingliche Recht besteht, könnte daran nichts mehr ändern.

5. Die Ablehnung der analogen Anwendung des § 1276

Auch die Begründung des BGH, warum eine analoge Anwendung von § 1276 nicht in Betracht kommen soll, trifft nicht zu. Weder genießt der Rechtspfandgläubiger einen stärkeren Schutz als der Sachpfandgläubiger, noch entspricht die Aufhebung des pfandrechtsbelasteten Anwartschaftsrechts der Zerstörung einer pfandrechtsbelasteten Sache.

Wenn das Gesetz von einem Pfandrecht an beweglichen Sachen spricht und diesem anscheinend das Pfandrecht an Rechten gegenüberstellt, ist dies mißverständlich; denn auch das Pfandrecht an einer Sache ist ein Pfandrecht an einem Recht, nämlich dem Eigentum.[121] Durch das Pfandrecht an einer Sache wird in das Eigentum dadurch eingegriffen, daß dem Eigentümer ein Teil seiner Befugnisse genommen wird. Eingriffsobjekt ist daher das Recht Eigentum selbst. Die Befriedigung des Pfandgläubigers erfolgt dagegen aus der Sache, dem Nutzobjekt. Nur in diesem Sinne spricht das Gesetz vom Pfandrecht an beweglichen Sachen. In gleicher Weise ist bei Pfandrechten an sonstigen Rechten zwischen dem Eingriffs- und dem Nutzobjekt zu unterscheiden. Korrekter hätte das Gesetz daher die Bezeichnungen „Pfandrecht am Eigentum" und „Pfandrecht an sonstigen Rechten" gewählt.

§ 185, Rz. 10; Marotzke, AcP 186 (1986), 490, 494; Kollhosser, JZ 1985, 370, 372; Scholz, MDR 1990, 679, 680.

120 Wilhelm, NJW 1987, 1785, 1787; Bayer, WM 1987, 1541, 1542; M. Reinicke, JuS 1986, 957, 960.

121 Zutr. Heck, SaR, § 21, 6, § 49, 2, § 120, 4; vgl. dazu auch von Tuhr, AT I, S. 318 ff.; ders., AT II 1, S. 242; G. Reinicke, Gesetzliche Pfandrechte, S. 13 ff.; Sponer, S. 102; 1961, 681, 682; Bauknecht, NJW 1954, 1749, 1751; Tiedtke, NJW 1985, 1305, 1306; Kollhosser, JA 1984, 196, 201; Marotzke, AcP 186 (1986), 490, 496.

Auch wenn man der These von der Wesensgleichheit zum Eigentum anhängt, entspricht daher die Aufhebung des pfandrechtsbelasteten Anwartschaftsrechts nicht der Zerstörung einer pfandrechtsbelasteten Sache. Vielmehr ist dann die Aufhebung mit der Dereliktion vergleichbar. Beim Pfandrecht am Eigentum kann der Eigentümer die Sache zwar derelinquieren, jedoch werden dadurch Rechte Dritter nicht tangiert. Etwas anderes kann auch nicht bei Aufhebung der pfandrechtsbelasteten Anwartschaft gelten.
Sieht man das Anwartschaftsrecht demgegenüber als ein vom Eigentum verschiedenes Recht an, wird der Untergang des Pfandrechts durch § 1276 ebenfalls verhindert. Entgegen der Ansicht des BGH ist § 1276 nicht eine Sondervorschrift, die den Rechtspfandgläubiger stärker schützt als den Sachpfandgläubiger. Das Rechtspfand im Sinne der §§ 1273 ff. hat im Gegensatz zum Pfandrecht am Eigentum jedoch die Eigenart, daß das Pfandrecht daran erlischt, wenn das Recht selbst untergeht. Ein Pfandrecht an einer Forderung wird daher gegenstandslos, wenn die Forderung nicht mehr besteht. Um diese Konsequenz zu vermeiden, stellt das Gesetz das Zustimmungserfordernis des § 1276 auf. Damit baut § 1276 einer Gefahr vor, die beim Sachpfand von vornherein nicht eintreten kann.

6. Mangelnder Schutz des Grundpfandgläubigers wegen der Möglichkeit der Enthaftung

Das Argument des BGH, der Anwendung des § 1276 stehe entgegen, daß der Schutz des Grundpfandgläubigers nach dem Willen des Gesetzgebers ohnehin schwach ausgestaltet sei, vermag ebenfalls nicht zu überzeugen. Die §§ 1121 f. sind Ausnahmevorschriften, die den Grundeigentümer durch die Möglichkeit der Enthaftung vor dem Verlust seiner wirtschaftlichen Bewegungsfreiheit bewahren sollen. Dies impliziert, daß außerhalb des Anwendungsbereichs dieser Normen eine Vernichtung der Stellung des Grundpfandgläubigers nicht eintreten kann.[122]
Erfolgt die Entfernung des Zubehörs nicht, haftet das Anwartschaftsrecht weiter, und bei Eintritt der Bedingung die Sache selbst. Auch steht dem Grundpfandgläubiger bei der Entfernung von Zubehör, die einer ordnungsgemäßen Wirtschaft widerspricht (§ 1135), die Unterlassungsklage

122 Krit. auch Tiedtke, NJW 1985, 1305, 1308; M. Reinicke, JuS 1986, 957, 962; Bayer, WM 1987, 1541, 1544; insoweit auch J. Uhlenbruck, S. 104.

aus § 1134 zu. Wird dagegen das Zubehör vor der Beschlagnahme veräußert und vom Grundstück entfernt, erlangt der Erwerber lastenfreies Eigentum, aber eben nur dann.

7. Die Schadensersatzpflicht gegenüber dem Grundpfandgläubiger

Auch bei der Erörterung einer Schadensersatzpflicht der B 2 gegenüber B 1 geht der BGH von unzutreffenden Erwägungen aus. Wenn man die Aufhebung des Anwartschaftsrechts generell für zulässig hält, läßt sich dieses Ergebnis nicht wieder in Frage stellen, indem man die Rechtswidrigkeit dieses Eingriffs diskutiert. Vielmehr besteht nach der Lösung des BGH für Erörterungen bezüglich einer Schadensersatzverpflichtung der B 2 von vornherein kein Raum mehr.[123]
Die Ausführungen zur Abhängigkeit des Anwartschaftsrechts vom Grundgeschäft liegen in diesem Zusammenhang ebenfalls neben der Sache. Bei der Aufhebung des Anwartschaftsrechts handelt es sich um die Beseitigung der Möglichkeit zum Bedingungseintritt durch eine dingliche Einwirkung, die mit der Kausalität des Anwartschaftsrechts, selbst wenn man eine solche befürwortet, nichts zu tun hat.

III. Die dem BGH zustimmenden Autoren

Ein Teil der Literatur stimmt dem BGH jedoch zumindest im Ergebnis zu, wenn auch die Begründung des BGH meist als unzutreffend gewertet wird.[124]

1. Die Ansicht von Ludwig

Nach *Ludwig* fehlt dem Vorbehaltskäufer zwar in analoger Anwendung von § 1276 die Verfügungsmacht zur Aufhebung des mit einem Grundpfandrecht belasteten Anwartschaftsrechts.[125] Die Aufhebung des Anwartschaftsrechts bleibe jedoch nicht auf den dinglichen Bereich be-

123 So auch Tiedtke, NJW 1985, 1305, 1307 f.; M. Reinicke, JuS 1986, 957, 963.
124 Wilhelm, NJW 1987, 1785 ff.; ders., SaR, Rz. 1785 ff.; Ludwig, NJW 1989, 1458 ff.; Bork, JA 1985, 292 ff.; Erman - Brox, vor § 182, Rz. 3; MünchKomm - Schramm, § 185, Rz. 23; Soergel - Mühl, § 1276, Rz. 23; wohl auch Staudinger - Honsell, § 455, Rz. 43; Medicus, BürgR, Rz. 484: „...in der Tendenz begrüßte Abschwächung der Bedeutung von Anwartschaften".
125 Ludwig, NJW 1989, 1458.

schränkt, sondern bewirke gleichzeitig eine entsprechende Änderung des Kaufvertrages.[126] Berücksichtige man diese schuldrechtliche Wirkung der Aufhebung, sei im vorliegenden Fall das Anwartschaftsrecht aufgrund der Kausalabhängigkeit weggefallen. Eine Korrektur über die Fiktion des Bedingungseintritts gemäß § 162 Abs. 1 komme nicht in Betracht, da der Grundpfandgläubiger nicht als überwiegend schutzwürdig erscheine.[127, 128]

Der Lösung *Ludwigs* kann bereits deshalb nicht gefolgt werden, weil das Ergebnis, der Änderung auf dinglicher Ebene schuldrechtliche Wirkung zuzusprechen, nur über eine Auslegung der Vereinbarung der Parteien erreicht wird, die ihrem Willen im Einzelfall zwar entsprechen kann, jedoch nicht muß. Keinesfalls läßt sich dieser Gedanke verallgemeinern, da es nicht angeht, den Parteien die Möglichkeiten, die das Trennungsprinzip eröffnet, im Wege der Auslegung zu beschneiden.

Zudem führte diese „schuldrechtliche Lösung" entgegen *Ludwig* nicht zum Verlust des Anwartschaftsrechts, weil eine kausale Abhängigkeit desselben zu verneinen ist. Der Gedanke, durch die dingliche Einwirkung komme es auch zu einer Änderung im schuldrechtlichen Bereich, beruht letztlich auf der Fehlvorstellung, beim Eigentumsvorbehalt müßten sich dingliche und obligatorische Rechtslage stets entsprechen.[129] Dies trifft jedoch nicht zu, da die Bedingung nicht auf den schuldrechtlichen Vertrag Bezug nimmt.

2. Die Ansicht von J. Uhlenbruck

J. Uhlenbruck will aus den Enthaftungstatbeständen der §§ 1121 f. schließen, daß das Vertrauen der Grundpfandgläubiger auf den Fortbestand ihrer Haftung insgesamt als gering zu bewerten sei. Dies werde beim Anwartschaftsrecht noch durch dessen Kausalabhängigkeit verstärkt, so daß die Grundpfandhaftung auch durch schuldrechtliche Einwirkungen entfallen könne.[130] Es sei daher unschädlich, darüber hinaus noch weitere Enthaftungstatbestände zuzulassen. Zudem handele es sich

126 Ludwig, NJW 1989, 1458, 1462.
127 Ludwig, NJW 1989, 1458, 1462.
128 Gegen die Korrektur des Bedingungsausfalls über § 162 Abs. 1 bereits unter A II 4.
129 S. dazu ausführlich § 3 B II 2 g, II 3.
130 J. Uhlenbruck, S. 110 ff.

bei den in Frage kommenden Grundpfandgläubigern meist um Banken, die sich problemlos auf andere Weise sichern könnten.[131]
An den Erwägungen *J. Uhlenbrucks* ist zutreffend, daß kaum zu rechtfertigen wäre, die Vernichtung der Grundpfandhaftung durch Einwirkungen auf den Kaufvertrag zuzulassen, während der Grundpfandgläubiger vor der Aufhebung des Anwartschaftsrechts geschützt ist. Dieser Wertungswiderspruch kann aber nicht dadurch aufgelöst werden, daß man dem Grundpfandgläubiger generell den Schutz versagt, sondern nur, indem die Bindung des Anwartschaftsrechts an den schuldrechtlichen Vertrag aufgegeben wird.[132]
Daß der durch das Gesetz in den §§ 1121 f. gefundene Ausgleich zwischen dem Interesse des Hypothekengläubigers an seiner Sicherheit und dem Grundstückseigentümer an der wirtschaftlichen Verwertung der Erzeugnisse und des Zubehörs einer Ausdehnung nicht zugänglich ist, wurde bereits erwähnt. Die Vorschriften über das Freiwerden von der hypothekarischen Haftung berechtigen nicht dazu, die Interessen des Grundpfandgläubigers generell unberücksichtigt zu lassen.

IV. Zwischenergebnis

Es hat sich herausgestellt, daß die Argumente, die BGH und Teile der Literatur für das Erlöschen der Grundpfandhaftung durch Aufhebung des Anwartschaftsrechts vortragen, nicht zu überzeugen vermögen.
Der BGH weicht bei der Aufhebung des Anwartschaftsrechts von der im ersten Lastwagenfall gefundenen rechtlichen Bewertung ab. Dort hatte er sogar eine Einwirkung, die das schuldrechtliche Geschäft betraf, wegen einer zuvor erfolgten Sicherungsübereignung des Anwartschaftsrechts an der mangelnden Verfügungsbefugnis scheitern lassen. Zudem kann das Grundpfandrecht angesichts der identischen Interessenlage durch Aufhebung des Anwartschaftsrechts ebensowenig untergehen, wie wenn statt dessen eine Sicherungsübereignung vorgenommen worden wäre. Es kann nicht darauf ankommen, ob der Käufer Inhaber des Anwartschaftsrechts geblieben ist oder nicht.
Im Schrifttum wird dem Grundpfandgläubiger maßgeblich wegen der schuldrechtlichen Schwäche des Anwartschaftsrechts der Schutz versagt.

131 J. Uhlenbruck, S. 113.
132 M. Reinicke ist jedoch der Ansicht, ein Wertungswiderspruch könne dadurch vermieden werden, daß man den Kaufvertragsparteien auch die Möglichkeit zu einer „willkürlichen" Aufhebung des Kaufvertrages versage (vgl. NJW 1986, 957, 963).

Da die Grundpfandhaftung auch bei schuldrechtlichen Einwirkungen entfalle, soll dies auch dann gelten, wenn auf die dingliche Ebene eingewirkt wird. Dadurch würde dem ersten Fehler, der darin liegt, die Anwartschaft als kausalabhängiges Recht zu begreifen, jedoch noch ein zweiter hinzugefügt.

V. Lösung des zweiten Lastwagenfalles

Aus den vorangegangenen Erörterungen ergibt sich, daß das Grundpfandrecht der B 1 nicht durch Aufhebung des Anwartschaftsrechts erloschen ist. Insoweit ist der überwiegenden Ansicht in der Literatur zuzustimmen.[133] Ungeklärt ist jedoch noch weitgehend, wie dieses Ergebnis zu begründen ist.

1. Analoge Anwendung des § 185 Abs. 1

Im Schrifttum wird teilweise befürwortet, die Aufhebung des Anwartschaftsrechts in Analogie zu § 185 Abs. 1 für unwirksam zu erklären.[134] Dies geschieht insofern zu Recht, als der Verfügung eines Nichtberechtigten der Fall gleichzustellen ist, daß der Inhaber eines belasteten Rechts so über das Recht zu verfügen versucht, daß das Recht untergeht.[135] Nach *Scholz* soll § 185 jedoch von seinem Schutzzweck her nicht einschlägig sein, da die Vorschrift lediglich dem Schutz des Verfügungsempfängers diene.[136] Hier gehe es jedoch um den Schutz des Grundpfandgläubigers. Diese Argumentation ist indes nicht stichhaltig. Das Gesetz macht die Wirksamkeit eines Geschäftes immer dann von der Zustimmung eines Dritten abhängig, wenn damit entweder Nachteile für

133 Vgl. Nachweise in FN 106.

134 Marotzke, AcP 186 (1986), 490, 494 f., falls - entgegen seiner Auffassung - von einem selbständigen Recht des Vorbehaltskäufers ausgegangen wird. In diesem Sinne wohl auch Rimmelspacher, KreditsicherungsR, Rz. 307.
Da nach Marotzke in der Übertragung des Anwartschaftsrechts eine Vorausverfügung über das Eigentum zu sehen ist, befürwortet er jedoch eine Lösung über das Prioritätsprinzip des § 185 Abs. 2 S. 2 Alt. 2 (vgl. S. 39 ff. u. AcP 186 (1986), 490, 500 ff.). Ebenso Steckermeier, S. 111 ff. Alternativ wird diese Lösung auch von M. Reinicke (JuS 1986, 957, 960) und Kollhosser (JA 1984, 196 ff.) erörtert. Vgl. zum Prioritätsprinzip § 1 B I.

135 S. dazu bereits unter II 4.

136 Scholz, MDR 1990, 679, 680; zustimmend J. Uhlenbruck, S. 101 ff.

den Verfügenden selbst oder solche für den Dritten entstehen können.[137] So dienen die §§ 106 ff. dem Schutz des beschränkt Geschäftsfähigen. Dagegen ist die Zustimmung des Vertretenen zu Rechtsgeschäften des Vertreters ohne Vertretungsmacht (§ 177) deshalb erforderlich, weil das Rechtsgeschäft in den rechtlich geschützten Bereich des Zustimmungsberechtigten eingreift. Auch bei § 185 ist das Zustimmungserfordernis Ausdruck des eigenen Betroffenseins des Zustimmungsberechtigten. Auf den Verfügungsempfänger kommt es insoweit nicht an.
§ 185 ist jedoch aus einem anderen Grund nicht anwendbar. Die Vorschrift ist nur einschlägig, sofern die Verfügung des Nichtberechtigten den Rechtskreis des Zustimmungsberechtigten *unmittelbar* berührt. Wird der Zustimmungsberechtigte durch die Verfügung nur *mittelbar* betroffen, wie dies bei der Verfügung über belastete Rechte der Fall ist, gelten die §§ 876, 1071, 1276.[138]

2. Die analoge Anwendung von § 1276

Ein anderer Teil der Literatur plädiert für eine Analogie zu § 1276, so daß die Aufhebung der in den Haftungsverband gelangten Anwartschaft ebenfalls nur mit Zustimmung des Grundpfandgläubigers erfolgen kann.[139] Dies setzt jedoch voraus, daß dem Grundpfandgläubiger die Gefahr droht, daß der Vorbehaltskäufer das Pfandobjekt durch Vereinbarung mit Dritten untergehen läßt. Wird das Anwartschaftsrecht aufgehoben, ist kein Eingriffsobjekt für das Pfandrecht mehr vorhanden, so daß das Pfandrecht untergeht.[140] Anders wäre dies nur, wenn sich das Pfandrecht am Eigentum fortsetzte, wie dies bei der Dereliktion der Fall ist.

137 So richtig Erman - Brox, vor § 182, Rz. 1; Palandt - Heinrichs, Einf. vor § 182, Rz. 5; Soergel - Leptien, vor § 182, Rz. 7.
138 Zutr. Soergel - Leptien, vor § 182, Rz. 7; MünchKomm - Schramm, vor § 182, Rz. 4; Staudinger - Gursky, Vorbem. zu §§ 182 ff., Rz. 19 u. § 184, Rz. 21.
139 Bayer, WM 1987, 1541, 1543 f.; Tiedtke, NJW 1985, 1305, 1307; ders., NJW 1988, 28; Kollhosser, JA 1984, 196, 201; ders., JZ 1985, 370, 372 f.; Reinicke/ Tiedtke, KaufR, Rz. 1167 ff.; G. Reinicke, Gesetzliche Pfandrechte, S. 42; ders., MDR 1961, 681, 682; Bülow, Kreditsicherheiten, Rz. 102 f.; Larenz, SR II 1, § 43 II FN 47 (S. 119) ; MünchKomm - Westermann, § 455, Rz. 81; MünchKomm - Damrau, § 1204, Rz. 12; Palandt - Bassenge, § 1120, Rz. 8 u. § 1276, Rz. 5; Soergel - Konzen, § 1120, Rz. 7; M. Reinicke, JuS 1986, 957, 961 ff.; Marotzke, AcP 186 (1986), 490, 494 f. Marotzke befürwortet eine Analogie zu § 1276 allerdings nur für den Fall, daß man das Anwartschaftsrecht als selbständiges Recht begreift, was nach seiner Ansicht abzulehnen ist. Wie Marotzke auch auch Kollhosser, JA 1984, 196,199.
140 Insoweit zutr. Tiedtke, NJW 1985, 1305, 1306.

Dies ist jedoch nicht möglich, da damit in das Eigentum des Vorbehaltsverkäufers eingegriffen würde.

Dennoch halten *Eder* und *Wilhelm* § 1276 bei der Aufhebung des Anwartschaftsrechts nicht für anwendbar.[141] Die Aufhebung des Anwartschaftsrechts sei nämlich als Erklärung aufzufassen, die Rechtsposition des Vorbehaltskäufers auf den Verkäufer zurückzuübertragen.[142] Daher werde durch die Aufhebung das Pfandrecht am Anwartschaftsrecht nicht gegenstandslos.

Die Aufhebung des Anwartschaftsrechts bedürfe ebenso wie die Aufhebung der dinglichen Einigung neben der dinglichen „Rückübertragungseinigung" zusätzlich der Rückgabe oder eines Rückgabesurrogates (§§ 929 ff. analog). Seien den Erfordernissen der §§ 929 ff. Rechnung getragen, bleibe das Anwartschaftsrecht bestehen, so daß § 1276 nicht eingreife.[143, 144] Der Verkäufer erhalte zwar wieder unbedingtes Eigentum, so daß das Eigentum mit Bedingungseintritt nicht mehr auf den Käufer übergehen könne. Jedoch ergreife die Grundschuldbelastung das Eigentum, sobald der Kaufpreis bezahlt werde.[145] Sei dagegen die Rückübertragung des Anwartschaftsrechts mangels Rückgabe oder Rückgabesurrogats fehlgeschlagen, werde die sachenrechtliche Lage ebenfalls nicht verändert, so daß das Pfandrecht des Grundpfandgläubigers auch in diesem Falle erhalten bleibe.[146]

Die Schwäche dieser Ansicht liegt zum einen darin, daß sie sich zu sehr an den Eigentumsregeln orientiert und daraus Schlußfolgerungen für das subjektive Recht des Vorbehaltskäufers zieht. Da das Anwartschaftsrecht als dingliches Recht das Eigentum des Vorbehaltskäufers belastet, hätte ein Vergleich zur Regelung bei den beschränkt dinglichen Rechten nahegelegen. Die Rückgängigmachung einer Verfügung erfolgt zwar grundsätzlich in gleicher Weise wie die Entstehung. Zur Aufhebung des Pfandrechts oder des Nießbrauchs läßt das Gesetz jedoch die einseitige Erklärung des Rechtsinhabers genügen, vgl. § 1255 Abs. 1, § 1064. Gleiches

141 Eder, S. 94 ff.; Willhelm, NJW 1987, 1785, 1788.

142 Eder, S. 112; Wilhelm, aaO.

143 Eder, S. 113 f.

144 Insoweit abweichend Wilhelm, aaO.: Wilhelm geht anders als Eder nicht davon aus, daß die Rückgewähr der Rechtsstellung des Käufers nach den §§ 929 ff. zu erfolgen hat. Vielmehr soll der Schutz des Grundpfandgläubigers sich ausschließlich nach § 1121 richten.

145 Eder, S. 114; Wilhelm, aaO.

146 Eder, S. 115 f.; ähnlich Wilhelm, aaO., der zu diesem Ergebnis gelangt, sofern die Befreiungsvoraussetzungen des § 1121 nicht erfüllt sind.

muß auch für das dingliche Anwartschaftsrecht gelten, da die Aufhebung für den Eigentümer lediglich einen rechtlichen Vorteil bedeutet. Natürlich kann die Aufhebung wie hier auch einverständlich erfolgen. Eine dingliche „Rückübertragungseinigung“ ist jedoch nicht erforderlich.
Zum anderen hat die Aufhebung des Anwartschaftsrechts auch dann den Untergang des Pfandrechts zur Folge, wenn man diese als Rückübertragung konstruiert. Wurde nämlich das Anwartschaftsrecht auf den Verkäufer zurückübertragen, erhält dieser neben dem aufschiebend bedingten Eigentum auch noch das Anwartschaftsrecht. Aus dem Pfandrecht am Anwartschaftsrecht kann jedoch kein Pfandrecht an der Sache mehr werden, da ein Bedingungseintritt nicht mehr möglich ist. Zwar kann der Kaufpreis noch gezahlt werden; dies führt aber nicht mehr zum Eigentumserwerb, da es mit dem Wegfall des Anwartschaftsrechts auch keinen Schwebezustand mehr gibt.[147]
Es macht daher keinen Unterschied, ob die Aufhebung der Anwartschaft als Rückübertragung konstruiert wird oder nicht. Vielmehr liegt in beiden Fällen die Situation vor, auf die § 1276 zugeschnitten ist.[148, 149]
Da der dingliche Haftungsumfang kraft Gesetzes feststeht und Parteivereinbarungen nicht zugänglich ist[150], gilt im Gegensatz zur Sicherungsübereignung oder Verpfändung des Anwartschaftsrechts jedoch die Besonderheit, daß auch die Zustimmung des Grundpfandgläubigers das Anwartschaftsrecht nicht aus dem Haftungsverband zu lösen vermag. Durch die Zustimmung hätte B 1 sich lediglich schuldrechtlich verpflichten können, im Falle der Zwangsvollstreckung für den mithaftenden Gegenstand gemäß § 29 ZVG die Aufhebung der Vollstreckung zu bewilligen.

147 Zutr. Bayer, WM 1987, 1541, 1544.
148 Genausogut kann man auf § 876 oder § 1071 abstellen.
149 Die hM., die das Anwartschaftsrecht nach den Eigentumsregeln behandeln will, müßte eigentlich die Vorschriften über Pfandrechte an Sachen heranziehen. Weil diese aber nicht passen, wird die Anwendung von § 1276 damit gerechtfertigt, daß das Anwartschaftsrecht hier einem Recht näher als einer Sache stehe, vgl. nur Kollhosser, JA 1984, 196, 201; Tiedtke, NJW 1985, 1305, 1306; M. Reinicke, JuS 1986, 957, 961; MünchKomm - Damrau, § 1204, Rz, 12; anders MünchKomm - Eickmann, § 1120, Rz. 39, der § 1276 ablehnt, da das Anwartschaftsrecht dem Sacheigentum angenähert sei.
Solche Begründungsschwierigkeiten vermeidet man, wenn man das Anwartschaftsrecht von vornherein als vom Eigentum verschiedenes subjektives Recht behandelt.
150 S. nur RGZ 63, 371, 373; 125, 362, 365 f.; Erman - Räfle, vor § 1120, Rz. 5; Soergel - Konzen, § 1120, Rz. 8; Wieling, SaR, § 28 II 1 b.

Entgegen *J. Uhlenbruck* läßt der Gesichtspunkt der zwingenden Hypothekenhaftung jedoch nicht den Schluß zu, daß die Aufhebung des Anwartschaftsrechts zu Lasten des Hypothekengläubigers möglich ist.[151] Daß die Regelung des § 1120 unabhängig vom Willen der Parteien entsteht, dient lediglich dem Zweck, das Grundstückszubehör der Verwertung durch Gläubiger zugänglich zu machen, da Zubehör nach § 865 Abs. 2 ZPO nicht selbständig gepfändet werden kann. Der kraft Gesetzes feststehende Haftungsumfang macht aber keineswegs die Verfügung eines Nichtberechtigten wirksam. Die Bedeutung der §§ 185, 876, 1071, 1276 liegt nämlich nicht darin, daß diese Normen ein Zustimmungserfordernis aufstellen, sondern darin, daß sie die Voraussetzungen regeln, unter denen Verfügungen eines Nichtberechtigten ausnahmsweise wirksam sind.[152] Daher kann auch die Zustimmung des Grundpfandgläubigers nicht den Weg für eine andere Haftungsordnung freimachen.[153]

3. Frage der Enthaftung

Eine andere Frage ist es, ob im konkreten Fall das Grundpfandrecht der B 1 dadurch entfallen war, daß das Anwartschaftsrecht analog § 1121 Abs. 1 von der Haftung freigeworden ist. Als Veräußerung im Sinne dieser Vorschrift kann die Aufhebung des Anwartschaftsrechts durch die Kaufvertragsparteien nicht angesehen werden, da § 1121 Abs. 1 die körperliche Entfernung des Zubehörs vom Grundstück voraussetzt. Eine solche lag aber nicht vor, da der LKW weiter zur Bewirtschaftung des Grundstücks benötigt wurde. Die Aufhebung des Anwartschaftsrechts verfolgte lediglich den Zweck, der B 2 das Sicherungseigentum zu verschaffen.
Erst nach der Eröffnung des Konkursverfahrens wurde die Zubehörsache vom Konkursverwalter mit Rücksicht auf die Sicherungseigentümerin B 2 freigegeben und zum Zwecke der Verwertung, also dauernd, vom Grundstück entfernt. Durch den Konkurs wird die Möglichkeit der Enthaftung nicht ausgeschlossen. Da zum Zeitpunkt des Entfernens auch die

151 J. Uhlenbruck, S. 103 ff.

152 Zutr. Staudinger - Gursky, § 185, Rz. 1; Soergel - Leptien, § 185, Rz. 1.

153 I.E. so auch Scholz, MDR 1990, 679, 680; wohl auch MünchKomm - Eickmann, § 1120, Rz. 39.

Beschlagnahme gemäß § 20 ZVG noch nicht erfolgt war, ist Enthaftung eingetreten und das Pfandrecht der B 1 untergegangen.[154]
Eine Entfernung von mithaftendem Zubehör zum Zwecke der Verwertung entspricht jedoch nicht „den Regeln einer ordnungsgemäßen Wirtschaft", so daß B 1 gegen B 2 Unterlassungsansprüche gemäß §§ 1192 Abs. 1, 1134, 1135 zugestanden hätten. Diese Ansprüche hätte B 1, da Gefahr im Verzug war, mittels einstweiliger Verfügung gemäß §§ 935 ff. ZPO durchsetzen können. Da dies nicht erfolgt ist, hätten ihr Schadensersatzansprüche aus § 823 Abs. 1 (Grundschuld als sonstiges Recht), §§ 823 Abs. 2, 1134, 1135 zugestanden.[155] Da B 2 den LKW bereits verwertet hatte, wäre eine Naturalrestitution durch Rückgabe in den Haftungsverband nicht mehr in Betracht gekommen, so daß B 2 an B 1 Schadensersatz in Geld gemäß § 251 Abs. 1 zu leisten gehabt hätte.[156]
In der Literatur werden häufig ausschließlich die §§ 1121 f. für die Beantwortung der Frage, ob die Grundpfandhaftung der B 2 erloschen ist, herangezogen.[157] Der Systematik des Gesetzes entspricht es jedoch eher, zunächst klarzustellen, daß Verfügungen des Anwartschaftsberechtigten, die das Grundpfandrecht beeinträchtigen, unwirksam sind, und erst im Anschluß daran zu prüfen, ob sich aus den Vorschriften über die Enthaftung von Zubehör ausnahmsweise etwas anderes ergibt.

154 I.E. ebenso Bayer, WM 1987, 1541, 1545; Tiedtke, NJW 1988, 28, 29; auch Wilhelm, der die ausschließliche Anwendung des § 1121 für sachgemäß hält, kommt zum Ergebnis, daß Enthaftung erfolgt ist, vgl. NJW 1987, 1785, 1788.

155 Dies wäre ein Masseanspruch des Grundpfandgläubigers gemäß § 59 Abs. 1 Nr. 1 KO.

156 Insoweit zutr. Kollhosser, JZ 1985, 370, 374. Im Ergebnis lehnt Kollhosser eine analoge Anwendung des § 1121 Abs. 1 jedoch ab, weil die Interessen von K und B 2 auch ohne Beeinträchtigung des Grundpfandrechts hätten befriedigt werden können. Dies hätte in der Tat dadurch geschehen können, daß B 2 dem V die Restkaufpreisforderung abkauft und sich das vorbehaltene Eigentum abtreten läßt (vgl. dazu sogleich unter 4). M.E. gibt die Möglichkeit einer Vertragsgestaltung, die das Grundpfandrecht „geschont" hätte, jedoch nicht die Berechtigung, die Enthaftung abzulehnen.
Bayer, WM 1987, 1541, 1545, lehnt den Schadensersatzanspruch mit verfehlter Begründung ab: Das Entfernen des LKWs nach Konkurseröffnung sei ausnahmsweise in den Grenzen einer ordnungsgemäßen Wirtschaft erfolgt, da die Entfernung bereits vorher durch die Rückübertragung des Anwartschaftsrechts vorbereitet worden sei.

157 Vgl. etwa K. Müller, SaR, Rz. 1620 b; M. Wolf, SaR, Rz. 639; Wilhelm, NJW 1987, 1785, 1786 ff.

4. Sicherung der Zweitbank durch Kauf der Kaufpreisforderung anstelle der Aufhebung des Anwartschaftsrechts

Tatsächlich wird der Vorbehaltskäufer jedoch kaum jemals den Willen haben, auf sein Anwartschaftsrecht zugunsten einer den Restkaufpreis finanzierenden Zweitbank zu verzichten. Man denke sich nur eine Fallgestaltung, wie sie in BGHZ 56, 123 zur Entscheidung gelangt ist: Dort hatte der Vorbehaltskäufer bereits 5/6 des Kaufpreises getilgt, als er die Restschuld von rund 20.000 DM durch die Zweitbank finanzieren ließ. Näher liegt hier doch die Annahme, die Parteien wollten die Bedingung einvernehmlich abändern, um nunmehr die Darlehensforderung abzusichern.[158]

Die Zweitbank hätte dazu, anstatt den Restkaufpreis an den Vorbehaltsverkäufer zu zahlen, diesem die Restkaufpreisforderung abkaufen (§ 433 Abs. 1 S. 2) und sich abtreten lassen können (§ 398). Im Gegenzug hätte ihr das vorbehaltene Eigentum übertragen werden können.[159] Auf diese Weise wäre die Zweitbank wegen ihres Darlehens durch den Eigentumsvorbehalt gesichert. Gleichzeitig hätte der Käufer sein Anwartschaftsrecht behalten, verbunden mit der Möglichkeit, im Augenblick der Darlehensablösung Eigentümer zu werden. Nimmt man demgegenüber einen Verzicht des Käufers auf sein Anwartschaftsrecht an, steht ihm bei Ablösung des Darlehens gegenüber der Zweitbank lediglich ein schuldrechtlicher Rückübertragungsanspruch zu.

Da kein Grund besteht, warum der Vorbehaltskäufer mit der Verschlechterung seiner Rechtsstellung einverstanden sein sollte, war es verfehlt, die Zustimmung des Vorbehaltskäufers als einverständliche Aufhebung

158 So zutr. Wieling, SaR I, § 17 V c u. FN 43; Wacke, JuS 1973, 683, 684; Kollhosser, JZ 1985, 370, 374 f.; Rimmelspacher, KreditsicherungsR, Rz. 307; Tiedtke, NJW 1985, 1305, 1310.

159 Im Schrifttum wird zum Teil angenommen, die Abtretung der Forderung habe analog § 401 den Übergang des Vorbehaltseigentums zur Folge (etwa Kollhosser, JZ 1985, 370, 374; Staudinger - Honsell, § 455, Rz. 45, mit dem unzutreffenden Verweis auf Rühl). Die analoge Anwendung des § 401 ist jedoch abzulehnen, da es sich beim Anwartschaftsrecht nicht um ein verdecktes Pfandrecht handelt (zutr. Bülow, Kreditsicherheiten, Rz. 677; Schlegelberger - Hefermehl, Anh. § 382, Rz. 51; Serick I, S. 215 f.; Meisner, S. 15; Rühl, S. 83; BGHZ 42, 53, 56). Es kann allerdings eine schuldrechtliche Verpflichtung des Veräußerers bestehen, das Eigentum nach den §§ 929, 931 auf den Zessionar zu übertragen. Da der Zedent keinen Grund hat, nach Abtretung der Restkaufpreisforderung das Eigentum zu behalten, kann regelmäßig davon ausgegangen werden, daß in der Abtretung der Forderung zugleich die Übertragung des Eigentums liegt, falls kein abweichender Wille erkennbar hervorgetreten ist. Zutr. Rühl, S. 83.

des Anwartschaftsrechts zu deuten, wie dies der BGH und die überwiegende Literatur im zweiten Lastwagenfall getan haben.
Die hier befürwortete Konstruktion trägt auch den Interessen des Grundpfandgläubigers Rechnung, da diesem weiterhin ein Pfandrecht am Anwartschaftsrecht zusteht, welches sich bei Darlehensrückzahlung in ein Pfandrecht am Eigentum des Käufers umwandelt. Lediglich im konkreten Fall wäre das Pfandrecht erloschen, da die Zweitbank wegen der Insolvenz des Käufers den Ausfall der Bedingung hätte herbeiführen können.

VI. Zusammenfassung

1. Entgegen BGH und Teilen der Literatur ist eine Aufhebung des Anwartschaftsrechts zu dem Zweck, der den Kaufpreisrest finanzierenden Zweitbank unbelastetes Eigentum zu verschaffen, unwirksam. Die Entscheidung des BGH im zweiten Lastwagenfall war nur zufällig richtig, weil die Zubehörsache vor der Beschlagnahme entfernt wurde.
2. Die überwiegende Ansicht in der Literatur versagt dem Vorbehaltskäufer zwar ebenfalls die Möglichkeit, das Anwartschaftsrecht zu Lasten des Grundpfandgläubigers aufzuheben, verkennt aber, daß auch die Zustimmung des Grundpfandgläubigers an diesem Ergebnis nichts zu ändern vermocht hätte. Darüber hinaus bleibt die Frage der Enthaftung meist ebenso unbeantwortet wie die des Schadensersatzanspruchs der Erstbank gegen die Zweitbank.
Zudem ist im Hinblick auf die Stabilität des Anwartschaftsrechts nicht viel gewonnen, wenn man den Parteien zwar die Aufhebung des Anwartschaftsrechts zu Lasten eines Dritten versagt, das Recht des Dritten wegen der Kausalabhängigkeit des Anwartschaftsrechts aber weiterhin durch schuldrechtliche Vereinbarungen der Parteien beeinträchtigt werden kann. Nach der hier vertretenen Lösung kann das Pfandrecht an der Anwartschaft demgegenüber nur bei Nichtzahlung des vereinbarten Kaufpreises entfallen. Ansonsten wird es weder durch Einwirkungen, die die schuldrechtliche Ebene des Eigentumsvorbehaltes betreffen, noch durch solche im dinglichen Bereich beeinträchtigt.
3. In den wenigsten Fällen wird der Vorbehaltskäufer bereit sein, sein Anwartschaftsrecht aufzugeben, da dies mit einer erheblichen Verschlechterung seiner Position verbunden ist. In der Regel wird eine Vereinbarung vorliegen, nach der der Vorbehaltskäufer sich bereit erklärt, künftig für die Zweitbank zu besitzen, so daß nunmehr deren Darlehensforderung gegen den Käufer abgesichert wird.

Zu Problemen führt die Lehre von der schuldrechtlichen Abhängigkeit des Anwartschaftsrechts auch bei der Behandlung des Konkurses der Eigentumsvorbehaltsparteien. Die Frage, welche Rechte Käufer und Verkäufer im Konkurs des anderen Teils haben, wird in der Regel von der Anwendung des § 17 KO abhängig gemacht. § 17 KO gibt dem Konkursverwalter die Möglichkeit, sich im Interesse der Konkursmasse für die Erfüllung eines gegenseitigen Vertrages zwischen Gemeinschuldner und Gläubiger zu entscheiden oder eine solche abzulehnen.[160] Die Vorschrift setzt voraus, daß keine Vertragspartei vollständig erfüllt hat. Nach der hier vertretenen Ansicht ist Erfüllung bereits mit der aufschiebend bedingten Übereignung eingetreten, so daß § 17 KO richtigerweise auf den Eigentumsvorbehalt gar keine Anwendung findet.[161] Da die überwiegende Ansicht jedoch vertritt, daß der Vorbehaltsverkäufer erst mit der Übertragung des Eigentums vollständig erfüllt hat, geht die folgende Darstellung zunächst davon aus, daß § 17 KO auch für den Eigentumsvorbehalt gilt.

Hält man an der Lehre von der Kausalabhängigkeit des Anwartschaftsrechts fest, gelangt man im Konkurs des Vorbehaltsverkäufers zu äußerst mißlichen Konsequenzen. Probleme treten nicht auf, sofern der Konkursverwalter Erfüllung wählt, da der Käufer in diesem Fall den Kaufpreisrest zur Masse zahlen muß. Lehnt der Konkursverwalter aber die Erfüllung ab, kann der Vorbehaltsverkäufer die Kaufsache gemäß § 43 KO aussondern, da ein Besitzrecht nicht mehr besteht. Zwar wird durch die Ablehnung der Erfüllung der Kaufvertrag nicht aufgehoben. Nach herrschender Ansicht hat jedoch die Ablehnungserklärung das Erlöschen der Erfüllungsansprüche zur Folge.[162] Dies führt bei Annahme einer kausalen Verbindung zwischen obligatorischer und dinglicher Seite des Eigentumsvorbehalts zum Ausfall der Bedingung und zum Verlust des Anwartschaftsrechts. Dem Vorbehaltskäufer steht lediglich ein Schadensersatzanspruch nach § 26 S. 2 KO zu, der eine gewöhnliche Konkursforderung darstellt (§ 61 Abs. 1 Nr. 6 KO), die quotenmäßig befriedigt wird. Bereits geleistete Zahlungen kann der Vorbehaltskäufer nicht zurückverlangen, § 26 S. 1 KO.

160 § 17 Abs. 1 ist inhaltlich unverändert in § 103 Abs. 1 InsO übernommen worden. Die InsO tritt am 1. Januar 1999 in Kraft, vgl. Art. 110 Abs. 1 EGInsO.

161 S. ausführlich unter § 3 A II 1 a.E.

162 Vgl. zur abweichenden Ansicht unter I 1 d.

Da die Möglichkeit zur Zerstörung des Anwartschaftsrechts als nicht sachgerecht empfunden wird, gibt es die unterschiedlichsten Versuche, um zumindest im Verkäuferkonkurs zu einer Konkursfestigkeit des Anwartschaftsrechts zu gelangen. Eine Lösung wird überwiegend in der Ausschaltung des § 17 KO im Konkurs des Vorbehaltsverkäufers gesucht.[163]

I. Bisheriger Meinungsstand

1. Konkurs des Vorbehaltsverkäufers

a. Lösung der Rechtsprechung und eines Teils der Literatur - Anwendbarkeit von § 17 KO und Korrektur über § 242

Die Rechtsprechung[164] und Teile der Literatur[165] halten im Grundsatz daran fest, daß der Konkursverwalter durch Erfüllungsablehnung dafür sorgen kann, daß das Anwartschaftsrecht entfällt. Denn § 17 KO ermög-

163 So i.E., mit unterschiedlicher Begründung: Larenz, SR II 1, § 43 II c (S. 114); Baur/ Stürner, ZwVollstrR II, 9.4.; Jauernig, ZwVollstrR, § 48 II (S. 216); Jaeger - Henckel, KO, § 17, Rz. 52 ff.; Medicus, BürgR, Rz. 480; M. Wolf, ZZP 83 (1970), 230, 231 ff.; Musielak, AcP 179 (1979), 189, 209 f.; Reinicke/ Tiedtke, KaufR, Rz. 1140; Reinicke/ Tiedtke, Kreditsicherung, S. 217; Westermann - Westermann, SaR I, § 39 III 3 b; Graf Lambsdorff, Eigentumsvorbehalt, Rz. 499 ff.; Schwab/ Prütting, § 33 II 6; Soergel - Mühl, § 455, Rz. 84; Palandt - Bassenge, § 929, Rz. 60; RGRK - Mezger, § 455, Rz. 44; MünchKomm - Westermann, § 455, Rz. 87; Flume, AT II, § 42, 4 g; ders., AcP 161 (1962), 385, 404 f.; Huber, BB 1964, 731, 735 ff.; Liebl, S. 127; Unger, KTS 1969, 193, 210 ff.; Honsell, JuS 1981, 705, 712; Marotzke, S. 76 ff.; Kuhn, WM 1972, 206, 210 ff.; Wieser, NJW 1970, 913, 915 ff.; Bley, Judicium 1932, Spalte 209 ff.; Bauknecht, NJW 1956, 1177, 1178; Raiser, S. 94 f.; Mohrbutter, KTS 1961, 185, 193; Raiser, S. 94 ff.; Rietschel, NJW 1964, 914; Hartmut Stracke, S. 115 ff.; ders., KTS 1973, 103, 104 ff.

164 RGZ 140, 156 ff.; BGH WM 1961, 888, 891; NJW 1962, 2296, 2297; zuletzt BGHZ 98, 160, 168 f.

165 Serick I, S. 354 ff.; Serick V, S. 354 ff.; ders., AcP 166 (1966), 129; ders., ZIP 1989, 409, 414; Heinze, JR 1974, 451 ff.; Lempenau, S. 92 f.; K. Müller, SaR, Rz. 2447; Graf Lambsdorff, Eigentumsvorbehalt, Rz. 499 ff.; Pikart, FS Heymanns Verlag (1965), 179, 193; ders., WM 1962, 1230, 1235; Meisner, S. 56; Häsemeyer, InsolvenzR, S. 2, 14 f.; J. Uhlenbruck, S. 189 f.; Bülow, Kreditsicherheiten (3. Aufl.), Rz. 655.
Nunmehr vertritt Bülow im Hinblick auf die Regelung der neuen InsO in § 107 Abs. 1, dem Konkursverwalter stehe kein Wahlrecht zu, vgl. Kreditsicherheiten, Rz. 657 und Jura 1996, 190, 191; ebenso Schwab/ Prütting, SaR, § 33 II 6. S. zu § 107 InsO unter IV.

liche dem Konkursverwalter, durch die Wahl von Nichterfüllung umgestaltend auf den Vertrag einzuwirken, wodurch das Anwartschaftsrecht ebenso wie durch den Rücktritt vom Kaufvertrag zu Fall gebracht werde. Dieses Ergebnis resultiere aus der schuldrechtlichen Abhängigkeit des Anwartschaftsrechts.[166] Im Einzelfall sei dem Konkursverwalter das Wahlrecht jedoch zu versagen, wenn er durch die Ausübung desselben gegen Treu und Glauben verstoße.[167]
Die Anwendung des § 242 hat das Reichsgericht einmal für den Fall bejaht, in dem der Käufer dem Verkäufer zahlungshalber kurzfristige Wechselakzepte gegeben hatte, die vom Verkäufer alsdann diskontiert worden waren. Die Wechsel waren bei Eröffnung des Konkurses noch nicht fällig, liefen aber nicht mehr lange. Als Argument für die Treuwidrigkeit der Erfüllungsablehnung diente der Hinweis, durch die Hingabe der Wechsel und die Diskontierung habe der Verkäufer bereits „wirtschaftlich" Befriedigung erlangt.[168] Der Konkursverwalter habe daher die Erfüllung nur unter der Bedingung ablehnen dürfen, daß der Käufer die Wechsel nicht einlöse.[169] Nach *Serick* soll sich die Ablehnung der Erfüllung auch dann als treuwidrig darstellen, wenn der Käufer bereits fast den gesamten Kaufpreis gezahlt hat.[170]

b. Aufrechterhaltung des funktionellen Synallagmas im Konkurs

Häsemeyer[171] macht der herrschenden Lehre, die im Verkäuferkonkurs die Anwendbarkeit von § 17 KO verneint, den Vorwurf, sie richte sich zu sehr an der dinglichen Rechtslage aus und berücksichtige nicht, daß die dingliche Seite gerade auf der schuldrechtlichen beruhe und sogar rechtsgrundabhängig von ihr sei. Daher gelte auch beim Vorbehaltskauf der Schutz des funktionellen Synallagmas, so daß sich Anwartschaft und Vorbehaltseigentum lediglich als „Teilleistungen eines Zug um Zug abgewickelten Vertrages" darstellten. Diese Sichtweise habe überdies den Vorteil, daß Bedenken gegen die Anwendung von § 17 KO obsolet wür-

166 So ausdrücklich BGHZ 98, 160, 169.
167 RGZ 133, 40, 42; 140, 156, 162; BGH WM 1961, 888, 891; NJW 1962, 2296, 2297; BGHZ 98, 160, 168; Serick I, S. 360; K. Müller, SaR, Rz. 2447; Graf Lambsdorff, Eigentumsvorbehalt, Rz. 502.
168 RGZ 140, 156, 158, 162.
169 RGZ 140, 156, 159, 162 f.
170 Serick I, S. 361.
171 Häsemeyer, KTS 1973, 2, 14; ders., InsolvenzR, S. 345, 409 f.; ders., FS Serick (1992), 153, 157 ff.

den, da sich auch bei Erfüllungsablehnung ein für den Käufer angemessenes Ergebnis erzielen lasse; denn im Verkäuferkonkurs habe der Käufer, wenn der Verkäufer Aussonderung verlange, als Gläubiger so lange ein Zurückbehaltungsrecht, bis ihm der Wert seines Anwartschaftsrechts ersetzt worden sei. Bei Übertragung des Anwartschaftsrechts sei dem Zweiterwerber ebenfalls nur der Anwartschaftswert zu erstatten, weil auch er über ein rechtsgrundabhängiges Recht verfüge.

c. Keine Anwendung von § 17 KO im Verkäuferkonkurs

Obwohl die Voraussetzungen von § 17 KO vorliegen sollen, vertritt eine verbreitete Ansicht, man dürfe bei dieser formalen Betrachtungsweise nicht stehenbleiben, um dem Vorbehaltskäufer nicht die Möglichkeit zum Erwerb des Eigentums zu nehmen. Wie die Nichtanwendung von § 17 KO dogmatisch zu begründen ist, wird jedoch unterschiedlich beurteilt.

Vielfach wird für die Konkursfestigkeit des Anwartschaftsrechts auf § 161 Abs. 1 verwiesen, der eine Sonderregel für die Wirkung der Anwartschaft im Konkurs enthalte und daher § 17 KO vorgehe. Da die Erfüllungsablehnung zum Untergang des Anwartschaftsrechts führe, liege in der Ablehnungserklärung eine Zwischenverfügung über das Anwartschaftsrecht, vor der der Käufer nach § 161 Abs. 1 S. 1 und 2 geschützt sein müsse.[172] Die Ablehnung der Erfüllung sei daher ausgeschlossen.

Andere versuchen, die Konkursfestigkeit des Anwartschaftsrechts aus einer Analogie zu § 24 KO abzuleiten. Nach § 24 KO kann der Gläubiger, dessen Anspruch durch eine Vormerkung gesichert ist, vom Konkursverwalter Befriedigung verlangen. Der aus der Vormerkung Berechtigte ist also nicht auf die konkursmäßige Befriedigung seines Anspruchs angewiesen. Im Wege eines Erst-Recht-Schlusses wird daraus abgeleitet, daß eine Regelung, die für durch Vormerkung gesicherte Ansprüche

172 Bley, Judicium 1932, Spalte 199, 209; Bauknecht, NJW 1956, 1177, 1178; Flume, AcP 161 (1962), 385, 404; ders., AT II, § 42, 4 g; Raiser, S. 95 u. FN 219; Brox, JuS 1984, 657, 668; Pottschmidt/ Rohr, KreditsicherungsR, Rz. 462; Reinicke/ Tiedtke, KaufR, Rz. 1140; Reinicke/ Tiedtke, Kreditsicherung, S. 217; Eichenhofer, AcP 185 (1985), 162, 186 FN 68; Zunft, NJW 1956, 1420, 1422; Unger, KTS 1969, 193, 212; RGRK - Mezger, § 455, Rz. 44; Jauernig - Jauernig, § 929, Rz. 56; Jauernig, ZwVollstrR, § 48 II (S. 216).

gelte, ebenfalls auf das stärkere Anwartschaftsrecht anzuwenden sei.[173] Eine Erfüllungsablehnung sei daher ebenso wie eine vormerkungswidrige Verfügung zu behandeln und infolgedessen analog § 883 Abs. 2 unwirksam.

Ein Teil des Schrifttums ist der Ansicht, das Nichteingreifen von § 17 KO ergebe sich aus der Dinglichkeit der Rechtsposition des Vorbehaltskäufers. Es sei unbillig, dem Konkursverwalter die Möglichkeit zur Zerstörung eines dinglichen Rechts zu geben.[174]

Wieder andere machen geltend, § 17 KO passe von seinem Schutzzweck her nicht auf den Fall des Verkäuferkonkurses. Grundgedanke des § 17 KO sei, zu verhindern, daß der Vertragspartner des Gemeinschuldners seine Leistung noch erbringen müsse, während er umgekehrt nur mit der Konkursquote rechnen könne. Für den Käufer sei dieser Schutzzweck im Verkäuferkonkurs aber überhaupt nicht einschlägig, da er durch Zahlung des Restkaufpreises den Bedingungseintritt herbeiführen könne. Den Eintritt der Bedingung könne der Konkursverwalter aber bereits deshalb nicht verhindern, weil ihm nicht mehr Rechte als vor der Konkurseröffnung dem Gemeinschuldner zustünden.[175] Halte man den Konkursverwalter dagegen für befugt, die Erfüllung abzulehnen, erleide der Vertragspartner des Gemeinschuldners entgegen dem Schutzzweck des § 17 KO Nachteile.

173 So etwa Fränkel, WuR 1930, 317, 320; Raiser, S. 95; Stoll, ZHR 128 (1966), 239, 243; Bauknecht, NJW 1956, 1177, 1178; Mohrbutter, KTS 1965, 185, 192; Unger, KTS 1969, 193, 211; Braun, NJW 1962, 382, 384; Wieser, NJW 1970, 913, 916 FN 42.

174 Raiser, S. 95; Kuhn/ Uhlenbruck, KO, § 17, Rz. 18 d; Kuhn, WM 1972, 206, 210; RGRK - Metzger, § 455, Rz. 44; Hartmut Stracke, S. 114 ff.; ders., KTS 1973, 102, 105 ff.; Bauknecht, NJW 1956, 1177, 1178; Stoll, ZHR 128 (1962), 239, 244; MünchKomm - Westermann, § 455, Rz. 87.

175 M. Wolf, ZZP 83 (1970), 230, 231 ff.; Jaeger/ Hentschel, KO, § 17, Rz. 53; Hess, KO, § 17, Rz. 20; Brox, JuS 1984, 657, 668; Kuhn/ Uhlenbruck, KO, § 17, Rz. 18, Wieser, NJW 1970, 913, 917; Hartmut Stracke, KTS 1973, 102, 109; Honsell, JuS 1981, 705, 712; Staudinger - Honsell, § 455, Rz. 50, für den Fall, daß man die vollständige Erfüllung durch den Vorbehaltsverkäufer nicht gelten lassen wolle; Pottschmidt/ Rohr, KreditsicherungsR, Rz. 462; Medicus, BürgR, Rz. 480; Soergel - Mühl, § 455, Rz. 62, 84; MünchKomm - Westermann, § 455, Rz. 87; Palandt - Bassenge, § 929, Rz. 60; Flume, AcP 161 (1962), 385, 405; ähnlich Reinicke/ Tiedtke, KaufR, Rz. 1140; Reinicke/ Tiedtke, Kreditsicherung, S. 217.

d. Kein Recht zur Erfüllungsablehnung mit Gestaltungswirkung

Eine im Vordringen befindliche Ansicht meint, durch die Wahl von Nichterfüllung könne der Konkursverwalter nicht umgestaltend auf den Vertrag einwirken. Aus § 3 KO ergebe sich vielmehr, daß sich der Anspruch des Vertragspartners des Gemeinschuldners allein schon durch die Konkurseröffnung in eine Konkursforderung verwandele. Der Erfüllungsablehnung komme demnach keine Gestaltungswirkung zu, sondern sie bestätige nur den Zustand, der bereits mit der Konkurseröffnung eingetreten sei.[176] § 17 KO gebe dem Konkursverwalter daher nur das Recht, Erfüllung zu wählen.

Danach bringt weder die Konkurseröffnung noch die diese bestätigende Erfüllungsablehnung das Anwartschaftsrecht zu Fall. Es bleibe als dingliches Recht vom Konkurs des Vorbehaltsverkäufers vielmehr unberührt und könne nur durch Rücktritt erlöschen, also für den Fall, daß der Käufer selbst sich nicht mehr vertragstreu verhalte.[177] Demnach stehe dem vertragstreuen Käufer auch weiterhin das Recht zu, durch Zahlung des Kaufpreises den Bedingungseintritt herbeizuführen.

Die Auffassung von der mangelnden Gestaltungswirkung der Erfüllungsablehnung steht im Gegensatz zur bislang herrschenden Lehre, die davon ausgeht, daß § 17 KO den Konkursverwalter dazu berechtigt, durch die Ablehnungserklärung die wechselseitigen Erfüllungsansprüche aus dem gegenseitigen Vertrag zum Erlöschen zu bringen.[178] Diese Sichtweise entsprach auch der ständigen Rechtsprechung des BGH.[179] Der nunmehr zuständige IX. Senat des BGH hat aber bereits in mehreren Entscheidungen die Ansicht aufgegriffen, daß der Ablehnungserklärung keine Gestaltungswirkung zukomme.[180] Im Gegensatz zum Schrifttum geht der BGH jedoch davon aus, daß die Erfüllungsansprüche mit der Konkurser-

176 Musielak, AcP 179 (1979), 179, 189 ff.; Jaeger/ Henckel, KO, § 17, Rz. 52 f., 115, 149 ff.; ders., JZ 1987, 359, 360 f.; Stürner, ZZP 94 (1981), 263, 298 f.; Heilmann, KTS 1985, 639 ff.; Marotzke, S. 76 ff.; ders., JZ 1977, 552, 553 f.; ders., ZIP 1987, 1293, 1303 f.; ders., JZ 1995, 803, 813; ders., Gegenseitige Verträge im Konkurs und Vergleich, S. 52 - 79, 332 ff., 377 f., 385 - 387; Baur/ Stürner, SaR, § 59 III 1 a bb; Liebl, S. 118 ff.; vgl. auch Huber, BB 1964, 731, 735.

177 Henckel, JZ 1987, 359, 360; Jaeger/ Henckel, KO, § 17, Rz. 52 f.; Kuhn/ Uhlenbruck, KO, § 17, Rz. 18 d; Liebl, S. 127; Musielak, AcP 179 (1979), 189, 210.

178 Vgl. dazu nur Häsemeyer, InsolvenzR, S. 403.

179 Vgl. nur BGHZ 89, 189, 195; 98, 160, 169; zuletzt NJW 1987, 1702 f.

180 BGHZ 103, 250, 252; 106, 236, 241 ff.; JZ 1992, 424; zustimmend Kuhn/ Uhlenbruck, KO, § 17, Rz. 1; W. Uhlenbruck, JZ 1992, 425 f.; J. Uhlenbruck, S. 163 FN 18.

öffnung *erlöschen*. Entscheide sich der Konkursverwalter für die Nichterfüllung, bleibe es bei diesem Zustand. Wähle er dagegen Erfüllung, entstehe der durch die Konkurseröffnung erloschene Anspruch gegen den Gemeinschuldner neu. Der BGH hat nach der Änderung der Rechtsprechung zu § 17 KO zum Problem des Verkäuferkonkurses noch keine Stellung genommen. Zu erwarten ist jedoch, daß durch die neue Auslegung von § 17 KO die Rechtsprechung zur mangelnden Konkursfestigkeit des Anwartschaftsrechts eine Festigung erfahren wird.

e. Kein Wahlrecht wegen vollständiger Erfüllung durch den Verkäufer

Ein Teil der Literatur will den Verlust der Anwartschaft durch Ablehnung der Erfüllung dadurch vermeiden, daß die Anwendbarkeit von § 17 KO auf den Eigentumsvorbehalt insgesamt verneint wird. Dies geschieht teilweise, indem für die Erfüllung auf die Leistungshandlung abgestellt wird, die in der aufschiebend bedingten Übereignung liege.[181] Andere sehen dagegen in der Verschaffung des Anwartschaftsrechts bereits den geschuldeten Leistungserfolg, so daß § 17 ebenfalls nicht anwendbar ist.[182] Nach beiden Auffassungen kann der Konkursverwalter im Verkäuferkonkurs das Anwartschaftsrecht nicht zu Fall bringen.[183]

2. Konkurs des Vorbehaltskäufers

a. Herrschende Meinung: Geltung des § 17 KO

Im Gegensatz zum Verkäuferkonkurs wollen die meisten Autoren im Konkurs des Vorbehaltskäufers § 17 KO ohne Einschränkung anwenden.[184] Hier führe es zu sachgerechten Ergebnissen, wenn man dem Kon-

181 So etwa Rühl, S. 192 ff. mit 204 ff.; ders., ZZP 56 (1931), 154, 167 ff.; Freitag, S. 6, 40; Oertmann, LZ 1927, Spalte 9, 11 ff.; Honsell, JuS 1981, 705, 708 mit 711; unklar Staudinger - Honsell, § 455, Rz. 29, 49 f.

182 Von Caemmerer, SJZ 1949, 816, 827 f. u. FN 83 f.; Wieling, SaR I, § 17 II 1 a, III 1 a; Rietschel, NJW 1964, 914; Letzgus, S. 68 ff.; Georgiades, S. 121 ff. mit S. 142 ff.; Schlegelberger - Hefermehl, Anh. § 382, Rz. 156; MünchKomm - Westermann, § 455, Rz. 87.

183 Vgl. zur Frage der Erfüllung beim Eigentumsvorbehalt allgemein bereits § 3 A II 1 a.E.

184 Brox, JuS 1984, 657, 668; Kuhn/ Uhlenbruck, KO, § 17, Rz. 18 e; Jaeger/ Henckel, KO, § 17, Rz. 56; Kilger/ Schmidt, KO, § 17, Anm. 3 c; Huber, BB 1964, 731, 733; Kuhn, WM 1972, 206, 212; RGRK - Mezger, § 455, Rz. 22 mit 43; M. Wolf, ZZP 83 (1970), 230, 231; Liebl, S. 130 f.; Künne, DB 1971, 1509, 1511 f.; Larenz, SR II 1, § 43 II c (S. 113); Jauernig, ZwVollstrR, § 48 II (S. 216); Palandt - Bassenge,

kursverwalter das Wahlrecht zugestehe.[185] Halte der Konkursverwalter am Kaufvertrag fest, erwerbe er mit Zahlung des Restkaufpreises Eigentum für die Konkursmasse. Lehne er dagegen die Erfüllung ab, könne die Bedingung nicht mehr eintreten, so daß das Anwartschaftsrecht wegfalle und der Eigentumsvorbehalt seinen Sicherungszweck erfülle. Überwiegend wird der Verkäufer in diesem Fall für aussonderungsberechtigt gehalten, da durch die Erfüllungsablehnung für den Käufer sowohl das Recht zum Besitz aus dem Kaufvertrag als auch das dingliche Besitzrecht aus der Anwartschaft weggefallen sei.[186] Insoweit dem Verkäufer dadurch ein Schaden entstanden sei, daß der Wert der ausgesonderten Sache und die bereits erhaltenen Anzahlungen sein Erfüllungsinteresse nicht deckten, könne der Vorbehaltsverkäufer einen Schadensersatzanspruch als einfache Konkursforderung geltend machen. Überstiegen die bereits erhaltenen Kaufpreisraten seinen Schaden, müsse er die Differenz nach Bereicherungsrecht an die Konkursmasse zurückzahlen. Wähle der Konkursverwalter dagegen Erfüllung, habe er den Restkaufpreis aus der Konkursmasse an den Verkäufer zu entrichten.

Teilweise wird vorgeschlagen, die sich aus dem Ablehnungsrecht für den Anwartschaftserwerber ergebenden negativen Folgen durch eine Analogie zu § 268 abzumildern. Da der Zweiterwerber Gefahr laufe, sein dingliches Recht zu verlieren, stehe ihm ein Ablösungsrecht nach § 268 zu.[187] Zahle der Dritte, so werde er ohne Durchgangserwerb des Vorbehalts-

§ 929, Rz. 57; Schwab/ Prütting, SaR, § 33 II 6; Medicus, BürgR, Rz. 481; Reinikke/ Tiedtke, KaufR, Rz. 1123; Reinicke/ Tiedtke, Kreditsicherung, S. 210 f.; Gerhardt, JZ 1986, 472, 476; J. Blomeyer, JZ 1968, 691, 694; wohl auch Westermann - Westermann, SaR I, § 39 III 3 a.

185 Die Ansicht, die § 17 KO auch im Verkäuferkonkurs anwendet (vgl. unter I 1 a), hat natürlich erst recht keine Bedenken, dies auch im Käuferkonkurs zu tun. Etwa Serick I, S. 335 ff.; Serick V, S. 357; Meisner, S. 56; J. Uhlenbruck, S. 169 f.; Heinze, JR 1974, 451, 457; Graf Lambsdorff, Eigentumsvorbehalt, Rz. 507 ff.; Häsemeyer, KTS 1973, 2, 15; ders., InsolvenzR, S. 408; Bülow, Kreditsicherheiten, Rz. 725; K. Müller, SaR, Rz. 2445 f.

186 Vgl. nur BGHZ 98, 160, 168; Gerhardt, JZ 1986, 172, 476; Serick I, S. 338; etwas abweichend J. Blomeyer, JZ 1968, 691, 694: Die Ablehnungserklärung beseitige nicht nur den Kaufvertrag als Grundlage für die noch ausstehende Eigentumsverschaffungspflicht, sondern analog § 19 KO entfalle auch die Grundlage für die bereits erbrachte Teilleistung der Besitzverschaffung. Deshalb erlösche das Besitzrecht des Käufers.

187 Jaeger/ Henckel, KO, § 17, Rz. 57; ebenso Kilger/ Schmidt, KO, § 17, Anm. 3 c; Kuhn/ Uhlenbruck, KO, § 17, Rz. 18 e; Palandt - Bassenge, § 929, Rz. 58; ähnlich auch Pikart, FS 150 Jahre Heymanns Verlag (1965), S. 179, 192; Häsemeyer, KTS 1973, 2, 16.

käufers Eigentümer. Im Verhältnis des Vorbehaltskäufers zum Anwartschaftserwerber gelte § 17 nämlich nicht.[188] Insoweit seien die Bedenken, die gegen eine Anwendung des § 17 KO im Käuferkonkurs vorgebracht würden, haltlos.

Häsemeyer geht davon aus, die negativen Folgen des Anwartschaftsverlusts ließen sich auch im Käuferkonkurs beseitigen, sofern man anerkenne, daß sich das Anwartschaftsrecht als Teilleistung eines beiderseits noch unerfüllten Vertrages darstelle. Lehne der Konkursverwalter die Erfüllung ab, sei dem Käufer die Leistung des Verkäufers, mithin der Wert des Anwartschaftsrechts, zu belassen. Dem Käufer stehe aufgrund seiner Anwartschaft ein konkursfestes Zurückbehaltungsrecht zu, welches er dem Aussonderungsanspruch des Vorbehaltsverkäufers so lange entgegenhalten könne, bis dieser ihm den Anwartschaftswert erstattet habe.[189] Weitere Ansprüche könne der Vorbehaltsverkäufer nur als normaler Konkursgläubiger geltend machen. Diese Lösung führe auch dann zu einem angemessenen Ergebnis, wenn der Vorbehaltskäufer das Anwartschaftsrecht vor Konkurseröffnung weiterveräußert habe. Da das Anwartschaftsrecht nicht mehr zur Konkursmasse gehöre, komme der Wert der Anwartschaft nicht der Konkursmasse, sondern dem Zweiterwerber zu.

b. Keine Anwendung von § 17 KO bei Weiterübertragung des Anwartschaftsrechts

Andere halten die Anwendung von § 17 KO nur dann für gerechtfertigt, wenn der Käufer zur Zeit der Konkurseröffnung noch Inhaber des Anwartschaftsrechts ist. Habe der Vorbehaltskäufer jedoch weiterverfügt und falle dann selbst in Konkurs, sei es nicht sachgerecht, daß dem Anwartschaftserwerber durch die Erfüllungsverweigerung des Konkursverwalters die Möglichkeit zur Herbeiführung der Bedingung genommen werden könne. Ein dingliches Recht könne nämlich nicht beim wirtschaftlichen Zusammenbruch des Übertragenden verlorengehen.[190]

188 Jaeger/ Henckel, aaO; vgl. auch Raiser, S. 96.
189 Häsemeyer, KTS 1973, 2, 14; ders., InsolvenzR, S. 345, 409 f.; ders., FS Serick (1992), 153, 157 ff.
190 Etwa Bauknecht, NJW 1956, 1177, 1179 f.

c. Konkursfestigkeit des Anwartschaftsrechts

Ein Teil des Schrifttums spricht sich auch im Käuferkonkurs insgesamt für die Nichtanwendung von § 17 KO aus, so daß der Konkursverwalter das Anwartschaftsrecht nicht durch Erfüllungsablehnung zerstören kann.[191] Als Argument wird vorgebracht, der Konkursverwalter könne nicht durch einseitige Maßnahmen die dingliche Zuordnung zugunsten der Konkursmasse beseitigen.[192] Zur Konkursfestigkeit des Anwartschaftsrechts führt auch die Ansicht, die die Erfüllung bereits mit der aufschiebend bedingten Übereignung eintreten läßt.[193] Ebenso gelangen diejenigen, die die Gestaltungswirkung der Erfüllungsablehnung verneinen[194], überwiegend zu dem Ergebnis, daß die Bedingung auch gegen den Willen des Konkursverwalters noch herbeigeführt werden kann.[195]
Auch ohne Anwendung von § 17 KO könne der Vorbehaltsverkäufer im Konkurs seines Vertragspartners zu seinem Recht kommen. Zunächst stehe ihm der Kaufpreisanspruch gegen den Käufer als reine Konkursforderung zu. Außerdem verfüge er über dieselben Rechte wie außerhalb des Konkurses. Er könne daher den Bedingungsausfall durch Rücktritt vom Kaufvertrag bewirken und infolgedessen sein Aussonderungsrecht geltend machen.[196] Andere wollen die Rechte des Vorbehaltsverkäufers dadurch wahren, daß sie im Käuferkonkurs den Bedingungsausfall abweichend von der sonstigen Regel nicht mehr an die Beseitigung des schuldrechtlichen Vertrages binden. Vielmehr entspreche es dem Sicherungszweck des Eigentumsvorbehalts, die Bedingung dann als ausgefallen zu betrachten, wenn der Konkursverwalter die Zahlung des Kaufpreises verweigere.[197]

191 Raiser, S. 95 f.; Hartmut Stracke, KTS 1973, 102, 109; ders., S. 123; Flume, AcP 161 (1962), 385, 405; ders., AT II, § 42, 4 g; MünchKomm - Westermann, § 455, Rz. 85.

192 Vgl. Raiser, S. 96; MünchKomm - Westermann, § 455, Rz. 85.

193 S. unter I 1 e.

194 S. unter I 1 d.

195 Vgl. etwa Marotzke, S. 82 f.; Musielak, AcP 179 (1979), 189, 211; Baur/ Stürner, SaR, § 59 III 1 a bb; aA. Henckel, der dem Konkursverwalter im Käuferkonkurs ein Wahlrecht auf Erfüllungsablehnung zugesteht, vgl. Jaeger - Henckel, KO, § 17, Rz. 57.

196 Flume, AcP 161 (1962), 385, 405; Staudinger - Honsell, § 455, Rz. 49; MünchKomm - Westermann, § 455, Rz. 85; Musielak, AcP 179 (1979), 189, 211; Baur/ Stürner, SaR, § 59 III 1 a bb; insoweit auch Hartmut Stracke (S. 109 ff., 119 ff. u. KTS 1973, 102, 114), der jedoch der Ansicht ist, bei nicht ausgeübtem Rücktrittsrecht stehe dem Vorbehaltsverkäufer nur ein Absonderungsrecht zu.

197 Georgiades, S. 144 f.; Stürner, ZZP 94 (1981), 263, 299; Letzgus, S. 70 f.

In der Tat wäre nicht zu rechtfertigen, wenn der Konkursverwalter des Vorbehaltsverkäufers durch seine Erklärung ein fremdes Recht vereiteln könnte und den Vorbehaltskäufer wegen seines Schadensersatzanspruchs auf eine einfache Konkursforderung verweisen könnte. Auf diese Weise würden die berechtigten Interessen des vertragstreuen Vorbehaltskäufers zugunsten des Vorbehaltsverkäufers verschoben. Der Konkursverwalter erhielte die Möglichkeit, zugunsten der Konkursmasse Zugriff auf die Kaufsache zu nehmen, ohne daß dies durch den Sicherungszweck des Eigentumsvorbehalts geboten wäre.

Abhilfe kann jedoch nicht dadurch geschaffen werden, daß man die Ausübung des Wahlrechts unter den Vorbehalt von Treu und Glauben stellt. Dem Konkursverwalter kann man schlecht vorwerfen, wenn er seine Entscheidung davon abhängig macht, was für die Masse am günstigsten ist.[198] Unbillig ist der Verlust der Anwartschaft auch dann, wenn der Käufer erst einen kleinen Teil des Kaufpreises gezahlt hat. Eine Grenze, ab wann der Fall so kraß liegt, daß die Anwendung von § 242 gerechtfertigt wäre, läßt sich daher nicht finden. Insofern handelte es sich auch bei dem vom Reichsgericht entschiedenen Fall, in dem der Käufer für die ganze Kaufpreisschuld Wechsel akzeptiert hatte, in Wirklichkeit nicht um eine Ausnahmesituation.

Gegen *Häsemeyer*, der davon ausgeht, der Schutz des Synallagmas gebiete, daß die empfangene Teilleistung nur gegen Rückgabe der Teilgegenleistung an die Konkursmasse herauszugeben sei, ist einzuwenden, daß diese Sichtweise zu einer Vermengung von Schuld- und Sachenrecht führte. Das dingliche Anwartschaftsrecht kann nicht mit einer quantitativen Teilleistung gleichgesetzt werden.[199, 200] Da *Häsemeyer* das Anwartschaftsrecht an den obligatorischen Teil des Vorbehaltskaufs bindet, erlischt das Anwartschaftsrecht mit der Erfüllungsablehnung. Dem ehemaligen Anwärter kann in diesem Falle ebensowenig ein Besitzrecht zustehen wie dem Käufer, dem der Gemeinschuldner von vornherein nur den

198 Krit. bezüglich der Lösung über § 242 zu Recht auch Medicus, BürgR, Rz. 480; Brox, JuS 1984, 657, 667; Letzgus, S. 75; Huber, BB 1964, 731, 732; Kuhn, WM 1972, 206, 210.

199 Insoweit zutr. Jaeger/ Henckel, KO, § 17, Rz. 55; Liebl, S. 106.

200 Nur am Rande sei bemerkt, daß die Verschaffung des Anwartschaftsrechts auch deshalb keine Teilleistung darstellen kann, weil der Vorbehaltsverkäufer damit bereits vollständig erfüllt hat.

Besitz eingeräumt hat. Auch dieser kann die Herausgabe nicht mit Rücksicht auf den bereits gezahlten Kaufpreis verweigern. Die Lösung *Häsemeyers* weist darüber hinaus den Schwachpunkt auf, daß die Grundsätze über das Zurückbehaltungsrecht an der Kaufsache bis zur Erstattung des Anwartschaftswertes auch bei Weiterübertragung des Anwartschaftsrechts anwendbar sein sollen. Die Aufrechterhaltung des funktionellen Synallagmas kann aber nur zwischen den Vertragsparteien eine Rolle spielen.

Die Literatur erkennt zwar überwiegend, daß die Erfüllungsablehnung des Konkursverwalters zu einem untragbaren Ergebnis führt. Ein solches ist jedoch nur dann vermeidbar, wenn man den dinglichen Teil des Eigentumsvorbehalts vom obligatorischen Teil unabhängig macht. Solange dieser Schritt nicht vollzogen wird, ist das Anwartschaftsrecht nicht geschützt, weil der Konkursverwalter durch das Wahlrecht des § 17 KO die Bindung an den Kaufvertrag beseitigen kann.[201] Vor diesem Hintergrund erscheinen die Versuche zur Ausschaltung des eigentlich für einschlägig gehaltenen § 17 KO als nicht überzeugend. Wieder einmal steht das als gerecht empfundene Ergebnis im Vordergrund, die Begründung ist zweitrangig und folgt gleichsam als Annex.

So kann man etwa mit der Dinglichkeit des Anwartschaftsrechts doch nur dann argumentieren, wenn das Recht des Vorbehaltskäufers auch ansonsten immun gegenüber schuldrechtlichen Einwirkungen ist. Bereits wenn der Käufer in Konkurs fällt, kommt der Dinglichkeit aber keine Bedeutung mehr zu. Vielmehr gibt die überwiegende Ansicht dem Konkursverwalter im Käuferkonkurs das Wahlrecht, so daß er die Anwartschaft zerstören kann.

Verfehlt ist auch der Hinweis auf § 24 KO. Nach dieser Vorschrift unterliegt der durch Vormerkung gesicherte Anspruch, obgleich er zur Masse gehört, deshalb nicht der freien Disposition des Konkursverwalters, damit dem Prinzip des § 883 Abs. 2 Rechnung getragen wird. Andernfalls könnte der Konkursverwalter die Erfüllung ablehnen und die im Grundbuch eingetragene Vormerkung löschen lassen. Gegen den Ausfall der Bedingung und den Wegfall des Anwartschaftsrechts verleiht die Vorschrift jedoch keinen Schutz.[202] In gleicher Weise gibt § 161 nichts für die Konkursfestigkeit der Anwartschaft her, da die dort getroffene Regelung nicht den Bedingungsausfall verhindern kann. Ansonsten müßte konsequenterweise auch der Rücktritt, der nach herrschender

201 Insoweit ist die Kritik Sericks an der hL. völlig gerechtfertigt, vgl. Serick I, S. 355 ff.; Serick V, S. 356 f.

202 I.E. ebenfalls gegen die Argumentation mit § 24 KO Kuhn, WM 1972, 206, 211.

Meinung den Bedingungsausfall bewirken soll, als Zwischenverfügung angesehen werden.
Auch das Argument, § 17 KO scheide im Verkäuferkonkurs von seinem Zweck her aus, weil die Gefahr, daß der Käufer erfüllen müsse, im Gegenzug jedoch nur die Konkursquote erhalte, wegen des an die vollständige Zahlung des Kaufpreises geknüpften Automatismus nicht bestehe, ist nicht stichhaltig. Es ist nämlich zu berücksichtigen, daß die Frage, ob dem Konkursverwalter das Wahlrecht zusteht oder ob der Bedingungseintritt noch erfolgen kann, nach der Sachlage zu beurteilen ist, die bei Konkurseröffnung besteht. Zu diesem Zeitpunkt ist der Kaufpreis aber gerade noch nicht vollständig beglichen worden.[203] Der Gesichtspunkt, daß der Erfolg ohne Zutun des Vorbehaltsverkäufers herbeigeführt werden kann, stützt höchstens die hier vertretene Ansicht, daß der geschuldete Erfolg bereits mit der Verschaffung des Anwartschaftsrechts eintritt. Mit diesem Argument kann man jedoch nicht die Anwendung von § 17 KO im Verkäuferkonkurs ausschalten, nachdem man den Eigentumsvorbehaltskauf vorher als beiderseits unerfüllten Vertrag klassifiziert hat.
Die neuere Ansicht, die die Gestaltungswirkung der Erfüllungsablehnung bestreitet, kann das Problem insofern nicht lösen, als eine Klärung bezüglich der Folgen der Konkurseröffnung noch nicht erreicht ist. Ist man der Auffassung, daß die Forderung des Vertragsgegners nicht erst mit Erfüllungsablehnung, sondern bereits mit Konkurseröffnung Konkursforderung ist, und schließt daraus weiter, daß die vertraglichen Erfüllungsansprüche mit Konkurseröffnung erlöschen, kommt eine Konkursfestigkeit der Stellung des Vorbehaltskäufers von vornherein nicht in Betracht. Wegen der Abhängigkeit der Bedingung vom Bestehen der Kaufpreisforderung wäre das Anwartschaftsrecht dann bereits mit Konkurseröffnung erloschen. Der nachfolgenden Erklärung des Konkursverwalters, den Vertrag erfüllen zu wollen, käme keine Bedeutung mehr zu, weil eine einseitige Erklärung das Anwartschaftsrecht nicht wiederaufleben lassen kann. Der Verlust des Anwartschaftsrechts läßt sich nur dann vermeiden, wenn die durch die Konkurseröffnung erfolgende Umwandlung in eine Konkursforderung nicht zu einem Erlöschen des Kaufpreisanspruchs führt. Der Schutz des Vorbehaltskäufers kann jedoch nicht davon abhängen, ob und zu welchem Zeitpunkt im Konkurs der Anspruch auf den Kaufpreis wegfällt.

203 Zutr. Kuhn, WM 1972, 206, 211.

Das Ziel, das Anwartschaftsrecht zu einem konkursfesten Kreditsicherungsmittel auszugestalten, wäre außerdem nur dann zu verwirklichen, wenn § 17 KO auch im *Käuferkonkurs* unanwendbar bliebe. Diese Ansicht wird jedoch nur vereinzelt vertreten. Überzeugen kann sie darüber hinaus auch nur dann, wenn gleichzeitig der Lehre, die den Bedingungsausfall an die Beseitigung des Kaufpreisanspruchs knüpft, eine Absage erteilt wird. Einige meinen zwar, dem Grundsatz, daß der Ausfall der Bedingung mit der Auflösung des schuldrechtlichen Vertrages zusammenfallen müsse, könne auch ohne Anwendung von § 17 KO entsprochen werden, da der Vorbehaltsverkäufer zurücktreten könne, wenn er sein Eigentum zurückfordern wolle. Zu berücksichtigen ist jedoch, daß ein Schuldnerverzug nach Konkurseröffnung gar nicht mehr eintreten kann.[204] Soweit der Vorbehaltskäufer nicht bereits vorher in Verzug geraten ist, könnte der Verkäufer demzufolge sein Vorbehaltseigentum während des Konkurses nicht geltend machen, weil er keine Möglichkeit hätte, das Besitzrecht des Anwärters zu beseitigen.

Dadurch wird eine weitere Schwäche der Lehre von der Kausalabhängigkeit des Anwartschaftsrechts offenbar: Sie gelangte ohne die Existenz von § 17 KO im Käuferkonkurs nicht zum Bedingungsausfall; der Eigentumsvorbehalt würde seine härteste Bewährungsprobe nicht bestehen. Einige wenige erkennen dieses Problem und sehen sich daher gezwungen, im Käuferkonkurs die Bindung des Bedingungsausfalls an die Auflösung des schuldrechtlichen Vertrages aufzugeben.[205] Dies ist zwar ein Schritt in die richtige Richtung, reicht jedoch nicht aus, da es nicht angeht, die Bedingung an jeweils unterschiedliche Faktoren zu knüpfen.

Hält man an der schuldrechtlichen Abhängigkeit des Anwartschaftsrechts fest, bleibt im Ergebnis nichts anderes übrig, als § 17 KO anzuwenden. In diesem Falle muß man die negativen Auswirkungen, die die Erfüllungsablehnung für den Anwartschaftserwerber mit sich bringt, in Kauf nehmen. Es geht nicht an, sie über eine Analogie zu § 268 abzumildern. Die Vorschrift kann nicht dazu mißbraucht werden, den Ausfall der Bedingung dort, wo er unangemessen erscheint, wieder rückgängig zu machen.[206] Ebensowenig ist es zulässig, § 17 KO zwar auf das Verhältnis zwischen Käufer und Verkäufer anzuwenden, dem Konkursverwalter das

204 Vgl. dazu nur Serick I, S. 337; Letzgus, S. 74; Schlegelberger/ Hefermehl, Anh. § 382, Rz. 143; Georgiades, S. 146; Jaeger - Henckel, KO, § 17, Rz. 28 mit 51.

205 Vgl. Nachweise in FN 197.

206 Gegen ein Ablösungsrecht auch Heinze, JR 1974, 451, 455; Lempenau, S. 93 u. FN 89; Serick I. S. 366; Hartmut Stracke, S. 124.

Wahlrecht jedoch abzusprechen, sobald der Vorbehaltskäufer nicht mehr Inhaber der Anwartschaft ist.

III. Lösung nach dem Abstraktionsprinzip

Verabschiedet man sich von der Kausalabhängigkeit des Anwartschaftsrechts, gelangt man sowohl im Verkäufer- als auch im Käuferkonkurs zu angemessenen Ergebnissen, und zwar unabhängig davon, ob § 17 KO für anwendbar erklärt wird oder nicht.
Hält man am Wahlrecht des Konkursverwalters fest, ergibt sich für den *Käuferkonkurs* folgendes: Das Anwartschaftsrecht fällt in die Konkursmasse des Käufers. Wählt der Konkursverwalter Erfüllung, muß er den Kaufpreis aus der Masse zahlen und kann auf diese Weise Eigentum für die Masse erwerben. Lehnt er dagegen die Erfüllung ab, fällt dadurch die Bedingung nicht aus.[207] Mit der Verweigerung der Erfüllung tritt aber gleichzeitig der Sicherungsfall ein, was zur Folge hat, daß der Vorbehaltsverkäufer das Recht hat, den Eigentumsvorbehalt geltend zu machen und die Vorbehaltssache auszusondern.[208] Anders ist dies jedoch bei Weiterübertragung des Anwartschaftsrechts. In diesem Fall kann der Vorbehaltsverkäufer den Ausfall der Bedingung nur dann bewirken, wenn der Anwartschaftserwerber nicht bereit ist, den Restkaufpreis zu zahlen. Diese Lösung weist gegenüber der herrschenden Meinung, die den Bedingungsausfall an die Erfüllungsablehnung koppelt, den Vorteil

207 So auch Staub - Könige, Kommentar zum Handelsgesetzbuch, Exkurs zu § 382, Anm. 95; Wagener, S. 32; Loepert, S. 62; Pudor, S. 54 ff.; Crisolli, § 5 AbzG, Anm. 73 mit 76 u. 84; im Grundsatz auch Jaffé, S. 90 ff. (die Erfüllungsablehnung des Konkursverwalters enthalte jedoch einen Verzicht auf den Eigentumserwerb).

208 Der vereinzelt gemachte Vorschlag, dem Verkäufer ein Absonderungsrecht zu geben, kann nicht überzeugen, da beim Eigentumsvorbehalt gerade die Sicherung durch die veräußerte Sache selbst im Vordergrund steht, so daß ein Vergleich mit dem Pfandrecht oder der Sicherungsübereignung nicht in Betracht kommt.
AA. etwa Raiser, S. 96 (aufgrund seiner Lehre vom geteilten Eigentum); Gravenhorst, JZ 1971, 494 ff.; Reich, JZ 1976, 463 u. FN 62; Unger, KTS 1969, 193, 213; Häsemeyer, InsolvenzR, S. 224, 346, 407 ff.; für den Fall, daß der Vorbehaltsverkäufer nicht zurücktritt auch: Hartmut Stracke, S. 125 ff.; ders., KTS 1973, 103, 104; ebenso die Vertreter der Pfandrechtskonzeption, vgl. etwa Hübner, NJW 1980, 729, 734.
Für ein Absonderungsrecht auch der Reformvorschlag des RefE zur InsO, vgl. dort §§ 55 Abs. 1 Nr. 1, 111 Abs. 3. Danach sollte der Eigentumsvorbehalt dem Sicherungseigentum gleichgestellt werden. Anders freilich Begr. RegE zu § 51 InsO (abgedruckt bei Balz/ Landfermann, Die neuen Insolvenzgesetze, S. 129 f.), die die hM., die für ein Aussonderungsrecht plädiert, wieder aufgreift.

auf, daß das Recht des Zweiterwerbers vom Konkurs unbeeinflußt bleibt, solange der Vorbehaltsverkäufer nur die festgelegte Kaufpreissumme erhält. Auf diese Weise wird dem Konkursverwalter des Vorbehaltskäufers die Möglichkeit genommen, über den Bedingungsausfall und damit über den Wegfall des Anwartschaftsrechts zu entscheiden.
Der Umstand, daß mit der Erfüllungsablehnung im Ergebnis keine Rechtsfolgen verbunden sind, verdeutlicht aber auch, daß es zutreffend ist, das Eingreifen von § 17 KO überhaupt abzulehnen. Tut man dies, kann der Konkursverwalter ebenfalls entweder den noch ausstehenden Kaufpreis zahlen oder nicht. Ist er nicht zur Zahlung bereit, kann der Vorbehaltsverkäufer aussondern. Er ist mangels schuldrechtlicher Abhängigkeit des Anwartschaftsrechts nicht darauf verwiesen, den Kaufvertrag mittels Rücktritts aufzulösen. Dies wäre ihm ohnehin verwehrt, soweit der Verzug erst nach Konkurseröffnung eingetreten ist. Für den Fall der Weiterübertragung des Anwartschaftsrechts gilt das soeben Gesagte.
Auch der *Verkäuferkonkurs* weist nach der hier vertretenen Ansicht keine besonderen Schwierigkeiten auf. Geht man davon aus, daß dem Konkursverwalter das Wahlrecht des § 17 KO zusteht, muß der Vorbehaltskäufer zahlen, sofern Erfüllung verlangt wird. Kommt der Käufer mit der Zahlung in Verzug, kann der Konkursverwalter dieselben Rechte geltend machen, die dem Vorbehaltsverkäufer außerhalb des Konkurses zustehen. Er kann also den Ausfall der Bedingung bewirken und die Vorbehaltsware aufgrund seines Eigentums aussondern. In der Regel wird er gleichzeitig vom Kaufvertrag zurücktreten, um die Sache im Interesse der Konkursgläubiger verwerten zu können.
Lehnt der Konkursverwalter die Erfüllung ab, geht dadurch das Anwartschaftsrecht nicht verloren, gleich, ob der Vorbehaltskäufer noch Inhaber desselben ist oder nicht. Da die Bedingung nicht ausgefallen ist, besteht weiterhin die Möglichkeit, durch Zahlung des Restkaufpreises Eigentum zu erwerben. Es kann dem Anwärter nicht verwehrt werden, die Wirkungen herbeizuführen, die auch ohne Zutun des Konkursverwalters hätten eintreten können. Denn wegen der abstrakten Natur des dinglichen Übereignungsvertrages und des dinglichen Anwartschaftsrechts erlangt der Vorbehaltskäufer unabhängig vom Bestehen des Erfüllungsanspruchs

durch Zahlung des als Kaufpreis vereinbarten Geldbetrages Eigentum.[209] Gleiches gilt für den Zweiterwerber der Anwartschaft.

Auch § 15 KO steht dem Eigentumserwerb nicht entgegen, da der Tatbestand, der zur Begründung des Anwartschaftsrechts geführt hat, bereits vor der Konkurseröffnung vollständig abgeschlossen war. Wenn aber das Anwartschaftsrecht nicht zur Konkursmasse des Vorbehaltsverkäufers gehört, so hindert § 15 KO auch den Vollerwerb nicht.[210]

An diesem Ergebnis ändert sich nichts, wenn man wie hier vorgeschlagen § 17 KO ohnehin nicht für einschlägig hält.

Im übrigen kann die Anwartschaft als dingliches Recht Gegenstand der Aussonderung sein. Bei beschränkt dinglichen Rechten ist nämlich anerkannt, daß das dingliche Recht als solches aussonderungsfähig ist.[211] Gleiches muß auch für das Anwartschaftsrecht gelten, da es wie ein beschränkt dingliches Recht das Eigentum belastet. Vorstellbar ist etwa, daß der Konkursverwalter des Vorbehaltskäufers das auf den Zweiterwerber nach § 929 übertragene Recht für die Masse in Anspruch nimmt, obwohl es haftungsrechtlich nicht mehr zum Vermögen des Vorbehaltskäufers gehört. Dies kann der Zweiterwerber verhindern, indem er das Anwartschaftsrecht als solches aussondert.[212]

Dies gilt auch dann, wenn der Vorbehaltskäufer sein Anwartschaftsrecht zur Sicherung auf einen Zweiterwerber übertragen hat. Zwar ist für das Sicherungs*eigentum* anerkannt, daß der Sicherungsnehmer im Konkurs des Sicherungsgebers nur abgesonderte Befriedigung verlangen kann, da das Sicherungseigentum wegen des damit verfolgten Zwecks haftungsrechtlich noch als zum Vermögen des Sicherungsgebers gehörig betrachtet werden müsse.[213] Eine Übertragung dieser Grundsätze auf das si-

209 I.E. so auch Fränkel, WuR 1930, 317, 319, gegen die damals hM. Diese vertrat den Standpunkt, die Erfüllungsablehnung habe die Wirkung, daß der Konkursverwalter die Vorbehaltsware zurückfordern könne (vgl. etwa Wagener, S. 34; Staub - Könige, Kommentar zum Handelsgesetzbuch, Exkurs zu § 382, Anm. 92). Dies stand jedoch im Widerspruch zur ansonsten vertretenen Ansicht, der Ausfall der Bedingung hänge nicht mit der Auflösung des schuldrechtlichen Vertrages zusammen.

210 Vgl. nur Jaeger - Henckel, KO, § 15 KO, Rz. 60 f.; Heinze, JR 1974, 451 ff.

211 Vgl. etwa Häsemeyer, InsolvenzR, S. 225; Hess, KO, § 43, Rz. 20; Kilger/ Schmidt, KO, § 43, Anm. 5.

212 Das Argument Ungers, es sei unklar, wie eine Aussonderung aussehen sollte, greift daher nicht, vgl. KTS 1969, 193, 213. Liebl (S. 90 f.) verneint ein Aussonderungsrecht wegen der angeblichen schuldrechtlichen Abhängigkeit des Anwartschaftsrechts.

213 S. nur RGZ 124, 45, 50; 124, 73, 75; BGHZ 72, 141, 146 f.; NJW 1980, 226, 227; Serick III, S. 266 ff.; Häsemeyer, InsolvenzR, S. 223; Gerhardt, JZ 1986, 472, 476, 480; Wieling, SaR I, § 18 II 2, der das Sicherungseigentum als Pfandrecht behandelt.

cherungsweise übertragene Anwartschaftsrecht kommt jedoch nicht in Betracht.[214] Das Anwartschaftsrecht soll dem jeweiligen Inhaber nur die Möglichkeit zum Eigentumserwerb geben. Andernfalls könnte der Anwartschaftserwerber im Konkurs des Vorbehaltsverkäufers die Zahlung des Restkaufpreises verweigern und aufgrund seines Anwartschaftsrechts abgesonderte Befriedigung verlangen. Dies bedeutete, daß die Vorbehaltssache verwertet werden müßte, und die Befriedigung des Zweiterwerbers in Höhe des Anwartschaftswertes aus dem Erlös zu erfolgen hätte. Dies widerspräche jedoch dem Sicherungszweck des Eigentumsvorbehalts, da der Vorbehaltsverkäufer in der Lage sein muß, im Falle der Nichtzahlung den Ausfall der Bedingung zu bewirken und damit das Anwartschaftsrecht zum Erlöschen zu bringen.

IV. Die Insolvenzrechtsreform

Der Gesetzgeber hat in § 107 Abs. 1 InsO das Ablehnungsrecht des Involvenzverwalters in der Verkäuferinsolvenz ausgeschlossen. In der Begründung des Regierungsentwurfs zu § 121[215], der insoweit § 107 Abs. 1 InsO entspricht, heißt es dazu, die Regelung kläre eine Streitfrage des geltenden Rechts. Der Verwalter sei nicht berechtigt, die Anwartschaft durch Ablehnung der Erfüllung zu zerstören. Der Verwalter sei, solange sich der Käufer vertragstreu verhalte, nicht zur Rücknahme der Kaufsache berechtigt.

Damit hat die InsO die bislang herrschende Meinung in zweifacher Hinsicht aufgegriffen: Einmal versteht die InsO § 107 Abs. 1 als Sonderregel zu § 103, der inhaltlich § 17 KO entspricht. Der Eigentumsvorbehalt wird demnach weiterhin zu Unrecht als beiderseits nicht vollständig erfüllter Vertrag angesehen. Des weiteren läßt die Klarstellung, daß die Anwartschaft durch Ausübung des Wahlrechts nicht erlischt, erkennen, daß das Gesetz die Fehlvorstellung übernommen hat, der Bedingungsausfall erfolge beim Eigentumsvorbehalt über die Beseitigung der vertraglichen Bindung.[216]

Löst man sich hingegen von der Vorstellung, bei der Anwartschaft handele es sich um ein schuldrechtsabhängiges Recht, war die Regelung in

Dieser Ansicht hat sich der Gesetzgeber in § 51 Nr. 1 InsO angeschlossen.

214 AA. Pikart, WM 1962, 1230, 1235; BGH WM 1959, 52, 53: Absonderungsrecht des Zweiterwerbers im Konkurs des Vorbehaltskäufers.

215 Abgedruckt bei Balz/ Landfermann, Die neuen Insolvenzgesetze, S. 198.

216 Dies verdeutlicht auch § 107 Abs. 2 InsO, der die Käuferinsolvenz behandelt.

§ 107 Abs. 1 InsO vollkommen überflüssig. Weil § 455 über Jahrzehnte mißverstanden wird, werden die dadurch zwangsläufig entstehenden Unzulänglichkeiten so lange gebrandmarkt, bis der Gesetzgeber sich zum Eingreifen gezwungen sieht. Das alles gleicht einem Herumkurieren an Symptomen.
Gespannt darf man auch sein, wie der BGH die Vorschrift des § 107 Abs. 1 InsO mit seiner Auffassung in Einklang bringen will, daß der Konkurs eine Umgestaltung des Vertrages sowie das Erlöschen der beiderseitigen Erfüllungsansprüche bewirkt. Mangels Zahlungsanspruchs könnte dann die Bedingung nicht mehr eintreten, und das Anwartschaftsrecht würde erlöschen. Soll nun etwa durch das Erfüllungsverlangen nicht nur der Erfüllungsanspruch, sondern auch die aufschiebend bedingte Übereignung und das Anwartschaftsrecht wiederaufleben?[217]

D. Die Verjährung der Kaufpreisforderung

Schwierigkeiten bereitet der Lehre von der Kausalabhängigkeit des Anwartschaftsrechts auch die Verjährung der Kaufpreisforderung. Da das Anwartschaftsrecht und damit das Recht zum Besitz erst dann entfallen soll, wenn die Vertragsbeziehungen zwischen den Parteien aufgelöst sind, müßte der Herausgabeanspruch des Eigentümerverkäufers am Besitzrecht des Käufers scheitern, sofern dieser sich auf Verjährung beruft; denn der Kaufvertrag besteht noch, und ein Rücktritt ist nicht mehr möglich, da der Vorbehaltskäufer nicht mehr in Verzug geraten kann, wenn er gegen den Zahlungsanspruch eine dauernde Einrede - hier die Einrede der Verjährung - geltend macht. Ebenso endet mit der Erhebung der Verjährungseinrede ein vorher bereits eingetretener Verzug.[218]

217 Marotzke hat an § 107 Abs. 1 InsO insofern Kritik geübt, als er die Erwähnung der dinglichen Einigung vermißt (vgl. JZ 1995, 803 ff.). Dies geschieht jedoch zu Unrecht, da der Gesetzgeber an § 455 anknüpfen wollte, wie sich überdeutlich aus Begr. RegE. zu § 121 (abgedruckt bei Balz/ Landfermann, Die neuen Insolvenzgesetze, S. 198) sowie aus Begr. RegE zum 2. Abschnitt (abgedruckt bei Balz/ Landfermann, Die neuen Insolvenzgesetze, S. 191) ergibt.

218 Ganz hM., s. nur Giesen, Jura 1994, 194, 197; van Look/ Stoltenberg, WM 1990, 661; Lange, JuS 1963, 59, 62; Dauner, JA 1978, 395, 396; Wadle, Jura 1982, 102, 105; Dilcher, JuS 1979, 331, 333; Häberle, S. 43 ff.; Staudinger - Honsell, § 455, Rz. 21; Staudinger - Gursky, § 986, Rz. 22; MünchKomm - Westermann, § 455, Rz. 40; aA. Eisenhardt (JuS 1970, 489, 493) und Möllers (NJW 1958, 871 f.) im Hinblick auf bereits eingetretene Verzugsfolgen, so daß der Verkäufer auch nach Verjährung der Kaufpreisforderung noch zurücktreten kann. Diese Ansicht ist als dem Sinn und Zweck der Verjährung widersprechend abzulehnen. Da eine verjährte For-

Obwohl dieses Ergebnis vor dem Hintergrund, daß die kausale Abhängigkeit herkömmlich so formuliert wird, daß die Anwartschaft und damit das Besitzrecht *nur* durch eine Beseitigung des vertraglichen Bandes erlöschen kann[219], eigentlich zwingend ist, vertritt nur ein Teil der Literatur, daß der Vorbehaltsverkäufer nach Eintritt der Verjährung auf die Sache nicht mehr zugreifen kann, sofern der Käufer im Hinblick auf die eingetretene Verjährung die Herausgabe verweigert.[220]

I. Die Lösung des Verjährungsproblems durch die herrschende Meinung

Von der wohl herrschenden Meinung wird dieses Ergebnis mit dem Hinweis abgelehnt, es sei nicht interessegerecht, dem Vorbehaltsverkäufer im Falle der Verjährung den Herausgabeanspruch zu versagen, da andernfalls Eigentum und Besitz auf Dauer auseinanderfielen.[221] Meist wird zur Lösung des Verjährungsproblems auf eine Analogie zu § 223 Abs. 1 oder 2 zurückgegriffen.[222] § 223 Abs. 1 bestimmt, daß die Verjährung ei-

derung bei Erhebung der Verjährungseinrede nicht mehr durchgesetzt werden kann, kann sie auch nicht mehr als fällig gelten, wodurch der Verzug erlischt.

219 Vgl. etwa BGHZ 54, 214, 219; MünchKomm - Medicus, § 986, Rz. 14; MünchKomm - Westermann, § 455, Rz. 40; Staudinger - Gursky, § 986, Rz. 22; Soergel - Mühl, § 986, Rz. 5; Bülow, Kreditsicherheiten, Rz. 659; Kuklinski, S. 82 ff.; Steinbüchel, S. 61, 63; Gerhardt, MobiliarSaR, S. 57; Bauknecht, MDR 1956, 722 f.; J. Blomeyer, JZ 1971, 186; Dilcher, JuS 1979, 331, 333; Tiedtke, DB 1980, 1477, 1478.

220 So etwa Gerhardt, MobiliarSaR, S. 57 f.; Gernhuber, BürgR, § 13 V d; Kuklinski, S. 125 ff.; Plambeck, Die Verjährung der Vindikation, S. 24; J. Blomeyer, JZ 1968, 691, 695 u. FN 65; ders., JZ 1971, 186, 187; Peters, JZ 1980, 179 f.; Lange, JuS 1963, 59 ff.; ders., JuS 1971, 511, 515; Tiedtke, DB 1980, 1477, 1478; Staudinger - Gursky, § 986, Rz. 22 u. § 985, Rz. 20; Erman - Grunewald, § 455, Rz. 17; LG Berlin, KGBl 1905, 113 f.; LG Kiel, MDR 1956, 97, 98; LG Detmold, MDR 1966, 233, 234.

221 Ein inhaltsloses Eigentum ist jedoch vermeidbar, wenn man mit Wieling in solchen Fällen den Eigentumserwerb des Besitzers annimmt (vgl. Scritti in onore di Antonio Guarino (1984), 2519, 2526 ff.; SaR I, § 1 I 3). Dies kann in Analogie zu § 900 geschehen, da diese Vorschrift verdeutlicht, daß eine *nuda proprietas* allenfalls für einen vorübergehenden Zeitraum geduldet werden kann. Befriedigen könnte auch eine Anknüpfung an die Ersitzungsregeln, wobei es jedoch aus Gründen der Rechtssicherheit auf den guten Glauben des Besitzers nicht ankommen kann.
Gegen Wieling neuerdings Plambeck, Die Verjährung der Vindikation, S. 162 ff. Plambeck geht davon aus, das *dominium sine re* habe einen eigenen Wert, vgl. S. 179 ff., 183 ff., was m.E. äußerst zweifelhaft ist und auch durch die aufgeführten, konstruiert wirkenden Beispielsfälle nicht belegt wird.

222 Für § 223 Abs. 1: Dilcher, JuS 1979, 331, 334 f.; A. Blomeyer, JZ 1959, 15 ff.; Bülow, Kreditsicherheiten, Rz. 658 ff.; Medicus, BürgR, Rz. 294; Häberle, S. 49 ff.,

nes Anspruchs, für den eine Hypothek oder ein Pfandrecht besteht, den Berechtigten nicht daran hindert, Befriedigung aus dem Gegenstand zu suchen. Nach § 223 Abs. 2 sind Rückübertragungsansprüche des Schuldners wegen Verjährung des gesicherten Anspruchs ausgeschlossen, wenn zur Sicherung eines Anspruchs ein Recht übertragen wurde. Trotz des insoweit entgegenstehenden Wortlauts wird § 223 Abs. 2 überwiegend auch auf die Sicherungsübereignung angewandt, so daß dem Sicherungsnehmer nach Verjährung der Darlehensforderung ein Herausgabeanspruch gegen den Sicherungsgeber gewährt wird.[223] Da der Eigentumsvorbehalt vom Sicherungscharakter her Ähnlichkeit zum Pfandrecht aufweise, sei er den von § 223 erfaßten Sicherheiten gleichzusetzen, so daß der Eigentumsherausgabeanspruch von der Verjährung der Kaufpreisforderung unberührt bleibe. Manchmal wird ergänzt, da das Pfandrecht trotz Verjährung weiterbestehe, müsse dies erst recht für das stärkere Vorbehaltseigentum gelten.[224]

Merkwürdig an dieser Argumentation ist bereits, daß zur Lösung des Verjährungsproblems plötzlich der sich aus dem Eigentumsvorbehalt ergebende Herausgabeanspruch herangezogen wird, während diesem ansonsten wegen der Bindung des Bedingungsausfalls an die Rücktrittserklärung keine Bedeutung zukommt. Der Widerspruch, daß das Besitzrecht außerhalb der Verjährung nur durch Rücktritt oder nach Maßgabe von § 326 enden kann, wird entweder nicht beachtet oder mit der wenig

jedoch mit der Einschränkung, daß es sich jeweils um einen Fall der Kreditsicherung handeln müsse (vgl. S. 56 ff.).

Für § 223 Abs. 2: Serick I, S. 440 f.; Palandt - Heinrichs, § 223, Rz. 3; Reinicke/ Tiedtke, Kreditsicherung, S. 214; Reinicke/ Tiedtke, KaufR, Rz. 1132; Pottschmidt/ Rohr, KreditsicherungsR, Rz. 395; Honsell, JuS 1981, 705, 711; Staudinger - Honsell, § 455, Rz. 21; Soergel - Mühl, § 929, Rz. 58 u. § 985, Rz. 11 FN 9; Dauner, JA 1978, 395, 396.

Manche ziehen sowohl § 223 Abs. 1 als auch § 223 Abs. 2 heran oder lassen ganz offen, auf welchen Absatz der Vorschrift sie sich beziehen: So Oertmann, JW 1926, 725; Enneccerus/ Nipperdey, AT II, § 237 III 4 FN 21 (S. 1433); MünchKomm - Medicus, § 986, Rz. 14; MünchKomm - Westermann, § 455, Rz. 40; Schlegelberger - Hefermehl, Anh. § 382, Rz. 59; Rühl, S. 85 f.; Graf Lambsdorff, Eigentumsvorbehalt, Rz. 167; Schwab/ Prütting, SaR, § 33 I; M. Wolf, SaR, Rz. 511; Bauknecht, MDR 1956, 722 f.; Wadle, Jura 1982, 102, 107; Diederichsen, JuS 1985, 825, 835; Rehbinder, NWB 1989, 1811, 1814; BGHZ 34, 191, 195 ff.; BGHZ 70, 96 ff.; BGH NJW 1979, 2195, 2196.

223 So etwa A. Blomeyer, JZ 1959, 15, 16; Oertmann, JW 1926, 726; Jacusiel, S. 55; Bodenburg, WM 1979, 1202, 1205; Honsell, JuS 1981, 705, 711; aA. Peters, JZ 1980, 178, 180; Jacusiel, S. 55.

224 Serick I, S. 439; Häberle, S. 49; Oertmann, JW 1926, 725.

überzeugenden Bemerkung aufzulösen versucht, der Eigentumsvorbehalt müsse sich eben auch bei Verjährung der Kaufpreisforderung bewähren. Um die Anwendung von § 223 zu rechtfertigen, rückt die herrschende Meinung mit einem Male den pfandrechtlichen Sicherungszweck des Eigentumsvorbehalts in den Vordergrund[225], während ansonsten regelmäßig die Sicherung der Rückabwicklung als Sinn und Zweck des Eigentumsvorbehalts angegeben wird.[226] Wieder einmal steht bei der Befassung mit dem Anwartschaftsrecht das gewünschte Ergebnis im Vordergrund, während auf eine dogmatische Durchdringung des Problems verzichtet wird. Zudem ist eine Analogie zu § 223 Abs. 1 nicht unbedenklich, weil der Eigentumsvorbehalt allenfalls wirtschaftlich Parallelen zum Pfandrecht aufweist. So unterscheidet sich etwa die Eigentums- und Besitzlage beim Pfandrecht vom Eigentumsvorbehalt. Der Eigentumsvorbehalt weist aber auch eine im Vergleich zu § 223 Abs. 2 abweichende Konstruktion auf, da der Vorbehaltskäufer kein Recht auf den Verkäufer überträgt.[227] Zu berücksichtigen ist weiter, daß § 223 an die Herausgabe die Verwertung knüpft. Demgegenüber ist der Vorbehaltsverkäufer bei Eintreten des Sicherungsfalles gerade nicht zur Verwertung verpflichtet.[228] Insofern erscheint es nicht unproblematisch, dem § 223 den allgemeinen Rechtsgedanken zu entnehmen, trotz Verjährung müsse die Befriedigung aus einem Sicherungsrecht zulässig sein.[229]
Unklar bleiben auch die Auswirkungen der Anwendung von § 223 auf die Bedingung. Die Verwertung der Sache durch den Vorbehaltsverkäufer läßt sich jedenfalls nur dann rechtfertigen, wenn § 223 nicht nur die Herausgabe ermöglicht, sondern gleichzeitig zur Beseitigung des Schwebezustands führt. Dies wiederum ließe sich wegen der Verbindung des Bedingungsausfalls mit dem Kaufvertrag nur so konstruieren, daß der

225 So Steinbüchel, S. 69; BGHZ 34, 191, 196.

226 Etwa M. Wolf, SaR, Rz. 511; BGHZ 54, 214, 219. Vgl. zu diesem Problem bereits § 1 B II u. dort FN 199.
Der BGH ist freilich der Ansicht, daraus ergebe sich kein Widerspruch, vgl. BGHZ 70, 96, 101.

227 Zutr. auch Kuklinski, S. 126 f.

228 Zutr. Staudinger - Gursky, § 986, Rz. 22; van Look/ Stoltenberg, WM 1990, 661, 666.

229 Richtig K. Müller, DB 1970, 1209, 1210; gegen die Anwendung von § 223 auch Tiedtke, DB 1980, 1477, 1480.
Bedenken äußern auch Honsell (JuS 1981, 705, 711), Bülow (Kreditsicherheiten, Rz. 660) und Westermann (MünchKomm, § 455, Rz. 40); dennoch geben sie letztlich einer Analogie zu § 223 den Vorzug.

Vorbehaltsverkäufer über § 223 ein ihm eigentlich überhaupt nicht mehr zustehendes Rücktrittsrecht erhält, was unmöglich zutreffen kann.[230]
Daß die Behandlung der Verjährungsproblematik mit der Ansicht, die Stellung des Vorbehaltskäufers könne nur über den schuldrechtlichen Vertrag beeinträchtigt werden, nicht in Einklang zu bringen ist, sieht offenbar auch die herrschende Meinung. Zur Rechtfertigung des Herausgabeanspruchs des Vorbehaltsverkäufers verweist sie daher hilfsweise auf den Grundsatz von Treu und Glauben, gegen den der Käufer verstoße, wenn er sich weiter auf sein Anwartschaftsrecht berufe.[231] Der Käufer, der dem Herausgabeverlangen des Verkäufers sein sich aus der Anwartschaft ergebendes Besitzrecht entgegenhält, handelt jedoch nicht treuwidrig. Ähnlichkeit zur Lösung über Treu und Glauben weist auch der Vorschlag auf, die Grundsätze des Wegfalls der Geschäftsgrundlage heranzuziehen. Da der Eigentumsübergang nicht mehr erfolgen könne, werde der Zweck der Besitzüberlassung auf Dauer vereitelt. Die Vorbehaltsabrede sei daher an die geänderte Rechtslage anzupassen, so daß das Besitzrecht des Vorbehaltskäufers entfalle.[232] Die Vereitelung des Zwecks der Besitzüberlassung muß jedoch nur dann mit Hilfe der Regeln über den Wegfall der Geschäftsgrundlage korrigiert werden, wenn man die Fassung der Bedingung in § 455 verkennt.
Daß ein Herausgabeanspruch bei Verjährung der Kaufpreisforderung nicht haltbar ist, wenn das Besitzrecht des Vorbehaltskäufers ansonsten nur bei schuldrechtlichen Einwirkungen beseitigt werden kann, wird auch von Teilen der Literatur zur Kenntnis genommen. Es gibt daher Versuche, auf andere Weise zu einem Herausgabeanspruch zu gelangen. So nimmt *Huber* an, der Käufer verliere mit Erhebung der Verjährungseinrede seinen Erfüllungsanspruch, wodurch auch sein Besitzrecht entfalle.[233] Dies trifft jedoch bereits deshalb nicht zu, weil der Käufer nach der aufschiebend bedingten Übereignung vom Verkäufer nichts mehr zu verlangen hat, so daß kein Erfüllungsanspruch mehr besteht. Auch wenn von einem noch bestehenden Erfüllungsanspruch auszugehen wäre, könnte das Erheben der Verjährungseinrede nicht zum Erlöschen desselben führen. Dem Verkäufer stünde gegen die Geltendmachung des Erfüllungsanspruchs lediglich die Einrede des nichterfüllten Vertrages zu,

230 So aber Bodenburg, WM 1979, 1202, 1205; Bauknecht, MDR 1956, 722; A. Blomeyer, JZ 1959, 15, 16; Diederichsen, JuS 1985, 825, 835.
231 BGHZ 34, 191, 200; ähnlich Bauknecht, MDR 1956, 722.
232 Van Look/ Stoltenberg, WM 1990, 661, 666.
233 Huber, ZIP 1987, 750, 754.

§ 320.[234] Im Ergebnis ist der Vorschlag *Hubers* nicht weit entfernt von der Ansicht *Heins*, der davon ausging, daß durch die Verjährung auch die Kaufforderung „untergehe“[235] und mit ihr der Eigentumsvorbehalt.[236] Dies beruht auf der verfehlten Anschauung *Heins*, dem Verkäufer stehe nicht eine „obligatorische und eine dingliche Klage“ zu, sondern nur eine „Kaufklage mit dinglichem Einschlag“.[237] Eine so weitgehende Vermischung von schuldrechtlicher und dinglicher Ebene wird aber sogar von der ansonsten die Kausalität der Stellung des Vorbehaltskäufers befürwortenden herrschenden Meinung abgelehnt.[238]
Andere lehnen die analoge Anwendung des § 223 auf den Eigentumsvorbehalt zwar ebenfalls ab, gelangen jedoch über die Auslegung der Vorbehaltsvereinbarung zum selben Ergebnis. Danach soll das Besitzrecht generell von der Zahlungsbereitschaft abhängen.[239] *K. Müller* meint, der Eigentumsvorbehalt bedinge die Regel ab, wonach eine erbrachte Teilleistung nicht wegen der ausgebliebenen Gegenleistung zurückgefordert werden könne.[240] Es sei daher nicht unbedingt erforderlich, den Wegfall des Besitzrechts an den Rücktritt vom Kaufvertrag zu binden. Lediglich zur Herbeiführung des Bedingungsausfalls bedürfe es der Einwirkung auf den schuldrechtlichen Vertrag.[241] Diese Ansicht ist jedoch nicht haltbar, weil damit den Parteien eine Vereinbarung unterstellt würde, die sie gar nicht haben treffen wollen.[242] Zudem dürfte eine Rücknahme, die nicht zum Bedingungsausfall führt, dem Verkäufer auch kein Verwertungs-

234 Dilcher (JuS 1979, 331, 335), Lange (JuS 1979, 331, 335) und Tiedtke (DB 1980, 1477, 1481) wenden den Grundsatz des *venire contra factum proprium* an, falls der Käufer den Erfüllungsanspruch geltend macht. Ein Rückgriff auf Treu und Glauben ist jedoch nicht erforderlich, da die Geltendmachung der Einrede des § 320 nicht durch Verjährung des Anspruchs ausgeschlossen wird, vgl. RGZ 149, 321, 327 f.; BGHZ 53, 125; Palandt - Heinrichs, § 320, Rz. 5.

235 Daß die Verjährung nicht zum Untergang des schuldrechtlichen Anspruchs führt, versteht sich in Anbetracht von § 222 Abs. 1 und 2 von selbst.

236 Hein, Abzahlgesetz, S. 55.

237 Hein, Abzahlgesetz, S. 53 f.

238 Gegen Hein auch Rühl, S. 85 FN 4; Crisolli, § 5 AbzG, Anm. 44.

239 M. Wolf, SaR, Rz. 511 (alternativ zu § 223 analog); Staudinger - Honsell, § 455, Rz. 21.

240 K. Müller, DB 1970, 1209, 1211.

241 Staudinger - Honsell, § 455, Rz. 21. Daher befürworten K. Müller und Honsell auch ein vorläufiges Rücknahmerecht im Zahlungsverzug des Käufers, vgl. dazu näher § 3 B III 2.

242 Dagegen auch Tiedtke, DB 1980, 1477, 1478; van Look/ Stoltenberg, WM 1990, 661, 663.

recht bezüglich der Vorbehaltsware geben.[243] Mit Rücknahme der Kaufsache wird der Eigentumsvorbehalt im Ergebnis jedoch als beendet angesehen.[244]

Auch der BGH hat einmal die Ansicht vertreten, das Besitzrecht sei nicht nur über die Bedingung zu beseitigen, weswegen er ein vorläufiges Rücknahmerecht im Käuferverzug bejaht hat.[245] In einer späteren Entscheidung hat er jedoch von einem vorläufigen Rücknahmerecht wieder Abstand genommen.[246] Dennoch soll der Verkäufer im Verjährungsfall wieder in den Besitz der Kaufsache gelangen können.[247] Ein über den Einzelfall hinausgehendes allgemein verwertbares Prinzip ist hinter diesen Äußerungen, die inhaltlich in keiner Weise zusammenpassen, nicht zu vermuten.[248]

II. Lösung nach dem Abstraktionsprinzip

Wer dagegen wie hier vom Fehlen einer Verbindung zwischen dem dinglichen Anwartschaftsrecht und der durch den Eigentumsvorbehalt gesicherten Kaufpreisforderung ausgeht, bedarf keiner Analogie zu § 223 Abs. 1 oder 2. Da der Ausfall der Bedingung nicht mit der schuldrechtlichen Rücktrittserklärung zusammenhängt, kann der Verkäufer seinen Eigentumsherausgabeanspruch auch noch nach Verjährung der Kaufpreisforderung geltend machen.[249] Dies führt wegen des Bedingungsausfalls zum Wegfall der Anwartschaft und damit des Besitzrechts.

Zu berücksichtigen ist jedoch, daß der Sinn und Zweck der Verjährungsvorschriften nicht ausgehöhlt werden darf. Diese Gefahr besteht vorliegend jedoch, da wegen der unterschiedlichen Verjährung von Vindikationsanspruch und Kaufpreisforderung der Käufer verpflichtet wäre, seine Belege 30 Jahre lang aufzubewahren. Das Problem kann entgegen der früheren Rechtsprechung der Untergerichte jedoch nicht dadurch gelöst werden, daß man die Verjährungseinrede, die aus der Kaufpreisforderung resultiert, auf den Anspruch aus § 985 durchschlagen läßt.[250] Ein mit den

243 Richtig Honsell, Jus 1981, 705, 711. Daher gibt er letztlich § 223 den Vorzug.
244 So ausdrücklich K. Müller, DB 1970, 1209, 1211.
245 So in BGHZ 34, 191, 197.
246 BGHZ 54, 214, 217 ff.
247 BGHZ 70, 96 ff.
248 Krit. auch Dilcher, JuS 1979, 331, 334.
249 So auch Crisolli, § 5 AbzG, Anm. 42; LG Berlin KGBl 1909, 10 f.
250 Als Argument diente der Hinweis, es entspreche dem Willen der Parteien, daß der Herausgabeanspruch einheitlich mit dem Kaufpreisanspruch verjähre, vgl. LG Ber-

Verjährungsvorschriften zu vereinbarendes Ergebnis ist jedoch über eine Umkehr der Beweislast zu erzielen. Das bedeutet, daß der Verkäufer beweispflichtig für die nicht vollständige Zahlung ist und nur dann den Ausfall der Bedingung bewirken kann, falls ihm dieser Beweis gelingt. Dies läuft im Ergebnis zwar auf eine Korrektur des § 195 hinaus, ist jedoch gerechtfertigt, da dem Vorbehaltskäufer nicht zugemutet werden kann, seine Quittungen länger aufzubewahren als der Käufer ohne Eigentumsvorbehalt.[251] Entgegen *Peters*[252] mangelt es für die Umkehr der Beweislast auch nicht an einer Grundlage. Die Aufrechterhaltung des Zwecks der Verjährung, dem Schuldner die Abwehr ungerechtfertigter Ansprüche möglichst zu erleichtern, dürfte Rechtfertigung genug sein.[253] Diese Erwägungen gelten im Ergebnis auch dann, wenn der Vorbehaltskauf unter das Verbraucherkreditgesetz fällt.[254] Zwar kann der Vorbehaltsverkäufer bei Verjährung der Kaufpreisforderung die Sache herausverlangen, da die Bedingung nicht in Zusammenhang mit der obligatorischen Seite des Vorbehaltskaufs steht. Dies wird dem Verkäufer jedoch dadurch erschwert, daß er die Nichtzahlung durch den Käufer beweisen muß. Sollte ihm dies möglich sein, tritt die Fiktion des § 13 Abs. 3 VerbrkrG ein, da diese auch dann gelten muß, sofern kein eigener Rücktrittsgrund vorliegt.[255] Der besondere Schutz, den das Verbraucherkreditgesetz dem Verbraucher angedeihen lassen will, gebietet nämlich, daß die dingliche stets der obligatorischen Rechtslage entspricht und die bereits gezahlten Raten im Rahmen eines Rücktrittsschuldverhältnisses abgewickelt werden. Mit Erhebung der Herausgabeklage beziehungsweise bereits mit dem Herausgabeverlangen[256] tritt daher die Fiktion des § 13

lin KGBl. 1905, 113 f.; für den Bereich der Abzahlungsgeschäfte so auch LG Dresden JW 1926, 725; LG Breslau, JW 1935, 2218; AG Freiberg DJ 1938, 1366; LG Detmold, MDR 1966, 233 f.; ähnlich Jacobi, KGBl. 1915, 111. Aus welchen Anhaltspunkten sich ein solcher Parteiwille ergeben soll, bleibt rätselhaft.

251 Insoweit zutr. Jacobi, KGBl. 1915, 111; Lange, JuS 1963, 59, 62 f.; Staudinger - Gursky, § 986, Rz. 22. Zu Unrecht schließen die genannten Autoren daraus jedoch, daß der Herausgabeanspruch bei Verjährung der Kaufpreisforderung nicht bestehe.

252 Peters, JZ 1980, 178, 181.

253 Auch BGHZ 34, 191, 196 hält eine Umkehr der Beweislast für möglich.

254 Teilweise wird auch hier § 223 angewandt, s. nur A. Blomeyer, JZ 1959, 15, 17; Pottschmidt/ Rohr, KreditsicherungsR, Rz. 398.

255 Anders zu Unrecht Bodenburg, WM 1979, 1202, 1206 f.; Palandt - Putzo, § 13 VerbrkrG, Rz. 2; LG Breslau, JW 1935, 2218.

256 Nach zutreffender Ansicht wird das Rücktrittsrecht nicht allein durch die tatsächliche Zurücknahme der Sache ausgelöst. So schon OLG Karlsruhe, OLGE Bd. 38 (1919), 122, 123, zu § 5 AbzG; vgl. auch Pottschmidt/ Rohr, KreditsicherungsR, Rz.

Abs. 3 VerbrkrG ein, so daß sich die Rückabwicklung nach den Sondervorschriften des Verbraucherkreditgesetzes richtet.[257]
Außerhalb des Verbraucherkreditgesetzes ergibt sich für den Fall, daß der Verkäufer den sich aus der Beweislastumkehr ergebenden Erfordernisssen gerecht wird, das Problem, wie für einen interessegerechten Ausgleich zwischen Verkäufer und Käufer hinsichtlich der bereits erbrachten Leistungen gesorgt werden kann. Dieser Frage muß sich auch die herrschende Meinung stellen, soweit sie sich bei Verjährung der Kaufpreisforderung von der schuldrechtlichen Bindung des Herausgabeanspruchs löst. Der BGH verneint einen Anspruch des Käufers auf Rückzahlung des Kaufpreises ohne weitere Begründung, da er offenbar davon ausgeht, dies sei die zwangsläufige Folge aus der Fortdauer des Kaufvertrages.[258] In der Literatur wird die Rückforderung des Kaufpreises mit unterschiedlicher Begründung bejaht, sofern überhaupt eine Stellungnahme zu diesem Problemkreis erfolgt. Während eine Ansicht dem Vorbehaltsverkäufer auch nach Verjährung der Kaufpreisforderung ein Rücktrittsrecht einräumt[259], wollen andere den Verkäufer zur Verwertung der Vorbehaltsware verpflichten, so daß der den Eigentumsanteil übersteigende Erlös dem Käufer als Ausgleich für den Verlust seines Anwartschaftsrechts zukommt.[260] Die erstgenannte Auffassung überzeugt deshalb nicht, weil die Verjährung den Eintritt der Verzugsfolgen und damit den Rücktritt ausschließt. Zudem wäre es mit einem Rücktritts*recht* nicht getan. Man müßte dem Verkäufer vielmehr eine *Pflicht* zum Rücktritt auferlegen. Eine Analogie zu den Pfandverwertungsvorschriften führte zwar zu einem angemessenen Ergebnis, ist aber deshalb abzulehnen, weil dem Vorbehaltsverkäufer als Eigentümer eine Verwertungspflicht nicht obliegt. Dieses Ergebnis kann entgegen *Bodenburg* auch nicht über eine

389; BGH NJW 1965, 2399; BGH NJW 1979, 872; aA. Palandt - Putzo, § 13 VerbrKrG, Rz. 10: Herausgabeklagen sollen zwar nicht die Fiktion des § 13 Abs. 3 S. 1 auslösen, sie sollen jedoch eine Rücktrittserklärung darstellen.

257 I.E. ebenso Staudinger - Honsell, § 455, Rz.21; Soergel - Mühl, § 929, Rz. 58; Serick I, S. 442; K. Müller, DB 1970, 1209, 1212.

258 BGHZ 70, 96, 100; i.E. ebenso K. Müller, DB 1970, 1209, 1211 f., mit dem Argument, daß bereits erbrachte Teilleistungen nicht zurückverlangt werden könnten. Diese Regel sei nur bezüglich der Besitzverschaffung des Vorbehaltsverkäufers abbedungen.

259 So Dauner, JA 1978, 395, 398; Wadle, Jura 1982, 102, 108; ähnlich MünchKomm - Westermann, § 455, Rz. 41: Rücktritt nicht vom Kaufvertrag, aber von der Sicherungsabrede.

260 Bodenburg, WM 1979, 1202, 1208 f.; Dauner, JA 1978, 395, 398; Wadle, Jura 1982, 102, 108; (Dauner und Wadle alternativ zur analogen Anwendung des Rücktrittsrechts).

teleologische Reduktion des Anspruchs aus § 985 erreicht werden.[261] Von anderer Seite wird zwar vorgeschlagen, der Überschuß, der sich aus dem Wert der Vorbehaltsware abzüglich der Kaufpreisschuld ergebe, sei unter dem Gesichtspunkt der ungerechtfertigten Bereicherung an den Käufer auszukehren.[262] Um welchen Bereicherungsanspruch es sich hierbei handeln soll, bleibt jedoch unerörtert. § 812 Abs. 1 S. 1 Alt. 1 versagt jedenfalls als Anspruchsgrundlage, da der Kaufpreis nicht ohne Rechtsgrund geleistet wurde. Es sind jedoch die Grundsätze heranzuziehen, die bereits für die Herbeiführung des Bedingungsausfalls bei gleichzeitigem Festhalten am Kaufvertrag entwickelt worden sind.[263] Mit der Weigerung, den Kaufpreis zu zahlen, ist von einem Fall der Zweckverfehlung auszugehen, so daß dem Käufer der Wert des Anwartschaftsrechts über § 812 Abs. 1 S. 2 zu ersetzen ist.[264]

261 Vgl. Bodenburg, aaO.
Gegen eine Verwertung nach den Pfandrechtsvorschriften auch MünchKomm - Westermann, § 455, Rz. 40.

262 So Serick I, S. 441.

263 Vgl. § 3 B II 7.

264 Die Anwendung der Regeln über den Wegfall der Geschäftsgrundlage führt zum gleichen Ergebnis.

§ 5. Zusammenfassung

I. Der Anwartschaft des Vorbehaltskäufers wird überwiegend der Charakter als subjektives Recht zuerkannt. Als Begründung dient häufig eine Begriffsbestimmung, die für alle in der Zivilrechtsdogmatik als Anwartschaften bezeichneten Erwerbsaussichten gelten soll und die nach dem Grad der rechtlichen Sicherung differenziert. Dieses Kriterium ist jedoch unzulänglich, was sich insbesondere daran zeigt, daß der Sicherheitsgrad, der für die Qualifizierung als subjektives Recht erforderlich sein soll, uneinheitlich bewertet wird.

Auch die Definition, nach der ein Anwartschaftsrecht dann vorliegt, wenn von einem mehraktigen Erwerbstatbestand eines Rechts so viele Erfordernisse erfüllt sind, daß von einer gesicherten Rechtsstellung des Erwerbers gesprochen werden kann, kann keinen Aufschluß darüber geben, welches Maß an rechtlicher Sicherung vorhanden sein muß, damit ein subjektives Recht angenommen werden kann. Auch das vielfach herangezogene Merkmal der einseitigen Unentziehbarkeit gibt für den Rechtscharakter einer Erwerbsaussicht nichts her. Es trifft nicht einmal für die als „sehr starkes Recht“ gekennzeichnete Anwartschaft aus Vorbehaltskauf zu, da diese bei Vertragsnichtigkeit oder Rücktritt zu Fall kommen soll. Daher ist die traditionelle Lehre zum Rechtscharakter von Anwartschaften verfehlt. Ein subjektives Recht gelangt nicht dadurch zur Entstehung, daß jemand eine bestimmte Erwerbsaussicht hat, und sei sie auch noch so sicher. Vielmehr muß bei jeder Erwerbsaussicht für sich genommen geprüft werden, ob sich im Sinne eines subjektiven Rechts eine durch die Rechtsordnung anerkannte Befugnis abspalten läßt.

Ebenfalls befriedigt es nicht, für die Rechtsnatur der Anwartschaft des Vorbehaltskäufers auf die Vorwirkungen zu verweisen, die mit der bedingten Rechtsübertragung verbunden sind; denn die §§ 161, 162 greifen erst Platz, wenn die Bedingung bereits eingetreten ist. Zudem verleihen die kraft Gesetzes eintretenden Zwischenwirkungen dem Berechtigten keine Willensmacht.

Diese Ungereimtheiten sind es, die ein Großteil der Literatur schließlich zu dem Satz veranlassen, die Anerkennung der Anwartschaft des Vorbehaltskäufers als subjektives Recht sei letztlich einem Prozeß der Rechtsfortbildung zu verdanken.

Die Unsicherheiten setzen sich bei der Suche nach einem „Mutterrecht“, dem das subjektive Recht des Vorbehaltskäufers am ehesten entsprechen soll, fort. Zurückgegriffen wird hierbei regelmäßig auf das Eigentum.

Das Spektrum reicht von einer funktional zwischen Käufer und Verkäufer geteilten Eigentümerstellung bis zu der bekannten Umschreibung als Recht, das dem Vollrecht Eigentum ähnlich sei und eine Vorstufe des Eigentums bilde, die kein *aliud*, sondern im Vergleich zum Eigentums als „wesensgleiches Minus" anzusehen sei. Der Begriff des „wesensgleichen Minus", also einer Art „Minieigentum", ist jedoch ohne juristischen Gehalt und öffnet der Willkür Tür und Tor, weil unklar bleibt, wie weit die Wesensgleichheit gehen soll und wo und warum gerade an diesem Punkt das Minus beginnt.

Während weitgehend Einigkeit darüber besteht, daß die Stellung des Vorbehaltskäufers ohne Rückgriff auf die Eigentumsregeln nicht adäquat beschrieben werden kann, ist die herrschende Meinung weit davon entfernt, einhellig die Dinglichkeit des Anwartschaftsrechts anzuerkennen. Teilweise wird lediglich ein relatives Besitzrecht aus dem Kaufvertrag befürwortet und ein dingliches Besitzrecht aus der Anwartschaft abgelehnt. Diejenigen, die aus der Eigentumsähnlichkeit auf die Dinglichkeit des Anwartschaftsrechts schließen, sind uneins, ob daraus ein Recht zum Besitz abzuleiten ist beziehungsweise, wem gegenüber ein dingliches Besitzrecht wirken soll.

Überzeugen kann keine dieser Ansichten. Die Befürworter eines nur relativen Besitzrechts aus dem Kaufvertrag behandeln das Recht des Vorbehaltskäufers regelmäßig dennoch wie ein dingliches Recht, etwa bei der Übertragung und beim gutgläubigen Erwerb. Der BGH weiß sich keinen anderen Rat, als dem Anwartschaftserwerber gegen die Vindikation desjenigen, dem der Verkäufer sicherungsweise das Eigentum übertragen hat, die Arglisteinrede zu geben. Die Vertreter eines dinglichen Anwartschaftsrechts können den Beweis für die Dinglichkeit nicht erbringen. Mit der Erkenntnis, daß bestimmte Problemkonstellationen nicht ohne dingliches Besitzrecht befriedigend gelöst werden können, läßt sich nicht belegen, daß ein solches besteht.

Da es der herrschenden Dogmatik weder gelingt, den Rechtscharakter der Anwartschaft überzeugend darzulegen, noch, den Inhalt dieses Rechts klar zu bestimmen, werden der Lehre vom selbständigen Anwartschaftsrecht zunehmend alternative Modelle gegenübergestellt. So behandelt eine Ansicht den Eigentumsvorbehalt wie ein besitzloses Pfandrecht, eine Konzeption, die zwar dem Sicherungszweck des Eigentumsvorbehalts gerecht würde, jedoch letztlich am eindeutigen Wortlaut des Gesetzestextes scheitert. Andere sprechen sich dafür aus, statt von einem selbständig übertragbaren Anwartschaftsrecht von einer Vorausverfügung über das künftige Eigentum auszugehen. Entgegen einer verbreiteten

Meinung stellt der dabei unvermeidliche Durchgangserwerb kein entscheidendes Argument gegen die Lehre von der Vorausverfügung dar, da für das Verhältnis einander widersprechender Verfügungen das Prioritätsprinzip maßgeblich ist. Die Konstruktion der Vorausverfügung ist jedoch ungeeignet, dem Verfügungsempfänger bereits vor Bedingungseintritt ein absolutes Besitzrecht sowie Schutz gegen Eingriffe Dritter zu gewähren. Auch bei der Zwangsvollstreckung gegen den Vorbehaltskäufer erweist sich die Lehre von der Vorausverfügung im Hinblick darauf, daß durch die Pfändung in das Eigentum des Vorbehaltsverkäufers eingegriffen würde, als problematisch. Darüber hinaus vernachlässigt sie den Umstand, daß der Vorbehaltskäufer bereits vor Bedingungseintritt über einen Vermögenswert verfügt, der sich zumindest rein wirtschaftlich mit jeder Zahlung vergrößert.

II. Der Nachweis eines dinglichen Rechts des Vorbehaltskäufers läßt sich unproblematisch aus § 1007 ableiten, vorausgesetzt, man interpretiert diese weitgehend verkannte Vorschrift unter Berücksichtigung der Entstehungsgeschichte. Mit § 1007 hat gleichzeitig die Verdinglichung der Rechte der Fremdbesitzer Eingang in das Gesetz gefunden. Entgegen der herrschenden Meinung ist Klagegrund der Vorschrift nicht der Besitz als solcher; vielmehr setzt die Norm ein Recht zum Besitz voraus, da ansonsten die erstrebte Relativität des Rechtsschutzes nicht erreicht würde. Der Kläger dringt gegen den Beklagten nur durch, sofern er ein besseres Besitzrecht hat als jener. Dieses Ergebnis findet sich auch in den Gesetzesmaterialien bestätigt, aus denen sich ergibt, daß das BGB für bewegliche Sachen die Besitzrechtsklage des preußisch-germanischen Rechts übernehmen wollte. Diese verlangte für ein Obsiegen des Klägers ebenfalls ein besseres Recht zum Besitz. Indem die zweite Kommission die *actio Publiciana* des Ersitzungsbesitzers auf alle Besitzer mit Recht zum Besitz ausdehnte, verdinglichte sie die Position der Fremdbesitzer.

Da der Vorbehaltskäufer ebenso wie der Mieter, Finder usw. als Fremdbesitzer anzusehen ist, ergibt sich die Dinglichkeit seiner Erwerbsaussicht aus der mit der Übergabe der Kaufsache eintretenden Verdinglichung seines obligatorischen Rechts. Im Unterschied zum preußischen Recht werden die verdinglichten Rechte des BGB jedoch rechtsgeschäftlich durch Einigung und Übergabe begründet, da ansonsten die Trennung zwischen Schuld- und Sachenrecht aufgegeben wäre, was einem Rückfall in die *titulus-modus*-Lehre des ALR gleichkäme.

Das dingliche Anwartschaftsrecht steht auch nicht außerhalb des *numerus clausus* der Sachenrechte, da die zweite Kommission dieses Prinzip nicht übernommen hat.

Mit der Erkenntnis der dinglichen Natur des Anwartschaftsrechts steht der Schutz des Anwärters gegen Verletzung durch Dritte ebenso fest wie die Anwendbarkeit von § 771 ZPO.

III. Das Anwartschaftsrecht steht als dingliches Recht nicht in kausaler Abhängigkeit vom schuldrechtlichen Grundgeschäft. Die gegenteilige Auffassung der herrschenden Meinung ist zu verwerfen. Ein kausales Anwartschaftsrecht widerspräche dem dem BGB zugrundeliegenden Abstraktionsprinzip. Nach der Konzeption des Gesetzes sind alle klassischen dinglichen Rechte abstrakt ausgestaltet. Es ist kein Grund ersichtlich, warum von diesem Prinzip beim Anwartschaftsrecht abzugehen wäre. Die Annahme eines kausalen Anwartschaftsrechts könnte nicht plausibel machen, warum der Vorbehaltskäufer mit Zahlung des Kaufpreises schließlich doch noch rechtsgrundunabhängiges Eigentum erwirbt. Es kann nicht darauf ankommen, ob der Mangel, der dem Kausalgeschäft anhaftet, nach oder kurz vor der vollständigen Kaufpreiszahlung offenbar wird. Auch das Sicherheitsbedürfnis des Vorbehaltsverkäufers verlangt nicht, von einem kausalabhängigen Anwartschaftsrecht auszugehen. Der Eigentumsvorbehalt soll lediglich eine Sicherung für den Fall der Nichtzahlung gewähren, jedoch nicht vor der Vertragsunwirksamkeit schützen. Die Bedingung in § 455 nimmt auf ein ungewisses zukünftiges Ereignis Bezug, dessen Eintritt allein vom Willen des Vorbehaltskäufers abhängt. Da die Bedingung in allen Einzelheiten in der dinglichen Einigung vereinbart wird, hängt der Eigentumserwerb nur von der Zahlung des vereinbarten Geldbetrages, nicht aber von der Wirksamkeit des Kaufvertrages ab.

Daraus ergibt sich, daß auch der lediglich schuldrechtlich wirkende Rücktritt den Bedingungsausfall nicht bewirken kann. Dies entspricht auch der Sichtweise des Gesetzgebers, der in seinen Beratungen ausdrücklich an das gemeinrechtliche *pactum reservati dominii* angeknüpft hat. Dieses wurde jedoch spätestens seit der Mitte des 19. Jahrhunderts als Vereinbarung angesehen, durch die die schuldrechtlichen Abmachungen der Kaufvertragsparteien in keiner Weise berührt wurden. Die Bedingung fiel beim *pactum reservati dominii* vielmehr dann aus, wenn der Käufer nicht zum vereinbarten Termin zahlte. Die Regelung des § 455 unterscheidet sich nur darin vom *pactum reservati dominii*, daß man nunmehr neben der dinglichen auch die obligatorische Seite des Eigentumsvorbehalts berücksichtigte und beides zusammen in einer Vorschrift regelte. Aber auch die Kombination von Eigentumsvorbehalt und Rücktrittsrecht war kein Novum, sondern zuvor bereits bei den Abzahlungsgeschäften praktiziert worden.

In § 455 wird daher die dingliche Ebene des Eigentumsvorbehalts ergänzt durch das Recht des Verkäufers, im Verzugsfall vom Kaufvertrag zurückzutreten. Das Rücktrittsrecht hat mit dem eigentlichen Eigentumsvorbehalt jedoch nichts zu tun, so daß der Eigentumsvorbehalt auch ohne Rücktritt vereinbart werden kann; denn die Bedingung fällt aus, wenn der Vorbehaltskäufer mit seinen Zahlungen in Verzug gerät und der Vorbehaltsverkäufer aufgrund dessen die Vorbehaltsware herausverlangt.

Erklärt der Vorbehaltsverkäufer beim Eigentumsvorbehalt mit Rücktrittsrecht ausdrücklich nur den Rücktritt vom Kaufvertrag, ist darin mangels gegenteiliger Anhaltspunkte die Ausübung des Eigentumsvorbehalts mitenthalten. Dem Vorbehaltsverkäufer kommt es nämlich maßgeblich darauf an, seine dingliche Sicherung zu realisieren, was er durch eine rein schuldrechtliche Einwirkung nicht erreichen kann.

In der Anfangszeit des BGB unterschieden Literatur und Rechtsprechung noch exakt zwischen der Geltendmachung des Eigentumsvorbehalts und der Rücktrittserklärung. Erst allmählich begann man, wegen der auf den ersten Blick äußerst praktisch erscheinenden Parallelität von dinglicher und obligatorischer Rechtslage auf die Rücktrittserklärung abzustellen.

Die Folgen eines kausalunabhängigen Anwartschaftsrechts für den gutgläubigen Erwerb sind ebenso einfach wie den Wertungen des Gesetzes gemäß: Der gutgläubige Zweiterwerb der Anwartschaft ist unabhängig davon möglich, ob die Kaufpreisforderung wirksam zur Entstehung gelangt ist und noch existiert. Bei unzutreffenden Angaben des Veräußerers über die Höhe des noch ausstehenden Kaufpreises erlangt der Zweiterwerber das Anwartschaftsrecht so, wie es behauptet wurde. Dies ergibt sich daraus, daß der gesamte Inhalt der Bedingung in der dinglichen Einigung festgelegt ist, mithin auch die Zahl und die Höhe der Raten.

IV. Die Ansicht, das Anwartschaftsrecht sei vom Schicksal des Kaufvertrages abhängig, muß heute in vielen Bereichen relativiert werden. So soll dem Zweiterwerber der Anwartschaft sein Recht in der ursprünglichen Form erhalten bleiben, wenn die Vorbehaltsparteien den Kaufvertrag aufheben oder den Eigentumsvorbehalt auf andere Forderungen ausdehnen. Als Argument dient der Hinweis, dem Vorbehaltskäufer fehle für solche Einwirkungen die Verfügungsbefugnis. Eine schuldrechtliche Einwirkung kann jedoch nicht an der mangelnden Verfügungsbefugnis scheitern.

Bei der Aufhebung des Anwartschaftsrechts soll der Anwartschaftserwerber zudem nur dann geschützt sein, wenn die Einwirkung auf den Kaufvertrag als willkürlich erscheint und nicht lediglich Gestaltungs-

rechte wie Rücktritt und Anfechtung ersetzt. Eine solche Differenzierung ist dogmatisch in keiner Weise zu rechtfertigen.
Wird das Anwartschaftsrecht wie hier nicht an das Schicksal des schuldrechtlichen Vertrages gekoppelt, steht der Schutz des Anwartschaftserwerbers vor Änderungen der schuldrechtlichen Seite des Eigentumsvorbehalts von vornherein fest.
Nach BGH und Teilen der Literatur können die Vorbehaltsparteien das Ausscheiden des Anwartschaftsrechts aus dem Haftungsverband der Grundpfandrechte dadurch erreichen, daß sie das Anwartschaftsrecht aufheben. Dies bedeutete, daß das Anwartschaftsrecht, obwohl schuldrechtsabhängig, zwar gegen bestimmte schuldrechtliche Einwirkungen immun wäre, nicht aber gegen solche, die die dingliche Ebene des Vorbehaltskaufs betreffen. Als Argument für das Erlöschen des Rechts des Grundpfandgläubigers wird angeführt, dieser sei nicht schutzwürdig, da sein Recht auch durch schuldrechtliche Einwirkungen entfallen könne. Daß diese Aussagen inhaltlich in keiner Weise zusammenpassen, ist leicht zu erkennen.
Nach der hier vertretenen Ansicht kann das Anwartschaftsrecht nicht zu Lasten eines Grundpfandgläubigers aufgehoben werden. In der Aufhebung liegt vielmehr die Verfügung eines Nichtberechtigten, die wegen der zwingenden Hypothekenhaftung dem Grundpfandgläubiger gegenüber selbst dann unwirksam ist, wenn dieser zustimmt.
Auch im Konkurs der Vorbehaltsparteien erweist sich ein rechtsgrundunabhängiges Anwartschaftsrecht als überlegen. Auf diese Weise führt die Erfüllungsablehnung des Konkursverwalters gemäß § 17 KO weder im Verkäufer- noch im Käuferkonkurs zum Verlust des Anwartschaftsrechts. Da auch die herrschende Meinung es für untragbar hält, daß der Konkursverwalter durch die Erfüllungsablehnung den Käufer wegen seines Rückzahlungsanspruchs auf eine bloße Konkursforderung verweisen kann, lehnt sie im Verkäuferkonkurs die Anwendung von § 17 KO ab. Damit durchbricht sie ein weiteres Mal die These von der schuldrechtlichen Abhängigkeit des Anwartschaftsrechts.
Dagegen ist die Anwendung von § 17 KO im Käuferkonkurs zwingend, wenn man bei der Kausalabhängigkeit des Anwartschaftsrechts stehenbleibt. Andernfalls wäre der Eigentumsvorbehalt wirkungslos; denn nach der Konkurseröffnung kann ein Verzug des Käufers nicht mehr eintreten. Der Vorbehaltsverkäufer könnte folglich den Ausfall der Bedingung nicht mehr herbeiführen.
Die Ansicht, der Bedingungsausfall erfolge über die Beseitigung der schuldrechtlichen Grundlage, führt auch bei Verjährung der Kaufpreis-

forderung zu Ungereimtheiten. Denn ein Rücktritt ist nicht mehr möglich, da der Vorbehaltskäufer nicht mehr in Verzug geraten kann, wenn er sich gegenüber der Kaufpreisforderung auf die Verjährungseinrede beruft. Die herrschende Meinung behilft sich überwiegend mit einer nicht unbedenklichen Analogie zu § 223. Die hier befürwortete Ansicht vermag den Fall problemlos zu lösen: Da die Bedingung ausschließlich auf das dingliche Geschäft Bezug nimmt, kann der Vorbehaltsverkäufer auch bei Verjährung der Kaufpreisforderung noch Zugriff auf die Vorbehaltsware nehmen. Damit dem Sinn der Verjährungsvorschriften Rechnung getragen wird, ist der Vorbehaltsverkäufer jedoch beweispflichtig für die nicht vollständige Zahlung. Nur wenn ihm dieser Beweis gelingt, kann er den Bedingungsausfall herbeiführen.

Literaturverzeichnis

Abenheimer, Karl: Zur Frage der Übertragung der Anwartschaftsrechte, die einem Käufer einer unter Eigentumsvorbehalt gekauften Sache zustehen, JW 1931, 3061.

Adickes, Franz: Zur Lehre von den Bedingungen nach römischem und heutigem Recht, Eine Vorarbeit für das deutsche Civilgesetzbuch, Berlin 1876.

Albrecht: Die Gewere als Grundlage des älteren deutschen Sachenrechts, Königsberg 1828, Neudruck Aalen 1967 (zitiert: Albrecht, Gewere).

Apathy, Peter: Anmerkung zur Entscheidung des OGH vom 21.12.1983, 8 Ob 78/ 83, JurBl. 1985, 233.

Apathy, Peter: Die publizianische Klage, Das relative dingliche Recht des rechtmäßigen Besitzers, Wien 1981.

Arndts, Ludwig Ritter von Arnesberg, Lehrbuch der Pandekten, 8. Aufl., Stuttgart 1874 (zitiert: Arndts, Pandekten).

Asch, Arthur: Die Vertragspflichten beim Kauf unter Eigentumsvorbehalt, AcP 140, (1935), 183.

Asch, Arthur: Die Zwangsvollstreckung in Rechte aus Abzahlungsverträgen, ZZP 58 (1933/ 34, 241).

Bade, Paul: Über Bedeutung und Wirksamkeit des sogenannten pactum reservati dominii, Diss. Rostock, Rostock 1899 (zitiert: Bade, Pactum reservati dominii).

Balz/ Landfermann: Die neuen Insolvenzgesetze, Insolvenzordnung vom 5. Oktober 1994 (BGBl. I S. 2866) und Einführungsgesetz zur Insolvenzordnung vom 5. Oktober 1994 (BGBl. I S. 2911) mit Einleitung, Begründung des Regierungsentwurfs, Bericht des Rechtsausschusses des Deutschen Bundestages sowie ergänzenden Hinweisen, Verweisungen und Sachverzeichnis, Düsseldorf 1995 (zitiert: Balz/ Landfermann, Die neuen Insolvenzgesetze).

Banke, Bernd Erich: Das Anwartschaftsrecht aus Eigentumsvorbehalt in der Einzelzwangsvollstreckung, Zugl.: Mainz, Univ., Diss., 1990, Berlin 1991 (zitiert: Banke).

Bartels: Buchbesprechung in: JW 1933, 2573.

Bauknecht: Die Pfändung des Anwartschaftsrechts aus bedingter Übereignung, NJW 1954, 1749.

Bauknecht: Eigentumsvorbehalt und Anwartschaftsrecht, NJW 1955, 1251.

Bauknecht: Kann der Vorbehaltskäufer nach Verjährung des Kaufpreisanspruchs die Herausgabe der Sache verweigern?, MDR 1956, 722.

Bauknecht: Das Anwartschaftsrecht aus bedingter Übereignung im Konkurse, NJW 1956, 1177.

Baumbach, Adolf/ Lauterbach, Wolfgang: Zivilprozeßordnung mit Gerichtsverfassungsgesetz und Nebengesetzen, 56. Aufl., München 1998 (zitiert: Baumbach/ Lauterbach - Bearbeiter, ZPO).

Baur, Fritz: Lehrbuch des Sachenrechts, 15. Aufl., München 1989 (zitiert: Baur, SaR, (15. Aufl.)).

Baur, Fritz/ Stürner, Rolf: Zwangsvollstreckungs-, Konkurs- und Vergleichsrecht, Bd. II, Insolvenzrecht, 12. Aufl., Heidelberg 1990 (zitiert: Baur/ Stürner, ZwVollstrR II).

Baur, Jürgen Fritz: Entscheidungssammlung für junge Juristen, 3. Aufl., München 1985 (zitiert: J. F. Baur, ESJ).

Baur, Jürgen Fritz/ Stürner, Rolf: Lehrbuch des Sachenrechts, 16. Aufl., München 1992 (zitiert: Baur/ Stürner, SaR).

Bayer, Walter: Anmerkung zum Urteil des BGH vom 10.10 1984, WM 1987, 280.

Bechmann, August: Der Kauf nach gemeinem Recht, Zweiter Theil, Erlangen 1884 (zitiert: Bechmann, Der Kauf nach gemeinem Recht II).

Beck, Otto: Das Verhältnis des § 985 zum § 1007 BGB bei Verfolgung beweglicher Sachen, Diss. Heidelberg, Leipzig 1908 (zitiert: Beck).

Behrens, Philipp: Der Eigentumsvorbehalt nach § 455 des Bürgerlichen Gesetzbuchs, Diss. Göttingen, Alfeld 1903 (zitiert: Behrens).

Berger, Wolfgang: Eigentumsvorbehalt und Anwartschaft - besitzloses Pfandrecht und Eigentum, Diss. Trier, Frankfurt am Main, Bern, New York, Nancy 1984 (zitiert: Berger).

Beseler, Gerhard: Romanistische Studien, SZ 64 (1934), 4.

Biedermann, August: Der Herausgabeanspruch des früheren Besitzers nach § 1007 BGB, Diss. Straßburg, Straßburg 1911 (zitiert: Biedermann).

Biermann, Johannes: Kommentar zum Sachenrecht des Bürgerlichen Gesetzbuchs, 2. Aufl., Berlin 1903 (zitiert: Biermann, SaR).

Binter: Ist das aufschiebend bedingte Eigentum als ein „die Veräußerung hinderndes Recht“ im Sinne des § 771 ZPO anzusehen?, JR 1932, 178.

Bley, Erich: Zur Frage der Anwendbarkeit des § 17 KO auf den Kauf unter Eigentumsvorbehalt, Judicium 1932, Spalte 199.

Blomeyer, Arwed: Studien zur Bedingungslehre, 2. Teil, Über bedingte Verfügungsgeschäfte, Berlin 1939 (zitiert: A. Blomeyer, Studien II).

Blomeyer, Arwed: Eigentumsvorbehalt und gutgläubiger Erwerb, AcP 153 (1954), 239.

Blomeyer, Arwed: Die Vollstreckung in belastetes Vorbehaltseigentum, JZ 1955, 5.

Blomeyer, Arwed: Anspruchsverjährung und dingliche Sicherheiten, JZ 1959, 15.

Blomeyer, Arwed: Die Rechtsstellung des Vorbehaltskäufers, AcP 162 (1963), 193.

Blomeyer, Arwed: Neue Vorschläge zur Vollstreckung in die unter Eigentumsvorbehalt gelieferte Sache, ein Beispiel sinnvoller Rechtsrückbildung?, JR 1978, 271.

Blomeyer, Jürgen: Das Besitzrecht des Vorbehaltskäufers aufgrund des Kaufvertrags, JZ 1968, 691.

Blomeyer, Jürgen: Zum Herausgabeanspruch des Vorbehaltsverkäufers, DB 1969, 2117.

Blomeyer, Jürgen: Anmerkung zum Urteil des BGH vom 1.7.1970, JZ 1971, 186.

Bodenburg, Richard: Zur Geltendmachung des Eigentumsvorbehalts bei verjährter Kaufpreisforderung, WM 1979, 1202.

Bork, R.: BGB Sachenrecht: Aufhebung eines der Grundpfandhaftung unterfallenden Anwartschaftsrechts durch Kaufvertragsparteien, JA 1985, 292.

Brandis: Die Übertragung des Anwartschaftsrechts, das bei einer bedingten Eigentumsübertragung entsteht, JW 1931, 505.

Braun, Klaus: Das dingliche Anwartschaftsrecht beim Eigentumsvorbehaltskauf, NJW 1962, 382.

Brecht, Arnold: Bedingung und Anwartschaft (Das aufschiebend bedingte Eigentum, seine Bestellung, Weiterübertragung und Pfändung), JherJahrb Bd. 61 (1912), 263.

Breyhan, Christian: Abstrakte Übereignung und Parteiwille in der Rechtsprechung, Leipzig 1929.

Brinz, Alois: Lehrbuch der Pandekten, Bd. 1, 2. Aufl., Erlangen 1873 (zitiert: Brinz, Pandekten I).
Brox, Hans: Das Anwartschaftsrecht des Vorbehaltskäufers, JuS 1984, 657.
Brünneck, A. von: Über den sogenannten Möbelleihvertrag, Gruchot Bd. 10 (1866), 339.
Brünneck, A. von: Über die Kollision zwischen mehreren vollständigen redlichen Besitzern und die actio Publiciana nach dem preußischen allgemeinen Landrecht, Gruchot Bd. 11 (1867), 840.
Bruns, Carl Georg: Der ältere Besitz und das Possessorium ordinarium, JbgemR Bd. 4 (1860), 1.
Bruns, Carl Georg: Das Recht des Besitzes im Mittelalter und in der Gegenwart, Neudruck der Ausgabe 1848, Osnabrück 1965 (zitiert: C. G. Bruns, Recht des Besitzes).
Bruns, Rudolf: Die preußische Besitzrechtsklage gegenüber der actio Publiciana, Diss. Göttingen, Minden 1891 (zitiert: R. Bruns, Die preußische Besitzrechtsklage).
Bucher, Eugen: Buchbesprechung in: AcP 175 (1975), 462.
Bülow, Peter: Recht der Kreditsicherheiten, Sachen und Rechte, Personen, 3. Aufl., Heidelberg 1993 (zitiert: Bülow, Kreditsicherheiten (3. Aufl.)).
Bülow, Peter: Recht der Kreditsicherheiten, Sachen und Rechte, Personen, 4. Aufl., Heidelberg 1997 (zitiert: Bülow, Kreditsicherheiten).
Bülow, Peter: Verbraucherkreditgesetz, Kommentar, 2. Aufl., Köln 1993 (zitiert: Bülow, VerbrkrG).
Bülow, Peter: Kauf unter Eigentumsvorbehalt (I), Jura 1986, 169.
Bülow, Peter: Kauf unter Eigentumsvorbehalt (II), Jura 1986, 234.
Bülow, Peter: Einführung in das Recht der Kreditsicherheiten (Schluß), Jura 1996, 190.
Bumke, Siegfried: Das pactum reservati dominii beim Kaufvertrage im gemeinen Recht, Diss. Greifswald, Wiesbaden 1898 (zitiert: Bumke, Pactum reservati dominii).
Bydlinski, Peter: Der Rücktritt vom Vorbehaltskauf, JZ 1986, 1028.

Caemmerer, Ernst von: Rechtsvergleichung und Reform der Fahrnisübereignung, RabelsZ Bd. 12 (1938/ 39), 675.
Caemmerer, Ernst von: Umstellungsfragen, SJZ 1949, 816.

Caemmerer, Ernst von: Bereicherung und unerlaubte Handlung, Festschrift für Ernst Rabel, Bd. 1, Rechtsvergleichung und Internationales Privatrecht, Tübingen 1954, S. 333 ff. (zitiert: von Caemmerer, FS Rabel (1954)).

Canaris, Claus Wilhelm: Die Verdinglichung obligatorischer Rechte, Festschrift für Werner Flume zum 70. Geburtstag, Köln 1979, S. 371 (zitiert: Canaris, FS Flume (1979)).

Cohen, Arthur: Die geschichtliche Entwicklung des Eigentumsvorbehaltes, GrünhutsZ Bd. 21 (1894), 689.

Cosack, Konrad: Das Sachenrecht unter Ausschluß des besonderen Rechts der unbeweglichen Sachen im Entwurf eines Bürgerlichen Gesetzbuches für das Deutsche Reich, Bd. 2, Neudruck der Ausgabe Berlin 1889, Aalen 1974 (zitiert: Cosack, Das Sachenrecht im Entwurf des BGB, Bd. 2).

Cosack, Konrad/ Mitteis, Heinrich: Lehrbuch des Bürgerlichen Rechts, Bd. 2, Sachenrecht. Recht der Wertpapiere. Gemeinschaftsrecht. Familienrecht. Erbrecht, 7. und 8. Aufl., Jena 1924 (zitiert: Cosack/ Mitteis, BürgR II).

Crisolli, Karl August/ Crisolli, Julius: Das Reichsgesetz betreffend die Abzahlungsgeschäfte vom 16. Mai 1894, mit Einleitung, Anmerkungen und Sachregister, 4. Aufl., Berlin, Leipzig 1931 (zitiert: Crisolli).

Crisolli, Karl August: Die Anträge und der Streitwert bei Klagen aus dem Abzahlungsgeschäft, ZHR 95 (1930), 270.

Crome, Carl: System des Deutschen Bürgerlichen Rechts:
Bd. 2, Recht der Schuldverhältnisse, 1. Hälfte, Tübingen und Leipzig 1902 (zitiert: Crome, System II 1).
Bd. 3, Rechte an Sachen und an Rechten, Tübingen 1905 (zitiert: Crome, System III).

Crome, Carl: Die juristische Natur der Miete nach dem Deutschen Bürgerlichen Gesetzbuch, JherJahrb Bd. 37 (1897), 1.

Czyhlarz, Karl: Zur Lehre von der Resolutivbedingung, Prag 1871.

Daniels, A. von: Lehrbuch des gemeinen preußischen Privatrechts, Bd. 1, 2. Aufl., Erlangen 1873 (zitiert: von Daniels, Preußisches Privatrecht I).

Das Bürgerliche Gesetzbuch mit besonderer Berücksichtigung der Rechtsprechung des Reichsgerichts und des Bundesgerichtshofes, Bd. 2, Recht der Schuldverhältnisse II (Einzelne Schuldverhältnisse), Berlin 1953 (zitiert: RGRK (10. Aufl.) - Bearbeiter).

Das Bürgerliche Gesetzbuch unter besonderer Berücksichtigung der Rechtsprechung des Reichsgerichts und des Bundesgerichtshofes:
Bd. 2, 2. Teil, §§ 414 - 610, 12. Aufl., Berlin, New York 1978.
Bd. 3, 1. Teil, §§ 854 - 1011, 12. Aufl., Berlin, New York 1979.
(zitiert: RGRK - Bearbeiter).

Dauner, Barbara: Anmerkung zum Urteil des BGH vom 7.12.1977, JA 1978, 395.

Delbrück, Berthold: Die dingliche Klage des deutschen Rechts, Leipzig 1857.

Denkschrift zum Entwurf eines Bürgerlichen Gesetzbuchs nebst drei Anlagen; dem Reichstage vorgelegt in der 4. Session der 9. Legislaturperiode, Berlin 1896.

Derleder, Peter: Zu den Sanktionen des Eigentumsvorbehalts bei Leistungsstörungen auf der Käuferseite, ZHR 139 (1975), 20.

Derleder, Peter: Mobiliarsachenrechtlicher Verkehrsschutz durch Privilegierung des Erwerbs vom Nichtberechtigten? - BGH NJW 1978, 696, JuS 1979, 477.

Dernburg, Heinrich: Lehrbuch des Preußischen Privatrechts und der Privatrechtsnormen des Reichs, Bd. 1, 2. Aufl., Halle a. d. S., 1879 (zitiert: Dernburg, Preußisches Privatrecht I).

Dernburg, Heinrich: Pandekten, Bd. 1, Allgemeiner Theil und Sachenrecht, 5. Aufl., Berlin 1896 (zitiert: Dernburg, Pandekten I).

Dernburg, Heinrich: Das Bürgerliche Recht des Deutschen Reichs und Preußens:
Bd. 2, Die Schuldverhältnisse nach dem Rechte des Deutschen Reichs und Preußens, 2. Abteilung, Einzelne Obligationen, 3. Aufl., Halle a. d. S. 1906 (zitiert: Dernburg, BürgR II 2).
Bd. 3, Das Sachenrecht des Deutschen Reichs und Preußens, 3. Aufl., Halle a. d. S. 1904 (zitiert: Dernburg, BürgR III).

Diederichsen, Uwe: Das Recht zum Besitz aus Schuldverhältnissen, Hamburg 1965 (zitiert: Diederichsen).

Diederichsen, Uwe: Der Schuldnerverzug („mora debitoris"), JuS 1985, 825.

Dilcher, Hermann: Der Eigentumsvorbehalt bei verjährter Kaufpreisforderung - BGHZ 70, 96, JuS 1979, 331.

Döring, Frank Markus: Schutz des Vorbehaltskäufers durch Anwendung des § 936 Abs. 3 BGB auf den gutgläubigen Zwischenerwerb?, NJW 1996, 1443.

Düringer, Hermann/ Hachenburg, Max: Das Handelsgesetzbuch vom 10. Mai 1897 (unter Ausschluß des Seerechts) auf der Grundlage des Bürgerlichen Gesetzbuchs, Bd. V, 1. Hälfte, Einleitung: Der Kauf nach dem Bürgerlichen Gesetzbuche und §§ 373 - 382, 3. Aufl., Mannheim, Berlin, Leipzig 1932 (zitiert: Düringer/ Hachenburg - Bearbeiter, Handelsgesetzbuch).

Dulckeit, Gerhard: Die Verdinglichung obligatorischer Rechte in: Recht und Staat in Geschichte und Gegenwart 158/ 159, Tübingen 1951 (zitiert: Dulckeit).

Duncker, Ludwig: Über das pactum reservati dominii, Rheinisches Museum für Jurisprudenz, Bd. 5 (1833), 1. Halbband, Beiträge IV (S. 65 ff.) und VII (S. 160 ff.).

Eder, Ulrich: Das Pfandrecht am Anwartschaftsrecht des Vorbehaltskäufers, Diss. Münster 1990 (zitiert: Eder).

Effertz, Friedrich: Der Anspruch aus § 1007 BGB in seinem Verhältnis zum Eigentumsanspruch (985) und zu dem wegen Besitzentziehung (861), Diss. Heidelberg, Crefeld 1907 (zitiert: Effertz).

Egert, Hans: Die Rechtsbedingung im System des Bürgerlichen Rechts, Berlin 1974 (zitiert: Egert, Rechtsbedingung).

Ehmann, Horst: Die Gesamtschuld, Versuch einer begrifflichen Erfassung in drei Teilen, Berlin 1972 (zitiert: Ehmann, Gesamtschuld).

Ehmann, Horst: Anmerkung zum Urteil des BGH vom 19.1.1973, NJW 1973, 1035.

Eichenhofer, Eberhard: Anwartschaftslehre und Pendenztheorie, AcP 185 (1985), 162.

Eichler, Hermann: Institutionen des Sachenrechts

Bd. 1, Allgemeiner Teil - Grundlagen des Sachenrechts, Berlin 1954 (zitiert: Eichler, SaR I).

Bd. 2, 1. Halbband, Eigentum und Besitz, Berlin 1957 (zitiert: Eichler, SaR II 1).

Eisenhardt, Ulrich: Die Beendigung des Schuldnerverzugs und die daraus erwachsenden Folgen, JuS 1970, 489.

Eisenhardt, Ulrich: Die Einheitlichkeit des Rechtsgeschäfts und die Überwindung des Abstraktionsprinzips, JZ 1991, 271.

Emmerich, Volker: Zu BGHZ 75, 221, JuS 1980, 224.

Endemann, F.: Lehrbuch des Bürgerlichen Rechts, Bd. 2, Sachenrecht - Familienrecht, 6. Aufl., Berlin 1900 (zitiert: Endemann II).

Engelmann, A.: Das Bürgerliche Recht Deutschlands mit Einschluß des Handelsrechts historisch und dogmatisch dargestellt, 3. Aufl., Berlin 1903.

Engelmann, Julius: Der Rückfall des Eigenthums im Römischen Recht, Stuttgart 1868.

Enneccerus, Ludwig: Rechtsgeschäft, Bedingung und Anfangstermin, Marburg 1889.

Enneccerus, Ludwig/ Nipperdey, Carl: Lehrbuch des Bürgerlichen Rechts:
Bd. 1, Allgemeiner Teil des Bürgerlichen Rechts, 1. Halbband, Allgemeine Lehren, Personen, Rechtsobjekte, 15. Aufl., Tübingen 1959 (zitiert: Enneccerus/ Nipperdey, AT I).
Bd. I, Allgemeiner Teil des Bürgerlichen Rechts, 2. Halbband, Entstehung, Untergang und Veränderung der Rechte, Ansprüche und Einreden, Ausübung und Sicherung von Rechten, 15. Aufl., Tübingen 1960 (zitiert: Enneccerus/ Nipperdey, AT II).

Enneccerus, Ludwig/ Lehmann, Heinrich: Lehrbuch des Bürgerlichen Rechts, Bd. 2, Recht der Schuldverhältnisse, 15. Bearbeitung, Tübingen 1958 (zitiert: Enneccerus/ Lehmann, SR).

Erman: Handkommentar zum Bürgerlichen Gesetzbuch: Bd. 1 (§§ 1 - 853), 8. Aufl., Münster 1989 (zitiert: Erman (8. Aufl.) - Bearbeiter).

Erman: Handkommentar zum Bürgerlichen Gesetzbuch:
Bd. 1 (§§ 1 - 853), 9. Aufl., Münster 1993
Bd. 2 (§§ 854 - 2385), 9. Aufl., Münster 1993
(zitiert: Erman - Bearbeiter).

Ersch und Gruber: Allgemeine Encyklopädie der Wissenschaften und Künste in alphabetischer Folge von genannten Schriftstellern bearbeitet, Erste Section A - G, 65. Theil, unveränderter Nachdruck der 1857 bei F. A. Brockhaus in Leipzig erschienenen Ausgabe, Graz 1973 (zitiert: Verfasser in: Ersch und Grubers Encyklopädie).

Esser, Josef/ Weyers, Hans-Leo: Schuldrecht, Bd. 2, 7. Aufl., Heidelberg 1991 (zitiert: Esser/ Weyers, SR II).

Feldhaus, Hans J.: Hat der Konkursverwalter, wenn er die Erfüllung eines gegenseitigen Vertrages ablehnt, einen Rückforderungsanspruch auf die vom Gemeinschuldner geleisteten Vorauszahlungen?, JZ 1956, 313.

Fenn, Herbert/ Finger, Peter: Die Stereoanlage des säumigen Mieters, JuS 1972, 148.

Fikentscher, Wolfgang: Schuldrecht, 9. Aufl., Berlin, New York 1997 (zitiert: Fikentscher, SR).

Fischer, Gerfried: Vorrang des Vermieterpfandrechts vor dem Sicherungseigentum? - BGHZ 117, 200, JuS 1993, 542.

Fischer, Otto: Sammlung von Vorträgen über den Entwurf eines Bürgerlichen Gesetzbuchs in der Fassung der dem Reichstage gemachten Vorlage, Heft III, Das Sachenrecht, Berlin 1896.

Fischer, Otto/ Henle, Wilhelm von: Bürgerliches Gesetzbuch vom 18. August 1896 nebst dem Einführungsgesetze vom 18. August 1986, Handausgabe mit Einleitung, erläuternden Anmerkungen und Sachregister, 8. Aufl., München 1909 (zitiert: Fischer/ Henle, BGB).

Fitting: Zur Lehre vom Kauf auf Probe oder Besicht, ZHR 2 (1859), 203.

Flatau, Ernst: Die Zwangsvollstreckung in Leihmöbel, Ein Beitrag zu ihrer theoretischen und praktischen Durchführbarkeit, Berlin 1909 (zitiert: Flatau).

Flechtheim: Der nachträgliche Eigentumsvorbehalt, JW 1911, 345.

Flume, Werner: Allgemeiner Teil des Bürgerlichen Rechts, Bd. 2, Das Rechtsgeschäft, 2. Aufl., Berlin, Heidelberg, New York 1975 (zitiert: Flume, AT II).

Flume, Werner: Die Rechtsstellung des Vorbehaltskäufers, AcP 161 (1962), 385.

Forkel, Hans: Grundfragen der Lehre vom privatrechtlichen Anwartschaftsrecht, Erlangen 1962 (zitiert: Forkel).

Forkel, Hans: Anmerkung zu BGH NJW 1980, 175, NJW 1980, 774.

Förster, Franz/ Eccius, M. E.: Preußisches Privatrecht:
Bd. 1, 6. Aufl., Berlin 1892 (zitiert: Förster/ Eccius: Preußisches Privatrecht I).
Bd. 2, 6. Aufl., Berlin 1892 (zitiert: Förster/ Eccius: Preußisches Privatrecht II).

Frank, Heinrich: Vergleich der actio Publiciana mit der Klage aus § 1007 des Bürgerlichen Gesetzbuches, Diss. Freiburg i. Br., Köln 1903 (zitiert: H. Frank).

Frank, Will: Schutz von Pfandrechten an Eigentumsanwartschaften bei Sachpfändung durch Dritte, NJW 1974, 2211.

Fränkel, Rudolf: Eigentumsvorbehalt und Konkurs, Die Wirtschaft und das Recht 1930, 317.

Franklin, Otto: Über die Legitimation zur Sache bei Rechtsstreitigkeiten aus dinglichen Rechten, Gruchot Bd. 5 (1861), 1.

Freitag, Josef: Zur Lehre vom Eigentumsvorbehalt unter besonderer Berücksichtigung des Anwartschaftsrechts, Diss. Erlangen 1933, Emsdetten (Westf.) 1933 (zitiert: Freitag).

Frey, Alexander: Das pactum reservati dominii. Ein Überblick über seine Geschichte, Bedeutung und Wirksamkeit, Diss. Heidelberg, Heidelberg 1906 (zitiert: Frey, Pactum reservati dominii).

Fuchs, Eugen: Das Wesen der Dinglichkeit, Ein Beitrag zur allgemeinen Rechtslehre und zur Kritik des Entwurfs eines bürgerlichen Gesetzbuches für das Deutsche Reich, Berlin 1889.

Fuchs, Eugen: Probleme des Sachenrechts. Sache, Sachenrecht, dingliches Recht, Vormerkung, Miete, Gruchot Bd. 46 (1902), 549.

Fuchs, Johannes: Eigentumsvorbehalt und Rücktritt vom Vertrage, ZBH 1930, 123.

Fund, Hans: Das Anwartschaftsrecht beim Kauf unter Eigentumsvorbehalt, Diss. Erlangen, Emsdetten (Westf.) 1935 (zitiert: Fund).

Gaupp, Ernst Theodor: Kritische Untersuchungen über die Gewere des deutschen Rechts, Zeitschrift für deutsches Recht und deutsche Rechtswissenschaft, Bd. 1 (1839), 88.

Gensler, J. E.: Kurze Bemerkung über das vertragsmäßig vorbehaltene Eigenthum an der verkauften und tradirten Sache, AcP 2 (1821), 291.

Georgiades, Apostolos: Die Eigentumsanwartschaft beim Vorbehaltskauf. Zur Theorie der dinglichen Anwartschaften, Tübingen 1963 (zitiert: Georgiades).

Gerhards, Paulheinz: Die Neuordnung des Anwartschaftsrechts aus aufschiebend bedingter Übereignung, Diss. Köln 1962 (zitiert: Gerhards).

Gerhardt, Walter: Mobiliarsachenrecht, 4. Aufl., München 1995 (zitiert: Gerhardt, MobiliarSaR).

Gerhardt, Walter: Die neuere Rechtsprechung zu den Mobiliarsicherheiten - Teil 1, JZ 1986, 672.

Gernhuber, Joachim: Handbuch des Schuldrechts, Bd. 8, Das Schuldverhältnis, Begründung und Änderung - Pflichten und Strukturen - Drittwirkungen, Tübingen 1989 (zitiert: Gernhuber, Handbuch des Schuldrechts, Bd. 8).

Gernhuber, Joachim: Bürgerliches Recht, 3. Aufl., München 1991 (zitiert: Gernhuber, BürgR).

Gernhuber, Joachim: Freiheit und Bindung des Vorbehaltskäufers nach Übertragung seines Anwartschaftsrechtes, Festschrift für Fritz Baur, Tübingen 1981, S. 31 (zitiert: Gernhuber, FS Baur (1981)).

Geyso, von: Über das pactum reservati dominii, Zeitschrift für Civilrecht und Prozeß, Bd. 5 (1832), 161.

Gierke, Otto von: Die Bedeutung des Fahrnisbesitzes für streitiges Recht nach dem BGB für das Deutsche Reich, Jena 1897 (zitiert: von Gierke, Fahrnisbesitz).

Gierke, Otto von: Der Entwurf eines Bürgerlichen Gesetzbuchs und das deutsche Recht, unveränderte vermehrte Ausgabe der in Schmollers Jahrbuch für Gesetzgebung, Verwaltung und Volkswirtschaft erschienenen Abhandlung, Leipzig 1889.

Gierke, Otto von: Deutsches Privatrecht, Bd. 2, Sachenrecht, Leipzig 1905 (zitiert: von Gierke, Dt. Privatrecht II).

Giese, Wilhelm: Besitzrechtsschutz im Bürgerlichen Gesetzbuch und actio in rem Publiciana, Diss. Berlin, Berlin 1901(zitiert: Giese).

Giesen, Peter: Grundsätze der Konfliktlösung im Besonderen Schuldrecht, Das Recht des Kaufvertrages: Spezialfälle des Kaufs, Jura 1994, 194.

Glasenapp, von: Die Begründung der Interventionsklage auf Herausgabe abgepfändeter Mobilien, Gruchot Bd. 24 (1880), 245.

Glück, Christian Friedrich: Ausführliche Erläuterung der Pandecten nach Hellfeld, Bd. 16, Erlangen 1814 (zitiert: Glück, Pandekten XVI).

Goldmann, Ernst Selmar: Publicianischer Schutz im römischen und im preußischen Recht, Berlin 1897 (zitiert: E. Goldmann).

Goldmann, Ernst/ Lilienthal, L.: Das Bürgerliche Gesetzbuch systematisch dargestellt, Bd. 1, Allgemeiner Theil und Recht der Schuldverhältnisse, 2. Aufl., Berlin 1903 (zitiert: Goldmann/ Lilienthal I).

Goldmann, Ludwig: Ist bei gleichzeitiger Vornahme von Kausal- und Verfügungsgeschäft und Ungültigkeit des ersteren § 139 anwendbar?, Gruchot Bd. 56 (1912), 161.

Goldschmidt, J.: Behauptungs- und Beweislast bei der rei vindicatio des Vorbehaltseigentümers, Judicium 1931, Spalte 41.

Gravenhorst, Wulf: Eigentumsvorbehalt gleich Sicherungsübereignung?, JZ 1971, 494.

Grimm, Walter: Gutgläubiger Erwerb bei bedingten Verfügungen, Diss. Göttingen, Göttingen 1913 (zitiert: Grimm).

Gudian, Gunter: Das Besitzrecht des Vorbehaltskäufers, NJW 1967, 1786.

Guyet, Ernst: Der Eigentumsvorbehalt nach dem BGB, Diss. Jena, Weimar 1910 (zitiert: Guyet).

Häberle, Otmar: Der Einfluß der Forderungsverjährung auf Sicherungs- und Vorbehaltseigentum unter besonderer Berücksichtigung des Abzahlungsgeschäfts, Diss. Tübingen, Tübingen 1969 (zitiert: Häberle).

Hager, Johannes: Die Vormerkung, JuS 1990, 433.

Hager, Johannes: Verkehrsschutz durch redlichen Erwerb, Habil. München, München 1990 (zitiert: Hager, Verkehrsschutz).

Häsemeyer, Ludwig: Das funktionelle Synallagma im Konkurs und Vergleichsverfahren, KTS 1973, 2.

Häsemeyer, Ludwig: Vorbehaltskauf und Finanzierungsleasing im geltenden und zukünftigen Insolvenzrecht, Festschrift für Rolf Serick zum 70. Geburtstag, Heidelberg 1992, S. 153 (zitiert: Häsemeyer, FS Serick (1992)).

Häsemeyer, Ludwig: Insolvenzrecht, Köln, Berlin, Bonn, München 1992 (zitiert: Häsemeyer, InsolvenzR).

Hassold, Gerhard: Zur Leistung im Dreipersonenverhältnis, Anweisung und Vertrag zugunsten Dritter als Modell, München 1981.

Heck, Philipp: Grundriß des Sachenrechts, 2. Neudruck der Ausgabe Tübingen 1930, Aalen 1970 (zitiert: Heck, SaR).

Heilfron, Eduard: Lehrbuch des Bürgerlichen Rechts auf der Grundlage des Bürgerlichen Gesetzbuchs, III. Abteilung, Sachenrecht, Berlin 1900 (zitiert: Heilfron, BürgR III).

Heilmann, Hans: Kein Gestaltungsrecht auf Ablehnung der Erfüllung nach § 17 KO, KTS 1985, 639.

Hein, Otto: Abzahlgesetz und Kredithäuser, Berlin 1910 (zitiert: Hein, Abzahlgesetz).

Heinze, Meinhard: Die sicherungsübereignete Vorbehaltssache im Konkurs des Vorbehaltskäufers, JR 1974, 451.

Henckel, Wolfram: Anmerkung zu BGHZ 98, 160, JZ 1987, 359.

Henckel, Wolfram: Zur Dogmatik der besitzlosen Mobiliarsicherheiten, Festschrift für Albrecht Zeuner zum 70. Geburtstag, Tübingen 1994 (zitiert: Henckel, FS Zeuner (1994)).

Henke, Horst Eberhard: Bedingte Übertragungen im Rechtsverkehr und Rechtsstreit, Diss. Berlin, Berlin 1959 (zitiert: Henke).

Henke, Horst Eberhard: Der Vorbehaltskäufer - doppelter Besitzmittler?, JZ 1959, 202.

Henle, Rudolf: Das Recht auf Besitz, MecklZ Bd. 44 (1928), 259 ff., 318 ff.

Hennrichs, Joachim: Raumsicherungsübereignung und Vermieterpfandrecht, DB 1993, 1707.

Herboth, Hermann: Das gutgläubig erworbene Anwartschaftsrecht des Vorbehaltskäufers, Diss. Mainz, 1955 (zitiert: Herboth).

Hess, Harald: Kommentar zur Konkursordnung, 5. Aufl., Neuwied, Kriftel, Berlin 1995 (zitiert: Hess, KO).

Heusler, Andreas: Institutionen des Deutschen Privatrechts, Bd. 2, 4. Buch, Sachenrecht, Leipzig 1886 (zitiert: Heusler, Institutionen II).

Hoche, Ulrich: Abtretung und Verpfändung des Anwartschaftsrechts aus der Auflassung, NJW 1955, 652.

Hofmann, K. H.: Noch einige Bemerkungen über die Natur und die Wirkungen des Eigentumsvorbehalts beim Kauf, AcP 18 (1835), 254.

Hoffmann, Uwe: Die Formen des Eigentumsvorbehalts, Jura 1995, 457.

Holtz, Walter: Das Anwartschaftsrecht aus bedingter Übereignung als Kreditsicherungsmittel, Diss. Kiel, Kiel 1932 (zitiert: Holtz).

Holtz, Walter: Erstreckt sich die Hypothek auch auf Zubehörstücke des Grundstücks, die noch nicht in das Eigentum des Grundstückseigentümers gelangt sind?, JW 1933, 2573.

Honsell, Heinrich/ Mayer-Maly, Theo/ Selb, Walter: Römisches Recht, aufgrund des Werkes von Jörs/ Kunkel/ Wenger, 4. Aufl., Berlin, Heidelberg, New York u. a. 1987 (zitiert: Honsell/ Mayer-Maly/ Selb, Römisches Recht).

Honsell, Heinrich: Aktuelle Probleme des Eigentumsvorbehalts, JuS 1981, 705.

Hörer, Bernd: Die Besitzrechtsklage, Klagegrundlage und Praktikabilität - Eine Untersuchung zum deutschen und schweizerischen Recht, Berlin 1974 (zitiert: Hörer).

Huber, Eugen: Die Bedeutung der Gewere im deutschen Sachenrecht, Berner Festschrift für Halle, Bern 1894 (zitiert: E. Huber, Gewere).

Huber, Ulrich: Die Stellung des Abnehmers im Konkurs des Lieferanten beim Kauf unter Eigentumsvorbehalt, BB 1964, 731.

Huber, Ulrich: Der Eigentumsvorbehalt im Synallagma, ZIP 1987, 750.

Hübner, Ulrich: Zur dogmatischen Einordnung der Rechtsposition des Vorbehaltskäufers, NJW 1980, 729.

Ihering, Rudolf von: Geist des römischen Rechts auf den verschiedenen Stufen seiner Entwicklung, Teil 3, 1., einzige Abtheilung, unveränderter Neudruck der 5. Aufl. Leipzig 1906, Aalen 1968 (zitiert: von Ihering, Geist des römischen Rechts III).

Imlau, Erich: Hat der bedingte Eigentümer einer beweglichen Sache ein Anwartschaftsrecht?, MDR 1961, 193.

Jacobi, Reinhard: Ist beim Abzahlungsvertrage dem Verkäufer trotz Verjährung der Kaufpreisforderung der Anspruch auf Herausgabe der Kaufsache nach § 985 BGB gegeben?, KGBl. 1915, 111.

Jacusiel, Alfred: Der Eigentumsvorbehalt, Berlin 1932 (zitiert: Jacusiel).

Jaeger, Ernst/ Henckel, Wolfram: Konkursordnung, Großkommentar begründet von Ernst Jaeger, 9., völlig neu bearbeitete Aufl., §§ 1 - 42, Register, bearbeitet von Wolfram Henckel, Berlin, New York 1997 (zitiert: Jaeger/ Henckel, KO).

Jaffé, Richard: Der Eigentumsvorbehalt beim Kauf (BGB. § 455), Leipzig 1910 (zitiert: Jaffé).

Janssen, Kurd: Über das Verhältnis der Besitzklage aus § 861 BGB zu der Klage aus § 1007 BGB, Diss. Leipzig 1904 (zitiert: Janssen).

Jauernig: Bürgerliches Gesetzbuch mit Gesetz zur Regelung des Rechts der Allgemeinen Geschäftsbedingungen, 8. Aufl., München 1997 (zitiert: Jauernig - Bearbeiter).

Jauernig, Otmar: Zwangsvollstreckungs- und Insolvenzrecht, 20. Aufl., München 1996 (zitiert: Jauernig, ZwVollstrR).

Jauernig, Otmar: Zur Akzessorietät bei der Sicherungsübertragung, NJW 1982, 275.

Jauernig, Otmar: Trennungsprinzip und Abstraktionsprinzip, JuS 1994, 721.

Johow, Reinhold: Entwurf eines bürgerlichen Gesetzbuches für das Deutsche Reich, Sachenrecht, Bd. 1 und 2, Berlin 1880 (zitiert: Johow I, II).

Jörs, Paul/ Kunkel, Wolfgang/ Wenger, Leopold: Römisches Privatrecht, Zivilprozeßrecht, 3. Aufl., Berlin, Göttingen, Heidelberg 1949, Reprint Berlin, Heidelberg, New York 1978 (zitiert: Jörs/ Kunkel/ Wenger, Römisches Recht).

Kaser, Max: Das römische Privatrecht, Abschnitt I, Das altrömische, das vorklassische und das klassische Recht, 2. Aufl., München 1971 (zitiert: Kaser I).

Kempf, Ludwig: Zur Rechtsnatur der Vormerkung, JuS 1961, 22.

Kempf, Ludwig: Buchbesprechung in: AcP 162 (1963), 293.
Kilger, Joachim/ Schmidt, Karsten: Konkursordnung mit Gesamtvollstreckungsordnung, 16. Aufl., München 1993 (zitiert: Kilger/ Schmidt, KO).
Kindel, Wilhelm: Das Recht an der Sache - Kritische Bemerkungen zum dritten Buche des Entwurfs eines Bürgerlichen Gesetzbuches für das Deutsche Reich, Breslau 1889 (zitiert: Kindel, Das Recht an der Sache).
Klinkhammer, Heinz K./ Rancke, Friedbert: Hauptprobleme des Hypothekenrechts, JuS 1973, 665.
Koch, Carl Friedrich: Die Lehre vom Besitz nach Preußischem Recht, 2. Aufl., Breslau 1839 (zitiert: C. F. Koch, Lehre vom Besitz).
Koch, Peter: § 1007 BGB - Neues Verständnis auf der Grundlage des alten Rechts, Diss. Trier, Köln, Wien 1986 (zitiert: P. Koch).
Koch, R.: Über die Bedeutung des sogenannten pactum reservati dominii, Gruchot Bd. 12 (1868), 1.
Koch´s Kommentar: Allgemeines Landrecht für die Preußischen Staaten, 7. Aufl., Berlin 1878 (zitiert: Koch, Allgemeines Landrecht).
Kohler, Jürgen: Buchbesprechung in: AcP 189 (1989), 299.
Kollhosser, Helmut: Der Kampf ums Zubehör (zwischen Grundpfandgläubiger und Sicherungseigentümer), JA 1984, 196.
Kollhosser, Helmut: Auflösung des Anwartschaftsrechts trotz Zubehörhaftung?, JZ 1985, 370.
Koppers: Eigentums- und Besitzklage des früheren Besitzers, DJZ 1902, 196.
Kress, Hugo: Lehrbuch des Allgemeinen Schuldrechts, unveränderter Neudruck der Ausgabe München 1929, Aalen 1974 (zitiert: Kress, AS).
Kretschmar, Ferdinand: Das Sachenrecht des Bürgerlichen Gesetzbuchs, Leipzig 1906 (zitiert: Kretschmar, SaR).
Krüger, Wolfgang: Das Anwartschaftsrecht - ein Faszinosum, JuS 1994, 905.
Kruschewski, Walter: Bedingtes Eigentum, Diss. Rostock, Lübecke i. W. 1936 (zitiert: Kruschewski).
Kübler, Bruno M.: Anmerkung zum Urteil des BGH vom 24.10.1979, ZIP 1980, 39.
Kuchinke, Kurt: Anmerkung zum Urteil des BGH vom 25.2.1966, JZ 1966, 797.
Kuhn, Georg: Der Eigentumsvorbehalt im Konkurs, WM 1972, 206.

Kuhn, Georg/ Uhlenbruck, Wilhelm: Konkursordnung - Kommentar, 11. Auflage, München 1994 (zitiert: Kuhn/ Uhlenbruck, KO).

Kühne, Eberhard: Versprechen und Gegenstand (Ein Beitrag zum System der Belastung), AcP 140 (1935), 1.

Kuklinski, Horst: Der Einfluß des Besitzrechts des Vorbehaltskäufers und der Verjährung der Kaufpreisforderung auf die Kreditsicherung durch Eigentumsvorbehalt beim Kauf, Diss. Heidelberg 1960 (zitiert: Kuklinski).

Künne, Karl: Die Verfolgung des Eigentumsvorbehaltes im Konkurse und Vergleichsverfahren des Käufers, DB 1971, 1509.

Kupisch, Berthold: Durchgangserwerb oder Direkterwerb, JZ 1976, 417.

Lambsdorff, Hans Georg Graf: Handbuch des Eigentumsvorbehalts im deutschen und ausländischen Recht, Frankfurt am Main 1974 (zitiert: Graf Lambsdorff, Eigentumsvorbehalt).

Landsberg, Ernst: Das Recht des Bürgerlichen Gesetzbuches vom 18. August 1896 - Ein dogmatisches Lehrbuch, 2. Hälfte, Berlin 1904 (zitiert: Landsberg, BürgR II).

Lange, Hermann: Eigentumsvorbehalt und Verjährung der Kaufpreisforderung, JuS 1963, 59.

Lange, Hermann: Eigentumsvorbehalt und Herausgabeanspruch des Vorbehaltsverkäufers - BGHZ 54, 214, JuS 1971, 511.

Larenz, Karl: Methodenlehre der Rechtswissenschaft, 6. Aufl., Berlin, Heidelberg, New York, Tokio 1991 (zitiert: Larenz, Methodenlehre).

Larenz, Karl: Allgemeiner Teil des Bürgerlichen Gesetzbuchs, 7. Aufl., München 1989 (zitiert: Larenz, AT).

Larenz, Karl: Lehrbuch des Schuldrechts:

Bd. 1, Allgemeiner Teil, 14. Aufl., München 1987 (zitiert: Larenz, SR I).

Bd. 2, Besonderer Teil, 1. Halbband, 13. Aufl., München 1986 (zitiert: Larenz, SR II 1).

Larenz, Karl/ Canaris, Claus Wilhelm: Lehrbuch des Schuldrechts, Bd. 2, Besonderer Teil, 2. Halbband, 13. Aufl., München 1994 (zitiert: Larenz/ Canaris, SR II 2).

Larenz, Karl/ Wolf, Manfred: Allgemeiner Teil des Bürgerlichen Rechts, 8. Aufl., München 1997 (zitiert: Larenz/ Wolf, AT).

Lazarus, Johann: Das Recht des Abzahlungsgeschäftes nach geltendem Recht und nach dem Bürgerlichen Gesetzbuch, Berlin 1898 (zitiert: Lazarus, Abzahlungsgeschäfte).

Leist, Gerhard Alexander: Die Sicherung von Forderungen durch Übereignung von Mobilien, Jena 1889 (zitiert: Leist, Sicherung von Forderungen).

Lempenau, Gerhard: Direkterwerb oder Durchgangserwerb bei Übertragung künftiger Rechte, Bad Homburg v. d. H., Berlin, Zürich 1968 (zitiert: Lempenau).

Leonhardt, Adolph: Zur Lehre von den Rechtsverhältnissen am Grundeigenthum - Ein Beitrag zur Entwicklungsgeschichte germanisch- und römischrechtlicher Grundsätze in Deutschland und insbesondere in den althannoverschen Provinzen, Hannover 1843 (zitiert: Leonhardt, Lehre vom Grundeigenthum).

Leser, Hans G.: Der Rücktritt vom Vertrag, Abwicklungsverhältnis und Gestaltungsbefugnisse bei Leistungsstörungen, Tübingen 1975 (zitiert: Leser, Rücktritt vom Vertrag).

Leske, Franz: Vergleichende Darstellung des Bürgerlichen Gesetzbuches für das Deutsche Reich und des Preußischen Allgemeinen Landrechts, 1. Hälfte, 1. und 2. Aufl., Berlin 1900 (zitiert: Leske, BGB und ALR I).

Letzgus, Ernst: Das Anwartschaftsrecht des Käufers unter Eigentumsvorbehalt, Habil., Tübingen 1938 (zitiert: Letzgus).

Lieb: Wann hat der Lieferant unter Eigentumsvorbehalt erfüllt?, DJZ 1933, Spalte 430.

Liebl, Christian: Die dinglichen Anwartschaftsrechte und ihre Behandlung im Konkurs, Zugl.: Regensburg, Univ. Diss., Frankfurt am Main, Bern, New York, Paris 1990 (zitiert: Liebl).

Liebrecht: Ein Beitrag zur Frage, betreffend die Pfändbarkeit der sogenannten Leihmöbel, KGBl 1905, 13.

Liebs, Detlef: Bereicherungsanspruch wegen Mißerfolgs und Wegfall der Geschäftsgrundlage, JZ 1978, 697.

Lindemann, Achim: Die Durchbrechungen des Abstraktionsprinzips durch die höchstrichterliche Rechtsprechung seit 1900 - zugleich ein Beitrag zum interessen- und systemgerechten Einsatz der Durchbrechungsmittel, Diss. Universität Konstanz, Konstanz 1989 (zitiert: Lindemann, Durchbrechungen).

Loepert, Arthur: Der Eigentumsvorbehalt nach gemeinem Recht und nach dem bürgerlichen Gesetzbuch, Diss. Heidelberg, Berlin 1904 (zitiert: Loepert).

Loewenheim, Ulrich: Verfügung über das Anwartschaftsrecht nach dessen sicherungsweiser Übertragung? - BGH NJW 1980, 175, JuS 1981, 721.

Look, Frank van/ Stoltenberg, Ulrich: Eigentumsvorbehalt und Verjährung der Kaufpreisforderung, WM 1990, 661.

Lopau, Eberhard: Der Rechtsschutz des Besitzes, JuS 1980, 501.

Lorenz, Werner: Bereicherungsausgleich beim Einbau fremden Materials, Festschrift für Rolf Serick zum 70. Geburtstag, Heidelberg 1992, S. 255 (zitiert: Lorenz, FS Serick (1992)).

Lorey, Hanns: Der Anspruch aus früherem Besitze nach § 1007 BGB, Diss. Jena, Gera 1910 (zitiert: Lorey).

Löwisch, Manfred/ Friedrich, Karsten: Das Anwartschaftsrecht des Auflassungsempfängers und die Sicherung des Eigentümers bei rechtsgrundloser Auflassung, JZ 1972, 302.

Lübtow, Ulrich von: Die Struktur der Pfandrechte und Reallasten, zugleich ein Beitrag zur Begründung der subjektiven Rechte, Festschrift für Heinrich Lehmann zum 80. Geburtstag, Berlin, Tübingen, Frankfurt am Main 1956, S. 328 (zitiert: von Lübtow, FS Lehmann (1956)).

Lübtow, Ulrich von: Das Grundpfandrecht am Vorbehaltseigentum - BGHZ 35, 85, JuS 1963, 171.

Ludolph, Wendelin: Der Anspruch aus § 1007 des Bürgerlichen Gesetzbuches, Diss. Göttingen, Dingelstädt (Eichsfeld) 1930 (zitiert: Ludolph).

Ludwig, Georg: Zur Auflösung des Anwartschaftsrechts des Vorbehaltskäufers, auch bei Zubehörhaftung, NJW 1989, 1458.

Lüke, Gerhard: Grundfragen des Zessionsrechts, JuS 1995, 90.

Marcuse: Wirkung der Ungültigkeit des Kausalgeschäftes auf das sachenrechtliche Erfüllungsgeschäft, Gruchot Bd. 66 (1923), 159.

Marotzke, Wolfgang: Das Anwartschaftsrecht - ein Beispiel sinnvoller Rechtsfortbildung?, Zugleich ein Beitrag zum Recht der Verfügungen, Diss. Bielefeld, Berlin 1977 (zitiert: Marotzke).

Marotzke, Wolfgang: Das Anwartschaftsrecht als methodisches Problem, JA 1977, 429.

Marotzke, Wolfgang: Gegenseitige Verträge im Konkurs und Vergleich, München 1985.

Marotzke, Wolfgang: Die Aufhebung grundpfandbelasteter Eigentumsanwartschaften, AcP 186 (1986), 490.

Marotzke, Wolfgang: Forderungszuständigkeit des Konkursverwalters als ungeschriebene Voraussetzung der §§ 17 Abs. 1, 59 Abs. 1 Nr. 2 Alt. 1 KO, ZIP 1987, 1293.

Marotzke, Wolfgang: Die logische Sekunde - ein Nullum mit Dauerwirkung?, AcP 191 (1991), 177.

Marotzke, Wolfgang: Der Eigentumsvorbehalt im neuen Insolvenzrecht, JZ 1995, 803.

Marwitz: Über den Möbelleihvertrag, Gruchot Bd. 35 (1891), 214.

Mattäi: Juristische Zeitung für das Königreich Hannover, Jahrgang 1830, No. 7, S. 98.

Medicus, Dieter: Bürgerliches Recht, 17. Aufl., München, Köln, Berlin, Bonn, 1996 (zitiert: Medicus, BürgR).

Medicus, Dieter: Besitzschutz durch Ansprüche auf Schadensersatz, AcP 165 (1965), 115.

Medicus, Dieter: Die Akzessorietät im Zivilrecht, JuS 1971, 497.

Meinhart, Anton: Dogmengeschichtliches und Dogmatisches zum Eigentumsvorbehalt, SZ 105 (1988), 729.

Meisner, Christian: Der Eigentumsvorbehalt, München, Berlin, Leipzig 1932 (zitiert: Meisner).

Meister, Hans: Die Pfändung aufschiebend bedingten und künftigen Eigentums, NJW 1959, 608.

Merrem, Thomas: Ist der Besitz ein die Veräußerung hinderndes Recht im Sinne von § 771 ZPO?, Diss. Trier, Frankfurt am Main, Berlin, Bern, New York, Paris, Wien 1995 (zitiert: Merrem).

Merz: Anmerkung zu BGH LM No. 36 zu § 455.

Michaelsen, Fridtjof: Das Anwartschaftsrecht im BGB, Diss. Köln, Würzburg 1933 (zitiert: Michaelsen).

Michalski, Lutz: Inkongruenz von § 933 und § 934 BGB, AcP 181 (1981), 384.

Miethke, Paul: Wesen und Umfang der Klage des § 1007 des Bürgerlichen Gesetzbuchs für das Deutsche Reich (unter Ausschluß des Inhalts der Klage), Diss. Erlangen, Berlin 1900 (zitiert: Miethke).

Misera, Karlheinz: Zum Eigentumsvorbehalt im klassischen römischen Recht, Festschrift für Rolf Serick zum 70. Geburtstag, Heidelberg 1992, S. 275 (zitiert: Misera, FS Serick (1992)).

Mohrbutter, Jürgen: Die neuere Lehre vom Anwartschaftsrecht und ihr Einfluß auf insolvenzrechtliche Probleme, KTS 1965, 185.

Möllers, Elmar: Anmerkung zum Urteil des LG Hagen vom 3.3.1958, NJW 1958, 871.

Motive zu dem Entwurfe eines Bürgerlichen Gesetzbuches für das Deutsche Reich, Band I, Allgemeiner Theil, und Bd. III, Sachenrecht, 2. unveränderte Ausgabe, Berlin 1896 (zitiert: Motive I, III).

Mugdan, B.: Die gesamten Materialien zum Bürgerlichen Gesetzbuch für das Deutsche Reich: Bd. 2, Recht der Schuldverhältnisse und Bd. 3, Sachenrecht, Neudruck der Ausgabe Berlin 1899, Aalen 1979 (zitiert: Mugdan, Bd.2,3).

Mühl, Otto: Buchbesprechung in: AcP 160 (1961), 264.

Mülbert, Peter O.: Der redliche Vormerkungserwerb - oder: Die Vormerkung als akzennsisches Recht, AcP 197 (1997), 334.

Mühlenbruch, C. J.: Lehrbuch des Pandektenrechts, Nach der doctrina pandectarum, 3. Aufl., 2. Theil, Halle 1840, Nachdruck Frankfurt am Main 1983 (zitiert: Mühlenbruch, Pandekten II).

Müller: Über das pactum reservati dominii, AcP 12 (1829), 247.

Müller, Klaus: Sachenrecht, 4. Aufl., Köln, Berlin, Bonn, München 1997 (zitiert: K. Müller, SaR).

Müller, Klaus: Zum Herausgabeanspruch des Vorbehaltsverkäufers, DB 1969, 1493.

Müller, Klaus: Die Ansprüche des Vorbehaltsverkäufers aus dem Eigentumsvorbehalt nach Verjährung der Kaufpreisforderung, DB 1970, 1209.

Müller, R. W.: Das Eigentum im Verhältnis zum Anwartschaftsrecht aus bedingter Übereignung, JW 1934, 1543.

Müller-Laube, Hans-Martin: Die Rücktrittsfiktion beim Abzahlungskauf, JuS 1982, 797.

Müller-Laube, Hans-Martin: Die Konkurrenz zwischen Eigentümer und Anwartschaftsberechtigtem um die Drittschutzansprüche, JuS 1993, 529.

Münchener Kommentar zum Bürgerlichen Gesetzbuch:
Bd. 1, Allgemeiner Teil, §§ 1 - 240, 3. Aufl., München 1993.
Bd. 2, Schuldrecht Allgemeiner Teil, §§ 241 - 432, 3. Aufl., München 1994.
Bd. 3, Schuldrecht Besonderer Teil, §§ 433 - 606, 3. Aufl., München 1995.
Bd. 6, Sachenrecht, Wohnungseigentumsgesetz, Erbbaurechtsverordnung, Sachenrechtsbereinigungsgesetz, Schuldrechtsänderungsgesetz, §§ 854 - 1296, 3. Aufl., München 1997.
(zitiert: MünchKomm - Bearbeiter).

Münchener Kommentar zur Zivilprozeßordnung mit Gerichtsverfassungsgesetz und Nebengesetzen, Bd. II, §§ 355 - 802, 1. Aufl., München 1992 (zitiert: MünchKommZPO - Bearbeiter).

Münzel, Karl: Grundsätzliches zum Anwartschaftsrecht, MDR 1959, 345.

Musielak, Hans-Joachim: Die Erfüllungsablehnung des Konkursverwalters - Zur Auslegung des § 17 Abs. 1 der Konkursordnung, AcP 179 (1979), 189.

Nauenberg, Max: Die Anwartschaft aus aufschiebend bedingter Übereignung als beschränktes dingliches Recht, Diss. Heidelberg, Zeulenroda i. Th. 1933 (zitiert: Nauenberg).

Neumann, Karl: Der Anspruch des § 1007 des Bürgerlichen Gesetzbuchs (Die Fahrnisverfolgungsklage), Diss. Göttingen, Göttingen 1907 (zitiert: Neumann).

Niederländer, Hubert: Rückforderung der Kaufsache und Schadensersatz, Bemerkungen zum Verhältnis von Schadensersatz und Rücktritt, Festschrift für Eduard Wahl zum 70. Geburtstag am 29. März 1973, Heidelberg 1973, S. 243 (zitiert: Niederländer, FS Wahl (1973)).

Oertmann, Paul: Kommentar zum Bürgerlichen Gesetzbuch und seinen Nebengesetzen, Das Recht der Schuldverhältnisse, 2. Aufl., Berlin 1906 (zitiert: Oertmann, Recht der Schuldverhältnisse).

Oertmann, Paul: Die Rechtsbedingung (condicio iuris), Untersuchungen zum Bürgerlichen Recht und zur allgemeinen Rechtslehre, Leipzig, Erlangen 1924 (zitiert: Oertmann, Die Rechtsbedingung).

Oertmann, Paul: Beiträge zur Lehre von der Abtretung des Eigentumsanspruchs, AcP 113 (1915), 51.

Oertmann, Paul: Anmerkung zum Urteil des LG Dresden vom 15.11.1925, JW 1926, 725.

Oertmann, Paul: Beiträge zur Lehre von der Erfüllungspflicht des Verkäufers, LZ 1927, Spalte 9.

Oertmann, Paul: Buchbesprechung in: JW 1929, 570.

Paetsch, Julius: Die Rechtsstellung des Verkäufers beim Eigentumsvorbehalt gegenüber dem nichtzahlenden Käufer, Diss. Köln, Emsdetten (Westf.) 1937 (zitiert: Paetsch).

Pagenstecher, Ernst: Die römische Lehre vom Eigenthum in ihrer modernen Anwendbarkeit, 3. Abtheilung, Rechtsschutz des Eigenthums, Heidelberg 1857.

Palandt: Bürgerliches Gesetzbuch, 57. Aufl., München 1998 (zitiert: Palandt - Bearbeiter).

Pawlowski, Hans Martin: Der Rechtsbesitz im geltenden Sachen- und Immaterialgüterrecht, Göttingen 1961.

Peipers, August: Die Besitzrechtsklage nach § 1007 BGB gegenüber der actio Publiciana des römischen und gemeinen Rechts, Diss. Rostock, Rostock 1902 (zitiert: Peipers).

Peters, Frank: Die Rücktrittsvorbehalte des römischen Kaufrechts, Habil. Universität Hamburg, Köln, Wien 1973.

Peters, Frank: Die Wirkung des Eigentumsvorbehalts nach Verjährung der Kaufpreisforderung, JZ 1980, 178.

Peters, Frank: Kauf und Übereignung - zum sogenannten Abstraktionsprinzip, Jura 1986, 449.

Pikart, Heinz: Probleme der sachenrechtlichen und schuldrechtlichen Anwartschaft, Recht im Wandel. Beiträge zu Strömungen und Fragen im heutigen Recht. Festschrift 150 Jahre Carl Heymanns Verlag KG 1815, Köln u. a. 1965, S. 179 (zitiert: Pikart, FS 150 Jahre Heymanns Verlag (1965)).

Pikart, Heinz: Die neuere Rechtsprechung des Bundesgerichtshofs zum Eigentumsvorbehalt, WM 1959, 1234.

Pikart, Heinz: Die Rechtsprechung des Bundesgerichtshofs zur Anwartschaft, WM 1962, 1230.

Plambeck, Barbara: Die Verjährung der Vindikation, Diss. Hamburg, Frankfurt am Main, Berlin u. a. 1996.

Planck´s Kommentar zum Bürgerlichen Gesetzbuch nebst Einführungsgesetz:
Bd. 1, Allgemeiner Teil, §§ 1 - 240, 4. Aufl., Berlin 1913.
Bd. 2, Recht der Schuldverhältnisse, 1. Hälfte, Schuldrecht Allgemeiner Teil, §§ 241 - 432, 4. Auflage, Berlin 1914.
Bd. 2, Recht der Schuldverhältnisse, 2. Hälfte, Schuldrecht Besonderer Teil, §§ 433 - 853, 4. Aufl., Berlin und Leipzig 1928.
Bd. 3, Sachenrecht, 1. Hälfte, §§ 854 - 1112, 5. Aufl., Berlin und Leipzig 1933.
(zitiert: Planck - Bearbeiter).

Pohle, Rudolf: Anmerkung zum Urteil des BGH vom 13.6.1956, MDR 1956, 732.

Poli, Walter: Die Anwartschaftsrechte des bürgerlichen Rechts, Diss. Univ. Münster 1924 (zitiert: Poli).

Pottschmidt, Günter/ Rohr, Ulrich: Kreditsicherungsrecht, 4. Aufl. 1992 (zitiert: Pottschmidt/ Rohr, KreditsicherungsR).

Prausnitz, Otto: Buchbesprechung in: ZHR 99 (1934), 97.

Pringsheim, Fritz: Eigentumsübergang beim Kauf, SZ 50 (1930), 333.

Protokolle der (1.) Kommission zur Ausarbeitung eines Bürgerlichen Gesetzbuches (1881 - 1889), zitiert nach der metallographierten Abschrift; auch bei Jakobs-Schubert (zitiert: Protokolle der 1. Kommission).

Protokolle der Kommission für die 2. Lesung des Entwurfs des Bürgerlichen Gesetzbuchs für das Deutsche Reich, herausgegeben im Auftrage des Reichs-Justizamtes:
Bd. 1, Allgemeiner Theil, Berlin 1897.
Bd. 2, Recht der Schuldverhältnisse, Berlin 1898.
Bd. 3, Sachenrecht, Berlin 1899.
(zitiert: Protokolle I, II, III).

Prütting, Hans/ Weth, Stefan: Die Drittwiderspruchsklage gemäß § 771 ZPO, JuS 1988, 505.

Puchta, G. F.: Pandekten, 3. Aufl., Leipzig 1845, Nachdruck Frankfurt am Main 1982 (zitiert: Puchta, Pandekten).

Pudor, Wilhelm: Der Vorbehalt des Eigentums - § 455 BGB, Diss. Leipzig, Leipzig 1902 (zitiert: Pudor).

Raape, Leo: Gebrauchs- und Besitzüberlassung, JherJahrb Bd. 71 (1922), 97.

Raisch, Peter: Sind die Rechtsfolgen der Rückabwicklung nach dem Abzahlungsgesetz für den Käufer günstiger als die Rücktrittsregeln des BGB, Festschrift für Friedrich Weber zum 70. Geburtstag am 19. Mai 1975, Berlin, New York 1975, S. 337 (zitiert: Raisch, FS Weber (1975)).

Raiser, Ludwig: Eigentumsanspruch und Recht zum Besitz, Festschrift für Martin Wolff zum achtzigsten Geburtstag, Tübingen 1952, S. 123 (zitiert: Raiser, FS Wolff (1952)).

Raiser, Ludwig: Anmerkung zum Urteil des BGH vom 2.10.1952 - IV 2/52, NJW 1953, 217.

Raiser, Ludwig: Dingliche Anwartschaften, Tübingen 1961 (zitiert: Raiser).

Regelsberger, Ferdinand: Über das Recht zum Rücktritt vom Kaufgeschäft wegen Verzugs in der Erfüllung, AcP 50 (1867), 27.

Rehbinder, Manfred: Das Recht des Eigentumsvorbehalts, NWB 1989, 1811.

Reich, Norbert: Reform der Kreditsicherung, JZ 1976, 463.

Reinicke, Dietrich/ Tiedtke, Klaus: Kaufrecht einschließlich Abzahlungsgeschäfte, AGB-Gesetz, Eigentumsvorbehalt, Factoring, finanzierte Kaufverträge, Haustürgeschäfte, Leasing, Pool-Vereinbarungen, Produzentenhaftung, Time-sharing, UN-Kaufrecht und Verbraucherkreditgesetz, 6. Aufl., Neuwied, Kriftel, Berlin 1997 (zitiert: Reinicke/ Tiedtke, KaufR).

Reinicke, Dietrich/ Tiedtke, Klaus: Kreditsicherung durch Schuldbeitritt, Bürgschaft, Patronatserklärung, Sicherungsübereignung, Sicherungsabtretung, Eigentumsvorbehalt, Pool-Vereinbarungen, Pfandrecht an beweglichen Sachen und Rechten, Hypothek und Grundschuld, 3. Aufl., Neuwied, Kriftel, Berlin 1994 (zitiert: Reinicke/ Tiedtke, Kreditsicherung).

Reinicke, Dietrich/ Tiedtke, Klaus: Das Anwartschaftsrecht des Auflassungsempfängers und die Formbedürftigkeit der Aufhebung eines Grundstückskaufvertrages, NJW 1982, 2181.

Reinicke, Gerhard: Gesetzliche Pfandrechte und Hypotheken am Anwartschaftsrecht aus bedingter Übereignung, Stuttgart 1941 (zitiert: G. Reinicke, Gesetzliche Pfandrechte).

Reinicke, Gerhard: Zur Lehre vom Anwartschaftsrecht aus bedingter Übereignung. Zugleich ein Beitrag zur Methode der Rechtsfindung, MDR 1959, 613.

Reinicke, Gerhard: Anmerkung zum Urteil des BGH vom 10.4.1961, MDR 1961, 681.

Reinicke, Michael: Der Kampf ums Zubehör zwischen Sicherungseigentümer und Grundpfandgläubiger - BGHZ 92, 280, JuS 1986, 957.

Reuter, Dieter/ Martinek, Michael: Handbuch des Schuldrechts in Einzeldarstellungen, Bd. 4, Ungerechtfertigte Bereicherung, Tübingen 1983 (zitiert: Reuter/ Martinek, BerR).

Rhode, Ernst: Studien im Besitzrecht, Bd 2, Marburg 1913.

Richter, Franz: Die Übertragung der Anwartschaft eines Vorbehaltskäufers, Diss. Jena, Emsdetten 1936 (zitiert: Richter).

Riesser, G.: Über Resolutivbedingungen, Zeitschrift für Civilrecht und Prozeß, Bd. 2 (1829), 1 ff. und 313 ff.

Rietschel, Georg: Buchbesprechung in: NJW 1964, 914.

Rimmelspacher, Bruno: Kreditsicherungsrecht, 2. Aufl., München 1987 (zitiert: Rimmelspacher, KreditsicherungsR).

Rinnewitz, Jürgen: Zur dogmatischen Struktur des Anwartschaftsrechts aus dem Eigentumsvorbehalt, Diss. Göttingen, Göttingen 1989 (zitiert: Rinnewitz).

Rose, Heinz: Anmerkung zum Urteil des BGH vom 4.2.1970, NJW 1970, 1501.

Roth, Paul von: System des Deutschen Privatrechts, 3. Theil, Sachenrecht, Tübingen 1896 (zitiert: von Roth, Dt. Privatrecht III).

Rühl, Helmut: Eigentumsvorbehalt und Abzahlungsgeschäft, einschließlich des Rechts der Teilfinanzierung, Berlin 1930 (zitiert: Rühl).

Rühl, Helmut: Die Vergleichsordnung und der Verkauf unter Eigentumsvorbehalt, ZZP 56 (1931), 154.

Samter, M. Karl: Kommentar zum Reichsgesetz betreffend die Abzahlungsgeschäfte vom 16. Mai 1894, Berlin 1911 (zitiert: Samter).

Sandmann, Egbert: Zur Geschichte des Eigentumsvorbehalts in Deutschland - Ein Beitrag zur Rechtsgeschichte moderner Warenkreditsicherungsmittel, Diss. Marburg, Marburg 1972 (zitiert: Sandmann, Geschichte des Eigentumsvorbehalts).

Savigny, Friedrich Carl von: System des heutigen römischen Rechts:
Bd. 3, Neudruck der Ausgabe Berlin 1840, Aalen 1973 (zitiert: von Savigny, System III).
Bd. 5, Neudruck der Ausgabe Berlin 1841, Aalen 1974 (zitiert: von Savigny, System V).

Savigny, Friedrich Carl von: Das Obligationenrecht als Teil des heutigen römischen Rechts, Bd. 2, Neudruck der Ausgabe Berlin 1853, Aalen 1973 (zitiert: von Savigny, Obligationenrecht II).

Savigny, Friedrich Carl von: Das Recht des Besitzes - Eine civilistische Abhandlung, unveränderter Neudruck der 7. Aufl. Wien 1865, Darmstadt 1967 (zitiert: von Savigny, Das Recht des Besitzes).

Sawallisch, Paul: Das pactum reservati dominii beim Kaufvertrage, Diss. Greifswald, Greifswald 1874 (zitiert: Sawallisch, Pactum reservati dominii).

Schanz, A.: Zur Frage des Anwartschaftsrechtes und seiner vertraglichen Verwertung, JW 1931, 507.

Schapp, Jan: Sachenrecht, 2. Aufl., München 1995 (zitiert: Schapp, SaR).

Scherk, Margarethe: Die Einrede aus dem Recht zum Besitz gegenüber dem Eigentumsanspruch auf Herausgabe der Sache (§ 986 Abs. 1 BGB), JherJahrb Bd. 67 (1917), 301.

Schiemann, Gottfried: Über die Funktion des pactum reservati dominii während der Rezeption des römischen Rechts in Italien und Mitteleuropa, SZ 93 (1976), 161.

Schlegelberger: Handelsgesetzbuch, Kommentar, Bd. 2, §§ 373 - 382, 5. Aufl., München 1982 (zitiert: Schlegelberger - Bearbeiter).

Schloßmann: Über den Begriff des Eigentums, JherJahrb Bd. 45 (1903), 289.

Schlüter, Wilfried: Durchbrechung des Abstraktionsprinzips über § 139 BGB und Heilung eines formnichtigen Erbteilskaufs durch Erfüllung - BGH, NJW 1967, 1128, JuS 1969, 10.

Schmidt, Reimer: Die Diskussion um Eigentumsvorbehalt und Sicherungsübereignung, MDR 1955, 447.

Schnorr von Carolsfeld, Ludwig: Einige sachenrechtliche Fragen aus dem Erbhofrecht, AcP 145 (1939), 348.

Schnorr von Carolsfeld, Ludwig: Buchbesprechung in: KritVJschr Bd. 66 (1939), 174.

Scholz, Karsten: Das Anwartschaftsrecht in der Hypothekenverbandshaftung, MDR 1990, 679.

Schreiber, Rupert: Die bedingte Übereignung, NJW 1966, 2333.

Schulin, Friedrich: Über Resolutivbedingungen und Endtermine, Marburg 1875.

Schürmann, Ulrich: Eigentumsvorbehalt und Rücktritt beim Kauf (§ 455 BGB), Bonn 1932 (zitiert: Schürmann).

Schwab, Karl Heinz/ Prütting, Hanns: Sachenrecht, 27. Aufl., München 1997 (zitiert: Schwab/ Prütting, SaR).

Schwerdtner, Peter: Anwartschaftsrechte (1. Teil), Jura 1980, 609.

Schwerdtner, Peter: Anwartschaftsrechte (Schluß), Jura 1980, 661.

Schwister: Das Anwartschaftsrecht als Kreditsicherungsmittel, JW 1933, 1764.

Semeka, Gregor: Das Wartrecht (Einführung in die moderne Anwartschaftslehre), ArchBR Bd. 35 (1910), 121.

Serick, Rolf: Eigentumsvorbehalt und Sicherungsübertragung:
Bd. 1, Heidelberg 1963 (zitiert: Serick I).
Bd. 3, Heidelberg 1970 (zitiert: Serick III).
Bd. 5, Heidelberg 1982 (zitiert: Serick V).

Serick, Rolf: Eigentumsvorbehalt und Sicherungsübertragung. Neue Rechtsentwicklungen, 2. Aufl., Heidelberg 1993 (zitiert: Serick, Neue Rechtsentwicklungen).

Serick, Rolf: Buchbesprechung in: RabelsZ 24 (1959), 172.

Serick, Rolf: Causa und Anwartschaft, AcP 166 (1966), 129.

Serick, Rolf: Mobiliarsicherheiten im Diskussionsentwurf zur Reform des Insolvenzrechts - Möglichkeiten der Enteignung des Vorbehaltslieferanten zum Nulltarif, ZIP 1989, 409.

Simon, August Heinrich/ Strampf, Heinrich Leopold von: Materialien des allgemeinen Landrechts zu den Lehren von Gewahrsam und Besitz und von der Verjährung, herausgegeben mit Genehmigung Ihrer Excellenzien der Herren Justiz-Minister, Berlin 1836 (zitiert: Simon/ Strampf, Materialien des ALR).

Sintenis, Carl Friedrich Ferdinand: Das practische gemeine Civilrecht, Erster Band: Die allgemeinen Lehren und das Sachenrecht, Leipzig 1844 (zitiert: Sintenis, Das practische gemeine Civilrecht I).

Slapnicar, Klaus: Das Anrecht. Die von Lübtow´sche Begriffsbildung als Erklärungsmodell für das Anwartschaftsrecht, Festschrift zum 90. Geburtstag von Ulrich von Lübtow am 21. August 1990, Berlin 1990, S. 133 (zitiert: Slapnicar, FS von Lübtow (1990)).

Soergel: Bürgerliches Gesetzbuch mit Einführungsgesetz und Nebengesetzen:
Bd. 1, Allgemeiner Teil, §§ 1 - 240, 12. Aufl., Stuttgart, Berlin, Köln, Mainz 1987.
Bd. 2: Schuldrecht I, §§ 241 - 432, 12. Aufl., Stuttgart, Berlin, Köln 1990.
Bd. 3, Schuldrecht II, §§ 455 - 515, 12. Aufl., Stuttgart, Berlin, Köln 1991.
Bd. 6, Sachenrecht, §§ 854 - 1296, 12. Aufl., Stuttgart, Berlin, Köln 1989.
(zitiert: Soergel - Bearbeiter).

Söllner, Alfred: Der Bereicherungsanspruch wegen Nichteintritts des mit der Leistung bezweckten Erfolges, AcP 163 (1964), 20.

Sponer, Wolfdieter: Das Anwartschaftsrecht und seine Pfändung, Bielefeld 1965 (zitiert: Sponer).

Stadler, Astrid: Gestaltungsfreiheit und Verkehrsschutz durch Abstraktion - Eine rechtsvergleichende Studie zur abstrakten und kausalen Gestaltung rechtsgeschäftlicher Zuwendungen anhand des deutschen, schweizerischen, österreichischen, französischen und US-amerikanischen Rechts, Tübingen 1996 (zitiert: Stadler, Gestaltungsfreiheit).

Staub´s Kommentar zum Handelsgesetzbuch, 2. Bd. (Buch 3: Handelsgeschäfte), 9. Aufl., Berlin 1913 (zitiert: Staub - Bearbeiter, Kommentar zum Handelsgesetzbuch).

Staudinger: Kommentar zum Bürgerlichen Gesetzbuch und dem Einführungsgesetze, 2. Buch, Recht der Schuldverhältnisse, 2. Teil, §§ 433 - 610, 10. Aufl., München, Berlin, Leipzig 1937 (zitiert: Staudinger (10. Aufl.) - Bearbeiter).

Staudinger: Kommentar zum Bürgerlichen Gesetzbuch mit Einführungsgesetz und Nebengesetzen:
2. Buch, Recht der Schuldverhältnisse, §§ 328 - 361, 13. Aufl., Berlin 1995.
2. Buch, Recht der Schuldverhältnisse, §§ 398 - 432, 12. Aufl., Berlin 1994.
2. Buch, Recht der Schuldverhältnisse, §§ 433 - 534, 13. Aufl., Berlin 1995.
3. Buch, Sachenrecht, Einl. zu §§ 854 ff., §§ 854 - 882, 13. Aufl., Berlin 1995.
3. Buch, Sachenrecht, §§ 925 - 984, Anh. zu §§ 929 ff., Sonderformen der Übereignung, 13. Aufl., Berlin 1995.
3. Buch, Sachenrecht, §§ 985 - 1011, 13. Aufl., Berlin 1993.
(zitiert: Staudinger - Bearbeiter).

Steckermeier, Maximilian: Der Eingriff in die rechtsgeschäftlichen Grundlagen der Anwartschaft aus Vorbehaltsübereignung zu Lasten des Zweiterwerbers, Zugl.: Regensburg, Univ., Diss., 1992, Berlin 1993 (zitiert: Steckermeier).

Stein/ Jonas: Kommentar zur Zivilprozeßordnung, Bd. 6, §§ 704 - 863, 21. Aufl., Tübingen 1995 (zitiert: Stein/ Jonas - Bearbeiter, ZPO).

Steinbüchel, Christian: Die Verjährung des Kaufpreisanspruchs beim Eigentumsvorbehalt und ihr Einfluß auf den Eigentumsanspruch an der Kaufsache, Diss. Köln 1940 (zitiert: Steinbüchel).

Steingens, Franz Josef: Der Eigentumsvorbehalt, insbesondere das Rücktritts- und Rücknahmerecht des Verkäufers bei Zahlungsverzug des Käufers, Diss. Köln, Köln 1939 (zitiert: Steingens).

Stern, Robert: Eigentumsvorbehalt bei Veräußerung beweglicher Sachen, Diss. Jena, Eisenach 1907 (zitiert: Stern).

Stobbe, Otto: Handbuch des deutschen Privatrechts, Bd. 2, 2. Aufl., Berlin 1883 (zitiert: Stobbe, Dt. Privatrecht II).

Stobbe, Otto/ Lehmann, Heinrich O.: Handbuch des Deutschen Privatrechts, Bd. 2, 1. Halbband, 3. Aufl., Berlin 1896 (zitiert: Stobbe/ Lehmann II 1).

Stoll, Hans: Bemerkungen zu Eigentumsvorbehalt und Sicherungsübereignung, ZHR 128 (1966), 239.

Stoll, Hans: Das Anwartschaftsrecht des gutgläubigen Vorbehaltskäufers - OLG Karlsruhe NJW 1966, 885, JuS 1967, 12.

Stracke, Hans: Zur Lehre von der Übertragbarkeit der Anwartschaft des Käufers unter Eigentumsvorbehalt, Ein rechtsdogmatischer Beitrag, Diss. Tübingen, Tübingen 1955 (zitiert: Hans Stracke).

Stracke, Hartmut: Das Aus- und Absonderungsrecht des Vorbehaltseigentümers im Konkurs des Vorbehaltskäufers, Diss. Göttingen, Göttingen 1972 (zitiert: Hartmut Stracke).

Stracke, Hartmut: Das Aus- und Absonderungsrecht des Vorbehaltseigentümers im Konkurs des Vorbehaltskäufers, KTS 1973, 102.

Stulz, Günter: Der Eigentumsvorbehalt im in- und ausländischen Recht, 3. Aufl., Berlin 1931 (zitiert: Stulz).

Stulz, Günter: Buchbesprechung in: JW 1933, 1450.

Stürner, Rolf: Aktuelle Probleme des Konkursrechts, ZZP 94 (1981), 263.

Thiemann, Bernd: Die Entwicklung der Eigentumsanwartschaft beim Vorbehaltskauf in der neueren deutschen Privatrechtsgeschichte, Diss. Münster, Münster 1974 (zitiert: Thiemann, Entwicklung der Eigentumsanwartschaft).

Thiesing: Ist der Veräußerer einer beweglichen Sache, die er dem Erwerber unter Eigentumsvorbehalt übergeben hat, mittelbarer Besitzer?, ArchBR Bd. 20 (1902), 240.

Thomas, Heinz / Putzo , Hans: Zivilprozeßordnung mit Gerichtsverfassungsgesetz und den Einführungsgesetzen, 20. Aufl., München 1997 (zitiert: Thomas/ Putzo, ZPO).

Thorsch, Emil: Das pactum reservati dominii (Der Eigenthumsvorbehalt), Straßburg 1875 (zitiert: Thorsch, Pactum reservati dominii).

Tiedtke, Klaus: Die Aufhebung des belasteten Anwartschaftsrechts ohne Zustimmung des Pfandgläubigers, NJW 1985, 1305.

Tiedtke, Klaus: Die Rechte des Vorbehaltsverkäufers bei Verjährung der Kaufpreisforderung, DB 1980, 1477.

Tiedtke, Klaus: Die Aufhebung des belasteten Anwartschaftsrechts ohne Zustimmung des Pfandgläubigers, NJW 1988, 28.

Tipke, Klaus/ Kruse, Heinrich Wilhelm: Abgabenordnung, Finanzgerichtsordnung, Kommentar zur Abgabenordnung 1977 und Finanzgerichtsordnung (ohne Steuerstrafrecht), 16. Aufl., Köln 1996 (zitiert: Tipke/ Kruse, Abgabenordnung und Finanzgerichtsordnung).

Tuhr, Andreas von: Der Allgemeine Teil des Deutschen Bürgerlichen Rechts:
Bd. 1, Allgemeine Lehren und Personenrecht, unveränderter Nachdruck der 1910 erschienenen 1. Aufl., Berlin 1957 (zitiert: von Tuhr, AT I).
Bd. 2, 1. Hälfte, Die rechtserheblichen Tatsachen, insbesondere das Rechtsgeschäft, unveränderter Nachdruck der 1914 erschienenen 1. Aufl., Berlin 1957 (zitiert: von Tuhr, AT II 1).
Bd. 2, 2. Hälfte, unveränderter Nachdruck der 1918 erschienenen 1. Aufl., Berlin 1957 (zitiert: von Tuhr, AT II 2).

Uhlenbruck, Jan: Das Anwartschaftsrecht des Vorbehaltskäufers im Haftungsverband der Grundpfandrechte, Diss. Köln 1995 (zitiert: J. Uhlenbruck).

Uhlenbruck, Wilhelm: Anmerkung zum Urteil des BGH vom 21.11.1991, JZ 1992, 425.

Unger, Klaus: Das Anwartschaftsrecht - Ein Beitrag zur Systematik der Anwartschaftsrechte, KTS 1969, 193.

Vangerow, Karl Adolph von: Lehrbuch der Pandekten
Ersten Bandes erste Abtheilung, 6. Aufl., Marburg 1851 (zitiert: von Vangerow, Pandekten I 1).
Ersten Bandes zweite Abtheilung, 6. Aufl., Marburg 1851 (zitiert: von Vangerow, Pandekten I 2).

Verf. der Abhandlung in: Juristische Zeitung für das Königrecht Hannover, Jahrgang 1831, No. 10, S. 146.

Wacke, Andreas: Die nachträgliche Ablösung des Eigentumsvorbehalts durch ein Finanzierungsinstitut - Nochmals BGHZ 56, 123, JuS 1973, 683.

Wadle, Elmar: Eigentumsvorbehalt bei verjährter Kaufpreisforderung und Probleme des Abzahlungsgesetzes, Jura 1982, 102.

Wagener, Wilhelm: Der Eigentumsvorbehalt in: Rechtsfragen der Praxis, Bd. 15, Berlin 1935 (zitiert: Wagener).

Waldner, Wolfram: Die Rechtsstellung des Anwartschaftsrechtszweiterwerbers, MDR 1980, 459.

Walsmann, Hans: Der Verzicht - Allgemeine Grundlagen einer Verzichtslehre und Verzicht im Privatrecht, Leipzig 1912 (zitiert: Walsmann, Der Verzicht).

Warneyer, Otto: Kommentar zum Bürgerlichen Gesetzbuch für das Deutsche Reich, Bd. 1, Tübingen 1923 (zitiert: Warneyer, BGB I).

Weber, Stefan: § 1007 BGB - Prozessuale Regelungen im materiellrechtlichen Gewand, Berlin 1988 (zitiert: Weber).

Weitnauer, Hermann: Buchbesprechung in: JZ 1965, 141.

Weitnauer, Hermann: Verdinglichte Schuldverhältnisse, Festschrift für Karl Larenz zum 80. Geburtstag, München 1983, S. 706 (zitiert: Weitnauer, FS Larenz (1983)).

Wendt, Otto: Lehrbuch der Pandekten, Jena 1888.

Wesel, Uwe: Zur dinglichen Wirkung der Rücktrittsvorbehalte des römischen Kaufs, SZ 85 (1968), 94 ff.

Westermann, Harm Peter: BGB-Sachenrecht, 9. Aufl., Heidelberg 1994 (zitiert: H. P. Westermann, SaR).

Westermann, Harm Peter/ Gursky, Karl Heinz/ Pinger, Winfried: Westermann Sachenrecht, Bd. 1, Grundlagen und Recht der beweglichen Sachen, 6. Aufl., Heidelberg 1990 (zitiert: Westermann - Bearbeiter, SaR I).

Westermann, Harry: Probleme der Sicherungsübereignung von Warenlagern, Zugleich eine Besprechung der Entscheidung des BGH vom 13.6.1956, NJW 1956, 1297.

Wieacker, Franz: Lex commissoria. Erfüllungszwang und Widerruf im römischen Recht, Berlin 1932 (zitiert: Wieacker: Lex commissoria).

Wieacker, Franz: Die juristische Sekunde, Zur Legitimation der Konstruktionsjurisprudenz, Festschrift für Erik Wolf zum 60. Geburtstag, Frankfurt am Main 1962, S. 421 ff. (zitiert: Wieacker, FS Erik Wolf (1962)).

Wieacker, Franz: Privatrechtsgeschichte der Neuzeit, unter besonderer Berücksichtigung der deutschen Entwicklung, Göttingen 1967 (zitiert: Wieacker, Privatrechtsgeschichte).

Wiegand, Wolfgang: Der gutgläubige Erwerb beweglicher Sachen nach §§ 932 ff. BGB, JuS 1974, 201.

Wiegand, Wolfgang: Numerus clausus der dinglichen Rechte. Zur Entstehung und Bedeutung eines zentralen zivilrechtlichen Dogmas in: Wege europäischer Rechtsgeschichte, Karl Kroeschell zum 60. Geburtstag dargelegt von Freunden, Schülern und Kollegen, Frankfurt am Main, Bern, New York, Paris 1987, S. 623 (zitiert: Wiegand, FS Kroeschell (1987)).

Wiegand, Wolfgang: Die Entwicklung des Sachenrechts im Verhältnis zum Schuldrecht, AcP 1990 (1990), 112.

Wieling, Hans Josef: Sachenrecht, Bd. I, Sachen, Besitz und Rechte an beweglichen Sachen, Berlin, Heidelberg, New York u. a. 1990 (zitiert: Wieling, SaR I).
Wieling, Hans Josef: Sachenrecht, 3. Aufl., Berlin, Heidelberg, New York u. a. 1997 (zitiert: Wieling, SaR).
Wieling, Hans Josef: Bereicherungsrecht, Berlin, Heidelberg, New York u. a. 1993 (zitiert: Wieling, BerR).
Wieling, Hans Josef: Die Nutzungen des gutgläubigen Besitzers, insbesondere in fehlgeschlagenen Vertragsverhältnissen, AcP 169 (1969), 137.
Wieling, Hans Josef: Drittzahlung, Leistungsbegriff und fehlende Anweisung, JuS 1978, 801.
Wieling, Hans Josef: Voraussetzungen, Übertragung und Schutz des mittelbaren Besitzes, AcP 184 (1984), 439.
Wieling, Hans Josef: Nuda proprietas, Scritti in onore di Antonio Guarino, Bd. 5, Neapel 1984, S. 2519.
Wieling, Hans Josef: Anmerkung zum Urteil des BGH vom 14.7.1995, LM No. 4 zu § 100 BGB.
Wieling, Hans Josef: Anmerkung zum Urteil des BGH vom 29.9.1995, LM No. 247 zu § 812 BGB.
Wieser, Eberhard: Zur Rückgabepflicht des Vorbehaltskäufers bei Konkurs des Verkäufers, NJW 1970, 913.
Wiethölter, Rudolf: Kauf unter Eigentumsvorbehalt und Gewährleistung für Rechtsmängel, JZ 1961, 693.
Wilhelm, Jan: Sachenrecht, Berlin, New York 1993 (zitiert: Wilhelm, SaR).
Wilhelm, Jan: Das Anwartschaftsrecht des Vorbehaltskäufers im Hypotheken- und Grundschuldverband, NJW 1987, 1785.
Wilke, Ernst: Das Reichsgesetz betreffend die Abzahlungsgeschäfte vom 16. Mai 1896, mit Einleitung, Anmerkungen und Sachregister von I. Hoffmann, 2. Aufl., Berlin 1901 (zitiert: Wilke).
Windscheid, Bernhard: Die Wirkung der erfüllten Bedingung, Eine akademische Gelegenheitsschrift, Basel 1851.
Windscheid, Bernhard: Lehrbuch des Pandektenrechts:
Bd. 1, 7. Aufl., Frankfurt am Main 1891 (zitiert: Windscheid, Pandekten I).
Bd. 2, 7. Aufl., Frankfurt am Main 1891 (zitiert: Windscheid, Pandekten II).

Windscheid, Bernhard/ Kipp, Theodor: Lehrbuch des Pandektenrechts, 9. Aufl., unter vergleichender Darstellung des deutschen bürgerlichen Rechts, Bd. 2, Neudruck der Ausgabe Frankfurt am Main 1906, Aalen 1963 (zitiert: Windscheid/ Kipp, Pandekten II).

Witte, Günther: Das Eigentum im Verhältnis zum Anwartschaftsrecht aus bedingter Übereignung, JW 1934, 1142.

Wolf, Ernst: Lehrbuch des Sachenrechts, 2. Aufl., Köln, Bonn, Berlin, München 1979 (zitiert: E. Wolf, SaR).

Wolf, Manfred: Sachenrecht, 14. Aufl., München 1997 (zitiert: M. Wolf, SaR).

Wolf, Manfred: Buchbesprechung in: ZZP 83 (1970), 230.

Wolff, Martin: Das Recht zum Besitze, Festgabe der Juristischen Gesellschaft zu Berlin zum 50jährigen Dienstjubiläum ihres Vorsitzenden Richard Koch, Berlin 1903 (zitiert: Wolff, FG Richard Koch (1903)).

Wolff, Martin/ Raiser, Ludwig: Sachenrecht, 10. Aufl., Tübingen 1957 (zitiert: Wolff/ Raiser).

Wunner, Sven Erik: Gutglaubensschutz und Rechtsnatur der Vormerkung, NJW 1969, 113.

Würdinger, Hans: Die privatrechtliche Anwartschaft als Rechtsbegriff, Diss. München, München 1928 (zitiert: Würdinger).

Ziebarth, Karl: Die Realexekution und die Obligation mit besonderer Rücksicht auf die Miete erörtert nach römischem und deutschem Recht in Vergleich mit dem preußischen, Halle 1866 (zitiert: Ziebarth, Realexekution).

Zitelmann, Ernst: Internationales Privatrecht, 2. Bd., München und Leipzig 1912 (zitiert: Zitelmann, IPR II).

Zöller, Richard: Zivilprozeßordnung mit Gerichtsverfassungsgesetz und den Einführungsgesetzen, mit Internationalem Zivilprozeßrecht, Kostenanmerkungen, 20. Aufl., Köln 1997 (zitiert: Zöller - Bearbeiter, ZPO).

Zörb, Klaus B.: Herausgabeanspruch des Vorbehaltsverkäufers ohne Rücktritt?, NJW 1971, 87.

Zunft: Der Eigentumserwerb des Erwerbers einer Eigentumsanwartschaft, NJW 1956, 1420.

Zunft: Die Übertragung der Eigentumsanwartschaft nach § 930 BGB, NJW 1957, 445.

Zusammenstellung der gutachterlichen Äußerungen zum Entwurf des Bürgerlichen Gesetzbuches gefertigt vom Reichsjustizamt, Bd. 3, Äußerungen zum Sachenrecht, Neudruck der Ausgabe 1890, Osnabrück 1967.

Tammo Rohlack

Das Verhältnis der positiven Forderungsverletzung und culpa in contrahendo zur Sachmängelhaftung beim Kauf- und Werkvertrag

Das Verhältnis der Sachmängelgewährleistungsregeln beim Kauf- und Werkvertrag zu den in der Rechtsprechung und Lehre entwickelten Rechtsinstituten der positiven Forderungsverletzung und der culpa in contrahendo ist seit ca. 90 Jahren Gegenstand eines Meinungsstreits und wurde schon als eine der »leidvollsten Fragen des Schuldrechts« (Medicus) bezeichnet.
Die dazu geführte Diskussion ist auch heute noch nicht abgeschlossen und hat durch die Schuldrechtsreformbestrebungen erneute Aktualität gewonnen.
Die Arbeit von Rohlack analysiert – auch als Vorarbeit für etwaige Reformen – die Rechtslage de lege lata. Hierzu untersucht der Verfasser zunächst die Grundlagen und Eigenarten der Rechtsinstitute, die für die Fragen der Lösungsmethodik und der Konkurrenzbeziehungen selbst wegweisend sind. Diese Ausführungen stellen jeweils auch einen eigenständigen Beitrag zu den betroffenen Rechtsinstituten dar. Im zweiten Teil der Arbeit werden dann die bisherigen Lösungsversuche vorgestellt und kritisch gewürdigt. Darauf aufbauend entwickelt der Verfasser abschließend eine eigene, fundierte Lösung der Konkurrenzproblematik.

1997, 243 S., brosch., 75,– DM, 548,– öS, 68,– sFr, ISBN 3-7890-4741-4
(Kieler Rechtswissenschaftliche Abhandlungen (NF), Bd. 9)